Untersuchung von Unterrichtsbedingungen zu Erwerb und Entwicklung der Schriftkompetenz – Ergebnisse einer Interventionsstudie mit Kontrollklassen an einer Hamburger Grundschule von Klasse 1 bis 3

Christina Hein

Bibliografische Information der Deutschen Nationalbibliothek

Die Deutsche Nationalbibliothek verzeichnet diese Publikation in der Deutschen Nationalbibliografie; detaillierte bibliografische Daten sind im Internet über http://dnb.d-nb.de abrufbar.

©Copyright Logos Verlag Berlin GmbH 2015
Alle Rechte vorbehalten.

ISBN 978-3-8325-4069-2

Logos Verlag Berlin GmbH
Comeniushof, Gubener Str. 47,
10243 Berlin
Tel.: +49 (0)30 42 85 10 90
Fax: +49 (0)30 42 85 10 92
INTERNET: http://www.logos-verlag.de

Inhaltsverzeichnis

Abkürzungsverzeichnis VII

Abbildungsverzeichnis IX

Tabellenverzeichnis XI

1. Einleitung 1

Theoretischer und empirischer Forschungsstand 5

2. Schriftkompetenz 5

    2.1 Zum Verhältnis von gesprochener und geschriebener Sprache 5

    2.2 Struktur der Schriftsprache 6

        2.2.1 Wortstruktur 7

        2.2.2 Textstruktur 12

    2.3 Lesen und Schreiben 14

        2.3.1 Rezeption von Schrift – Lesen und Verstehen von Texten 14

        2.3.2 Produktion von Schrift – Schreiben von Texten 21

    2.4 Modelle zur Schriftkompetenz 24

        2.4.1 Lesekompetenz 24

        2.4.2 Schreibkompetenz 28

        2.4.3 Rechtschreibkompetenz 30

    2.5 Ergebnisse aus Leistungsstudien 33

        2.5.1 Lesen 33

        2.5.2 Texte schreiben 38

        2.5.3 Rechtschreiben 41

    2.6 Zusammenfassung des zweiten Kapitels 45

3. Komponenten *guten Unterrichts* aus didaktischer und empirischer Sicht 47

    3.1 Forschungsrichtungen 47

    3.2 Faktoren guten Unterrichts 51

        3.2.1 Zehn Merkmale guten Unterrichts nach Meyer 52

        3.2.2 Grundformen des Lehrens und Lernens nach Gudjons 59

        3.2.3 Das Angebots-Nutzungs-Modell zur Erklärung von Lernerfolg nach Helmke 67

        3.2.4 Model of teaching and learning components nach Seidel und Shavelson 73

        3.2.5 Lernen sichtbar machen nach Hattie 76

3.2.5.1 Lernende 79

3.2.5.2 Lehrperson 83

3.2.5.3 Unterrichten 84

3.2.5.4 Sichtbares Lehren und Lernen 88

3.3 Zusammenschau von Faktoren *guten Unterrichts* 90

4. Fachspezifische und fachübergreifende Konzepte zu Erwerb und Ausbau der Schriftkompetenz 95

4.1 Methodische und didaktische Konzepte zu Erwerb und Ausbau der Schriftkompetenz 95

4.1.1 Methodische Konzepte zum Schriftspracherwerb im Überblick 96

4.1.2 Zeit für die Schrift – ein methodisch-didaktischer Ansatz zum Schriftspracherwerb 99

4.1.3 Literarisches Lernen 103

4.1.4 Ein graphematisch basiertes Konzept zum Erwerb und zur Entwicklung der Rechtschreibkompetenz 105

4.1.5 Ein sprachsystematisches und schriftkulturelles Konzept zu Erwerb und Ausbau der Schriftkompetenz 109

4.2 Pädagogische Konzepte 112

4.2.1 Lernen in der Gemeinschaft 113

4.2.2 Individualisierung mit Hilfe des formativen Assessments 117

4.3 Zusammenfassung des vierten Kapitels 119

Empirische Untersuchung **123**

5. Forschungsvorhaben **123**

5.1 Forschungsfragen und Forschungsziel 123

5.2 Forschungsdesign im Überblick 126

5.3 Zur Stichprobe der Untersuchungsklasse und der Kontrollklassen 127

5.4 Unterrichtskonzept der Untersuchungsklasse 129

5.5 Durchführung der Untersuchung 138

5.6 Methodische Vorgehensweise 139

5.6.1 Datenerhebung 140

5.6.2 Quantitative und qualitative Auswertung im Überblick 147

5.6.3 Qualitative inhaltsanalytische Auswertung 149

5.6.4 Qualitative inhaltsanalytische Auswertung des Videomaterials 150

5.6.5 Kodierleitfaden für die Videotranskripte 151

    5.6.5.1 Vorlesen 151

    5.6.5.2 Literarisches Gespräch 152

    5.6.5.3 Nachdenken über das Gelesene und das Lesen 152

    5.6.5.4 Rechtschreibung *Wörter forschen* 153

5.6.6 Kodierleitfaden für die Kindertexte 154

    5.6.6.1 Leeres Blatt 154

    5.6.6.2 Montagsgeschichte 155

    5.6.6.3 Produktive Schreibaufgabe in Klasse 1 157

5.6.7 Rolle der Forscherin im Untersuchungsfeld 157

6. Ergebnisse der Untersuchung **159**

6.1 Fachliche Lernentwicklung der Untersuchungsklasse 159

    6.1.1 Lesen 159

        6.1.1.1 Stolperwörterlesetest und Leseverstehen 159

        6.1.1.2 Vorlesen 161

        6.1.1.3 Literarisches Gespräch 165

        6.1.1.4 Nachdenken über das Gelesene und das Lesen 168

    6.1.2 Rechtschreiben 173

        6.1.2.1 HSP und SRT „Das geheime Versteck" 173

        6.1.2.2 Wörter forschen 174

6.2 Vergleichende Betrachtung der fachlichen Lernentwicklung der Untersuchungsklasse und der Kontrollklassen 178

    6.2.1 Lesen 179

    6.2.2 Rechtschreiben 181

6.3 Entwicklung des sozial vermittelten und individuellen Lernens in der Untersuchungsklasse 184

    6.3.1 Lernende Gemeinschaft 184

    6.3.2 Formatives Assessment als Komponente der Individualisierung 191

6.4 Vertiefende Analysen anhand von Fallbeispielen 195

    6.4.1 Erstes Fallbeispiel 196

6.4.1.1 Leeres Blatt 197

6.4.1.2 Montagsgeschichten 198

6.4.1.3 Produktive Schreibaufgabe in Klasse 1 202

6.4.1.4 SRT „Das geheime Versteck" 204

6.4.2 Zweites Fallbeispiel 207

6.4.2.1 Leeres Blatt 208

6.4.2.2 Montagsgeschichten 209

6.4.2.3 Produktive Schreibaufgabe in Klasse 1 213

6.4.2.4 SRT „Das geheime Versteck" 215

6.4.3 Drittes Fallbeispiel 216

6.4.3.1 Leeres Blatt 217

6.4.3.2 Montagsgeschichten 217

6.4.3.3 Produktive Schreibaufgabe in Klasse 1 224

6.4.3.4 SRT „Das geheime Versteck" 226

6.4.3.5 Selbstgewählte Lernaufgabe *Speisekarte* 227

6.4.4 Viertes Fallbeispiel 229

6.4.4.1 Leeres Blatt 231

6.4.4.2 Montagsgeschichten 232

6.4.4.3 Produktive Schreibaufgabe in Klasse 1 239

6.4.4.4 SRT „Das geheime Versteck" 240

7. Zusammenfassung und Interpretation der Ergebnisse und Einordnung in den Forschungsstand **243**

7.1 Forschungsfragen 243

7.2 Forschungsziel 250

7.3 Einordnung in den Forschungsstand 256

7.3.1 Fachliche Qualitätsmerkmale 256

7.3.2 Überfachliche Qualitätsmerkmale 259

8. Fazit und Ausblick **263**

Literaturverzeichnis .... **XIII**

Anhang .... **XXXIV**

Abkürzungsverzeichnis

Abb.	Abbildung
AFRA	Aachener Förderdiagnostische Rechtschreibfehler-Analyse
Bd.	Band
BMBF	Bundesministerium für Bildung und Forschung
bzw.	Beziehungsweise
ca.	Circa
CD	Compact Disc
d	Effektstärke
d.h.	das heißt
DoSE	Dortmunder Schriftkompetenzermittlung
DVD	Digital Video Disc
e.g.	exempli gratia
ebd.	ebenda
et al.	et alii
EU	Europäische Union
f.	folgende
ff.	folgende (Plural)
ggf.	gegebenenfalls
HaReT	Hamburger Rechentest
HeLp	Hamburger Leseförderprojekt
Hrsg.	Herausgeber
HSP	Hamburger Schreibprobe
IGLU	Internationale Grundschul-Lese-Untersuchung
IGLU-E	Internationale Grundschul-Lese-Untersuchung-Ergänzungsstudie
inkl.	inklusive
IQ	Intelligenzquotient
IQB	Institut für Qualitätsentwicklung im Bildungswesen
IRT	Item Response Theorie
K	Kontrollklasse
KFT	Kognitiver Fähigkeitentest
KMK	Kultusministerkonferenz
LVA	Leseverstehensaspekt
M	arithmetisches Mittel
MARKUS	Projekt Mathematik-Gesamterhebung Rheinland-Pfalz: Kompetenzen, Unterrichtsmerkmale, Schulkontext
MC	Multiple-Choice-Aufgabe
N	Anzahl
NEPS	National Educational Panel Study

OECD	Organisation for Economic Co-operation and Development
OF	Offene Aufgabe
PIRLS	Progress in International Reading Literacy Study
PISA	Programme for International Student Assessment
ps.	probabilistisch
S	Schüler/in
S.	Seite
s.	Siehe
SD	Standard Derivation
sic!	wirklich so
SRT	Sprachsystematischer Rechtschreibtest
SWLT	Stolperwörterlesetest
TIMSS	Trends in International Mathematics and Science Study
u.a.	unter anderem
u.ä.	und ähnliches
UG	Untersuchungsgruppe
UK	Untersuchungsklasse
USA	United States of America
vgl.	vergleiche
Z	Zeile
z.B.	zum Beispiel

Abbildungsverzeichnis

Abbildung 1: Zwei-Wege-Modell 15

Abbildung 2: Leseprozessmodell von Irwin (deutsche Übersetzung) 17

Abbildung 3: Erweitertes Schreibprozessmodell auf der Grundlage von Flower & Hayes 22

Abbildung 4: Die theoretische Struktur der Lesekompetenz in IGLU 25

Abbildung 5: Entwicklungsmodell von Bereiter 29

Abbildung 6: Kompetenzstufen und Skalenwerte - Leseverständnis 35

Abbildung 7: Didaktische Funktionen des Frontalunterrichts 60

Abbildung 8: Angebots-Nutzungs-Modell der Wirkungsweise des Unterrichts 67

Abbildung 9: Ausschnitt aus dem Lehralgorithmus 71

Abbildung 10: Model of learning components 74

Abbildung 11: Feedbackmodell 86

Abbildung 12: Ein Modell des sichtbaren Lehrens und Lernens 89

Abbildung 13: Beobachtungslandkarte für den Schulanfang 102

Abbildung 14: Raster für Strukturmodelle zur problemlösenden 105

Abbildung 15: Lernweg der Kinder vom Konkreten zum Abstrakten 111

Abbildung 16: Aspects of formative assessment 118

Abbildung 17: Anzahl der Bücher im Haushalt der Elternschaft der UK (Mai 2011) 128

Abbildung 18: Anzahl der Kinderbücher im Haushalt der Elternschaft der UK (Mai 2011) 128

Abbildung 19: Kennzeichen des Unterrichtskonzepts 130

Abbildung 20: Fachlich-didaktische Aspekte des Unterrichtskonzepts 130

Abbildung 21: Bärenboot - Von der konkreten Ebene zur symbolischen Ebene 131

Abbildung 22: Prototypischer Zweisilber als Ausgangspunkt 133

Abbildung 23: Diktierter Text des Sprachsystematischen Rechtschreibtests 145

Abbildung 24: Leeres Blatt von Fallbeispiel 1 197

Abbildung 25: Geschichte Klasse 1 (November) - Fallbeispiel 1 199

Abbildung 26: Geschichte Klasse 2 (November) - Fallbeispiel 1 200

Abbildung 27: Geschichte Klasse 3 (Januar) - Fallbeispiel 1 201

Abbildung 28: Schreibaufgabe zum Bilderbuch (Klasse 1) - Fallbeispiel 1 202

Abbildung 29: SRT (Klasse 3) - Fallbeispiel 1 204

Abbildung 30: Leeres Blatt von Fallbeispiel 2 208

Abbildung 31: Geschichte Klasse 1 (November) - Fallbeispiel 2 209

Abbildung 32: Geschichte Klasse 2 (November) - Fallbeispiel 2 210

Abbildung 33: Bild zur Geschichte Klasse 2 (November) - Fallbeispiel 2 211

Abbildung 34: Geschichte Klasse 3 (Februar) - Fallbeispiel 2 212

Abbildung 35: Schreibaufgabe zum Bilderbuch (Klasse 1) - Fallbeispiel 2 213

Abbildung 36: SRT (Klasse 3) - Fallbeispiel 2 215

Abbildung 37: Leeres Blatt von Fallbeispiel 3 217

Abbildung 38: Geschichte Klasse 1 (November) - Fallbeispiel 3 218

Abbildung 39: Geschichte Klasse 2 (Januar) - Fallbeispiel 3 220

Abbildung 40: Bild zur Geschichte Klasse 2 (Januar) - Fallbeispiel 3 221

Abbildung 41: Geschichte Klasse 3 (Januar) - Fallbeispiel 3 223

Abbildung 42: Schreibaufgabe zum Bilderbuch (Klasse 1) - Fallbeispiel 3 224

Abbildung 43: SRT (Klasse 3) - Fallbeispiel 3 226

Abbildung 44: Speisekarte (Teil 1) (Klasse 3) - Fallbeispiel 3 228

Abbildung 45: Speisekarte (Teil 2) (Klasse 3) - Fallbeispiel 3 229

Abbildung 46: Leeres Blatt von Fallbeispiel 4 231

Abbildung 47: Geschichte Klasse 1 (November) - Fallbeispiel 4 232

Abbildung 48: Geschichte Klasse 1 (Mai) - Fallbeispiel 4 233

Abbildung 49: Geschichte Klasse 2 (Januar) - Fallbeispiel 4 234

Abbildung 50: Geschichte Klasse 3 (Januar) - Fallbeispiel 4 236

Abbildung 51: Schreibaufgabe zum Bilderbuch (Klasse 1) – Fallbeispiel 4 239

Abbildung 52: SRT (Klasse 3) - Fallbeispiel 4 240

Abbildung 53: Merkmale des eingesetzten Unterrichtskonzepts 250

Abbildung 54: Fachliche Qualitätsmerkmale des eingesetzten Unterrichtskonzeptes 255

Abbildung 55: Überfachliche Qualitätsmerkmale des Unterrichtskonzeptes 256

Tabellenverzeichnis

Tabelle 1: Rahmenkonzeption zum sprachsystematischen Rechtschreibtest 32

Tabelle 2: Durchschnittliche Effekte für die wichtigsten zum Lernprozess beitragenden Faktoren 79

Tabelle 3: Effektstärkste Faktoren der Lernenden 80

Tabelle 4: Zusammenstellung der effektstärksten Faktoren des Unterrichtens 84

Tabelle 5: Zusammenschau möglicher Faktoren guten Unterrichts nach Kategorien und Autoren 91

Tabelle 6: Darstellung der Forschungsfragen 126

Tabelle 7: Organisatorischer Rahmen der Untersuchung 138

Tabelle 8: Datenerhebung für die Untersuchungsgruppen mit Erhebungszeitpunkten im Überblick 140

Tabelle 9: Auswertungsraster für den Sprachsystematischen Rechtschreibtest 146

Tabelle 10: Kodierleitfaden zur inhaltsanalytischen Auswertung des Vorlesens 151

Tabelle 11: Kodierleitfaden zur Auswertung des literarischen Gesprächs 152

Tabelle 12: Kodierleitfaden zur Auswertung des Nachdenkens über das Gelesene und das Lesen ... 153

Tabelle 13: Kodierleitfaden zur Auswertung der Rechtschreibung - dem Wörter forschen 154

Tabelle 14: Kodierleitfaden zur Auswertung des Leeren Blattes 155

Tabelle 15: Kodierleitfaden zur Auswertung der Montagsgeschichten 156

Tabelle 16: Kodierleitfaden zur Auswertung der produktiven Schreibaufgabe in Klasse 1 157

Tabelle 17: Testergebnisse in Prozenträngen im Überblick (Klasse 1-3) - UK 159

Tabelle 18: Leistungsverteilung der SWLT-Ergebnisse (Ende Klasse 3) nach Quartilen der UK 160

Tabelle 19: Leseverstehenstest (Klasse 3) - UK 160

Tabelle 20: Dekodierte Wörter - Buchvorstellung S1 - Zuordnung Wortschreibungsprinzipien 164

Tabelle 21: Leistungsverteilung für die HSP-Ergebnisse (Ende Klasse 3) nach Quartilen 173

Tabelle 22: Testergebnisse in Prozentangaben der UK im SRT 174

Tabelle 23: Testergebnisse in Prozenträngen (Klasse 1-3) der UK und K1-K3 im Überblick 178

Tabelle 24: Leistungsverteilung im SWLT (Ende Klasse 3) nach Quartilen für die UK und die K1-K3 . 179

Tabelle 25: Leseverstehensaspekt I (Klasse 3) – UK und K1-K3 180

Tabelle 26: Leseverstehensaspekt II (Klasse 3) – UK und K1-K3 180

Tabelle 27: Leseverstehensaspekt III (Klasse 3) – UK und K1-K3 181

Tabelle 28: Leseverstehensaspekt IV (Klasse 3) – UK und K1-K3 181

Tabelle 29: Leistungsverteilung der HSP-Ergebnisse der UK und K1-K3 nach Quartilen 182

Tabelle 30: Testergebnisse in Prozentangaben der UK und K1-3 im SRT 183

Tabelle 31: Verortung der Fallbeispiele nach Leistung in der Untersuchungsklasse 196

Tabelle 32: Auswertung SRT (Klasse 3) - Fallbeispiel 1 205

Tabelle 33: Qualitative Auswertung SRT (Klasse 3) - Fallbeispiel 1 206

Tabelle 34: Auswertung SRT (Klasse 3) - Fallbeispiel 2 216

Tabelle 35: Auswertung SRT (Klasse 3) - Fallbeispiel 3 227

Tabelle 36: Auswertung SRT (Klasse 3) - Fallbeispiel 4 241

Tabelle 37: Qualitative Auswertung SRT (Klasse 3) - Fallbeispiel 4 242

1. Einleitung

„Guter Unterricht ist ein Unterricht,
in dem mehr gelernt als gelehrt wird"
(Weinert, 1998, S.5).

Kinder stehen mit der Einschulung vor einer komplexen fachlichen und überfachlichen Lernherausforderung. Die Kompetenzen, die sie am Ende der Grundschulzeit aufweisen sollen, sind in Bildungsplänen und in Bildungsstandards verankert. Die besonderen Schwerpunkte des Deutschunterrichts sind im Bildungsplan für die Grundschule im Fach Deutsch des jeweiligen Bundeslandes (vgl. hierzu Freie und Hansestadt Hamburg, 2011a) sowie deutschlandweit in den Bildungsstandards für den Primarbereich im Fach Deutsch (Kultusministerkonferenz, 2004) ausgewiesen.

Wie wissenschaftliche Untersuchungen zeigen, erreichen nicht alle Kinder am Ende der Grundschulzeit eine ausreichende und ausbaufähige Schriftkompetenz. Nach Ergebnissen der IGLU-Studien[1] sind bei einem Teil der Kinder noch erhebliche Schwierigkeiten im Bereich des Lesens (vgl. Blatt/Voss, 2005, S.239 ff.; Tarelli et al., 2012, S.12), des Rechtschreibens (vgl. Löffler/Meyer-Schepers, 2005, S.84; Kowalski et al., 2010, S.34) und des Textschreibens (vgl. Blatt et al., 2005, S.131) vorhanden. Die jeweiligen Autoren verweisen auf einen deutlichen Handlungsbedarf im Hinblick auf Leistungsverbesserungen der Schülerinnen und Schüler, woraus sie auch Anforderungen an den Unterricht ableiten (vgl. u.a. Löffler/Meyer-Schepers, 2005, S.84; Blatt et al., 2005, S.109 ff.; Blatt/Voss, 2005, S.239 ff.). Weiterhin wird auf die über das Fach Deutsch hinausreichenden Folgen einer mangelhaften Lesekompetenz hingewiesen, da die betroffenen Kinder „wahrscheinlich Schwierigkeiten in der Erarbeitung neuer Lerngegenstände in allen Fächern haben" (Bos et al., 2003b, S.135) werden. Die Rechtschreibleistungen am Ende von Klasse 4 wurden in den Untersuchungen als ein bildungsgangbestimmendes Merkmal herausgestellt (vgl. Kowalski et al., 2010, S.33).

Neben diesen „Risikokindern" (Bos et al., 2003b, S.135) zeigen die IGLU-Studien auch, dass die Leistungsspitze im Leseverständnis bei der deutschen Schülerschaft im internationalen Vergleich nur verhältnismäßig gering ausgebildet ist (vgl. ebd., S.135; Tarelli et al., 2012, S.13).

---

[1] IGLU steht für „Internationale Grundschul-Lese-Untersuchung. [...] IGLU wird weltweit unter der Bezeichnung Progress in International Reading Literacy Study (PIRLS) durchgeführt" (Bos et al., 2003a, S.1 ff.).

Seit dem Erscheinen des Artikels „Die neue Schlechtschreibung" (Bredow/Hackenbroch, 2013, S.96) im Spiegel im Jahre 2013 ist Rechtschreibung wieder zum Thema in der öffentlichen Diskussion geworden. Ebenso flammt die Debatte über *guten Unterricht* fortlaufend auf – insbesondere über *guten* Deutschunterricht, der u. a. zu einer kompetenten Rechtschreibung befähigen soll. Auf der Suche nach einem Patentrezept wird in der Presse meistens pauschalisiert.

In der Forschung stehen sich im Hinblick auf die sprachliche Bezugsnorm des Lesen- und Schreibenlernens zwei Richtungen gegenüber: Die eine Richtung orientiert sich am amtlichen Regelwerk als Grundlage für das Erlernen der Rechtschreibung. Der Lernweg führt aus dieser Sicht von der mündlichen Sprachanalyse über das Regellernen zum orthographisch korrekten Schreiben und folgt damit den Vorstellungen von Stufenmodellen (vgl. u.a. Frith, 1986, S.218 ff.). In Abgrenzung dazu orientiert sich eine andere Richtung an neueren Erkenntnissen der graphematischen Forschung, die das Schriftsystem als ein eigenständiges System untersucht und nicht als ein Abbild der Mündlichkeit betrachtet. Aus dieser Sicht führt der Lernweg von der Schriftanalyse zum Verständnis der Schriftstruktur, das wiederum die Basis sowohl für das Rechtschreiblernen als auch für das Lesenlernen bildet (vgl. Eisenberg, 2013, S.286). Diese Richtung hat Eingang in die Hamburger Handreichung für den Rechtschreibunterricht gefunden (vgl. Freie und Hansestadt Hamburg, 2014, S.2 ff.).

Fachübergreifend wurde eine weitreichende wissenschaftliche Diskussion über *guten Unterricht* mit dem Erscheinen von Hatties Forschungssynthese „Visible Learning" – in der deutschen Übersetzung „Lernen sichtbar machen" – angestoßen (Hattie, 2009; 2013). In diese Synthese wurden über 50.000 Studien aus einem Zeitraum von den 1960ern bis in die 2000er Jahre einbezogen (vgl. Hattie, 2013, S.XXXV).

Die vorliegende Arbeit knüpft an die fachlichen und überfachlichen Forschungsergebnisse zum Schriftspracherwerb und zu *gutem Unterricht* an, um mögliche lernförderliche Unterrichtsbedingungen – Komponenten *guten Unterrichts* für den Erwerb und Ausbau der Schriftkompetenz in der Grundschule – zu ergründen.

Im Studium lernte die Verfasserin die graphematische Forschungsrichtung kennen und hatte darüber hinaus Gelegenheit, an einer empirischen Untersuchung zur Leseförderung in der Sekundarstufe I teilzunehmen, woraus ihre Examensarbeit erwachsen ist (vgl. Hein, 2008). Sie kam dabei zu dem Ergebnis, dass sich ein systematischer schriftsprachlicher Unterricht leseförderlich auswirkt. Im Anschluss daran erwuchs ihr Interesse an einer empirischen Untersuchung in der Grundschule, in der ein solcher Unterricht von Anfang an durchgeführt wird.

Sie setzte dieses Vorhaben im Rahmen einer Interventionsstudie an einer Hamburger Grundschule um, in die auch drei Parallelklassen als Kontrollklassen einbezogen wurden. Die Verfasserin fungierte demnach sowohl als Forscherin als auch als Lehrerin in der Untersuchungsklasse (vgl. Kapitel 5.6.7).

Das in der Untersuchungsklasse eingesetzte Konzept verbindet einen sprachsystematischen und schriftkulturellen Zugang zur Schrift. Dieses Konzept ist für den Unterricht mit bildungsbenachteiligten Migrantenkindern entwickelt worden und wurde an einer Hamburger Grundschule erprobt (vgl. Pagel/Blatt, 2010a-b). Nach den bislang veröffentlichten Ergebnissen erscheint dieses Konzept jedoch nicht nur für diese Schülerschaft geeignet, sondern generell für individualisiertes und auf Verstehen gründendes Schriftsprachlernen (vgl. Blatt/Pagel, 2008; Pagel/Blatt, 2009; Pagel/Blatt, 2010b). Daher wurde dieses Konzept für die Kinder der Untersuchungsklasse adaptiert, die weitgehend Deutsch als Muttersprache haben und aus eher bildungsnahen Familien stammen. Es sollte untersucht werden, ob mit diesem Konzept Grundschulkinder generell ihren Fähigkeiten und Voraussetzungen entsprechend gefördert werden können. Dies erscheint vor dem Hintergrund der IGLU-Ergebnisse als ein wichtiges Forschungsanliegen. Die Theoriegrundlage bildet ein validiertes Rechtschreibkompetenzmodell (vgl. Blatt et al., 2011, S.237).

Die schriftkulturelle Ausrichtung des Unterrichtskonzepts greift auf didaktische Forschungen von Dehn (vgl. Dehn, 2013, S.52), Spinner (vgl. Spinner, 2006, S.6) und Hurrelmann (vgl. Hurrelmann, 2002, S.18) sowie auf Theorien zur Lesekompetenz (vgl. Bos et al., 2003b, S.79), zum Leseprozess (vgl. Irwin, 2007, S.6), zum Schreibprozess und zur Schreibentwicklung (vgl. Blatt, 1996; 2011) zurück, die sich auf die Etablierung einer Schriftkultur, auf literarisches Lernen und den Aufbau einer Lese-, Rechtschreib- und Textschreibkompetenz beziehen.

Fachübergreifend orientiert sich das Unterrichtskonzept an Erkenntnissen der empirischen Bildungsforschung, der Schulpädagogik, der Linguistik, der Kognitionspsychologie und der Fachdidaktik Deutsch. Forschungsmethodisch werden quantitative und qualitative Verfahren eingesetzt, mit denen die erhobenen Daten theoriebasiert ausgewertet werden. Der Datenpool umfasst Tests, schriftliche Arbeiten von Schülerinnen und Schülern sowie Videoaufnahmen des Unterrichts.

Das grundlegende Forschungsziel der Arbeit besteht darin, zu untersuchen, wie sich Unterrichtsbedingungen auf den Erwerb und die Entwicklung der Schriftkompetenz bei den Kindern der Untersuchungsklasse auswirken. Hierauf aufbauend sollen lernförderliche Merkmale des eingesetzten Unterrichtskonzepts identifiziert werden.

Die vorliegende Arbeit ist in zwei Teile gegliedert: Im ersten Teil wird der theoretische und empirische Forschungsstand dargelegt. Im zweiten Teil folgt die empirische Untersuchung.

Im theoretischen Teil wird zunächst die Schriftkompetenz aus linguistischer Perspektive beleuchtet, indem das Verhältnis zwischen gesprochener und geschriebener Sprache sowie die Struktur der Schriftsprache in *Kapitel 2* dargestellt werden.

Einen Überblick über die Forschungssituation zu Unterrichtsbedingungen und Faktoren *guten Unterrichts* aus didaktischer und empirischer Sicht soll *Kapitel 3* vermitteln.

Anschließend folgt in *Kapitel 4* eine Vorstellung fachspezifischer und fachübergreifender Konzepte zu Erwerb und Ausbau der Schriftkompetenz.

Am Ende eines jeden Kapitels des theoretischen Teils der Arbeit erfolgt jeweils eine Zusammenfassung als Orientierung für die Leserinnen und Leser.

Vor dem Hintergrund des dargestellten Forschungsstandes werden die Forschungsfragen und das Forschungsziel der vorliegenden Arbeit im empirischen Teil der Arbeit, *Kapitel 5*, formuliert. Hieran anknüpfend erfolgt ein Überblick über das Forschungsdesign, die Stichprobe der Untersuchungsklasse und der Kontrollklassen. Weiterhin wird das in der Untersuchungsklasse eingesetzte Unterrichtskonzept präsentiert. Anschließend werden die quantitativen und qualitativen Auswertungsschritte für die eingesetzten Beobachtungs- und Testinstrumente aufgezeigt. In diesem Zusammenhang werden auch die für die Auswertung ausgewählten Videosequenzen vorgestellt, die transkribiert wurden.

In *Kapitel 6* folgt zunächst eine Darstellung der Ergebnisse zur fachlichen Lernentwicklung der Untersuchungsklasse, dem schließt sich eine vergleichende Betrachtung der fachlichen Lernentwicklung der Untersuchungsklasse und der Kontrollklassen an. Analyseergebnisse zur überfachlichen Lernentwicklung in Bezug auf das Lernen in der Gemeinschaft sowie bezogen auf die Integration von formativem Assessment werden im Anschluss vorgestellt. Abschließend erfolgen in diesem Kapitel vertiefende Analyen zur fachlichen Lernentwicklung anhand von vier Fallbeispielen der Untersuchungsklasse.

Kapitel 7 fasst die Ergebnisse zusammen. Diese werden sodann hinsichtlich der Forschungsfragen und des Forschungsziels analysiert und interpretiert. Eine Einordnung in den Forschungsstand erfolgt im Anschluss.

Die Arbeit schließt mit einem Fazit und einem Ausblick in *Kapitel 8*.

Theoretischer und empirischer Forschungsstand

2. Schriftkompetenz

Um Schriftkompetenz zu bestimmen, werden die relevanten und unterschiedlichen Aspekte vor dem Forschungshintergrund entwickelt. Im Folgenden wird auf die Zusammenhänge und Unterschiede von gesprochener und geschriebener Sprache eingegangen, auf die spezifische Struktur der Schriftsprache, auf die schriftlichen Rezeptionsweisen *Lesen* und *Schreiben* sowie auf die Prozesse des Lesens und Schreibens. Anschließend wird der Begriff Kompetenz im Kontext der *empirischen Wende*[2] entwickelt. Dabei erfolgt eine begriffliche Annäherung von Kompetenz im Bildungszusammenhang sowie im Hinblick auf die Fachspezifik der Schriftkompetenz. Im Anschluss daran werden die für die vorliegende Untersuchung relevanten Ergebnisse aus Leistungsstudien zusammengefasst.

2.1 Zum Verhältnis von gesprochener und geschriebener Sprache

Seit etwa 5.000 Jahren verschriftlichen Menschen ihre Gedanken. Die gesprochene Sprache dagegen wird mit dem Auftreten des Homo Sapiens vor ca. 200.000 Jahren in Verbindung gebracht (vgl. Steinig/Huneke, 2011, S.93). Sie unterscheidet sich von der geschriebenen Sprache – „sowohl materiell als auch im Gebrauch" (Eisenberg, 2013, S.285). Ein schriftlich verfasster Text wird meist nicht während seiner Entstehung rezipiert, sondern zu einem späteren Zeitpunkt (vgl. Ehlich, 1983, S.99 ff.). Ehlich spricht hier von einer „zerdehnten Sprechsituation" (Ehlich, 1984, S.18). Materiell unterscheidet sich der geschriebene Text dahingehend vom gesprochenen, dass er „aus sich heraus und weitgehend unabhängig vom Kontext der Äußerung verständlich sein muss. [...] Er ist als Token (d.h. als das konkrete, einzelne Textvorkommen) stabil und kann unabhängig vom Ort und der Zeit seiner Entstehung beliebig häufig, in beliebigem Tempo und in fast beliebiger Parzellierung rezipiert werden" (Eisenberg, 2013, S.285). Für den Leser ist es daher von hoher Relevanz, dass die Schrift[3] in ihrer Struktur einheitlich gestaltet ist[4].

---

[2] Diese Wende vollzog sich nach dem „PISA-Schock" (vgl. Helmke, 2012, S.14). Wie die Ergebnisse von PISA 2000 (Programme for International Student Assessment) zeigten, schnitt Deutschland im internationalen Vergleich in der Leseleistung nur im unteren Mittelfeld (vgl. Artelt et al., 2001, S.110) ab.
[3] Die Schrift ist ein auf „konventionalisiertem System von grafischen Zeichen basierendes Mittel zur Aufzeichnung von mündlicher Sprache" (Bußmann, 2008, S.608).
[4] Dies wird in Kapitel 2.2 weiterführend dargestellt.

Der russische Psycholinguist Lew Wygotski zog aus seinen Forschungen zur Schriftsprache den Schluss, dass diese „keine einfache Übersetzung der mündlichen Sprache in Schriftzeichen, und das Erlernen der schriftlichen Sprache [...] auch nicht einfach eine Aneignung der Technik des Schreibens" sei (Wygotski, 1991, S.224). Diese Erkenntnis weist bereits auf die Notwendigkeit einer institutionalisierten Vermittlung der geschriebenen Sprache hin[5] – während die mündliche Sprache üblicherweise in einem informellen Lernkontext im Vorschulalter vor dem Erwerb der Schriftsprache[6] erlernt wird. Die geschriebene Sprache unterscheidet sich insgesamt grundlegend „in Aufbau und Funktion von der mündlichen Sprache" (ebd., S.224). So ist Geschriebenes zumeist von einem „höheren Grad an Elaborierung" (Blatt, 1996, S.17) gekennzeichnet.

2.2 Struktur der Schriftsprache

Im Laufe der Geschichte und in den jeweiligen Kulturen wurden unterschiedliche Schriftsysteme ausgebildet: *ideographische, logographische* sowie *phonographische Schriften* (vgl. Steinig/Huneke, 2011, S.94). Im *ideographischen Schriftsystem* lassen sich Bedeutung und Inhalt des Geschriebenen unabhängig von der Kenntnis einer Einzelsprache ermitteln. „Das liegt daran, dass die Zeichen nicht auf die Wörter einer Sprache verweisen, sondern unmittelbar auf den gemeinten Vorstellungsinhalt" (ebd., S.94). Weltweit wird dieses Phänomen beispielsweise durch Piktogramme und Symbole auf Schildern zur Information an stark touristisch frequentierten Orten genutzt. Dabei ist jedoch zu berücksichtigen, dass in diesem Schriftsystem Inhalt und Bedeutung der Zeichen „nur aus dem situativen Kontext heraus verständlich [sind]" (ebd., S.94; Einfügung: Verfasserin).

Das *logographische Schriftsystem* beinhaltet eine große Zeichenmenge. Die einzelnen Schriftzeichen verweisen im de Saussure'schen Sinne jeweils „auf das Wort, das dieses Gemeinte bezeichnet, auf das *signifiant*[7]" (ebd., S.94; vgl. de Saussure, 1916/2000, S.42). Als Beispiel einer logographischen Schrift kann die chinesische Schrift angeführt werden.

Das Deutsche wird zu den *phonographischen Schriften* gezählt. Hier gibt „die Schrift genaue Informationen über die phonologische Gestalt der Wörter wieder" (Steinig/Huneke, 2011,

---

[5] Der Forschungsstand zur Aneignung der Schriftkompetenz und didaktischer Konzepte wird im Kapitel 4 entfaltet.
[6] Die Schriftsprache ist die auf „hochdeutscher Grundlage beruhende, überregionale und schriftnahe Sprachform" (Bußmann, 2008, S.609).
[7] Hervorhebung im Original.

S.95). Die deutsche Schrift ist eine Alphabetschrift mit einem überschaubaren Zeichenrepertoire von 26 Buchstaben sowie den besonderen Zeichen <ä>, <ö>, <ü> und <ß> (vgl. Munske, 2005, S.18). Diese „Buchstaben stellen eine visuelle Beziehung zu den einzelnen Lauten einer Sprache her. Darum spricht man hier von Laut-Buchstaben-Beziehung. Diesen Typ der Verschriftung nennt man Phonographie" (ebd., S.18). Die Alphabetschrift ist ein Schriftsystem, das sich von der mündlichen Sprache unterscheidet; diesem liegen eigene Normen und Regularitäten zugrunde (vgl. Bredel et al., 2010, S.1).

Die *Graphematik* als ein neuerer Bereich der Sprachwissenschaft untersucht Schriftstrukturen zunächst unabhängig vom Lautlichen, vom „System der Lautsprache" (Eisenberg, 2006, S.302) und bezieht ihre Ergebnisse im Sinne der *„Interdependenzthese"* (Blatt et al., 2010, S.172; Hervorhebung: Verfasserin) anschließend auf die Strukturen der gesprochenen Sprache. Die bis dahin vorherrschende Forschungsrichtung untersuchte die geschriebene Sprache im Sinne der *Dependenzthese* in Abhängigkeit von der gesprochenen Sprache, was auf das wesentlich jüngere Auftreten der Schrift zurückzuführen ist (vgl. ebd., S.173). In der graphematischen Forschungsrichtung wird die „autonome Analyse des Geschriebenen" (Eisenberg, 2013, S.286) praktiziert. Butt und Eisenberg postulieren, dass unser Schriftsystem „in wesentlichen Strukturmerkmalen nicht lautbasiert" (Butt/Eisenberg, 1990, S.47) ist. Demgegenüber unterscheiden z.B. Augst und Dehn eine „reguläre Zuordnung von Lauten zu Buchstaben" (Augst/Dehn, 2013, S.85), von dieser Laut-Buchstaben-Zuordnung regelgeleitete Abweichungen und Ausnahmen sowie besondere Regeln im Sinne der *Dependenzthese*.

2.2.1 Wortstruktur

Die graphematischen Forschungsergebnisse zeigen, dass die Wortschreibung des Deutschen weitgehend durch die drei Prinzipien – phonographisch, silbisch und morphologisch – systematisch geregelt ist (vgl. Eisenberg, 1995, S.69 ff.). Sie werden im Folgenden zusammenfassend dargestellt.

Phonographisches Prinzip

Das phonographische Prinzip bezieht sich auf die Zuordnung von Graphemen[8] zu Phonemen[9], die sogenannte Graphem-Phonem-Korrespondenz. Die korrekt geschriebene Wortform vieler

---

[8] „Grapheme sind die kleinsten segmentalen Einheiten des Schriftsystems" (Eisenberg, 2005, S.66).
[9] „Phoneme sind die kleinsten segmentalen Einheiten des Lautsystems" (Eisenberg 2005, S.66).

Wörter lässt sich durch diese Zuordnung bestimmen. Die Zuordnung von Graphemen und Phonemen stellt das Grundprinzip einer Alphabetschrift dar und wird daher auch als alphabetisches Prinzip bezeichnet (vgl. Eisenberg, 1995, S.69 ff.). Jedoch gibt es auch viele Wortformen, deren orthographisch korrekte Schreibweise sich nicht durch die Zuordnung von Graphemen zu Phonemen realisieren lässt. Für diese Fälle „muss auf die Silbenstruktur [und] [...] die morphematische Struktur [...] zurückgegriffen werden" (Eisenberg, 2005, S.70; Einfügung: Verfasserin).

Auf silbische Informationen muss auch zurückgegriffen werden, um Wörter korrekt auszusprechen, selbst wenn sie nach dem phonographischen Prinzip geschrieben werden. Dies ist vorrangig dadurch bedingt, dass es weniger Vokalgrapheme als -phoneme gibt und Lang- und Kurzvokale in der Regel mit demselben Graphem wiedergegeben werden (vgl. Thomé, 2000, S.13).

Silbisches Prinzip

Das silbische Prinzip beschreibt die Silbenstruktur von Wörtern. Jedes Wort besteht aus mindestens einer Silbe. Jede Silbe besitzt einen Silbenkern, der immer von einem Vokal besetzt ist. Darüber hinaus kann eine Silbe einen konsonantischen Silbenanfangsrand (Onset) und einen Silbenendrand (Koda) haben. Die Anfangs- und Endränder, die aus bis zu vier Konsonanten bestehen können, sind im Unterschied zum Silbenkern (Nukleus) nicht obligatorisch, sondern nur fakultativ. Der Kern und der Silbenendrand bilden den so genannten Silbenreim (vgl. Eisenberg, 1995, S.37 ff.; vgl. Eisenberg, 2013, S.97).

Es wird zwischen offenen (ohne konsonantischen Endrand) und geschlossenen Silben (mit konsonantischem Endrand) unterschieden. Das prototypische deutsche Wort ist ein trochäischer Zweisilber (vgl. Hinney, 1997, S.91; vgl. Blatt, 2010, S.104). Der Kernbereich der deutschen Rechtschreibung ist wie folgt geregelt: Wenn die erste betonte Silbe offen ist, das heißt, es folgt kein Endrand, dann wird der Vokal in der betonten Silbe lang gesprochen wie in <sa-gen>, <le-ben>, <lo-ben> und <Lu-pe>. Das lang gesprochene <i> wird dagegen regelhaft durch <ie> markiert" (ebd., S.140).

Wenn die erste Silbe geschlossen ist, wird der Vokal in der ersten Silbe kurz gesprochen wie in <Tan-te>. In Zweisilbern mit kurzem Vokal, in denen im Silbengelenk nur ein Phonem vorkommt, wird das entsprechende Graphem verdoppelt, wodurch die erste Silbe geschlossen wird wie in <Tan-ne> (vgl. Eisenberg, 1995, S.69). Mit <ie> bzw. der Konsonantenverdoppelung werden also die Vokallänge bzw. Volkalkürze markiert. Besondere Silbengelenkschreibungen liegen bei <ck> und <tz> (anstatt <kk> und <zz>) sowie beim Mehrgraphen <ch> vor, der nicht verdoppelt wird wie in <Dra-chen>. Die Mehrgraphen <sch>, <ng> und <pf> kommen nur nach kurzen betonten Silben vor.

In der zweiten unbetonten Silbe ist der Silbenkern im Kernbereich der Rechtschreibung zu 70 Prozent mit dem Phonem /ə/, das mit dem Graphem <e> korrespondiert, dem sogenannten *Schwalaut*, besetzt (vgl. Eisenberg, 2013, S.125).

Das Dehnungs-h und die Verdoppelung eines Vokalbuchstabens gehören demgegenüber zum Peripheriebereich der deutschen Rechtschreibung. Sie markieren einen Langvokal und dienen somit als „visuelle Stütze beim Lesen" (ebd., S.68) bzw. als Hilfe zum Erkennen der Wortbedeutung wie in <Wal> - <Wahl> bzw. <mehr> - <Meer>. Ein Dehnungs-h kann vor den Graphemen <r>, <l>, <n> und <m> gesetzt werden (vgl. Fuhrhop, 2009, S.16).

Im Kernbereich fungiert ein stummes <h> als Leseerleichterung. Es handelt sich um das silbeninitiale-h, das den Silbenschnitt dann optisch markiert, wenn „zwei silbische Vokale aufeinanderfolgen" (ebd., S.69) würden, wie z.b. in dem Wort <ge**h**en>.

Morphologisches Prinzip

Morpheme sind die kleinsten bedeutungstragenden Einheiten der Sprache (vgl. Bußmann, 2008, S.453 ff.). Der Großteil der Wortformen besteht aus mehreren Morphemen. So bestehen alle flektierten Wortformen aus mindestens einem Lexem[10] und einem grammatischen Morphem, wie in dem Beispiel <geh**t**>.

Morphemkonstanz und Flexionsmorpheme

In flektierten Formen kann sich der Stamm ändern. In der Schreibweise werden die morphologischen Bezüge z.B. durch die Umlautschreibung erhalten, wie z.B. bei Hand - Hände, Vogel - Vögel, Zug - Züge. Bei Auslautverhärtung bleibt der stimmhafte Konsonant erhalten wie in <Hände> und <Hand>. Dadurch bleibt die Zugehörigkeit zu einer Wortfamilie erkennbar, was die Erfassung der Wortbedeutung erleichtert. Beim versierten Leser „muss nicht erst die Lautform einer Einheit ermittelt werden, bevor ein Zugriff auf die Bedeutung möglich ist" (Eisenberg, 2005, S.78), diese kann aus der morphologischen Schreibweise unmittelbar erschlossen werden.

---

[10] Ein Lexem ist „ein morphologisches Paradigma mit seiner Bedeutung" (Eisenberg, 2013, S.28).

„Das morphematische Prinzip (auch Prinzip der Morphemkonstanz oder Schemakonstanz genannt) gehört zu den wichtigsten Merkmalen des deutschen Schriftsystems" (ebd., S.78). Morphemkonstanz bedeutet, dass Wörter, die verwandt sind bzw. in einer Beziehung stehen, sich in ihrer Schreibweise gleich sind oder ähneln.

Wortbildung durch Affigierung[11] und Kompositabildung

Darüber hinaus sind Wortbildungsmorpheme eine Strukturhilfe beim Lesen, da im Deutschen neue Wörter mit einer überschaubaren Anzahl von Affixen[12] mit Hilfe von Prä[13]- und Suffixen[14] gebildet werden[15]. Während durch Präfixe neue Wortbedeutungen entstehen (z.b. an-kommen, ab-kommen etc.) verändern Suffixe vorrangig die Wortart (z.b. Haltung, haltbar, Haltbarkeit) (vgl. Eisenberg, 2013, S.73).

Ein weiteres Prinzip der Wortbildung ist die Komposition[16]. Dadurch entstehen neue Wörter, die zusammengeschrieben werden. In einem Text und einem Satz sind zwischen den einzelnen Wörtern Zwischenräume. Diese Zwischenräume schaffen eine Abgrenzung der Wörter zueinander, die zusammengeschriebenen Wörter bilden Bedeutungseinheiten.

„Wortzwischenräume erleichtern das Lesen, weil sie einen unmittelbaren Zugriff auf die sinntragenden Elemente ermöglichen" (Munske, 2005, S.98). Wörter verschiedener oder gleicher Wortarten können durch Komposition miteinander verbunden werden, wie z.b. <Pferde> und <Stall> zu <Pferdestall> bzw. <Leben> und <lustig> zu <lebenslustig>. Durch eine Komposition entstehen häufig sehr lange Wörter (vgl. Blatt/Hein, 2013, S.12 ff.).

Bedeutsam für den Leser sind Einsichten in die formale Struktur der Kompositabildung (Grundwort, Bestimmungswort, Fugenelemente) und ihre zentrale Funktion zur Wortschatzentwicklung im Deutschen (vgl. Eisenberg, 2013, S.217 ff.). Hier muss allerdings bedacht werden, dass „die semantische Beziehung zwischen den Bestandteilen der Komposition" (ebd., S.220) sehr

---

[11] Die Affigierung ist ein „Vorgang der Wortbildung, wobei der Stamm durch Hinzufügung eines Affxes erweitert wird" (Bußmann, 2008, S.11).
[12] Das Wort Affix ist eine „Sammelbezeichnung für nicht frei vorkommende, reihenbildende Wortbildungs- und Flexionselemente. Die Einteilung [...] erfolgt je nach ihrer Stellung zum Stamm" (Bußmann, 2008, S.12).
[13] Ein Präfix ist ein dem „Stamm vorausgehendes, gebundenes, reihenbildendes Wortbildungselement" (Bußmann, 2008, S.534).
[14] Ein Suffix ist ein „Morphologisches Element, das an einen Stamm oder eine Morphemkonstruktion angehängt wird, aber selbst in der Regel nicht mehr frei vorkommt" (Bußmann, 2008, S.701).
[15] Es gibt im Deutschen ca. 100 Wortbildungsaffixe, von denen aber höchstens 25 produktiv sind (vgl. Eisenberg, 2013, S.33).
[16] Eine Komposition geschieht durch eine „Verbindung von zwei oder mehreren sonst frei vorkommenden Morphemen oder Morphemfolgen (Wörtern)" (Bußmann, 2008, S.353).

unbestimmt ist, d.h., dass die Bedeutung eines Kompositums oft vielfältig ist und auf sehr unterschiedliche Weise aus den Wortbestandteilen bzw. kontextbezogen zu ermitteln ist. Eisenberg stellt heraus, dass „lexikalisierte Komposita in aller Regel eine feste Bedeutung haben" (ebd., S.219), die Bedeutung „okkasioneller Bildungen" (ebd., S.220) aber nur kontextuell bestimmt werden kann.

Verbindungen von zwei Verben, wie z.b. <schlafen> und <gehen>, werden im Unterschied zu Verbindungen von Substantiven und Adjektiven meistens getrennt geschrieben (vgl. Wahrig-Burfeind, 2006, S.33), jedoch muss nach wörtlichem und übertragenem Sinn differenziert werden (vgl. Munske, 2005, S.100). „So unterscheiden wir traditionell *sitzenbleiben*[17] <in der Schule nicht versetzt werden> vom wörtlichen *sitzen bleiben*[18] <nicht aufstehen>" (ebd., S.100). Das wörtlich Gemeinte wird also getrennt geschrieben.

Die Komposition als ein Wortbildungsprinzip führt zur Zusammenschreibung (vgl. Fuhrhop, 2009, S.61). Zur Überprüfung, ob Wörter zusammengeschrieben werden oder nicht, führt Fuhrhop das Relationsprinzip an. Dieses besagt, dass „Einheiten, die syntaktisch nicht analysierbar sind, das heißt insbesondere, die nicht in syntaktischer Relation zu anderen Einheiten in einem Satz stehen, [...] Bestandteile von Wörtern [sind]. Dies führt zur Zusammenschreibung" (ebd., S.54; Einfügung: Verfasserin). Im Umkehrschluss bedeutet das, dass Wörter nicht zusammengeschrieben werden, wenn sie in syntaktischer Relation zueinander stehen.

Das soll an folgenden Beispielen verdeutlicht werden: <*[19]Hamburgerbürgermeister> würde man nicht zusammenschreiben, da <Hamburg> das Attribut zum <Bürgermeister> bildet. Diese beiden Wörter stehen in syntaktischer Relation zueinander und werden somit nicht zusammengeschrieben.

Der Kernbereich[20] der Getrennt- und Zusammenschreibung ist somit klar geregelt und strukturiert.

---

[17] Hervorhebung im Original.
[18] Hervorhebung im Original.
[19] Das Sternchen * vor einem falschgeschriebenen Wort markiert das Wort als solches in seiner fehlerhaften Schreibung.
[20] Der Peripheriebereich, die Zweifelsfälle in Bezug auf die Getrennt- und Zusammenschreibung, werden im Rahmen der hier vorliegenden Arbeit nicht dargestellt. Für die in der Grundschule durchgeführte Interventionsstudie mit Kontrollklassen sind diese Aspekte nicht relevant (vgl. hierzu u.a. Freie und Hansestadt Hamburg, 2011a, S.24), da diese erst im Deutschunterricht der Sekundarstufe I zum Gegenstand werden (vgl. hierzu u.a. Freie und Hansestadt Hamburg, 2011b, S.22). Für eine inhaltliche Vertiefung vgl. hierzu Fuhrhop (2009, S.62 ff.).

2.2.2 Textstruktur

Texte begegnen und umgeben uns in unterschiedlichster Form – ob in der Zeitung, in Büchern, auf einem Werbeplakat, einer E-Mail, einer Kurznachricht oder auch im Rahmen eines offiziellen Schriftstücks, wie beispielweise einer Geburtsurkunde. De Beaugrande und Dressler bestimmen einen Text „als eine KOMMUNIKATIVE OKKURENZ[21]"[22] (de Beaugrande/Dressler, 1981, S.3). Aus linguistischer Perspektive lässt sich die Textstruktur anhand von sieben „Textualitätskriterien" (Schwarz-Friesel/Consten, 2014, S.18) näher charakterisieren. „Kohäsion und Kohärenz" (ebd., S.19) bilden hierbei zwei typische Textmerkmale. Die Kohäsion eines Textes meint „die grammatisch-lexikalischen Verknüpfungen auf der Oberflächenstruktur" (ebd., S.19). Diese Struktur bildet das formale Grundgerüst eines Textes. Kohäsive Mittel – grammatische Verbindungswörter – schaffen die Verbindung zwischen aufeinanderfolgenden Sätzen. „Kohäsive Mittel erzeugen somit den Eindruck von Konnexität" (ebd., S.78). Sätze sind beispielsweise miteinander durch „lokale, temporale, komparative oder kausale Relationen" (ebd., S.77) verbunden. Im Vergleich zur Kohäsion kennzeichnet die Kohärenz die Tiefenstruktur, den inhaltlichen Zusammenhalt, eines Schriftstücks. Der Kohärenz liegt eine „Sinnkontinuität" (de Beaugrande/Dressler, 1981, S.88) zugrunde, diese kann „als inhaltliche Kontinuität und Verbindung zwischen referenziellen Informationen" (Schwarz-Friesel/Consten, 2014, S.84) betrachtet werden.

Ein drittes Kriterium der Textualität bildet die „Intentionalität" (ebd., S.19). Jeder Text ist vor dem Hintergrund einer bestimmten Intention produziert worden – ob als Pflichtaufgabe im schulischen Kontext, als Kündigungsschreiben mit der Absicht, beispielsweise eine Mitgliedschaft zu beenden oder als Notiz auf einer Einkaufsliste, um eine Besorgung nicht zu vergessen.

Bei der Betrachtung der „Akzeptabilität" (ebd., S.19) als ein weiteres Textmerkmal rückt der Rezipient eines Textes in den Fokus. Hier ist gemeint, „dass jeder Text, wenn er wahrgenommen wird, von Rezipienten mit einer bestimmten Erwartungshaltung gelesen wird" (ebd., S.19). Das Kriterium der „Situationalität" (ebd., S.19) betrifft „die kontextuelle Einbettung" (ebd., S.19) eines Textes.

---

[21] Okkurenz meint die „Konkrete Realisierung einer zugrunde liegenden (abstrakten) sprachlichen Einheit in Form von tatsächlichen Äußerungen" (Bußmann, 2008, S.492).
[22] Hervorhebung im Original.

Die „Informativität" (ebd., S.19) bildet das sechste Merkmal eines Textes, sie „betrifft das Informationspotenzial eines Textes, wobei das Ausmaß der bekannten oder unbekannten Information je nach Text erheblich variieren kann" (ebd., S.19).

Als siebtes Merkmal ist die „Intertextualität" (ebd., S.20) zu nennen. Innerhalb eines produzierten oder rezipierten Textes wird sich auf andere Texte bezogen. Wird Intertextualität im weiteren Sinne betrachtet, so „ist lediglich gemeint, dass jeder Text eine Realisierung einer bestimmten Textsorte ist" (ebd., S.20). So wäre beispielsweise eine Anleitung zum Kochen mit den jeweils notwendigen Zutaten als Textsorte eines Rezepts zu klassifizieren. Im engeren Sinne ist die Intertextualität als eine Bezugnahme innerhalb eines Textes auf weitere Texte (der gleichen Textsorte) zu verstehen (vgl. ebd., S.20). Zitate innerhalb eines Textes oder ein Text, der innerhalb einer Rezension besprochen wird, wären Beispiele für eine Realisierung von Intertextualität im engeren Sinne.

Inwieweit diese linguistische Bestimmung der Textualität auch auf Kindertexte übertragbar ist, darauf geben langjährige Forschungen von Mechthild Dehn Hinweise. In ihren Untersuchungen von Kindertexten kann sie an vielen Beispielen aufzeigen, was in diesen Texten steckt, wenn sie ernst genommen werden. Dazu gehört, dass diese nicht als zensierende Lehrperson, sondern als interessierte Leserin und Leser rezipiert werden – „es geht nicht darum, die Schülerarbeiten als künstlerische Texte zu würdigen, sondern darum, sie wortwörtlich ernst zu nehmen – als Leser und Leserin, eben nicht von vornherein aus der pädagogischen Haltung des Fortgeschrittenen" (Dehn, 1991, S.49). Dann erschließt sich die literarische Qualität dieser Texte, die sich insbesondere im Aufbau und in der sprachlichen Gestaltung zeigt:

> „Schreiben als kulturelle Tätigkeit hat noch einen anderen Aspekt: Wer schreibt, erfasst Vorgegebenes, Gewusstes, Erfahrenes für sich und gibt es anderen wiederum zum Lesen. Der Text, der dabei entsteht, ist immer ein Text zwischen Texten. Er adaptiert andere Texte und korrespondiert mit ihnen, mit Formen und Mustern, in denen Inhalte, Themen, Bedeutungsstrukturen gestaltet, Erfahrung und Erkenntnis formuliert und generiert werden. Dem Buchstaben als Instrument und Medium des Schreibens stellen wir die Intertextualität als Funktion des Schreibens gegenüber" (Dehn et al., 2011, S.42).

Dehn weist auch nach, dass Kinder in ihren Texten Erfahrungen aus ihrem schriftkulturellen Umfeld produktiv verarbeiten. Um diesen textuellen Fähigkeiten der Schülerinnen und Schüler Raum zu geben, sind die Schreibaufgaben von hoher Bedeutung (vgl. Dehn, 2006b, S.39-42). Als besonders gewinnbringend stellt Dehn eine Verbindung von Lektüre und produktiven Schreibaufgaben heraus (Dehn et al., 2011, S.145 ff.).

2.3 Lesen und Schreiben

Seit mehreren Jahrzehnten ist der Prozess des Lesens und Schreibens in den Fokus der Forschung gerückt. Dabei werden in erster Linie die kognitiven und metakognitiven Vorgänge sowie ihre Interaktionen in den Blick genommen, die beim Verstehen und Produzieren von Texten eine Rolle spielen. Später werden auch affektive Prozesse mit einbezogen. Beim Schreiben werden darüber hinaus die psychomotorischen Aspekte betrachtet.

2.3.1 Rezeption von Schrift – Lesen und Verstehen von Texten

Lesen kann als sprachverarbeitender und bedeutungsschaffender Prozess verstanden werden (vgl. Blatt et al., 2008, S.183). Beim Lesen wird ein visueller Reiz (in Form graphischer Gebilde) im Kopf umgesetzt und beim lauten Lesen verbalisiert.

Lesen sowie die Prozesse, die beim Lesen interagieren und am Aufbau von Textverständnis beteiligt sind, werden in der Forschung aus kognitionspsychologischer Perspektive untersucht. „Die kognitive Psychologie beschäftigt sich mit der Untersuchung des Denkens. Die Kognition berührt alle Bereiche von Wahrnehmungs-, Gedächtnis- und Denkprozessen und ist ein bedeutsames Merkmal aller Menschen" (Solso, 2005, S.4).

Beim Aufbau von Textverständnis sind verschiedene Prozesse beteiligt, in denen das Gelesene sprachlich verarbeitet wird. Um diese Prozesse zu veranschaulichen, wurden Modelle entwickelt.

Gerheid Scheerer-Neumann legt ein *Zwei-Wege-Modell für den Bereich des Erstlesens* vor.

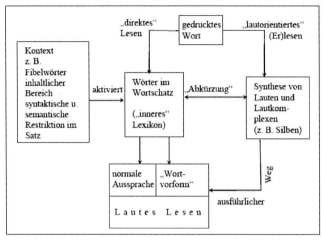

*Abbildung 1: Zwei-Wege-Modell
(Scheerer-Neumann, 1990, S.21)*

Hiernach können zwei Wege zum Lesen eines Wortes führen. Ausgangspunkt für beide Wege stellt das *gedruckte Wort* dar. Zum einen kann ein Wort *lautorientiert erlesen* werden. Der Lesende *synthetisiert einzelne Laute* oder auch Lautkomplexe, z.B. *Silben*. Dieser Prozess kann als *bottum-up* bezeichnet werden (vgl. Scheerer-Neumann, 1990, S.21 f.; Schründer-Lenzen, 2013, S.44). Dabei kann beispielsweise zuerst eine Wortvorform erlesen werden, die noch nicht mit der richtigen Lautform übereinstimmt und daher auch nicht unmittelbar zum Verständnis führt. Der längere Weg führt zu einer Art *Wortvorform*, „die durch eine überbetonte Artikulation (z.b. des auslautenden <r> wie in ‚deːrr') und die Dehnung von Vokalen und Dauerkonsonanten (z.b. ‚wiːl') von der normalen Aussprache des Wortes abweicht" (Scheerer-Neumann, 1990, S.21).

Neben diesem längeren Weg können bekannte und im mentalen Lexikon gespeicherte Wörter auch auf Anhieb richtig ausgesprochen und sofort verstanden werden.

Zum anderen kann ein Wort *direkt gelesen* werden, indem die Wortschreibung im *Wortschatz* des *inneren Lexikons* (vgl. Scheerer-Neumann, 1990, S.22) abgerufen wird. Dieser Prozess kann als *top-down-Prozess* bezeichnet werden (vgl. Schründer-Lenzen, 2013, S.44). Dabei stellt der *Kontext* eine Einflussgröße auf das *innere Lexikon* (vgl. Scheerer-Neumann, 1990,

S.22) dar. Wenn dem lesenden Kind die Wörter beispielsweise durch das Leselernbuch bekannt sind, können diese Wörter im inneren Lexikon aktiviert werden. Dieser Weg führt dann zum *richtigen Lesen* des Wortes (vgl. ebd., S.22).

Ein international vielfach rezipiertes Leseverstehensmodell (*Comprehension Processes*) (vgl. Irwin, 2007, S.6) stammt von der amerikanischen Kognitionswissenschaftlerin Judith Irwin. Es beleuchtet die sprachverarbeitenden Prozesse, die am Verstehen eines Textes beteiligt sind. Dem Modell von Irwin liegt das psycholinguistische Modell zum Aufbau von Leseverständnis von Kintsch und van Dijk (vgl. Irwin, 1986, S.2)[23] zugrunde.

Nach Irwin laufen die Prozesse beim Lesen nicht in einer spezifischen Reihenfolge ab (vgl. Irwin, 1986, S.6), sondern sie interagieren. Erst dieses Zusammenspiel der Leseverstehensprozesse ermöglicht den Aufbau von Textverständnis.

Irwin (2007) definiert Verstehen (comprehension) wie folgt:

„[the] process in which a reader chunks words into phrases and selectively recalls ideas in individual sentences, understands and/or infers relationships between clauses and/or sentences, organizes and synthezises the recalls ideas into general ideas, and makes inferences not necessarily intended by the author. The reader controls and adjusts these processes according to the immediate goal (metacognitive processes). All these processes occur virtually simultaneously, constantly interacting with each other, and result in cognitive, imaginative and emotional construction" (Irwin, 2007, S.7; Einfügung: Verfasserin).

Leseverständnis ist nach Irwin als ein Vorgang zu betrachten, bei dem der Leser die Wörter in Sätze gruppiert, partiell die wichtigsten Wörter zur Erschließung des Inhalts herausfiltert sowie Verknüpfungen in Sätzen nachvollzieht und versteht. Irwins Auffassung von Leseverstehen beinhaltet außerdem, dass der kompetente Leser Schlussfolgerungen ziehen kann, die nicht vom Autor des zu lesenden Textes explizit intendiert sein müssen. Der Lesende kontrolliert diese sprachverarbeitenden und bedeutungsschaffenden Prozesse mit Hilfe metakognitiver Prozesse und gleicht sein Textverständnis im Verlauf des Lesens fortschreitend an.

---

[23] Van Dijk und Kintsch (1983) verstehen Lesen als „informationsverarbeitenden Prozess […], in dem der Leser die im Text enthaltene Information unter Einsatz verschiedener Lesestrategien aktiv mit seinem Vor- und Weltwissen verbindet und eine mentale Repräsentation des Gelesenen konstruiert" (Bos et al., 2003b, S.73). Sie stellen „drei Ebenen der Textrepräsentation" (ebd., S.74) vor: „eine eher ‚oberflächliche' Repräsentation der Wörter und Sätze, eine Repräsentation der semantischen Struktur eines Textes (die Textbasis) und ein Situationsmodell, das von der Struktur des dem Text zugrunde liegenden Wissens bestimmt wird" (ebd., S.74).

Alle diese Prozesse finden nahezu gleichzeitig statt und wirken in einer permanenten Interaktion zwischen Leser und Text aufeinander ein.

Das von Irwin 2007 in dritter Auflage erweiterte Modell des Leseverstehensprozesses wurde in der Deutschdidaktik rezipiert und ins Deutsche übersetzt (vgl. Blatt et al., 2010, S.177).

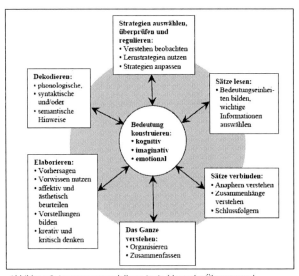

Abbildung 2: Leseprozessmodell von Irwin (deutsche Übersetzung)
(Blatt et al., 2010, S.177)

Irwin ordnet die einzelnen am Aufbau des Verstehens eines Textes beteiligten Prozesse kreisförmig an und verbindet sie durch Doppelpfeile mit dem Konstrukt „Bedeutung konstruieren". Die kreisförmige Anordnung soll zeigen, dass die Prozesse nicht in einer spezifischen Reihenfolge ablaufen, sondern - und das wird durch die Doppelpfeile angedeutet - interagieren und sich gegenseitig beeinflussen.

Irwin (2007) weist in ihrem Modell aus, was eine Leserin oder ein Leser zum Leseverständnis benötigt. Es handelt sich um kognitive Fähigkeiten (*kognitiv*), Vorstellungskraft (*imaginativ*) sowie Einfühlungsvermögen (*emotional*). Das Einfühlungsvermögen gilt auch in der Hermeneutik als wesentliche Voraussetzung für das Verstehen literarischer Texte.[24]

Diese Komponenten im Leseprozess lassen sich auf unterschiedlichen Ebenen verorten – der Wortebene, Satz-/Absatzebene sowie der Textebene.

Wortebene

Irwin fasst unter *Dekodieren* das Entschlüsseln, d.h. die Identifikation von Wörtern beim lauten bzw. leisen Lesen (vgl. Irwin, 2007, S.7). Die Wortidentifikation hängt unmittelbar mit dem Verstehen eines Textes zusammen (vgl. Irwin, 2007, S.7).

Die Buchstaben- und Wortidentifikation ist nach Christmann und Groeben vorwiegend als „visueller Verarbeitungsvorgang" (Christmann/Groeben, 1999, S.148) aufzufassen.

Das Dekodieren liefert die Voraussetzung für das Lesen von Sätzen, bei denen Wörter in Sätzen zu Wortgruppen – Bedeutungseinheiten - zusammengefasst werden, so können zum Verständnis wichtige Informationen selektiert werden (vgl. Irwin, 1986, S.3).

Satz-/Absatzebene

Die Prozesskomponente *Sätze lesen* bezieht sich auf die Satzebene und beinhaltet das Lesen nach Wortgruppen (vgl. Blatt/Voss, 2005, S.245 f.). Das bedeutet, dass Leserinnen und Leser die Wörter in einem Satz so gliedern müssen, dass es inhaltlich einen Sinn ergibt und die Bedeutung des Textes erfasst werden kann.

---

[24] Wilhelm Dilthey (1833-1911) hat „mit seiner Konzeption hermeneutischen Verstehens den Geisteswissenschaften in Abgrenzung zu den Naturwissenschaften eine eigene methodische Grundlegung" (Koller, 2004, S.201) verschafft. Wolfgang Klafki knüpfte an die Geisteswissenschaftliche Pädagogik an und beschäftigte sich so wie Dilthey mit der hermeneutischen Pädagogik. Er postulierte, „dass auf der einen Seite das Verstehen einer einzelnen Äußerung immer schon auf einem Vorverständnis des Ganzen beruht, d.h. auf einer Vermutung über den Zusammenhang jenes Einzelnen mit dem Ganzen, die gewissermaßen *deduktiv* an das zu Verstehende herangetragen wird. Auf der anderen Seite lässt sich die gesuchte Bedeutung des Ganzen aber nur *induktiv* aus dem je Besonderen (den einzelnen Sätzen) erschließen. Im Prozess des Verstehens soll deshalb [...] das (Vor-)Verständnis des Ganzen ständig an den zu verstehenden Einzelnen geprüft und gegebenenfalls korrigiert werden, sodass aus dem Vorverständnis allmählich ein immer adäquateres, aber stets vorläufig bleibendes Verständnis erwächst" (ebd., S.214). Dieses wird als „hermeneutischer Zirkel" (ebd., S.214) bezeichnet.

Diese Leseverstehenskomponente setzt einen gewissen Wortschatz und somit die Fähigkeit voraus, Wörtern eine Bedeutung zu entnehmen sowie das Vermögen, Satzglieder zu analysieren. Dies beinhaltet, dass gute Leserinnen und Leser dazu in der Lage sind, einen Satz nach zusammengehörigen Wortgruppen zu strukturieren, sich die Wortbedeutung im Satzkontext zu erschließen und daraus den Satzsinn zu konstruieren. Christmann und Groeben betonen, dass die Wörter im Allgemeinen immer im Satzkontext verarbeitet und nicht isoliert betrachtet werden (vgl. Christmann/Groeben, 1999, S.152-154). „Dies erfordert eine Analyse nicht nur der semantischen, sondern auch der syntaktischen Relationen der Satzelemente" (ebd., S.152). Dazu gehört, dass Leserinnen und Leser die Wörter des Satzes gruppieren und ihren syntaktischen Funktionen im Satz zuordnen, wie beispielsweise Subjekt, Objekt oder Prädikat (vgl. ebd., S.154).

Eine weitere Komponente des Aufbaus von Leseverständnis wird durch die Prozesskomponente *Sätze verbinden* bestimmt, die sich auf Absatzebene vollzieht. Diese erfordert das „Verstehen von Proformen, die Satzglieder ersetzen" (Blatt/Voss, 2005, S.246).

Weitere Komponenten sind sowohl das „Verstehen von Verknüpfungen", wie „Konjunktionen, Präpositionen und Adverbien" (Blatt/Voss, 2005, S.246), als auch das Ziehen von Schlussfolgerungen, der sogenannten „Inferenzbildung" (vgl. Blatt/Voss, 2005, S.245 f.). Die kohäsiven Mittel (z.B. Konjunktionen, Präpositionen und Adverbien) stellen Beziehungen zwischen Sätzen her (vgl. dazu Kapitel 2.3.1).

Textebene

Auf Textebene geht es darum, das *Ganze zu verstehen*. Darunter versteht Irwin das Synthetisieren sowie Organisieren einzelner gedanklicher Einheiten (vgl. Irwin, 2007, S.6).

Leserinnen und Leser müssen die wichtigen Textaussagen von den unwichtigeren trennen und zusammenfassen sowie den Textaufbau strukturieren können, damit die inhaltliche Quintessenz erfasst werden kann.

Zudem benötigen sie zum *Verstehen des Ganzen* auch *Elaborative Prozesse*. Irwin fasst darunter Vorgänge, bei denen Inferenzen[25] gebildet werden, die von Autorinnen und Autoren nicht

---

[25] Inferenz ist die „Erschließung von Wissen aus gegebener Information [...]. Neben solchen ‚intendierten', zu Verständnis notwendigen Inferenzen aktiviert der Rezipient auch andere, zu Textinhalt passenden Wissensbestände. Diese individuell unterschiedlichen, ‚elaborativen' Inferenzen sind eine wichtige Quelle der inhaltlichen Offenheit und Interpretierbarkeit von Texten" (Bußmann, 2008, S.289).

expliziert werden. Sie müssen nicht zwingend der Intention der Autorinnen und Autoren entsprechen (vgl. Irwin, 1986, S.5). Nach Schnotz können Inferenzen als kognitive Prozesse verstanden werden, die von Leserseite ausgehen. Die Leserinnen und Leser füllen dabei Leerstellen im Text mit Hilfe ihres Vorwissens (vgl. Schnotz, 1994, S.34 f.).

Irwin fügt zudem hinzu, dass das Treffen von Vorhersagen über folgenden Inhalt, das Formen von mentalen Bildern sowie die Verknüpfung mit eigenen Erfahrungen und Vorwissen (vgl. Irwin, 2007, S.90-98) ebenfalls zu diesem „basalen Verstehensprozess beim Lesen" (Blatt/Voss, 2005, S.246) einzuordnen wären.

Das *Elaborieren* ist von den Merkmalen des Vorhersagetreffens und dem Nutzen von Weltwissen gekennzeichnet. Kompetente Leserinnen und Leser beginnen mit der Hypothesenbildung auf elaborativer Prozessebene.

Bei der Teilprozesskomponente *Strategien auswählen, überprüfen und regulieren* geht es um das Kontrollieren bzw. Überwachen des eigenen Textverstehens. Dieser metakognitive Prozess beinhaltet außerdem, dass man mit Hilfe von Lernstrategien, wie z.b. mehrmaligem Lesen, parallelem Unterstreichen oder Markieren von Textpassagen, das Verstehen eines Textes voranbringen und unterstützen kann (vgl. Blatt/ Voss, 2005, S.146 ff.). Solche Lernstrategien könnten z.b. wiederholtes Lesen oder das Entdecken eines „roten Fadens" innerhalb eines Textes sein (vgl. Christmann/Groeben, 1999, S.193-195).

Die beschriebenen Leseprozesse lassen sich noch dahingehend charakterisieren, ob sie sprachverarbeitend oder wissensbasiert sind. Während das *Dekodieren*, das *Sätze lesen* sowie das *Sätze verbinden* zu den sprachverarbeitenden Prozessen gezählt werden können, lassen sich *das Ganze verstehen* und das *Elaborieren* den wissensbasierten Prozessen zuordnen.

Beim *Dekodieren* wird das Gelesene, die Schriftsprache, auf Wortebene verarbeitet, die sprachliche Verarbeitung beim *Sätze lesen* vollzieht sich auf Satz- bzw. Absatzebene. Beim *Verbinden der Sätze* wird das Gelesene auf Satz- und Absatzebene sprachlich verarbeitet; Lesende können dann Leerstellen, Inferenzen, im Text füllen, indem sie die Beziehungen zwischen Sätzen vollziehen und verstehen können „und nicht Erwähntes aus dem Textzusammenhang heraus ergänzen" (Blatt/Voss, 2005, S.247).

Wenn Leserinnen und Leser auf der Prozessebene *Das Ganze verstehen* agieren, sind sie in der Lage, komplexe Schlussfolgerungen zu ziehen. Hierzu benötigen sie Weltwissen. Mit Weltwissen kann das bereits vorhandene Wissen eines Rezipienten gemeint sein, das er in verschiedenen Kontexten erworben hat, sowie ein spezifisches Weltwissen, das er sich zum Verständnis des jeweiligen Textes aneignet. Somit wird auf dieser Prozessebene vorausgesetzt, dass

Leserinnen und Leser auf bereits vorhandenes Wissen zurückgreifen bzw. sich fehlendes Wissen aneignen können (vgl. ebd., S.247).

Da die *elaborative Prozesskomponente* dadurch charakterisiert ist, dass Leserinnen und Leser Vorhersagen treffen und Weltwissen nutzen, handelt es sich auch um einen wissensbasierten Verstehensprozess beim Lesen.

Die metakognitiven Prozesse – *Strategien auswählen, überprüfen und regulieren* stellen eine übergeordnete Instanz im Leseprozess dar. Wenn Lesende metakognitive Prozesse ausführen, steuern sie ihren Leseverstehensprozess und können ihr Lesen überwachen und kontrollieren (vgl. ebd., S.246). Der Ablauf des Leseprozesses ist abhängig vom Können und der Intention von Leserinnen und Lesern sowie von der Beschaffenheit des Textes.

Kompetente Leserinnen und Leser entnehmen den Wörtern und Sätzen Bedeutungen, die aus dem jeweils eigenen Handlungs- und Erfahrungskontext heraus konstruiert und interpretiert werden (vgl. Christmann/Groeben, 1999, S.146).

2.3.2 Produktion von Schrift – Schreiben von Texten

Nach Ludwig bildet bei der Produktion von Schrift „die Produktion von Buchstaben: das Buchstabenschreiben" (Ludwig, 2007, S.30) die Basis allen Schreibens. Dem schließt er weitere Handlungen des Schreibens an: „die Schreibung von Wörtern (vornehmlich die Orthographie, die Formulierung von Sätzen (das Sätzeschreiben) und die Verfertigung von Texten (das Texteschreiben)" (ebd., S.30). Ludwig unterscheidet demnach psychomotorisches Schreiben, wie z.B. das Schreiben einzelner Buchstaben, das Rechtschreiben[26] sowie das Niederschreiben von Gedanken in Texten – das Textschreiben.

Zum Textschreiben wurden Modelle entwickelt, die den Prozess des Schreibens veranschaulichen. Hayes und Flower legen 1980 ein international rezipiertes Schreibprozessmodell vor, das sie 1981 elaborierten. Dieses Modell, das unter didaktischen Aspekten um eine motivationale Basis erweitert wurde, wird im Folgenden in seiner deutschen Übersetzung herangezogen und erläutert (vgl. Blatt, 1996, S.25).

---

[26] Auf das Rechtschreiben wird an dieser Stelle nicht weiter eingegangen. Es wird in Kapitel 2.2 zur Struktur der Schriftsprache sowie im Kapitel 2.4.3 zur Rechtschreibkompetenz thematisiert.

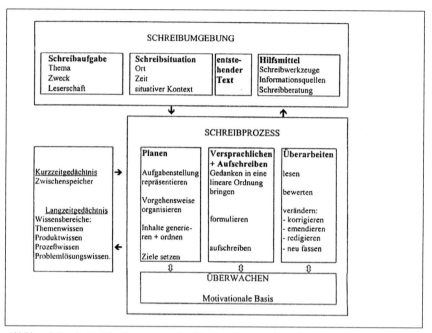

Abbildung 3: Erweitertes Schreibprozessmodell auf der Grundlage von Flower & Hayes (Blatt, 1996, S.25)

In dem Schreibprozessmodell werden vier Bereiche ausgewiesen: Neben dem eigentlichen Schreibprozess handelt es sich um die *Schreibumgebung*, das *Gedächtnis des Schreibers* und das *Überwachen des Schreibprozesses*, die alle in einer Wechselwirkung zueinander stehen (vgl. ebd., S.25).

Zur *Schreibumgebung* zählt die Schreibaufgabe, die jeweilige Situation, in der geschrieben wird, der entstehende Text sowie mögliche Hilfsmittel, wie z.b. Informationsquellen oder auch Schreibwerkzeuge (vgl. ebd., S.25).

Kurz- und Langzeitgedächtnis beeinflussen den Schreibprozess. Während aus dem Langzeitgedächtnis beispielsweise Vorwissen zu einem bestimmten Sachverhalt abgerufen werden kann, das für die Textproduktion von Bedeutung ist, stellt die begrenzte Speicherkapazität des Kurzzeitgedächtnisses ein Problem beim Schreiben dar, da das Aufschreiben der Gedanken in der Regel Zeit benötigt. Das zum Schreiben notwendige *Themen- und Produktwissen* ist von der *Schreibaufgabe* abhängig. So benötigen Schreibende beispielsweise für argumentative

Aufgaben Wissen darüber, wie ein Argument aufgebaut ist und thematisches Wissen zum jeweiligen Sachverhalt[27] (vgl. ebd., S.25).

Der eigentliche Schreibprozess ist unterteilt in die Bereiche *Planen, Versprachlichen und Aufschreiben* sowie *Überarbeiten*. Diese Prozesskomponenten sind zudem jeweils in Subprozesse unterteilt. Blatt stellt den Subprozess *Ziele setzen* im Prozess *Planen* als für Flower und Hayes besonders bedeutsamen Aspekt heraus: „Die Ziele zum Schreibprodukt umfassen alle Erwägungen zu Inhalt, Leserschaft, Zweck und Darstellungsweise. Wie umfassend die Ziele sind, hängt von der Art der Aufgabenrepräsentation, der Schreiberfahrung und der Intention des Schreibers ab. [...] Diese leitet [...] den gesamten Schreibprozess" (Blatt, 1996, S.23). Flower und Hayes beschreiben die Einflussgröße des Subprozesses *Ziele setzen* wie folgt: „Just as goals lead a writer to generate ideas, those ideas lead to new, more complex goals which can then integrate content and purpose" (Flower/Hayes, 1981, S.373).

Der Prozess des *Überarbeitens* umfasst nicht nur eine produktive, sondern schließt auch eine rezeptive Komponente mit ein, da der entstehende Text schreibbegleitend gelesen wird. Abhängig davon, ob der Schreiber seinen Text mit den Augen eines Lesers sowie selbstkritisch lesen kann, kann er änderungsbedürftige Stellen identifizieren. Somit hängt die Textüberarbeitungskompetenz von dem Sprach- und Textwissen der Leserinnen und Leser ab (vgl. Blatt, 1996, S.25).

Die metakognitive Ebene des *Überwachens* ist dem Schreibprozess übergeordnet. Die Tätigkeit des Überwachens steuert den Schreibprozess. Kompetente Schreiber üben aufgrund ihrer Überwachungstätigkeit die Teil- und Subprozesse sehr flexibel und damit effizient aus. Sie unterbrechen z.b. ihr Schreiben, um ihren Text zu lesen und zu überarbeiten oder um zum Thema fehlendes Wissen einzuholen (vgl. ebd., S.25).

Ob der Schreiber die zum Schreiben notwendige Konzentration und das erforderliche Durchhaltevermögen aufbringt, hängt von seiner Motivation ab. Sie bildet eine *Basis* für den Schreibprozess. Schreiber können extrinsisch[28] oder intrinsisch[29] motiviert sein. So können

---

[27] Zur Analyse von argumentativen Texten liefert das Argumentationsmodell von Toulmin eine theoretische Basis (vgl. Lenke et al., 1995, S.202-205; vgl. Kapitel 5.6.6.3).
[28] Bei einer **extrinsischen Motivation** sind die Schreibenden nicht von innen heraus begeistert, eine Aufgabe zu lösen, „sondern kümmern [...][sich] [...] nur darum, was sie für Vorteile bringt" (Woolfolk, 2014, S.388; Einfügung: Verfasserin).
[29] „**Intrinsische Motivation** ist die natürliche Tendenz, sich Herausforderungen auszusuchen und sie zu meistern, während persönlichen Interessen nachgegangen wird und Fähigkeiten umgesetzt werden" (ebd., S.387; Hervorhebung im Original).

beispielsweise „Noten, die Anerkennung durch die Peergroup und die eigene Zufriedenheit mit dem Text" (ebd., S.25) zur Motivation beitragen.

2.4 Modelle zur Schriftkompetenz

Durch die empirische Wende wurde der Begriff der Kompetenz im Allgemeinen sowie auch im Zusammenhang der Fachspezifik im Kontext der Bildungsforschung intensiv diskutiert und im Rahmen von Untersuchungen wurden theoretische Rahmenkonzepte durch Mess- und Skalierungsverfahren modelliert.[30]

Im eng gefassteren Sinne lässt sich Kompetenz nach Hartig und Klieme als „kontextspezifische kognitive Leistungsdisposition auf bestimmte Klassen und Situationen von Aufgaben beziehen" (Hartig/Klieme, 2006, S.128). Weinert definiert Kompetenz mit einem weiteren Blick, der auch die „Bereitschaften und Fähigkeiten" (Weinert, 2001, S.27) von Personen mit einbezieht. Er bestimmt diese als „die bei Individuen verfügbaren oder durch sie erlernbaren kognitiven Fähigkeiten und Fertigkeiten, um bestimmte Probleme zu lösen, sowie die damit verbundenen motivationalen, volitionalen und sozialen Bereitschaften und Fähigkeiten, um die Problemlösungen in variablen Situationen erfolgreich und verantwortungsvoll nutzen zu können" (ebd., S.27-28).

Im Folgenden sollen Modelle zur Schriftkompetenz – der Lese-, Schreib- und Rechtschreibkompetenz – dargelegt werden.

2.4.1 Lesekompetenz

Das Lesekompetenzmodell im Rahmen von IGLU, welches für die hier vorliegende Arbeit grundlegend sein soll, reiht sich in die angelsächsische Tradition von *literacy* ein,

> „in der in pragmatischer Absicht grundlegende Kompetenzen definiert werden, die in der Wissensgesellschaft bedeutsam sind. Mit reading literacy wird die Fähigkeit bezeichnet, Lesen in unterschiedlichen, für die Lebensbewältigung praktisch bedeutsamen Verwendungssituationen einsetzen zu können" (Bos et al., 2003b, S.73).

---

[30] Auf die jeweiligen Verfahren des Messens und Skalierens wird in der hier vorliegenden Arbeit nicht weiter eingegangen (vgl. hierzu u.a. Rost, 2004, S.115 ff.), sondern ausschließlich auf die jeweiligen Modelle als Ergebnis an sich.

Das folgende Zitat fasst die Definition von *Lesekompetenz* in der IGLU-Studie zusammen:

„Lesekompetenz [ist] als Fähigkeit, Texte verschiedener Arten zu verstehen und zu nutzen, eine notwendige Voraussetzung für eine Lebensführung, die gesellschaftlichen und persönlichen Ansprüchen gerecht wird. Wer kompetent liest, kann lesen, um zu lernen, um an der Gemeinschaft der Lesenden innerhalb und außerhalb der Schule teilzuhaben oder auch ‚nur', um Freude zu haben" (ebd., S.70; Einfügung: Verfasserin).

Zentral in dieser Begriffsbestimmung von Lesekompetenz sind zum einen das Verstehen von Gelesenem und zum anderen die Möglichkeiten, die sich hierdurch für den Leser ergeben, nämlich die Teilhabe an der Gesellschaft sowie der Aspekt des Vergnügens durch das Lesen.

IGLU wurde bisher 2001, 2006 und 2011 durchgeführt. Das eingesetzte Lesekompetenzmodell wird im Folgenden vorgestellt und seine Relevanz für die Grundschule herausgestellt.

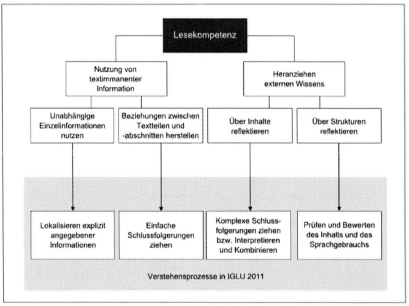

Abbildung 4: Die theoretische Struktur der Lesekompetenz in IGLU
(Bremerich-Vos et al., 2012, S.73)

In dem IGLU-Lesekompetenzmodell sind zwei Prozesswege ausgewiesen – die „Nutzung von textimmanenten Informationen" (Bremerich-Vos et al., 2012, S.73) und das „Heranziehen externen Wissens" (ebd., S.73), welches bestimmtes Vorwissen einschließt. Bei der Nutzung von Informationen, die im Text genannt werden, ist es möglich, unabhängig von bisherigen Vorerfahrungen oder Vorkenntnissen diese direkt aus dem Text zu erschließen (vgl. ebd., S.73). Der entsprechende Verstehensprozess wird als „Lokalisieren explizit angegebener Informationen" (ebd., S.73) bezeichnet. Wenn innerhalb eines gelesenen Textes auf Verbindungen geschlossen wird und „Beziehungen zwischen Textteilen und –abschnitten" (ebd., S.73) durch den Leser hergestellt werden, entspricht dies dem Verstehensprozess „Einfache Schlussfolgerungen ziehen" (ebd., S.73).

Auf Grundlage des eigenen Vorwissens kann der Leser „komplexe Schlussfolgerungen ziehen sowie den Text interpretieren" (ebd., S.73), indem er Aussagen kombiniert (vgl. ebd., S.73). Dazu muss er die inhaltliche und sprachliche Textstruktur heranziehen und mit seinem Vorwissen in Verbindung bringen (vgl. ebd., S.73). Das „Prüfen und Bewerten des Inhalts und des Sprachgebrauchs" (ebd., S.73) kennzeichnet den vierten Verstehensprozess innerhalb des IGLU-Lesekompetenzmodells, der eine Reflexion voraussetzt (vgl. Bremerich-Vos et al., 2012, S.71 ff.).

Die auf dem „pragmatische[n] Konzept von *literacy*[31]" (Bos et al., 2003b, S.73; Einfügung: Verfasserin) basierende Definition der Lesekompetenz unterscheidet sich von der deutschdidaktischen Tradition, die vor allem den literarischen Aspekt fokussiert. So spricht Hurrelmann von der Teilhabe an der „Lesekultur" (Hurrelmann, 2004, S.172), zu der Lesekompetenz befähigen sollte. Ein zentrales Forschungsgebiet ist die Lesesozialisation.

> „Unter literarischer oder Lesesozialisation versteht man den dialektischen Verlauf der Herausbildung des Einzelnen in der Auseinandersetzung mit literarischen Medien und den Prozess seines Hineinwachsens in die Schrift- bzw. die literarische Kultur. Dialektisch ist dieser Prozess insofern, als das Individuum einerseits beim Eingang in Gesellschaft, Kultur und Geschichte u.a. von den vorgefundenen literalen Praktiken geprägt wird, es aber andererseits im Sinne der Selbstsozialisation Wahl- und Einflussmöglichkeiten auf diese Vorgänge hat. [...] Mit Lese- oder literarischer Sozialisation ist ein Ausschnitt des gesamten Sozialisationsprozesses von Individuen und insbesondere ein Ausschnitt ihrer Mediensozialisation begrifflich gefasst" (Rosebrock, 2003, S.153).

---

[31] Hervorhebung im Original.

Dieser Forschungszweig hebt die Bedeutung der *emotionalen Dimension* des Lesens hervor: „Sie betrifft die Fähigkeit, Texte bedürfnisbezogen auszuwählen, eigene Erfahrungen und Gefühlserlebnisse mit der Lektüre zu verbinden (von verschiedenen Formen der Identifikation bis hin zur Freude an der kognitiven Durchdringung der Texte), das Vermögen, bei Schwierigkeiten Unlust zu balancieren, nicht zuletzt die Fähigkeit zum ästhetischen Wahrnehmen und Genießen" (Hurrelmann, 2002, S.13 f.). Diese emotionale Dimension beinhaltet folglich Aspekte der Lesemotivation. Strategien zum Umgang mit Schwierigkeiten bzw. Demotivation in Bezug auf die Literatur gehören ebenso zu dieser emotionalen Dimension. Darüber hinaus spielt der Aspekt des Genießens und der Freude an der Literatur eine große Rolle.

In den empirischen Leseleistungsstudien wie IGLU werden bei der Kompetenzmodellierung nur die kognitiven Aspekte berücksichtigt (vgl. Bos et al., 2007, S.85 ff.). Das ist durch die eingesetzten statistischen Methoden bedingt, die nur eine Messung kognitiver Leistung ermöglichen. Zusätzlich werden jedoch Fragebogen eingesetzt, mit denen auch motivationale, affektive und soziale Leistungsaspekte erfasst werden. Dies geschieht in der IGLU-Studie mit Hilfe eines Schülerfragebogens zur Lesemotivation, dem das Konzept des *Reading-Engagements*[32] zugrunde liegt (vgl. Lankes et al. 2003, S.16 ff; Möller/Bonerad, 2007, S.259 ff.; Guthrie/Wigfield, 2000, S.404). Wie bisherige Studien ergaben, ist das *Reading-Engagement* ein zentraler Faktor für den Erwerb von Lesekompetenz, der sogar sozial benachteiligende Faktoren ausgleichen kann (vgl. Goy/Strietholt, 2009, S.31).

Im Zuge der international vergleichenden Leistungsstudien vollzog sich im Bildungssektor eine Wende von der Input- zur Outputorientierung. In diesem Zusammenhang wurden bundesweit einheitliche Bildungsstandards[33] durch die Kultusministerkonferenz (KMK[34]) verfasst, in denen für die zentralen Fächer[35] Kompetenzbereiche ausgewiesen und Standards formuliert wurden. Im Zuge dieser Bildungsstandards etablierten sich deutschlandweite Lernstandserhebungen. Für diese Zwecke werden Tests für ausgewählte Klassenstufen für die Fächer Deutsch, Mathematik und Englisch in den einzelnen Bundesländern bzw. vom Institut für Qualitätsentwicklung

---

[32] „We propose that engaged readers in the classroom or elsewhere coordinate their strategies and knowledge (cognition) within a community of literacy (social) in order to fulfill their personal goals, desires, and intentions (motivation)" (Guthrie/Wigfield, 2000, S.404).
[33] „Nationale Bildungsstandards formulieren verbindliche Anforderungen an das Lehren und Lernen in der Schule. Sie stellen damit innerhalb der Gesamtheit der Anstrengungen zur Sicherung und Steigerung schulischer Arbeit ein zentrales Gelenkstück dar. Bildungsstandards benennen präzise, verständlich und fokussiert die wesentlichen Ziele der pädagogischen Arbeit, ausgedrückt als erwünschte Lernergebnisse der Schülerinnen und Schüler" (Klieme et al., 2009, S.9).
[34] Kultusministerkonferenz wird im Folgenden mit KMK abgekürzt.
[35] Vgl. Abbildung „Kompetenzbereiche des Faches Deutsch" im Anhang A.

im Bildungswesen (IQB) entwickelt und in den Schulen durchgeführt. Diese Erhebungen dienen Diagnosezwecken zur Orientierung für die Planung der Bildungsprozesse auf Schul- und Klassenebene (vgl. Diemer, 2013, S.55 ff.).

Für den an dieser Stelle relevanten Kompetenzbereich „Lesen – mit Texten und Medien umgehen" (KMK, 2004, S.9) am Ende des vierten Schuljahres weist die KMK die Aspekte „über Lesefähigkeiten verfügen, über Leseerfahrungen verfügen, Texte erschließen, Texte präsentieren" (ebd., S.9) für die Lesekompetenz aus.

Die Charakterisierung des Lesekompetenzbereiches durch die KMK berücksichtigt sowohl die basalen Lesefertigkeiten – wie das Dekodieren – als auch analog zu IGLU, das Nutzen von textimmanenten Informationen in Bezug auf das Verstehen und Erschließen eines Textes. Als weitere Teilkompetenz am Ende des vierten Schuljahres wird in den Bildungsstandards das Präsentieren von Texten, wie beispielsweise ein vorbereiteter Lesevortrag oder eine Vorstellung eines selbstgewählten Buches durch die Schülerinnen und Schüler, ausgewiesen (vgl. ebd., S.12).

2.4.2 Schreibkompetenz

Blatt (2011) bezieht sich in ihrer Bestimmung einer voll ausgebildeten Schreibkompetenz auf das Schreibentwicklungsmodell von Bereiter (1980):

> „Bereiter (1980) unterteilt die Schreibkompetenz im Hinblick darauf, ob der Fokus auf dem Prozess, dem Produkt bzw. auf dem Leser liegt, und weist insgesamt fünf Teilkompetenzen aus:
>
> 1. Assoziatives Schreiben (Ideen entwickeln, aufschreiben);
> 2. Performatives Schreiben (Schreibkon
> 3. ventionen einhalten);
> 4. Leserbezogenes Schreiben (die Perspektive des Lesers einnehmen);
> 5. Textgestaltendes Schreiben (Sprach-/Stilmittel einsetzen und Textmuster nutzen, die dem Thema, der Intention und dem Adressaten angemessen sind);
> 6. Epistemisches Schreiben (Schreiben zur Gedankenentwicklung und Reflexion nutzen" (Blatt, 2011, S.92f.).

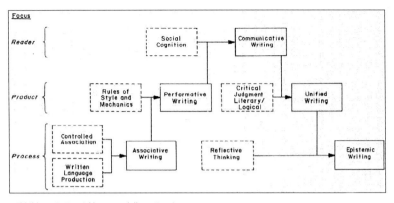

*Abbildung 5: Entwicklungsmodell von Bereiter
(Bereiter, 1980, S.84)*

Nach Bereiter entwickeln sich diese einzelnen Teilkompetenzen nicht stufenweise, sondern in einer individuellen Abfolge. Sie können jeweils unterschiedlich gut ausgebildet sein, d.h., dass auch schon Grundschulkinder textgestaltend, leserbezogen und epistemisch schreiben können, auch wenn sie das performative Schreiben noch nicht vollständig beherrschen. Im Laufe einer gelungenen Lernentwicklung erweitern und vertiefen sich die einzelnen Teilfähigkeiten (vgl. Bereiter, 1980, S.84).

Becker-Mrotzek und Schindler (2005) formulieren im Hinblick auf die Schreibkompetenz Anforderungsbereiche und sich darauf beziehende Niveaus. Die Anforderungsbereiche beziehen sich auf das Schreiben von Texten, das normgerechte Schreiben unter Berücksichtigung orthographischer Regularitäten sowie die jeweilige Besonderheit des Mediums des gespeicherten Textes (z.b. in Form des handschriftlichen oder digitalen Schreibens oder auch der mentalen Speicherung des Textes) (vgl. Becker-Mrotzek/Schindler, 2007, S.12). Sie differenzieren Schreibkompetenz hinsichtlich maximaler und minimaler Ausprägungsformen: „Maximale Schreibkompetenz liegt dann vor, wenn eine maximale Schreibanforderung optimal bewältigt wird. Minimale Schreibkompetenz liegt dann vor, wenn ein Minimum an Verständigung erreicht wird, d.h. Leser die Kommunikationsabsicht erschließen können" (ebd., S.16 f.).

Über unterschiedliche Niveaus der Bewältigung von Schreibaufgaben gibt eine Untersuchung Auskunft, die im Rahmen der IGLU-Ergänzungsstudie[36] Textschreiben 2001 in elf Bundesländern durchgeführt wurde (vgl. Blatt et al., 2005, S.109). Eine entwickelte Schreibkompetenz zeichnet sich danach durch eine inhaltliche Komponente (wie z.b. Vielfalt und Qualität der Ideen), den sach- und lesergerechten Aufbau des Textes sowie eine adressatenbezogene sprachliche Gestaltung aus (vgl. ebd., S.116 ff. und Blatt, 2011, S.93).

In den Bildungsstandards wird der Kompetenzbereich „Schreiben" (KMK, 2004, S.10) durch das Verfügen von Schreibfertigkeiten (vgl. ebd., S.10) – wie beispielsweise einer lesbaren Handschrift und einer übersichtlichen Textgestaltung (vgl. ebd., S.10) – sowie die Rechtschreibung, näher bestimmt (vgl. ebd., S.10). Neben den formalen Aspekten zählt auch das „Texte verfassen" (ebd., S.11) zu diesem Kompetenzbereich. Bei der Textproduktion werden analog zum Schreibprozessmodell von Flower und Hayes (1981) „Texte planen" (ebd., S.11), „Texte schreiben" (ebd., S.11) und „Texte überarbeiten" (ebd., S.11) unterschieden.

2.4.3 Rechtschreibkompetenz

Das *Richtig schreiben* ist eine Komponente in allen Modellen der Schreibkompetenz. Im Folgenden sollen drei in empirischen Untersuchungen überprüfte Modelle zur Rechtschreibkompetenz für den Grundschulbereich vorgestellt werden.

Zunächst wird ein Zwei-Ebenen-Modell für die Jahrgangsstufen 1 bis 6 näher betrachtet, das im Rahmen einer Interventions-Kontrollstudie unter Einsatz des „gutschrift-Tests" (Voss et al., 2008, S.134)[37] an Dortmunder Schulen empirisch untersucht worden ist.

Die Autoren unterteilen die „Rechtschreibfähigkeit[38]" (ebd., S.134) in die zwei Teilkompetenzen „phonographische und [...] (wort-/satz-) grammatische Fähigkeit" (ebd., S.134). Wer über eine Rechtschreibkompetenz auf der ersten Teilkompetenzebene verfügt, ist demnach in der

---

[36] Durch eine zusätzliche nationale Studie in Deutschland wurden Untersuchungen über das Leseverständnis hinaus zu den Bereichen Mathematik, Naturwissenschaften, Orthographie und Aufsatz durchgeführt (vgl. Bos et al., 2003a, S.1 ff.).
[37] „Es handelt sich um einen Rechtschreibtest in Lückensatzform mit 23 Sätzen, in die nach Diktat 23 Wörter für gutschrift-1 und 37 Wörter für gutschrift-2 einzusetzen sind" (Voss et al., 2008, S.136). Vgl. hierzu auch: http://dose-diagnostik.de/Diagnostik.html; Stand: 11.08.2014.
[38] Die Autoren des an dieser Stelle vorgestellten Rechtschreibkompetenztests setzen Rechtschreibkompetenz mit dem Begriff der Schriftkompetenz gleich und definieren diese wie folgt: „Schriftkompetenz bzw. Rechtschreibung ist Teil der Schreibkompetenz. Auch und gerade mit Hinblick auf spätere Anwendungen im Erwachsenenleben besteht diese in der Fähigkeit, eigene Gedanken, Argumentationen, Sachverhalte usw. je nach Aufgabenstellung sach- und adressatenbezogen schriftlich zu formulieren" (Voss et al., 2008, S.133).

Lage, basale Phonem-Graphem-Korrespondenzen orthographisch korrekt zu verschriftlichen sowie in erweiterten Anforderungen auch Konsonantenverdoppelungen und Dehnungszeichen nach Vokalen zu berücksichtigen (vgl. ebd., S.135). Die zweite Teilkompetenz beinhaltet das orthographisch korrekte Verschriftlichen aller von der Phonem-Graphem-Korrespondenz abweichenden Prinzipien (wie z.b. die Umlautschreibung oder das Graphem <v>) (vgl. ebd., S.135). Sowohl Naumann (2008) als auch Blatt (2010) merken an, dass die Einteilung aus linguistischer Perspektive zu hinterfragen sei, da beispielsweise die silbisch bedingten Silbenanfangsränder wie <sp> und <st> der basalen Graphem-Phonem-Korrespondenz zugeordnet werden (vgl. Blatt, 2010, S.122; Naumann, 2008, S.143).

Ein weiteres Modell zur Rechtschreibkompetenz legen Böhme und Bremerich-Vos im Rahmen einer Untersuchung zur Überprüfung der Bildungsstandards in Klasse 3 und 4 vor. Ähnlich wie auch in anderen Tests zur Überprüfung der Orthographie wählen die Autoren Wörter mit sogenannten „Lupenstellen" (Böhme/Bremerich-Vos, 2009, S.338) aus. „Bestimmte Stellen im Wort werden als Indikatoren für bestimmte orthographische Regularitäten verstanden bzw. sind Fälle für Schwierigkeiten, die Lerner im Erwerbsprozess haben" (ebd., S.338). In Anlehnung an die „Aachener Förderdiagnostische Rechtschreibfehler-Analyse AFRA" (ebd., S.338) wurden neun Fehlerkategorien differenziert wie „spezielle Grapheme und Graphemverbindungen" (ebd., S.338) und die „Vokallänge in der Mehrheit und Minderheit der Fälle" (ebd., S.338). Böhme und Bremerich-Vos beziehen sich in ihren Ausführungen auf die Rechtschreibkompetenzdefinition in den Bildungsstandards für das Fach Deutsch im Primarbereich:

> „Die Kinder verfügen über grundlegende Rechtschreibstrategien. Sie können lautentsprechend verschriften und berücksichtigen orthographische und morphematische Regelungen und grammatisches Wissen. Sie haben erste Einsichten in die Prinzipien der Rechtschreibung gewonnen. Sie erproben und vergleichen Schreibweisen und denken über sie nach. Sie gelangen durch Vergleichen, Nachschlagen im Wörterbuch und Anwenden von Regeln zur richtigen Schreibweise. Sie entwickeln Rechtschreibgespür und Selbstverantwortung ihren Texten gegenüber" (KMK, 2004, S.8).

Diese am Können der Kinder orientierte Definition beinhaltet einerseits das Beherrschen basaler rechtschriftlicher Regeln, ein Wissen und Nutzen von Strategien – wie der Regelanwendung oder dem Nachschlagen in einem Wörterbuch – sowie die Ausbildung eines Gespürs für die Rechtschreibung.

Blatt und Frahm konstatieren, dass sowohl das vorgelegte Modell von Voss et al. (2008) als auch das von Böhme und Bremerich-Vos (2009) fehlerbasiert sind, d.h. dass die Rechtschreibkompetenz ausgehend von den orthographischen Fehlern der Schülerinnen und Schüler näher bestimmt wird (vgl. Blatt/Frahm, 2013, S.17).

Ein auf Können basiertes Rechtschreibkompetenzmodell, welches sprachsystematisch fundiert ist, legen Voss, Blatt und Kowalski im Rahmen von IGLU-E 2006 sowie im Rahmen des Hamburger Leseförderprojektes 2007/2008 (HeLp 2007/08) vor.

Die folgende Abbildung zeigt die Rahmenkonzeption, auf deren Grundlage sprachsystematische Rechtschreibtests (SRT) zur Kompetenzmessung entwickelt wurden[39] (vgl. Blatt et al., 2011, S.237).

Tabelle 1: Rahmenkonzeption zum sprachsystematischen Rechtschreibtest (Blatt et al., 2011, S.237)

Orientierung an Prinzipien	Teilkompetenzen
Phonographisches und silbisches Prinzip im Kernbereich	Bezug herstellen zwischen Schrift- und Lautstruktur unter Berücksichtigung der silbenstrukturellen Informationen (Silbenanfangs- und -endrand und Silbenschnitt)
Morphologisches Prinzip im Kernbereich	Vererbte silbenschriftliche Informationen in flektierten und abgeleiteten Formen herleiten; Flexionsmorpheme kennen und anwenden
Peripheriebereich	Markierungen in offenen Silben setzen und vererbte Schreibweisen herleiten; Transfer bei Sonderfällen und Lernwörtern; Fremdwortschreibung
Prinzipien der Wortbildung	Wortarten und Wortbildungsmorpheme kennen und in Ableitungen und Komposita produktiv anwenden
Wortübergreifendes Prinzip	Syntaxstrukturen kennen und für Groß-, Getrennt- und Zusammenschreibung, dass- Schreibung und Kommasetzung anwenden

Im Anschluss an die graphematische Forschung von Eisenberg sowie an die Grundlagenforschung von Hinney (1997) wurde dieses Modell (vgl. hierzu Kapitel 2.2) entwickelt und empirisch validiert. Den Kernbereich der Prinzipien bilden hierbei das phonographische und silbische sowie das morphologische Prinzip. Des Weiteren wird die Rechtschreibkompetenz im Rahmen dieses Modells durch die Schreibungen im Peripheriebereich (wie z.B. Dehnungs-h

---

[39] Im Rahmen dieser Arbeit soll ausschließlich das Rahmenkonzept zum sprachsystematischen Rechtschreibtest – zur Rechtschreibkompetenz dargelegt werden. Zur vertiefenden Lektüre in Bezug auf den Test, sei auf Voss et al. (2007) und Frahm (2012) verwiesen.

und Fremdwortschreibungen), Wortbildungsprinzipien (z.b. Zusammenschreibung von Wörtern – Kompositabildung) sowie das wortübergreifende Prinzip, das die Großschreibung von Wörtern regelt, näher bestimmt (vgl. Blatt et al., 2011, S.237).

2.5 Ergebnisse aus Leistungsstudien

Im Folgenden werden die von IGLU erhobenen Befunde zum Lesen, Schreiben und Rechtschreiben für den Grundschulbereich zusammenfassend dargestellt.

2.5.1 Lesen

Die IGLU-Studie ist eine repräsentative, international vergleichende Leistungsstudie, die bisher 2001, 2006 und 2011 durchgeführt wurde. Da es sich um eine Querschnitt[40]- und nicht um eine Längsschnittstudie[41] handelt, ist kein direkter Vergleich der Ergebnisse möglich, auch wenn Ergebnisse der drei Studien vergleichend dargestellt werden. Die an deutschen Schulen erzielten Leistungen werden zudem mit den Ergebnissen der *„Europäischen Union* (EU) sowie den Teilnehmern, die der *Organisation for Economic Co-operation and Development* (OECD) angehören" (Bos et al., 2012a, S.95) verglichen. In allen Untersuchungen zum Lesen wurden sowohl literarische als auch informierende Texte eingesetzt. Zudem wurden die Einstellungen der Schülerinnen und Schüler mittels Fragebogen erhoben (vgl. Tarelli et al., 2012, S.12).

Tarelli et al. stellen fest: „Für den Vergleich der drei Erhebungen IGLU 2001, 2006 und 2011 zeigt sich für Deutschland, dass die Verbesserung, die sich 2006 im Vergleich zu 2001 gezeigt hatte, nicht gehalten werden konnte. Die Leistungen von 2011 entsprechen in etwa dem Leistungsniveau von 2001" (ebd., S.12).

Die Leseleistungen werden in Mittelwerten ausgewiesen. Seit der ersten „IGLU-Erhebung im Jahr 2001 [wurde] ein Mittelwert (*M* für arithmetisches Mittel) von 500 Punkten und eine Standardabweichung (SD für Standard Deviation) von 100 Punkten festgelegt. [...] Dabei beruht die Wahl der Einheiten für diese Skala ausschließlich auf Konventionen. Werte, die nahe

---

[40] „Die Datenerhebung bei Querschnittdesigns bezieht sich auf einen Zeitpunkt oder eine kurze Zeitspanne, in der eine einmalige Erhebung der Eigenschaften (Variablenwerte) bei N Untersuchungseinheiten vorgenommen wird" (Diekmann, 2014, S.304).

[41] Bei einer Längsschnittstudie, auch Paneldesign genannt, „werden (a) die Werte der gleichen Variablen (b) zu mehreren Zeitpunkten, jedoch auf der Grundlage einer identischen Stichprobe erhoben" (Diekmann, 2014, S.305).

beim Mittelwert liegen, kommen häufiger vor als Extremwerte" (ebd., S.60; Einfügung: Verfasserin). Dieser Mittelwert wird im Rahmen dieser internationalen Untersuchung als „Skalenmittelwert" bezeichnet. Um eine Vergleichbarkeit über die einzelnen Untersuchungszeitpunkte hinweg zu erzielen, erfolgt eine einheitliche Skalenbildung (vgl. ebd., S.60).

Die Streubreite von Leistungen kann etwas über die Leistungsfähigkeit und Qualität des Bildungssystems aussagen: „Als ein Kriterium für gute Qualität von Bildungssystemen gilt, dass ein hohes Niveau bei gleichzeitig geringer Streuung der Leistungen erreicht werden kann und damit die Schere zwischen Personen mit guter und schwacher Leistung vergleichsweise gering ist" (ebd., S.13). Die Leistungsstreuung wird „durch Perzentilbänder illustriert, die jeweils das 5., 25., 75. und 95. Perzentil[42] angeben" (Bos et al., 2012a, S.98). Für Deutschland zeigt sich eine geringere Streubreite im Vergleich:

> „Die Perzentilbänder vom 5. bis zum 95. Perzentil illustrieren die Streuung der Lesewerte, über die die mittleren 90 Prozent der Schülerinnen und Schüler mit den niedrigsten und höchsten Leistungswerten gehören. Das für Deutschland vergleichsweise schmale Perzentilband weist darauf hin, dass der Leistungsunterschied zwischen den jeweils fünf Prozent leistungsschwächsten und leistungsstärksten Kindern in Deutschland im internationalen Vergleich kleiner und damit die Verteilung der Leseleistungen auf die ‚mittleren' 90 Prozent der Kinder homogener ausfällt als in Staaten mit breiteren Perzentilbändern" (Bos et al., 2012a, S.99).

Die Leseleistungsergebnisse der Viertklässlerinnen und Viertklässler werden insgesamt fünf Kompetenzstufen zugeordnet. Diese Kompetenzstufen sollen unterschiedliche Kompetenzniveaus abbilden:

---

[42] „Während der Prozentrang die relative Position der Merkmalsausprägung einer Testperson in der Normierungsstichprobe beschreibt, bezeichnet das *Perzentil* jenen Testwert x_v, der einem bestimmten Prozentrang in der Normierungsstichprobe entspricht. Das heißt z.B., dass derjenige Testwert, welcher von 30% der Probanden unterschritten bzw. höchstens erreicht wird, 30. Perzentil genannt wird. Die grobstufigeren *Quartile* entsprechen dem 25., 50. bzw. 75. Perzentil" (Moosbrugger/Kelava, 2012, S.178; Hervorhebung im Original).

Kompetenz- stufe		Skalenbereich der Fähigkeit
I	Rudimentäres Leseverständnis	< 400
II	Explizit angegebene Einzelinformationen identifizieren und benachbarte Informationen miteinander verknüpfen	400 – 475
III	„Verstreute" Informationen miteinander verknüpfen	476 – 550
IV	Für die Herstellung von Kohärenz auf der Ebene des Textes relevante Aspekte erfassen und komplexe Schlüsse ziehen	551 – 625
V	Auf Textpassagen bzw. den Text als ganzen bezogene Aussagen selbstständig interpretierend und kombinierend begründen	> 625
IEA: Progress in International Reading Literacy Study (PIRLS)		© IGLU 2011

Abbildung 6: Kompetenzstufen und Skalenwerte - Leseverständnis
(Bremerich-Vos et al., 2012, S.78)

Für die Erreichung der *Kompetenzstufe I – dem rudimentären Leseverständnis*[43] - müssen beispielsweise Leseverstehensaufgaben beantwortet werden, die verlangen, explizit im Text genannte Informationen zu entnehmen und innerhalb vorgegebener Wahlantwortmöglichkeiten anzukreuzen, welche Antwort richtig ist (vgl. ebd., S.76).

Die *Kompetenzstufe II* entspricht einer etwas höheren Anforderung an das Leseverständnis, indem *explizit angegebene Informationen identifiziert und benachbarte Informationen miteinander verknüpft* werden sollen. Hier gilt es über das direkte Entnehmen von Informationen aus dem Text hinaus, auch erste Schlussfolgerungen und Verknüpfungen von textimmanenten Informationen zu bewältigen. Auch zum Text zugehörige (Schau-)Bilder oder Überschriften sind hier ggf. von Nutzen (vgl. ebd., S.76 f.).

Auf der *Kompetenzstufe III* sind die Leseverstehensanforderungen auf satzübergreifender Ebene anzusiedeln, da hier *verstreute Informationen miteinander verknüpft* werden sollen. Das Ziehen einfacher Schlussfolgerungen zur Beantwortung von Multiple-Choice-Aufgaben mit vorgegebenen Antwortmöglichkeiten sowie offener Aufgabenformate[44] ist hier anzusiedeln (vgl. ebd., S.77).

---

[43] Aufgrund der besseren Lesbarkeit werden die Bezeichnungen der einzelnen Kompetenzstufen nicht in Anführungsstriche gesetzt, sondern kursiv gedruckt. Die Bezeichnungen sind der angegebenen Quelle entnommen.
[44] Offene Aufgabenformate sind Aufgaben ohne vorgegebene Antworten (vgl. Diekmann, 2014, S.438).

Bei der *Kompetenzstufe IV* geht es darum, *für die Herstellung von Kohärenz auf der Ebene des Textes relevante Aspekte zu erfassen und komplexe Schlüsse zu ziehen*. Die Kinder müssen für die Beantwortung der Leseverstehensaufgaben den ganzen Text betrachten und innerhalb dieses Textes einzelne Textpassagen und Informationen miteinander in Beziehung setzen und darüber hinausgehend komplexe Schlussfolgerungen ziehen. Es handelt sich meist um Aufgaben eines offenen Formats (vgl. ebd., S.77).

Die höchsten Leseverstehensanforderungen sind der *Kompetenzstufe V* zuzuordnen – hier sollen die Kinder *auf Textpassagen beziehungsweise den Text als ganzen bezogen Aussagen selbstständig interpretierend und kombinierend begründen*. So können die Schülerinnen und Schüler beispielsweise nach dem Lesen eines literarischen Textes aufgrund der Handlungsweisen der Protagonistin oder des Protagonisten auf den jeweiligen Charakter schließen. In Bezug auf Sachinformationstexte könnten beispielsweise „Textinformationen in eine schematische Darstellung überführt werden" (ebd., S.78). Schülerinnen und Schüler, deren Leseleistungsergebnisse der Kompetenzstufe V zugeordnet werden können, verfügen demnach über eine Fähigkeit zur Abstraktionsleistung.

Die Leistungsergebnisse von 2001 und 2011 liegen nah beieinander. So erreichen die Lernenden der vierten Klassen „in Deutschland [...] ein Kompetenzniveau, das sich im internationalen Vergleich im oberen Drittel der Rangreihe befindet" (ebd., 2012, S.12). Der Mittelwert für Deutschland liegt bei 541 Punkten und somit deutlich über dem Mittelwert der EU[45]-Vergleichsgruppe mit 534 Punkten sowie auch der OECD Vergleichsgruppe, die noch deutlich mehr Länder beinhaltet, mit 538 Punkten (vgl. ebd., S.12).

In Deutschland erreichen 2011 9,5 Prozent der Schülerinnen und Schüler die Kompetenzstufe V, in der Vergleichsgruppe der EU sind dies 9,4 Prozent und in der OECD-Vergleichsgruppe[46] 10,3 Prozent, so dass Deutschland etwas unter dem international erzielten Wert liegt. In Nordirland erreichen die Viertklässlerinnen und Viertklässler beispielsweise 18,6 Prozent.

Innerhalb der unteren Kompetenzstufen sind die erreichten Ergebnisse Deutschlands vergleichbar mit denen der EU-Vergleichsgruppe. So erreichen „15,4% der Kinder in Deutschland nicht die Kompetenzstufe III, das heißt, sie verfügen nicht über ausreichende Lesekompetenzen. Für diese Gruppe ist zu erwarten, dass sie in der Sekundarstufe I mit erheblichen Schwierigkeiten beim Lernen in allen Fächern konfrontiert sein wird, wenn es nicht gelingt, sie dort

---

[45] Die EU Vergleichsgruppe beinhaltet die teilnehmenden Staaten der Mitglieder der Europäischen Union (vgl. Bos et al., 2012a, S.95).

[46] Zur OECD-Vergleichsgruppe gehören die Mitglieder der *„Organisation for Economic Co-operation and Development"* (Bos et al., 2012a, S.95; Hervorhebung im Original).

maßgeblich zu fördern" (ebd., S.13). Finnland erzielt mit 7,9 Prozent und die Niederlande mit 9,9 Prozent den niedrigsten Wert innerhalb der in der EU teilnehmenden Staaten (vgl. ebd., S.13). Tarelli et al. konstatieren: „Im Vergleich von IGLU 2001 und 2011 zeigt sich, dass die Anteile von Schülerinnen und Schülern sowohl auf den untersten Kompetenzstufen (I und II) als auch auf der obersten Kompetenzstufe (V) nahezu unverändert sind, obwohl sich 2006 positive Veränderungen gezeigt hatten" (ebd., S.13).

Weiterhin werden die Ergebnisse nach den beiden im Kompetenzmodell ausgewiesenen Subskalen berichtet:

> „In der Subskala textimmanente Verstehensleistungen wurden die Leseaufgaben zusammengefasst, die den Leseverstehensprozessen ‚Lokalisieren explizit gegebener Informationen' und ‚Einfache Schlussfolgerungen ziehen' zugeordnet worden sind. Aufgaben zu den Leseverstehensprozessen ‚Komplexe Schlussfolgerungen ziehen: interpretieren und kombinieren' sowie ‚prüfen und bewerten des Inhalts und des Sprachgebrauchs' wurden zur Subskala wissensbasierte Verstehensleistungen zusammengefasst" (Bos et al., 2012a, S.116).

Für die Subskala „textimmanente Verstehensleistungen" (ebd., S.116) erreichen die Lernenden in Deutschland einen Mittelwert von 548 Punkten, die Vergleichsgruppe EU erzielt einen Wert von 535 und die OECD Vergleichsgruppe einen Wert von 513 Punkten, somit liegt Deutschland über diesen Werten. Die Ergebnisse der Subskala „wissensbasierte Verstehensleistungen" (ebd., S.116) unterscheiden sich kaum. Deutschland erzielt hier einen Wert von 536 Punkten, die EU Vergleichgruppe 533 Punkte und die OECD Vergleichsgruppe 538 Punkte. Die Schülerinnen und Schüler erzielen folglich im Bereich der textimmanenten Verstehensleistungen signifikant bessere Ergebnisse (vgl. ebd., S.116).

Insgesamt ist in Bezug auf die Unterschiede der Leistungen von Mädchen und Jungen anzumerken, dass die Mädchen mit 545 Punkten im Vergleich zu den Jungen mit 537 Punkten auf der Gesamtskala Lesen einen signifikant besseren Wert erzielen (vgl. ebd., S.134).

Im Rahmen eines Fragebogens wurden die Schülerinnen und Schüler zu ihrem Leseverhalten, zur Lesemotivation sowie zu ihrem Selbstkonzept befragt. So zeigen die Ergebnisse in Bezug auf das Leseverhalten der Lernenden im Vergleich der Jahre 2001, 2006 und 2011, dass sich der Anteil der nicht in der Freizeit lesenden Kinder signifikant verringert hat – während 2001 18 Prozent der Kinder angaben, in ihrer Freizeit nicht zu lesen, sind es 2011 nur noch 11 Prozent. Auch in Bezug auf die Lesemotivation ist eine positive Veränderung zu verzeichnen: 2011 verfügen 68,2 Prozent über eine hohe Lesemotivation, wohingegen 2001 nur ein Wert von 59,1 Prozent erzielt wurde (vgl. ebd., S.124). Der Anteil von befragten Jungen, die angaben, nicht in der Freizeit zu lesen, ist höher als der Anteil der Mädchen (vgl. ebd., S.128).

Die Ergebnisse zum Leseselbstkonzept werden von den Autoren nicht vergleichend dargestellt, da die internationale Studienleitung die Testinstrumente von 2001 bis 2011 verändert hat. Die Befunde von 2011 zeigen, dass 77,4 Prozent der Viertklässlerinnen und Viertklässler ein hohes Leseselbstkonzept haben. Insgesamt konnten Zusammenhänge zwischen erfolgreichen Leseleistungen und einem hohen Leseselbstkonzept ermittelt werden (vgl. ebd., S.125).

Bos et al. (2012a) ziehen Schlussfolgerungen auf Grundlage der Befunde. So verweisen sie beispielsweise darauf, dass das erzielte Ergebnis innerhalb der Kompetenzstufe V auszubauen sei und die Notwendigkeit eines Förderunterrichts innerhalb der Sekundarstufe I für den relativ großen Anteil von Schülerinnen und Schülern bestünde, die große Schwierigkeiten im basalen Bereich des Lesens zeigen (vgl. ebd., S.134). Diese Ergebnisse und Befunde zeigen die Notwendigkeit zu unterrichtsbezogenen Untersuchungen sowie zur Konzeptentwicklung und –erprobung zum Leseunterricht auf, um langfristig eine positive Entwicklung einzuleiten.

2.5.2 Texte schreiben

In der IGLU-Ergänzungsstudie Textschreiben von 2001 bearbeiteten die Teilnehmerinnen und Teilnehmer in 11 Bundesländern eine Schreibaufgabe, für die sie 25 Minuten Zeit hatten:

> „Dein Thema lautet: *Mit der Zeitmaschine ins Jahr 2051*. Stell dir vor, du machst eine Zeitreise in die Zukunft und landest im Jahr 2051. Vieles hat sich verändert! Wie leben die Menschen jetzt? Schreibe einen Brief aus der Zukunft an deine Freundin oder deinen Freund in der Gegenwart. Erzähle, was sich verändert hat, was besser, aber auch was schlechter geworden ist" (Blatt et al., 2005, S.114).

Blatt et al. haben insgesamt 215 von den insgesamt 1807 Zukunftsbriefen inhaltsanalytisch und statistisch ausgewertet (vgl. ebd., S.109). Aus jedem Bundesland wurden ca. 20 Texte ausgewählt. Die Autoren haben ein vierschrittiges Auswertungsverfahren angewendet:

> „ 1. Die Anforderungen aus der Aufgabenstellung werden präzise bestimmt.
> 2. Die Schülertexte werden gesichtet, um einen Eindruck zu erhalten, welche Ideen die Schülerinnen und Schüler entwickelt und wie sie diese strukturell und sprachlich umgesetzt haben.
> 3. Die Beurteilungskriterien, die sich aus der Aufgabenstellung ergeben, werden anhand der Sichtung der Schülertexte verfeinert und konkretisiert.
> 4. Die Texte werden mit Hilfe dieser Kriterien beurteilt" (ebd., S.111).

Nach diesen vier Schritten sind die Briefe computergestützt inhaltsanalytisch[47] mit dem Programm MAXqda[48] ausgewertet worden. Die Kategorienbildung ist sowohl deduktiv[49] als auch induktiv[50] erfolgt: „Ein deduktives Element ist die Zuhilfenahme von eher allgemeinen aus der Fachliteratur bekannten Beurteilungskriterien von Texten wie Inhalt, Aufbau, sprachliche Gestaltung und schriftliche Darbietung. Diese Kategorien wurden durch eine Sichtung der Texte ausdifferenziert, womit sich die deduktive und induktive Vorgehensweise ergänzen" (ebd., S.112).

Die Aufgabenstellung bietet vielfältige Möglichkeiten der Realisierung – so kann einerseits nur das veränderte Zukunftsleben und andererseits aber auch die Reise in die Zukunft in den Brief eingebaut werden (vgl. ebd., S.114). Auf induktivem Weg wurden verfeinerte Kriterien gewonnen.

Die *Kategorie des Inhalts* wird hinsichtlich der „Vielfalt der Ideen" (ebd., S.116) und der „Qualität der Ideen" (ebd., S.117) konkretisiert – diese wird durch die Kriterien *neu* und *ungewöhnlich* näher bestimmt; die „Einnahme der Zeitperspektive" (ebd., S.117) in den Briefen wird anhand deiktischer Mittel[51] erfasst.

Die Kategorie *Aufbau* ist durch die formale Struktur der Textsorte Brief durch „Anrede, einleitende Hinführung zum Thema (Einleitung) und Abschied" (ebd., S.117) gekennzeichnet.

---

[47] „Zusammenfassend will [...] Inhaltsanalyse
Kommunikation analysieren
fixierte Kommunikation analysieren.
dabei *systematisch* vorgehen.
dabei also *regelgeleitet* vorgehen.
dabei auch *theoriegeleitet* vorgehen.
das Ziel verfolgen, *Rückschlüsse auf bestimmte Aspekte der Kommunikation* zu ziehen"
(Mayring, 2010, S.13).
[48] MAXqda ist eine Software für die qualitative Inhaltsanalyse (vgl. http://www.maxqda.de/; Stand: 03.12.2014). „Unter der Bezeichnung QDA-Software hat sich ein spezieller Typ von Computerprogrammen herausgebildet, der heute nahezu standardmäßig in der qualitativen Forschung Verwendung findet. [...] QDA-Software schreibt keine bestimmte Auswertungsmethode vor, sondern lässt sich für viele Datenarten und methodische Ansätze einsetzen" (Kuckartz, 2014b, S.132).
[49] „Eine deduktive Kategoriendefinition bestimmt das Auswertungsinstrument durch theoretische Überlegungen. Aus Voruntersuchungen aus dem bisherigen Forschungsstand, aus neu entwickelten Theorien oder Theoriekonzepten werden die Kategorien in einem Operationalisierungsprozess auf das Material hin entwickelt" (Mayring, 2010, S.83).
[50] „Eine induktive Kategoriendefinition hingegen leitet die Kategorien direkt aus dem Material in einem Verallgemeinerungsprozess ab, ohne sich auf vorab formulierte Theoriekonzepte zu beziehen" (Mayring, 2010, S.83).
[51] Deiktische Ausdrücke oder Mittel „können [...] auf andere sprachliche Zeichen innerhalb eines Textes Bezug nehmen" (Bußmann, 2008, S.117). In diesem Falle würden Ort und Zeit angezeigt werden.

Die Kategorie *Sprache* ist durch die Briefform, den Stil sowie durch schriftsprachliche Ausdrucksmittel, wie z.B. das Präteritum, zu charakterisieren (vgl. ebd., S.116).

Die Rechtschreibung in den Briefen wird zur Beurteilung der Textqualität nur insoweit herangezogen, als geprüft wird, ob sie die Lesbarkeit beeinträchtigt. Ein in der Aufsatzkorrektur üblicher Fehlerquotient wurde dagegen nicht berücksichtigt.

Die computerbasierte Inhaltsanalyse mit Hilfe von LCA-Analysen ergab „drei Gruppen von Textschreibern [...]: Die ‚Briefeschreiber', ‚die Geschichtenerzähler' und diejenigen, die die Aufgabe nur unvollständig bearbeitet haben, was bis zur Unauswertbarkeit der Briefe gehen konnte" (ebd., S.127).

Die „Briefeschreiber" (ebd., S.127) machten 60 Prozent der Gesamtgruppe aus und hielten sich mit ihren geschriebenen Texten am engsten an die vorgegebene Aufgabenstellung. Auch wurden die aufgestellten Kriterien sehr häufig erfüllt: so weisen viele Texte formale Briefcharakteristika, schriftsprachliche Besonderheiten, wie die Verwendung von Konjunktionen und die Berücksichtigung der Zeitperspektive auf. Für die „Briefeschreiber" (ebd., S.127) konnte in Bezug auf die Lesekompetenz ein Mittelwert von 531 ausgewiesen werden, welcher der Lese-Kompetenzstufe III entspricht (vgl. ebd., S.131).

Die Gruppe der „Geschichtenerzähler" (ebd., S.127) umfasst in etwa 30 Prozent und unterscheidet sich von den „Briefeschreibern" u.a. dadurch, dass sie sich nicht so eng an die Aufgabenstellung gehalten hat. So wurden in einigen Fällen z. B. die formalen Kriterien eines Briefes in den Texten nicht berücksichtigt. Die Viertklässlerinnen und Viertklässler dieser Gruppe erzählten in ihren Texten von der Zukunft und bezogen auch die in der Aufgabenstellung erwähnte Zeitreise mit ein. Für diese Kinder konnte in Bezug auf die Lesekompetenz ein Mittelwert von 505 ausgewiesen werden, welcher der Lese-Kompetenzstufe II entspricht (vgl. ebd., S.130).

Die dritte Gruppe ist mit 10 Prozent der kleinste Teil. Für diese Kinder konnte in Bezug auf die Lesekompetenz ein Mittelwert von 457 ausgewiesen werden, was der Grenze zwischen Lese-Kompetenzstufe I und II entspricht. Die Aufgaben wurden hier nur unvollständig bearbeitet, so dass einige Briefe nicht auswertbar waren, da z.B. nur wenige Kriterien, wie z.B. wörtliche Rede oder eine Briefanrede, realisiert worden sind (vgl. ebd., S.131).

Blatt et al. (2005) haben in einer vertiefenden Analyse einzelne Briefe genauer hinsichtlich der Textstruktur – der Textkohäsion und der Textkohärenz – untersucht:

> „Textkohäsion und –kohärenz bestimmen die Textqualität. Kohäsion bedingt den Einsatz sprachlicher Mittel wie z.B. Pronomina, Adverbien und Konjunktionen. Kohärenz lässt sich daran ablesen, inwieweit dem Text als Ganzem ein Kerngedanke

zugrunde liegt. Dies lässt sich z.b. durch die Analyse der Thema-Rhema-Struktur erfassen. Dahinter steht der Gedanke, dass man den Satzinhalt in zwei Teile, ein Thema und ein Rhema unterteilen kann. Während als Thema das zu betrachten ist, *über das*[52] etwas ausgesagt wird, umfasst das Rhema dasjenige, *was darüber*[53] ausgesagt wird" (ebd., S.138; Hervorhebung im Original).

Zudem wurden die Briefe hinsichtlich des Aufbaus sowie des Inhalts untersucht. Darüber hinaus wurde die Rechtschreibung exemplarisch dahingehend untersucht, „welche grundlegenden Strategien der Sprachanalyse dabei verletzt" wurden (ebd., S.145). So zeigte sich, dass in allen Bereichen des Kernbereichs – dem phonographisch-silbischen und dem morphologischen Prinzip sowie im Bereich der Wortbildung Fehlschreibungen vorlagen. Die Autoren leiten daraus ab, dass die Kinder bisher keinen bzw. wenig Einblick in die systematische Schriftstruktur erlangt haben und es nahe liegt, „dass die Kinder die Wörter entweder nach der ihnen möglichen lautlichen Analyse schreiben (z.b. wilst, hälst, verendert, beteuben, bistelt, Nongbon), übergeneralisieren (z.b. nähmlich, Maschiene, vertig, Taffeln, lessen, Fehrnbedingung, Stieft) oder semantische Unterschiede anhand der Schreibweise nicht beachten (z.b. mann, wider)" (ebd., S.147).

2.5.3 Rechtschreiben

Die Rechtschreibkompetenz von Viertklässlerinnen und Viertklässlern wurde innerhalb von IGLU in den Jahren 2001 und 2006 (IGLU-E) untersucht. Im Jahre 2011 wurde diese Ergänzungsuntersuchung nicht mehr durchgeführt, da diese hierdurch ermöglichten Ländervergleiche der „von den Schülerinnen und Schülern erreichten Kompetenzstände[n] [...] seit 2009 mit Hilfe von Testverfahren [erfolgen], die auf Grundlage der länderübergreifenden Bildungsstandards entwickelt werden" (Böhme et al., 2012, S.13; Einfügung: Verfasserin).

Löffler und Meyer-Schepers (2005) haben qualitative Fehleranalysen der Testwörter des in IGLU 2001 eingesetzten Rechtschreibtests DoSE[54] mit dem Blick auf die orthographischen Kompetenzen der getesteten Viertklässlerinnen und Viertklässler durchgeführt. Es handelt sich bei diesem Test „um einen Lückentext, bestehend aus 19 Sätzen mit 45 Testwörtern, wes-

---

[52] Hervorhebung im Original.
[53] Hervorhebung im Original.
[54] DoSE steht für „Dortmunder Schriftkompetenzermittlung" (Valtin et al., 2003, S.233). Dieses Testinstrument wurde von Löffler und Meyer-Schepers entwickelt.

halb sich die reine Diktierzeit gegenüber den meisten Rechtschreibtests, die eine vergleichbare Anzahl von Wörtern verwenden, um die Hälfte verkürzt. Die reine Diktierzeit beträgt 20 Minuten" (Kowalksi et al., 2010, S.33 f.). Insgesamt werden 3391 Tests aus insgesamt 12 Bundesländern ausgewertet, so dass von einer repräsentativen Untersuchung gesprochen werden kann.

Eine quantitative Auswertung dieses Rechtschreibtests kann hinsichtlich der richtig geschriebenen Wörter erfolgen, qualitativ können die Testwörter hinsichtlich bestimmter Rechtschreibphänomene ausgewertet werden (vgl. ebd., S.34). Löffler und Meyer-Schepers differenzieren die Fehler nach ihrem Kompetenzmodell in einen *lautanalytischen (phonographischen)* und einen *grammatischen Kompetenzbereich* (vgl. Löffler/Meyer-Schepers, 2005, S.84). Diese beiden Kompetenzbereiche differenzieren die Autorinnen in ein elementares und erweitertes Kompetenzniveau.

In Bezug auf den elementaren *lautanalytischen Kompetenzbereich* ergibt die Auswertung, dass die überwiegende Anzahl der Kinder ihre Kompetenzen in diesem Bereich gut ausgebildet hat. In der Feinanalyse zeigt sich jedoch, dass 12,7 Prozent der 849 Schülerinnen und Schüler noch Schwierigkeiten mit der Schreibweise des <sp> und <st> haben, da sie sich hier an einer lautgetreuen Schreibung *scht oder *schp zu orientieren scheinen. Eine hohe Fehlerdichte weisen auch die Schreibungen von <z>, <pf>, <qu> sowie von <ng> und <nk> als Silbengelenke auf. Bei den Schülerinnen und Schülern im unteren Bereich machen diese Phänomene 29 Prozent bzw. 34 Prozent der Fehlschreibungen aus (vgl. ebd., S.87).

Im elementaren *grammatischen Kompetenzbereich* zeigen sich Fehlerschwerpunkte bei der Schreibung des Schwalautes <e> in der zweiten Silbe. Diese Fehler sind nach den Autorinnen ebenso auf eine lautgetreue Herangehensweise zurückzuführen. Es zeigten sich zudem Fehlerschwerpunkte in Bezug auf die Ableitungen im morphologischen Bereich. Das untere Viertel der Gesamtstichprobe hatte beispielsweise mit 73,4 Prozent Schwierigkeiten in der Schreibung des Umlautes in <glänzen>. Bei den Schreibungen der Präfixe <ver> und <vor> zeigten sich große Unterschiede innerhalb der Leistungsgruppen: Während die 25 Prozent leistungsstärksten Schülerinnen und Schüler kaum Fehlschreibungen in diesem Bereich zeigten. So waren bei den Kindern in der unteren Leistungsgruppe hier deutliche Orthographieverstöße zu verzeichnen. Das Wort <ver>deckt schrieben z.B. 38,2 Prozent der Leistungsschwächsten falsch, 37,9 Prozent das Wort <Vor>sicht. So lässt sich anhand der qualitativen Auswertungsergebnisse für den elementaren grammatischen Kompetenzbereich feststellen, dass die meisten orthographischen Verstöße die Umlautableitungen und das Graphem <v> in Präfixen betreffen (vgl. ebd., S. 89 f.).

Weiterhin wurden die Schreibungen in den erweiterten lautanalytischen und grammatischen Kompetenzen untersucht. Zu den erweiterten lautanalytischen Kompetenzen zählen die Dehnungs- und Kürzungszeichen. Für die untere Leistungsgruppe erweist sich das <ck> in dem Wort <angeblickt> als besonders schwierig. Die Fehlschreibungen betragen hier 84 Prozent. Die Verdopplung des <t> im Wort <Diskette> gestaltet sich in allen Leistungsgruppen als Herausforderung. So beträgt die Anzahl der Fehlschreibungen im oberen Leistungsbereich 14,2 Prozent, in der mittleren Gruppe 34,2 Prozent und im unteren Bereich 67,3 Prozent. Insgesamt stellen Löffler und Meyer-Schepers fest, dass das Resultat der ermittelten rechtschriftlichen Unsicherheit im erweiterten lautanalytischen Kompetenzbereich (gerade im Bereich der mittleren und unteren Leistungsgruppe) nicht als zufriedenstellend gelten kann (vgl. ebd., S.93 f.).

In den erweiterten grammatischen Kompetenzbereich fallen die satzinterne Großschreibung sowie die Wortbildung mit wortartenbedingten Flexionen (vgl. ebd., S. 94). Die feinanalytische Auswertung der Testwörter zeigt eine große Fehlerhäufigkeit bei der satzinternen Großschreibung: 20,3 Prozent im oberen, 36,1 Prozent im mittleren und 46,1 Prozent im unteren Leistungsbereich machen hierbei Fehler. Zur Kategorie Ableitung konstatieren die Autorinnen: „die Ableitung des stimmlosen s-Lauts als <ß> im Unterschied zum ‚stimmhaften' <s> (z.B. ‚verloßt' statt ‚verlost') sowie des ‚stummen'-h, das erst silbenanlautend zum ‚Laut-h' wird (z.B. ‚ruig' statt ‚ruhig'), überfordert 87 Prozent der Schülerinnen und Schüler des unteren Viertels" (ebd., S.95).

Die Ergebnisse der IGLU-E-Studie 2001 dagegen zeigen, dass „nur von 80 Prozent der Viertklässler [die am Ende von Klasse 2 zu erwartenden Wörter] sicher verschriftet werden [...] [und] bis zu 25 Prozent der Schülerinnen und Schüler mehr als jedes dritte und der Durchschnitt jedes fünfte Rechtschreibphänomen, das auf erweiterte orthographische Kompetenzen verweist, fehlerhaft verschriften" (Valtin et al., 2003, S.257; Einfügung: Verfasserin).

Löffler und Meyer-Schepers ziehen Schlussfolgerungen aus ihren Ergebnissen für den Rechtschreibunterricht: Es sollten Materialien eingesetzt werden, die die Kinder zur Rechtschreibung motivieren und die Lernfreude wecken. Des Weiteren sollten die Inhalte systematisch erarbeitet sowie im spiralcurricularen Sinne immer wieder aufgegriffen werden, „so dass für die Lerner das Neue das Alte nicht in Frage stellt und Unsicherheiten evoziert, sondern besser verstehen hilft" (Löffler/Meyer-Schepers, 2005, S.104).

Eine zusätzliche Untersuchung im Bereich der Rechtschreibung wurde im Rahmen von IGLU auch 2006 durchgeführt. Hier wurde die *gutschrift-Diagnose*, eine Weiterentwicklung des DoSE-Tests, eingesetzt. Bei der *gutschrift-Diagnose* werden 35 Wörter diktiert und in einen Lückentext eingesetzt, „15 dieser Wörter sind identisch mit dem 2001 eingesetzten DoSE-Test und können zu Vergleichen herangezogen werden" (Kowalski et al., 2010, S.34). Insgesamt nahmen 2006 alle Bundesländer an der Untersuchung teil. Kowalski et al. stellen die Untersuchungsergebnisse für den Bereich Orthographie dar und legen in ihrem Bericht zusätzlich Effektstärken der Untersuchungsergebnisse vor, diese „Effektstärke ermöglicht die Einordnung der Bedeutsamkeit der ermittelten Veränderungen bzw. Unterschiede" (ebd., S.34).

Insgesamt können die Viertklässlerinnen und Viertklässler 2006 im Vergleich zu 2001 ihre orthographische Kompetenz steigern. Bei der Anzahlbetrachtung der richtig geschriebenen Wörter zeigt sich, dass 2001 51,3 Prozent der Testwörter richtig geschrieben worden sind, 2006 sind es 57,8 Prozent. Die Effektstärke beträgt hier $d=0,25$. Der Leistungsunterschied zwischen Mädchen und Jungen im orthographischen Kompetenzbereich verringert sich von 2001 ($d=0,22$) zu 2006 ($d=0,18$) ein wenig. Es ist jedoch zu berücksichtigen, dass es sich um unterschiedliche Kohorte und unterschiedliche Testinstrumente handelt (vgl. ebd., S.36 f.).

Kowalski et al. analysieren die Daten auch hinsichtlich der Einflussfaktoren des Migrations- sowie des Bildungshintergrunds. Sowohl 2001 als auch 2006 zeigen sich Leistungsunterschiede bei Kindern mit und ohne Migrationshintergrund. Kinder, deren Eltern nicht in Deutschland geboren worden sind, schrieben 2001 42,8 Prozent der Wörter richtig, 2006 waren es 54,6 Prozent. Die in Deutschland geborenen Kinder schrieben 2001 54,7 Prozent und 2006 59,4 Prozent der Wörter richtig. In beiden Gruppierungen ist eine höhere Leistung zu verzeichnen, die jeweilige Zuwachsstärke ist jedoch unterschiedlich. So stellen Kowalski et al. fest, dass die jeweilige „Effektstärke des Unterschieds der Kinder mit Migrationshintergrund ($d=0,45$) [...] mehr als doppelt so stark wie diejenige der Kinder ohne Migrationshintergrund ($d=0,19$) [ist]" (ebd., S.37; Einfügung: Verfasserin). Die Rechtschreibleistung von Kindern mit Migrationshintergrund ist 2006 ungefähr gleich hoch wie die Leistung der Kinder ohne Migrationshintergrund im Jahre 2001 (vgl. ebd., S.38).

Aussagen zum familiären Bildungshintergrund werden im Rahmen von IGLU über einen Fragebogen zur „Anzahl der im Haushalt zur Verfügung stehenden Kinderbücher" (ebd., S.38) erhoben. Die Befunde aus IGLU 2001 zeigen einen deutlichen Zusammenhang zwischen einer höheren Anzahl an Kinderbüchern und einer höheren Rechtschreibkompetenz. Die Befunde der Untersuchung 2006 zeigen leichte Leistungszuwächse bei den Kindern mit eher bildungsfernem Hintergrund: Wurden 2001 nur 36,6 Prozent der Testwörter innerhalb der Gruppe mit 0 bis 10 Kinderbüchern im Haushalt richtig geschrieben, so waren dies 2006 49,5 Prozent der Wörter (vgl. ebd., S. 40).

Insgesamt fassen Kowalski et al. zusammen, dass eine Leistungssteigerung von dem Jahr 2001 bis zum Jahr 2006 festzustellen ist. Dies führen sie u.a. auf die stärkere Fokussierung dieses Lerngegenstandes im Rahmen deutschdidaktischer Forschung und Lehrerbildung in der Praxis zurück (vgl. ebd., S.40). Da es sich um eine Querschnittsuntersuchung handelt, in der nur 15 von 45 Testwörtern identisch sind, sind diese Schlussfolgerungen kritisch zu hinterfragen.

Die in IGLU 2006 befragten Deutschlehrer geben über die Angebotsvielfalt in ihrem Rechtschreibunterricht Auskunft. Gegenstand des Rechtschreibunterrichts sind demnach: „Rechtschreibregeln erklären, den Schülern verschiedene Lerntechniken erklären oder vormachen, Fehler aus Aufsätzen oder freien Texten der Schüler besprechen sowie die Schüler in Partnerarbeit üben lassen" (Valtin/Voss, 2010, S.42). Die Autoren betonen jedoch, dass diese Befragungsergebnisse ausschließlich Hinweise liefern können (vgl. ebd., S.42).

Im deutschen Schulsystem stellt die Rechtschreibung nach der IGLU-Studie ein bildungsgangbestimmendes Merkmal dar: „Die Entscheidung, ob für ein Kind eine Empfehlung für die Schulformen Haupt-, Realschule bzw. Gymnasium ausgesprochen wird, hängt vor allem von der Rechtschreibnote zum Ende der Grundschulzeit ab" (Kowalski et al., 2010, S.33).

2.6 Zusammenfassung des zweiten Kapitels

Die deutsche Schriftsprache hat sich im Laufe ihrer etwa 5.000-jährigen Geschichte entwickelt. In der Forschung wurde sie zunächst als dependent von der weitaus älteren gesprochenen Sprache untersucht. Erst die *graphematische Forschungsrichtung* innerhalb der Linguistik untersucht die Schriftstruktur als eigenständiges System und bezieht ihre Ergebnisse erst in einem zweiten Schritt auf das Lautsystem der Sprache (vgl. u.a. Eisenberg, 2013, S.286). Die graphematischen Forschungsergebnisse zeigen, dass die Wortschreibungen im Deutschen weitgehend systematisch durch das phonographische, silbische, morphologische und wortübergreifende Prinzip geregelt sind (vgl. u.a. Eisenberg 1995; Eisenberg 2013).

Die Struktur von Texten ist durch eine Oberflächenstruktur, die *Kohäsion*, sowie durch eine Tiefenstruktur, die *Kohärenz*, gekennzeichnet (vgl. de Beaugrande/Dressler 1981).

Die Schriftkompetenz erfasst die *Rezeption*, das heißt das Lesen und Verstehen von Texten, sowie die *Produktion*, das heißt das Produzieren von Schrift und Texten.

Innerhalb der kognitionspsychologischen Forschung wurden Modelle entwickelt, die die Prozesse des *Lesens* (vgl. u.a. Irwin 2007) und des *Schreibens* (vgl. u.a. Blatt 1996) aufdecken.

Seit der sogenannten *empirischen Wende*, im Kontext der Beteiligung Deutschlands an den international vergleichenden Leistungsstudien, hat sich eine domänenspezifische Kompetenzforschung etabliert. Es wurden deutschlandweit verbindliche fachspezifische Bildungsstandards für die Klassenstufe 4 sowie für den mittleren Bildungsabschluss und für die Allgemeine Hochschulreife entwickelt (vgl. u.a. Klieme et al. 2009; KMK, 2004). Die Kompetenzforschung liefert theoretische Rahmenmodelle für die Lese-, Schreib- und Rechtschreibkompetenz, die sie für die Entwicklung fachspezifischer Tests nutzt, die wiederum in empirischen Studien eingesetzt werden. Mit den so gewonnenen Daten werden die theoretischen Rahmenmodelle mit Verfahren der Item Response Theorie (IRT)[55] validiert (vgl. u.a. Bremerich-Vos et al. 2012; Becker-Mrotzek/Schindler 2007; Blatt et al. 2011).

Aus der Internationalen Grundschul-Lese-Untersuchung (IGLU) und ihrer Ergänzungsstudien (IGLU-E) liegen Modelle zur Lese-, zur Rechtschreib- und zur Textschreibkompetenz vor (vgl. Blatt et al. 2005; vgl. Löffler/Meyer-Schepers 2005; Voss et al. 2007; Kowalski et al. 2010; Bos et al. 2012a).

Die *Schriftkompetenz* umfasst die Lese-, Schreib- und Rechtschreibkompetenz. Es handelt sich um ein komplexes System, in dem diese drei Komponenten zusammenwirken. Ihre Bestimmung ist abhängig von den herangezogenen theoretischen Grundlagen. In der vorliegenden Arbeit wird auf linguistische Forschungsergebnisse sowie die dargelegten empirisch geprüften Kompetenzmodelle zum Lesen und Rechtschreiben und die Prozessmodelle zum Lesen und Textschreiben zurückgegriffen.

---

[55] „IRT kann als besonderes Teilgebiet der ps. Testtheorie aufgefasst werden. [...] Genauer betrachtet modelliert die IRT das Zustandekommen einer Reaktion (Antwort) auf eine Aufgabe, Frage oder Feststellung (Oberbegriff *Item*). Anders als die Klassische Testtheorie fokussiert sie auf die einzelnen Items, nicht auf den Test als solchen" (Wirtz, 2014, https://portal.hogrefe.com/dorsch/item-response-theorie-irt/; Stand: 03.12.2014).

3. Komponenten *guten Unterrichts* aus didaktischer und empirischer Sicht

Im Rahmen des dritten Kapitels der hier vorliegenden Dissertationsschrift sollen Forschungsschwerpunkte und Ansätze der didaktischen und empirischen Unterrichtsforschung fokussiert werden. Im Anschluss daran werden mögliche Faktoren *guten Unterrichts* – Modelle und Studienergebnisse – aus nationaler und internationaler Forschungsperspektive dargelegt. Abschließend erfolgt im Rahmen einer Zusammenschau eine Darstellung der relevanten Erkenntnisse im Hinblick auf die Komponenten *guten Unterrichts*.

3.1 Forschungsrichtungen

Der Erforschung von Merkmalen *guten Unterrichts* widmen sich insbesondere die Forschungsrichtungen der *Didaktik*[56] und der *Empirischen Bildungsforschung*[57]. Sie sind in unterschiedlichen Wissenschaftstraditionen verankert. Die Didaktik bezieht sich in ihren Anfängen auf geisteswissenschaftliche Positionen und fächert sich in eine *Allgemeine Didaktik* und in *Fachdidaktiken* auf (vgl. Terhart, 2002, S.78). Demgegenüber gründet die empirische Bildungsforschung, die Lehr-Lern-Forschung und Leistungsstudien umfasst, auf Standards der empirischen Sozialwissenschaften und bedient sich quantitativer[58] und qualitativer[59] Forschungsmethoden (vgl. Gräsel, 2011, S.14). Wie die Allgemeine Didaktik erforscht die empirische Lehr-Lern-Forschung „in voller Breite das Lehren und Lernen in unterschiedlichen Kontexten. Lehr-Lern-Forschung ist gewissermaßen eine Sammelbezeichnung für solche empirische Forschung, die sich auf die Mikroprozesse von Unterrichts- bzw. Lehr-Lern-Situationen bezieht" (Terhart, 2002, S.79). Die in der Öffentlichkeit besonders wahrgenommenen empirischen Forschungen sind die international vergleichenden *Leistungsstudien*.

---

[56] „(nach dem griechischen Begriff didaktike techne) heißt wörtlich übersetzt: Lehrkunst. In der heutigen Diskussion findet sich eine weite Auffassung von Didaktik als Wissenschaft vom Lehren und Lernen generell und eine engere Auffassung von Didaktik als Wissenschaft vom Unterricht, teilweise noch enger: als Theorie der Bildungsinhalte oder sogar des Lehrplans (Memmert, 1995). Wichtig ist, dass Didaktik immer beide Aspekte einschließt: das Lehren und das Lernen" (Gudjons, 2012, S.241).

[57] „Die Empirische Bildungsforschung untersucht die Bildungsrealität in einer Gesellschaft, wobei der Schwerpunkt auf der institutionalisierten Bildung liegt. Bildungsforschung fragt im Kern wie Bildungsprozesse verlaufen, wer welche Qualifikationen und Kompetenzen im Bildungssystem erwirbt, wovon dieser Qualifikations- und Kompetenzerwerb abhängig ist, und welche Auswirkungen er hat" (Gräsel, 2011, S.13).

[58] „Die Gegebenheiten und Relationen der pädagogischen Lebenswelt werden in symbolischen, zahlenmäßigen Repräsentationen abgebildet. Daraus resultiert auch die Bezeichnung quantitative Forschungsmethoden" (Krüger, 2012, S.228).

[59] „Kennzeichen qualitativ-empirischer Forschung ist […], dass sie sich am Ziel einer möglichst gegenstandsnahen Erfassung der ganzheitlichen Eigenschaften (qualia) sozialer Felder orientiert" (Krüger, 2012, S.204).

Die *Didaktik* als Wissenschaft etablierte sich in den 60er Jahren als Forschungsrichtung und ging aus der *Methodik* des Unterrichts hervor (vgl. Schuster, 1992, S.1).

Die *Methodik* verfolgte das Ziel, den Studierenden und Lehrkräften ein Handlungsgerüst für *guten Unterricht* zur Verfügung zu stellen. Die *Didaktik* erweitert das Untersuchungsspektrum über die reine Methodik hinaus auf die Theorie des Lehrens und Lernens. Grundlegend wird eine normative Diskussion über „den moralischen und gesellschaftlichen Aspekt über Schule und Unterricht geführt" (Terhart, 2002, S.78). Somit „ging es und geht es in der Tradition der Allgemeinen Didaktik eben nicht nur um Lernen, sondern immer auch um Bildung" (ebd., S.78).

Dementsprechend wird in der Allgemeinen Didaktik „ein sehr weiter Lernbegriff verwendet [...], der kognitive, emotionale, ästhetische, soziale und moralbezogene Lerndimensionen mit umfasst" (ebd., S.78). Der Fokus liegt zunächst auf der „Auswahl und Begründung" der schulischen Lerninhalte (vgl. ebd., S.78).

Die Allgemeine Didaktik erschloss sich im Laufe der Geschichte ein breiteres inhaltliches und methodisches Spektrum. Mittlerweile unterscheidet man „vier unterschiedliche Theoriefamilien innerhalb der Allgemeinen Didaktik" (ebd., S.78):

Den *Bildungstheoretischen Ansatz* nach Wolfgang Klafki, der in der geisteswissenschaftlichen Pädagogik verankert ist. Der „Unterricht wird als Prozess bildender Begegnung zwischen ausgewählten Bildungsgütern und der nachfolgenden Generation" (ebd., S.78) angesehen. Die Auswahl des Inhalts steht im Gegensatz zur Methodik hier im Vordergrund. Die von Klafki entwickelte didaktische Analyse beinhaltet „die Frage nach der Bedeutung des Lerninhalts für die Gegenwart und Zukunft der Schüler, die Frage nach der Sachstruktur, nach dem exemplarischen Gehalt und der Zugänglichkeit zum Lerninhalt" (Hallitzky/Seibert, 2009, S.214).

Der *Lehrtheoretische Ansatz* nach Wolfgang Schulz ist wissenschaftstheoretisch der empirisch-analytischen Erziehungswissenschaft zuzuordnen (vgl. Terhart, 2002, S.78). Um wissenschaftlich gesicherte Informationen zur Gestaltung des Unterrichts zu gewinnen, wird die planende und analysierende Perspektive des Lehrers eingenommen (vgl. ebd., S.78). Schulz versteht sein didaktisches Modell „als Dialog zwischen potentiell handlungsfähigen Subjekten [...], nicht als Unterwerfung eines Unterrichts- und Erziehungsobjektes unter die Absichten des Lehrers und Erziehers" (Schulz, 2006, S.30). Im Zentrum stehen die Fragen nach den *Unterrichtszielen*, der *Lernausgangslage*, den *Vermittlungsvariablen* – den Methoden – und der *Erfolgskontrolle* (vgl. Gudjons, 2012, S.450 ff.).

Der *Kommunikations- und interaktionstheoretische Ansatz* ist in der kritischen Erziehungswissenschaft verankert. Er konzentriert sich auf den „Prozess [des Unterrichts] und die Auswirkungen der sozialen Interaktion im Klassenzimmer" (Terhart, 2002, S.79; Einfügung: Verfasserin). Es werden Methoden der empirisch-psychologischen Unterrichtsforschung eingesetzt. Der Fokus liegt hier auf „Interaktionsstrukturen und deren Folgen (‚Interaktion')" (Terhart, 2005, S.5).

Der *Konstruktivistische Ansatz*, der u.a. von Kersten Reich vertreten wird, gründet auf einem postmodernen Wissenschaftsverständnis. Das „Lernen wird als ein Akt der (Ko-)Konstruktion in Gemeinschaften" aufgefasst, so „dass Lehrer das Lernen nicht erzeugen, sondern nur anregen können." (ebd., S.79). Nach Reich wird „*Didaktik als Handlung*[60] und dabei als *learning by doing*[61] (im Sinne John Deweys)" (Reich, 2008, S.137) verstanden. „Realbegegnungen, [das Erlernen] kultureller Fertigkeiten, Reflexionen und Diskurse [sowie] eigenständige Problematisierungen" (ebd., S.137; Einfügung: Verfasserin) stehen im Zentrum der konstruktivistischen Didaktik.

Die Didaktiken einzelner Unterrichtsfächer haben sich ebenfalls im Verlauf der letzten Jahrzehnte im Hinblick auf Inhalte, Ziele und Untersuchungsmethoden entfaltet. Sie orientieren sich an unterschiedlichen Bezugswissenschaften.

Die hier vorliegende Arbeit, in der es um den Erwerb und die Entwicklung der Schriftkompetenz in der Grundschule geht, bezieht sich auf die Fachdidaktik Deutsch (vgl. u.a. Bredel et al., 2006, S.1 ff.; Bredel, 2004, S.1 ff.; Röber-Siekmeyer, 2002, S.10 ff.; Hinney, 2010, S.47 ff.; Steinig/Huneke, 2011, S.92 ff.). Zu ihren Bezugswissenschaften zählen neben der Allgemeindidaktik insbesondere die Sprach- und Literaturwissenschaft, die Kommunikationstheorie sowie die Allgemeine Pädagogik, die Schul- und Grundschulpädagogik, die Psychologie, die Soziologie, die Philosophie und die empirische Bildungsforschung (vgl. Krejci, 1975, S.84; Schuster, 1992, S.13).

Vielfach wird in der Fachdidaktik Deutsch das Lesen- und Schreibenlernen in Klasse 1 und 2 vom weiterführenden Deutschunterricht in Klasse 3 und 4 getrennt betrachtet, in dem auf das Leseverständnis und Rechtschreiben fokussiert wird. Bis in die 80er-Jahre waren die Fibellehrgänge für den Anfangsunterricht vorherrschend, während sich danach eine größere Methodenvielfalt etablierte (vgl. Valtin, 2006, S.760-771). Dementsprechend werden Studien

---

[60] Hervorhebung im Original.
[61] Hervorhebung im Original.

durchgeführt, in denen unterschiedliche Methoden auf ihre Effizienz hin untersucht werden, um Merkmale *guten Unterrichts* zu gewinnen und abzuleiten (vgl. Weinhold, 2006, S.120 ff.).

„In der *Empirischen Unterrichtsforschung*[62] wird Unterricht im Hinblick auf bestimmte Qualitätsdimensionen (z.B. Strukturiertheit, Verständlichkeit, Motivierung) charakterisiert, die nachweislich [...] eine Rolle für den Lernerfolg spielen. Es handelt sich um eine '*variablenorientierte*'[63] Betrachtungsweise, die davon ausgeht, dass sich der Unterricht verschiedener Lehrpersonen hinsichtlich bestimmter Merkmale (Variablen), die von Lehrkraft zu Lehrkraft, aber auch bei der gleichen Lehrkraft in verschiedenen Situationen (Fächer, Klassen, Zeitpunkte) variieren können (z.b. hohe Ausprägung der Variable 'Verständlichkeit' bei Lehrperson A niedrige Ausprägung dieser Variable bei Lehrperson B). Die empirische Unterrichtsforschung untersucht, ob unterschiedliche Ausprägungen solcher Variablen mit Unterschieden im Lernerfolg (z.b. Leistungszuwachs, Verbesserung der Lernfreude) einhergehen – eine Perspektive, die auch in der „output"-Orientierung der neuen Kernlehrpläne ihren Niederschlag findet" (Helmke et al., 2009, S.538).

Die Lehr-Lern-Forschung[64] als ein Teilbereich der Empirischen Unterrichtsforschung beschäftigt sich wie die Didaktik mit dem Gegenstandsbereich *Unterricht* und untersucht Fragen zum Lehren und Lernen im Hinblick auf Merkmale und Komponenten *guten Unterrichts*. So nah sich Didaktik und Lehr-Lern-Forschung einerseits sind, so unterscheiden sie sich doch in ihren wesentlichen Blickrichtungen und werden daher teilweise als „fremde Schwestern" (Terhart, 2002, S.77) bezeichnet. Die Lehr-Lern-Forschung zielt auf eine „theoriegeleitete Beschreibung, Erklärung und Optimierung von Lehr-Lern-Prozessen" (ebd., S.80).

Bis zur sogenannten *empirischen Wende* dominierte jedoch im deutschsprachigen Raum eine geisteswissenschaftliche Forschungsausrichtung (vgl. Helmke, 2007, S.1). Seitdem etablierten sich Qualitätsüberprüfungen in der deutschen Bildungslandschaft. Während sich Deutschland vor 2000 kaum an international vergleichenden Leistungsstudien, die u.a. von der Organisation für wirtschaftliche Zusammenarbeit und Entwicklung (OECD) sowie von der International Association for the Evaluation of Educational Achievement (IEA)[65] organisiert werden, beteiligte, ist danach eine regelmäßige Teilnahme an PISA, TIMMS[66] und IGLU zu verzeichnen. In

---

[62] Hervorhebung im Original.
[63] Hervorhebung im Original.
[64] „Lehr-Lern-Forschung ist gewissermaßen eine Sammelbezeichnung für solche empirische Forschung, die sich auf Mikroprozesse von Unterrichts- bzw. Lehr-Lern-Situationen bezieht. In dieser Bezugnahme auf die Mikro-Ebene unterscheidet sich Lehr-Lern-Forschung von empirischer Schul- und Bildungsforschung allgemein" (Terhart, 2002, S.79).
[65] Vgl. Bos et al., 2003a, S.2.
[66] TIMSS steht für „Trends in International Mathematics and Science Study" (Bos et al., 2012b, S.11).

diesen Studien steht die Untersuchung der Lesekompetenz und der mathematischen Kompetenz im Vordergrund. Als Ergänzungsstudien wurden u.a. auch Studien zur Rechtschreibung durchgeführt. In diesen Untersuchungen etablierten sich methodische Standards.

Die Leistung wurde in ihrer kognitiven Ausprägung mit Hilfe von kompetenzorientierten Leistungstests erfasst und mit Hilfe psychometrischer Verfahren wurden Rückschlüsse von der erbrachten Leistung auf die zugrundeliegende Kompetenz[67] gezogen. Darüber hinausgehend werden mögliche Einflussfaktoren durch Schüler-, Lehrer- und Elternbefragungen erhoben und mit Hilfe komplexer statistischer Verfahren auf Zusammenhänge mit der Schülerleistung hin untersucht. Diese forschungsmethodologische Herangehensweise unterscheidet sich von der traditionellen didaktischen Vorgehensweise, die den Unterricht in allen Facetten gleichzeitig in den Blick nimmt (vgl. Hurrelmann, 2002, S.6 ff.).

Im Rahmen dieser *empirischen Wende* erfolgte eine Umorientierung vom Input hin zum Output. Während in der Didaktik die Auswahl der Lerngegenstände bezüglich ihrer Bedeutung für die Bildung eine wichtige Rolle spielt (Input), betrachtet die Empirische Bildungsforschung vor allen Dingen das Ergebnis der Lehr-Lern-Prozesse, das sich in der Leistung niederschlägt (Output). Auch in der Bildungspolitik wurde durch die Formulierung allgemeiner Bildungsstandards diese Wende vom Input zum Output vollzogen. So wurden von der KMK Bildungsstandards für die Fächer Deutsch und Mathematik entwickelt, um einheitliche Standards für die Bildung in der Bundesrepublik Deutschland zu schaffen. Den Rahmenplänen der einzelnen Bundesländer liegen diese Bildungsstandards zugrunde. Die Bildungsstandards sind für den Primarbereich, für den mittleren Bildungsabschluss und für die Allgemeine Hochschulreife verfasst worden (vgl. hierzu u.a. Freie und Hansestadt Hamburg, 2011a; Klieme et al., 2009; KMK, 2004).

3.2 Faktoren guten Unterrichts

In diesem Abschnitt werden Ergebnisse zu Faktoren *guten Unterrichts* aus unterschiedlichen Forschungsrichtungen herangezogen, die den Forschungsgegenstand aus vielfältiger Perspektive beleuchten. Entsprechend der wissenschaftlichen Ausrichtung der einzelnen Forschungsgebiete liegen sowohl theoretisch entwickelte bzw. empirisch gewonnene Modelle für *guten*

---

[67] Nach Weinert „versteht man unter Kompetenzen die bei Individuen verfügbaren oder durch sie erlernbaren kognitiven Fähigkeiten und Fertigkeiten, um bestimmte Probleme zu lösen, sowie die damit verbundenen motivationalen, volitionalen und sozialen Bereitschaften und Fähigkeiten um die Problemlösungen in variablen Situationen erfolgreich und verantwortungsvoll nutzen zu können" (Weinert, 2001, S.27 f.).

Unterricht vor als auch Ergebnisse aus empirischen Studien, die Rückschlüsse auf *guten Unterricht* zulassen. Die folgenden Modelle und Studienergebnisse wurden im Hinblick auf ihre Bedeutung für die Erforschung *guten Unterrichts* ausgewählt.[68] Es handelt sich um die „zehn Merkmale des guten Unterrichts" von Meyer (2013), die auf Studienergebnissen, Beobachtungen und theoretischen Annahmen basieren. Zudem wird das großenteils theoriegestützte Modell zu den Grundformen des Lehrens und Lernens von Gudjons (2011) herangezogen. Weiterhin wird auf die empiriegestützten Modelle von Helmke (2012) und Shavelson und Seidel (2007) sowie auf die Forschungssynthese der Meta-Analysen[69] von Hattie (2013) rekurriert.

3.2.1 Zehn Merkmale guten Unterrichts nach Meyer[70]

Eine weite Verbreitung in der Allgemeinen Didaktik fanden die *zehn Merkmale guten Unterrichts* nach Hilbert Meyer. Meyer bezieht sich ausdrücklich auf die normative Orientierung der Allgemeinen Didaktik an der geisteswissenschaftlichen Tradition und an demokratischen Werten (vgl. Kapitel 3.1). Aus seiner Sicht können Qualitätsmerkmale *guten Unterrichts* nicht allein von „Ergebnissen empirischer Unterrichtsforschung abgeleitet werden" (Meyer, 2013, S.12).

Meyer stellt seinen zehn Merkmalen *guten Unterrichts* eine Arbeitsdefinition von *gutem Unterricht* voraus:

> „**Guter Unterricht**[71] ist ein Unterricht, in dem **(1)**[72] im Rahmen einer demokratischen Unterrichtskultur **(2)**[73] auf Grundlage des Erziehungsauftrags und **(3)**[74] mit dem Ziel eines grundlegenden Arbeitsbündnisses **(4)**[75] eine sinnstiftende Orientierung **(5)**[76] und ein Beitrag zur nachhaltigen Kompetenzentwicklung aller Schülerinnen und Schüler geleistet wird" (ebd., S.13).

---

[68] Eine vollständige Darstellung des diesbezüglichen Forschungsstandes würde den Rahmen der hier vorliegenden Arbeit übersteigen.
[69] „Im Jahr 1976 [...] führte Gene Class den Begriff der Meta-Analyse ein – dadurch werden die Effekte in jeder Studie, soweit dies möglich ist, in ein gemeinsames Maß (eine Effektstärke) umgerechnet, sodass die Gesamteffekte quantifiziert, interpretiert und verglichen werden können" (Hattie, 2013, S.3).
[70] Das siebte Merkmal *guten Unterrichts* ist in Meyers Werk von Ela Eckert verfasst worden.
[71] Hervorhebung im Original.
[72] Hervorhebung im Original.
[73] Hervorhebung im Original.
[74] Hervorhebung im Original.
[75] Hervorhebung im Original.
[76] Hervorhebung im Original.

Ein gelungener Unterricht setzt nach Meyer also eine „demokratische Unterrichtskultur" (ebd., S.13) voraus, für die eine Mitbestimmung der Schülerinnen und Schüler durch „demokratische Spielregeln" (ebd. S.13) grundlegend ist. Meyer betont darüber hinaus in seiner Arbeitsdefinition zum *guten Unterricht* die Bedeutung des „Erziehungsauftrags" (ebd., S.13) seitens der Schule. „Die unterrichtsbezogene Erziehungsarbeit ist dann zum vorläufigen Abschluss gebracht, wenn Lehrende und Lernende gemeinsam die Verantwortung für den Lehr-Lern-Prozess übernehmen" (ebd. S.13 f.).

Das „Arbeitsbündnis" (ebd., S.13) als weiteres Charakteristikum „kann aus dem stillschweigenden Einverständnis zwischen Lehrer und Schülern bestehen, sich jeden Morgen neu an die Arbeit zu machen. Es kann Gegenstand langwieriger und strittiger Verhandlungen zwischen dem Lehrer und seinen Schülern sein" (ebd., S.14).

Ein Unterricht, der eine „sinnstiftende Orientierung" (ebd., S.14) anbietet, kann Schülerinnen und Schülern nach Meyer eine Hilfestellung zur Persönlichkeitsstärkung sowie ein „Identifikationsangebot für die Bewältigung [...] persönlicher Entwicklungsaufgaben" (ebd., S.14) bieten. Weiterhin betont Meyer, dass die Ausbildung einer „nachhaltige[n] Kompetenzentwicklung" (ebd., S.14; Einfügung: Verfasserin) nur erfolgen kann, wenn die Schule als „schützender Rahmen" (ebd., S.14) fungiert, „der das Lernen in der Gemeinschaft reguliert" (ebd., S.14).

Meyer formuliert zehn Merkmale *guten Unterrichts*. Für jedes Merkmal erläutert er das „Gütekriterium" (ebd., S.20)[77], führt dazu Forschungsergebnisse an, nennt „Indikatoren" (Meyer, 2013, S.20)[78] und liefert „didaktisch-methodische Ratschläge und Beispiele zur Verbesserung des Unterrichts" (ebd., S.23):

Klare Strukturierung des Unterrichts

Nach Meyer ist „Unterricht [...] dann klar strukturiert, wenn das Unterrichtsmanagement funktioniert und wenn sich ein für Lehrer und Schüler gleichermaßen gut erkennbarer ‚roter Faden' durch die Stunde zieht" (ebd., S.26). Während das Unterrichtsmanagement die äußere Seite der Unterrichtsstruktur darstellt, gehören die didaktisch-methodischen Linienführungen zur inneren Seite (vgl. ebd., S.26). Meyer versteht hierunter die „Stimmigkeit von Zielen, Inhalten

---

[77] Nach Meyer sind „**Gütekriterien bzw. Kriterien guten Unterrichts** [...] theoretisch begründete und in Kenntnis empirischer Forschungsergebnisse formulierte Maßstäbe zur Beurteilung der Unterrichtsqualität" (Meyer, 2004, S.20; Hervorhebung im Original).

[78] „**Indikatoren** beschreiben konkret und beobachtbar, woran die Wissenschaftler das im theoretischen Konstrukt definierte Phänomen der Wirklichkeit festmachen" (Meyer, 2004, S.20; Hervorhebung im Original).

und Methoden" (ebd., S.26) der Unterrichtsplanung und Durchführung, „die Folgerichtigkeit des methodischen Gangs" (ebd., S.27) sowie des zugrundeliegenden „methodischen Grundrhythmus" (ebd., S.27), worunter er „Einstieg/Erarbeitung/Ergebnissicherung" (ebd., S.27) fasst. Grundlegend dafür sind die „Aufgabenklarheit" (ebd., S.28), die „Regelklarheit" (ebd., S.29) und die „Rollenklarheit" (ebd., S.29).

Meyer empfiehlt für das Erreichen einer klaren Strukturierung u.a. den Einsatz von Ritualen sowie eine „intelligente Unterrichtsvorbereitung" (ebd., S.36). Diese sei gegeben, „wenn die Vorbereitung a) die zu lösenden Aufgaben in den Mittelpunkt rückt, b) auf einem mittleren Abstraktionsniveau bleibt, c) nicht alles verregelt, sondern nur die Scharnierstellen der Stunde und die Arbeitsaufträge präzis macht, d) die Sollbruchstellen vorsieht, bei denen der Lehr-Lern-Prozess geschickt abgebrochen werden kann" (ebd., S.36)

Hoher Anteil echter Lernzeit

Als zweites Merkmal führt Meyer den „hohen Anteil echter Lernzeit" (ebd., S.40) an. „Die ‚echte Lernzeit' (time on task) ist die vom Schüler tatsächlich aufgewendete Zeit für das Erreichen der angestrebten Ziele" (ebd., S.40). Hierfür nennt Meyer mehrere Indikatoren. Der *Anteil echter Lernzeit* ist u.a. dann als hoch einzuschätzen, wenn die Schülerinnen und Schüler aktiviert sind und sich auf den Unterricht konzentrieren. Auch eine geringe Anzahl von Unterrichtsstörungen kann auf einen erhöhten Anteil *echter Lernzeit* hinweisen (vgl., ebd., S.40).

Um die Lernzeit zu optimieren, empfiehlt er u.a. die „Auslagerung von ‚non-instructional activities'" (ebd., S.45). Hierunter fallen Organisationsaufgaben, wie das Führen des Klassenbuchs, Austeilen von Elternbriefen etc.

Lernförderliches Klima

Das *lernförderliche Klima* ist nach Meyer das dritte Merkmal guten Unterrichts.

> „**Ein lernförderliches Klima**[79] bezeichnet eine Unterrichtsatmosphäre, die gekennzeichnet ist durch: gegenseitigen Respekt, verlässlich eingehaltene Regeln, gemeinsam geteilte Verantwortung, Gerechtigkeit des Lehrers gegenüber jedem Einzelnen und dem Lernverband insgesamt und Fürsorge des Lehrers für die Schüler und der Schüler untereinander" (ebd., S.47).

---

[79] Hervorhebung im Original.

Respektvoller Umgang zwischen Lehrenden und Lernenden und den Lernenden untereinander ist nach Meyer zentral. Ob ein Unterrichtsklima lernförderlich und respektvoll ist oder nicht, zeigt sich häufig in der Art und Weise, wie mit Fehlern umgegangen wird. Für eine lernförderliche Unterrichtsatmosphäre übernehmen Lehrer, Schülerinnen und Schüler gemeinsam die Verantwortung. Die Lehrkraft unterstützt die Kinder bei der Übernahme der Verantwortung für ihr eigenes Lernen und Handeln (vgl. ebd., S.49). Die Einrichtung von Klassenämtern, wie beispielsweise der Tafel- oder der Austeildienst, können hier erste Wege bereiten. Respektvoller Umgang setzt Gerechtigkeit und Fürsorge voraus. Dazu dienen klare Regeln und Transparenz sowie gegenseitige Hilfsbereitschaft und Interesse aneinander.

Um ein *lernförderliches* Klima zu schaffen, empfiehlt Meyer u.a. regelmäßiges konstruktives Feedback (vgl. ebd., S.49).

Inhaltliche Klarheit

„**Inhaltliche Klarheit**[80] liegt dann vor, wenn die Aufgabenstellung, der thematische Gang plausibel und die Ergebnissicherung klar und verbindlich gestaltet worden sind" (ebd., S.55).

Um inhaltlich klare Aufgaben stellen zu können, müssen im Vorwege eine „Lernstrukturanalyse" (ebd., S.55) und eine „Lernstandsanalyse" (ebd., S.55) vorgenommen werden. Lehrerinnen und Lehrer beleuchten die Lernstruktur dahingehend, „welche Handlungen (Operationen) der Schüler vollziehen muss, um zum Ziel zu kommen" (ebd., S.55). Die „Lernstandsanalyse" (ebd., S.55) geht von den bereits vorhandenen Kompetenzen der Schülerinnen und Schüler aus und reflektiert, ob die Aufgabenstellung damit bewerkstelligt werden kann (vgl. ebd., S.55).

Der „thematische[...] Gang" (ebd., S.57) bezieht sich darauf, inwieweit in der gesamten Unterrichtsstunde ein nachvollziehbarer und plausibler Stundenaufbau zu erkennen ist (vgl. ebd., S.58). „Klarheit der Ergebnissicherung liegt dann vor, wenn die zu Beginn des Unterrichts vereinbarten Fragen geklärt und die Aufgaben gelöst wurden bzw. wenn festgestellt wird, welche Fragen warum noch unklar sind und wie sie weiterbearbeitet werden können." Neben der Klarheit betont Meyer auch die „**Verbindlichkeit der Ergebnissicherung**[81]" (vgl. ebd., S.58). Für eine „inhaltliche Klarheit" (ebd., S.55) bereits zu Beginn einer Unterrichtseinheit kann eine

---

[80] Hervorhebung im Original.
[81] Hervorhebung im Original.

Übersicht über ein bestimmtes Themengebiet sorgen – beispielsweise in Form eines „Advance Organizers" (Ausubel, 1960, S.270)[82].

Sinnstiftendes Kommunizieren

„Sinnstiftendes Kommunizieren[83] bezeichnet den Prozess, in dem die Schüler im Austausch mit ihren Lehrern dem Lehr-Lern-Prozess und seinen Ergebnissen eine persönliche Bedeutung geben" (Meyer, 2013, S.67).

Ein Grundpfeiler für diesen Austausch zwischen Lehrkräften mit ihren Schülerinnen und Schülern kann die feste Etablierung einer Feedbackkultur sein. Die Lernenden reflektieren ihren eigenen Lernprozess, die Lehrenden geben ihnen eine Rückmeldung und die Lehrkräfte bekommen eine Rückmeldung von ihren Schülerinnen und Schülern. Feedback kann mündlich und schriftlich kommuniziert werden. „**Sinnstiftendes Kommunizieren**[84]" (ebd., S.67) kann auch durch „Planungsbeteiligung" (ebd., S.68) der Schülerinnen und Schüler am Unterrichtsgeschehen angebahnt werden (vgl. ebd., S.68).

Methodenvielfalt

„Methodenvielfalt[85] liegt vor, wenn der Reichtum der verfügbaren Inszenierungstechniken genutzt wird, wenn eine Vielfalt von Handlungsmustern eingesetzt wird, wenn die Verlaufsformen des Unterrichts variabel gestaltet werden und das Gewicht der Grundformen des Unterrichts ausbalanciert ist" (ebd., S.74).

Meyer unterscheidet in seinem „Drei-Ebenen-Modell" (ebd., S.74) zwischen „**Mikro-, Meso- und Makromethodik**[86]" (ebd., S.74). Zur Makromethodik gehören „**methodische Großformen**[87]" (ebd., S.75), die er mit „Grundformen des Unterrichts" (ebd., S.75) gleichsetzt. Hierzu

---

[82] „Advance organizers probably facilitate the incomparability and longevity of meaningful verbal material in two different ways. First, they explicitly draw upon and mobilize whatever relevant subsuming concepts are already established in the learner's cognitive structure and make them part of the subsuming entity" (Ausubel, 1960, S.270). Ein Advance Organizer kann Schülerinnen und Schülern folglich einen Überblick oder eine strukturierte Zusammenfassung über ein bestimmtes Themengebiet liefern, der bzw. die auch im Verlauf einer Arbeit hierzu immer wieder herangezogen werden kann.
[83] Hervorhebung im Original.
[84] Hervorhebung im Original.
[85] Hervorhebung im Original.
[86] Hervorhebung im Original.
[87] Hervorhebung im Original.

gehören beispielsweise „Freiarbeit" (ebd., S.75), „Projektarbeit" (ebd., S.75) und „gemeinsamer Unterricht" (ebd., S.75). „Dimensionen methodischen Handelns" (ebd., S.75) sind der „**Mesomethodik**[88]" (ebd., S.75) zuzuordnen. Sie lassen sich durch „**Sozialformen**[89]" (ebd., S.75), „**Handlungsmuster**[90]" (ebd., S.75) sowie „Verlaufsformen" (ebd., S.75) näher bestimmen. Der dritten Ebene der „**Mikromethodik**[91]" (ebd., S.75) sind „Inszenierungstechniken" (ebd., S.75) zugeordnet. Unter diesen versteht Meyer „kleine und kleinste (verbale und nonverbale, mimische, gestische und körpersprachliche, bildnerische und musische) Verfahren und Gesten" (ebd., S.76).

Individuelles Fördern[92]

„**Individuelles Fördern**[93] heißt, jeder Schülerin und jedem Schüler (1) die Chance zu geben, ihr bzw. sein motorisches, intellektuelles, emotionales und soziales Potenzial umfassend zu entwickeln (2) und sie bzw. ihn dabei durch geeignete Maßnahmen zu unterstützen (durch die Gewährung ausreichender Lernzeit, durch spezifische Fördermethoden, durch angepasste Lernmittel und gegebenenfalls Hilfestellungen weiterer Personen mit Spezialkompetenz)" (ebd., S.97).

Individuelle Förderung wird durch unterschiedliche Aspekte in der schulischen Praxis sichtbar. Dazu zählen das Auswählen eines eigenen Themas und entsprechender Medien durch die Lernenden. Des Weiteren können Transparenz von Leistungsbewertung sowie auch eigene Schwerpunktsetzungen für leistungsstarke Schülerinnen und Schüler Indizien für eine individuelle Förderatmosphäre sein (vgl. ebd., S.99).

---

[88] Hervorhebung im Original.
[89] Hervorhebung im Original.
[90] Hervorhebung im Original.
[91] Hervorhebung im Original.
[92] Dieses Kapitel ist in Hilbert Meyers „Was ist guter Unterricht?" von Ela Eckert verfasst worden (vgl. Meyer, 2013, S.86).
[93] Hervorhebung im Original.

Intelligentes Üben

„Übungsphasen[94] des Unterrichts sind intelligent gestaltet, (1) wenn ausreichend oft und im richtigen Rhythmus geübt wird, (2) wenn die Übungsaufgaben passgenau zum Lernstand formuliert werden, (3) wenn die Schüler Übekompetenz entwickeln und die richtigen Lernstrategien nutzen (4) und wenn die Lehrer gezielte Hilfestellungen beim Üben geben" (ebd., S.105).

Meyer nennt drei Komponenten, die das Üben erfolgreich machen: „Zeit" (ebd., S.105), „Eifer" (ebd., S.105) und „Übekompetenz" (ebd., S.105). Eine ruhige und konzentrierte Arbeitsatmosphäre, differenzierte Aufgabenstellungen, eigenständige Überprüfungsmöglichkeiten seitens der Schüler sowie die Wertschätzung der Leistungen sind Indikatoren für den Einsatz „intelligent gestalteter Übungsphasen" (ebd., S.106).

Transparente Leistungserwartungen

„Transparenz der Leistungserwartungen[95] besteht darin, (1) den Schülern ein an den gültigen Richtlinien oder an Bildungsstandards ausgerichtetes und ihrem Leistungsvermögen angepasstes Lernangebot zu machen, (2) dieses Angebot verständlich zu kommunizieren und zum Gegenstand eines Arbeitsbündnisses zu machen (3) und ihnen nach formellen und informellen Leistungskontrollen zügig Rückmeldungen zum Lernfortschritt zu geben" (ebd., S.114).

Demnach fußt eine „Transparenz der Leistungserwartungen" (ebd., S.114) auf Lernaufgaben, die sich u.a. an den individuellen Möglichkeiten der Schülerinnen und Schüler orientieren. Unmittelbare bzw. zeitnahe Rückmeldungen unterstreichen diese Transparenz gegenüber den Lernenden.

Vorbereitete Lernumgebung

Als letztes seiner Merkmale *guten Unterrichts* nennt Meyer die „vorbereitete Umgebung" (ebd., S.120). Er bezieht sich mit der Wahl seines Begriffs auf Maria Montessori, für die das Kind „Baumeister seiner selbst" (ebd., S.120) sei.

---

[94] Hervorhebung im Original.
[95] Hervorhebung im Original.

„Klassen- und Fachräume sind ‚**vorbereitete Umgebungen**[96]', wenn sie eine (1) gute Ordnung, (2) eine funktionale Einrichtung, (3) und brauchbares Lernwerkzeug bereithalten, sodass Lehrer und Schüler (4) den Raum zu ihrem Eigentum machen, (5) eine effektive Raumregie praktizieren (6) und erfolgreich arbeiten können" (ebd., S.121).

Für Meyer zeigt sich „eine gute Ordnung" (ebd., S.121) beispielsweise an einem ordentlichen Klassenzimmer und an einem sorgsamen Umgang der Kinder mit dem Material (vgl. ebd., S.123). Unter der „funktionale[n] Einrichtung" (ebd., S.123; Einfügung: Verfasserin) versteht er z.B. eine saubere Tafel und eine Raumregie des Lehrers. „Der Lehrer steht vorn, wenn er etwas zu sagen hat, er zieht sich zurück, wenn er moderiert" (ebd., S.123).

3.2.2 Grundformen des Lehrens und Lernens nach Gudjons

Der Erziehungswissenschaftler Herbert Gudjons konkretisiert in seinem Modell zu den Grundformen des Lehrens und Lernens mehrere von Meyer ausgewiesene Komponenten *guten Unterrichts* (vgl. Gudjons, 2011, S.51).

Er nimmt in seinem Buch „Frontalunterricht – neu entdeckt" (2011) den herkömmlichen, seit den 1970er Jahren zunehmend negativ konnotierten Frontalunterricht[97] in den Blick und zeigt auf, wie Frontalunterrichtlern förderlich in offene Unterrichtsformen integriert werden kann (vgl. ebd., S.24).

Nach Gudjons ist

„*Frontalunterricht[98] [...] unverzichtbar als Unterrichtsphase mit relativem Stellenwert, relativ – weil er bezogen ist auf schüleraktive Sozialformen (relatio = lat. Bezug); Stellenwert, weil er in einem umfassenderen methodischen Arrangement sinnvolle didaktische Funktionen hat, die nur ein frontales Setting abdecken kann. Damit wird Frontalunterricht grundsätzlich nur als eine Phase im Gesamtablauf einer größeren Einheit verstanden. Als alleinige Sozialform ist er abzulehnen*" (Gudjons, 2011, S.36).

---

[96] Hervorhebung im Original.
[97] „Frontalunterricht ist ein zumeist thematisch orientierter und sprachlich vermittelter Unterricht, in dem der Lernverband (die Klasse) gemeinsam unterrichtet wird und in dem der Lehrer – zumindest dem Anspruch nach – die Arbeits-, Interaktions- und Kommunikationsprozesse steuert und kontrolliert" (Meyer, 1987, S.183).
[98] Hervorhebung im Original.

Offene Unterrichtsformen stehen im heutigen Unterricht außer Frage (vgl. u.a. Drews et al. 2000; Bohl/Kucharz 2010; Peschel 2012). Gudjons verknüpft sie mit traditionellen Formen und weist ihnen bestimmte didaktische Funktionen zu. Er analysiert die Funktionen der Grundformen *guten Unterrichts* im Hinblick auf ihre Effizienz im Lehr-Lern-Prozess und entwickelt ein Modell der Grundfunktionen von Lehrformen im Kontext eines offenen und selbstgesteuerten Unterrichts (vgl. ebd., S.51; vgl. Abb. 7).

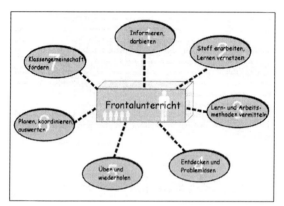

Abbildung 7: Didaktische Funktionen des Frontalunterrichts
(Gudjons, 2011, S.51)

Im Folgenden werden die *didaktischen Funktionen des Frontalunterrichts* nach Gudjons aufgezeigt.

Informieren und darbieten

Um Schülerinnen und Schüler zu informieren, stellt Gudjons eine Reihe möglicher Formen vor. Der *Lehrervortrag* eignet sich danach, um Lernende beispielsweise zu Beginn einer Unterrichtseinheit zu informieren sowie um in thematische Sachverhalte einzuführen und diese darzubieten (vgl. ebd., S.51).

Den *Advance organizer* (vgl. Kapitel 3.2.1) versteht Gudjons als eine Unterstützungsmöglichkeit und Ergänzung zum Lehrervortrag: „Dabei handelt es sich um (wörtlich übersetzt) einen ‚Vorausorganisator' für einen Vortrag (oder auch für eine Unterrichtsstunde), die [sic!] das Mitdenken organisiert, eine Art Brücke zwischen dem Alten und dem Neuen" (ebd., S.54; Einfügung: Verfasserin).

Gudjons greift weiterhin den von den Pädagogen Monika und Jochen Grell geprägten Begriff des „informierenden Unterrichtseinstiegs" (Grell/Grell, 2010, S.106) auf. Durch den informierenden Einstieg wird grundlegendes Wissen vermittelt, damit die Lernenden sich den Lerninhalt im weiteren Unterrichtsverlauf erschließen können (vgl. Gudjons, 2011, S.55).

Stoff erarbeiten – Lernen vernetzen

Traditioneller Weise wird im Frontalunterricht der Unterrichtsstoff im Rahmen eines von der Lehrkraft gelenkten Unterrichtsgesprächs erarbeitet. Um das Gespräch lernförderlich zu gestalten, müssen Lehrkräfte nach Gudjons aktivierende Impulse geben. Zudem dürfe das Gespräch nicht zu einer Art Ping-Pong-Spiel führen, in dem sich an die Frage der Lehrperson unmittelbar eine Antwort der Schülerinnen und Schüler und dann wieder eine Frage der Lehrperson anschließe – oder sich die Lehrkraft im Extremfall sogar selber die Frage im Redefluss beantworte (vgl. Gudjons, 2011, S.58 ff.).

Nach Gudjons haben „erarbeitende Unterrichtsgespräche" (ebd., S.59) vier Funktionen. Sie dienen

- zur „*Vorbereitung*[99] eines Themas [...]: Vorhandene Kenntnisse müssen aktiviert werden, eine sachliche Grundlage ist erforderlich" (ebd., S.59). Die Lehrkraft liefert die notwendigen Sachinformationen zum Unterrichtsthema und bereitet die Schülerinnen und Schüler auf die weiteren Arbeitsphasen vor, die dann in anderen Sozialformen, wie beispielsweise in Gruppenarbeiten durchgeführt werden.
- zur „*Zusammenfassung, Vertiefung und Weiterführung*[100] von Arbeitsergebnissen" (ebd., S.59). Auch in Klein- oder Forschergruppen erarbeitete Inhalte können für alle Schülerinnen und Schüler im Rahmen eines Unterrichtsgesprächs fokussiert, dargelegt und gegenübergestellt werden (vgl. ebd., S.59).
- als Einschub „*während der schüleraktiven Phase der Einzel-, Partner- oder Gruppenarbeit*[101]" (ebd., S.59): Wenn die Lehrkraft während einer solchen Phase feststellen

---

[99] Hervorhebung im Original.
[100] Hervorhebung im Original.
[101] Hervorhebung im Original.

sollte, dass z.B. die Aufgabenstellung oder Sachverhalte noch nicht ausreichend verstanden worden sind, können diese im Unterrichtsgespräch nachgesteuert und gemeinsam erarbeitet werden (vgl. ebd., S.59).
- als Unterstützung bei schwierigen und komplexen Aufgabenformaten, bei deren Bewältigung „die Schüler und Schülerinnen – auf sich allein gestellt – überfordert wären" (ebd., S.59).

Gudjons zeigt Möglichkeiten der Aktivierung von Schülerinnen und Schülern während eines vorwiegend von der Lehrperson gelenkten Unterrichtsgesprächs auf, wie beispielsweise „Lernaufgaben"[102] (ebd., S.60) bzw. individuelle Forschungsaufträge. Sie schließen an einen Lehrervortrag an, der in ein neues Themengebiet einführt, bzw. an einen wiederholenden Einstieg.

Weiterhin hebt Gudjons die Bedeutung von Impulsen und qualitativ hochwertigen Fragen[103] für das Unterrichtsgespräch hervor.

Resümierend betrachtet er das Erarbeiten des Stoffes als unabdingbare didaktische Funktion des Frontalunterrichts. Um eine Vernetzung des Stoffes anzubahnen und inhaltliche Zusammenhänge darzustellen, seien lehrergelenkte Phasen notwendig. Dadurch könne auch „träges Wissen"[104] vermieden (vgl. ebd., S.68 ff.) und eine Einbettung in einen größeren Kontext durch die Lehrperson sichergestellt werden. Der Advance Organizer wiederum könnte das Vernetzen des Lernens unterstützen.

Lern- und Arbeitsmethoden vermitteln

Eine weitere sinnvolle und didaktisch unverzichtbare Funktion des Frontalunterrichts ist nach Gudjons die Vermittlung von Lernmethoden (vgl. ebd., S.76). Dadurch werden die Lernenden

---

[102] „Sie sind so gestellt, dass die Schülerinnen und Schüler während der Bearbeitung etwas Neues lernen, das aus der bisherigen Erarbeitung folgt" (Gudjons, 2011, S.60).
[103] „Ein guter Fragestil zeichnet sich dadurch aus, dass er Ruhe und Kontinuität sicherstellt (mehr Langsamkeit, keine Sprunghaftigkeit!). Divergente (d.h. auf unterschiedliche Lösungen gerichtete) statt konvergenter (d.h. Bekanntes weiterführende) Fragen werden bevorzugt. Mit differenzierenden Fragen kann die Lehrkraft schließlich auch auf die unterschiedliche Leistungsfähigkeit und Individualität von Schülern Rücksicht nehmen (innere Differenzierung beim Fragen!). Insgesamt muss vor allem weniger bloßes Wissen abgefragt als vielmehr auf ein angemessenes kognitives Niveau geachtet werde" (Gudjons, 2011, S.64).
[104] „Damit ist ein Typus von Wissen gemeint, der in der Schule häufig vorzufinden ist: Jenes isolierte Wissen, das vielleicht noch bis zur nächsten Klassenarbeit oder Klausur haftet, dann aber vergessen wird, weil es nicht zur Anwendung kommt, weil es in bestehendes Wissen nicht integriert wird, weil es zu wenig vernetzt und damit letztlich zusammenhanglos und bedeutungslos bleibt" (Gudjons, 2011, S.74 f.).

an selbstständiges Lernen herangeführt. Gudjons bezieht sich u.a. auf die Ausführungen von Ulrich Schiefele und Reinhard Pekrun zum selbst- und fremdgesteuerten Lernen: „Beide sind nicht trennbar; ihre Unterscheidung ist vor allem analytischer Natur. Gerade die Entwicklung von Fähigkeiten, die zur Selbststeuerung notwendig sind, kann nicht ohne Fremdsteuerung erfolgen" (Schiefele/Pekrun, 1996, S.272). Weiter betonen die Autoren die Bedeutung von Lernstrategien für ein erfolgreiches Lernen, die die Schülerinnen und Schüler im Unterricht erwerben können. Gudjons folgert hieraus, dass die Vermittlung von Inhalten und Methoden in ein Gleichgewicht gebracht werden muss. Er bezieht sich weiterhin auf die Unterteilung von Lern- und Arbeitsmethoden in *Makro- und Mikromethoden* nach Heinz Klippert (1995). Zu den *Makromethoden* gehören nach Klippert beispielsweise die Gruppenarbeit, Klassenarbeiten oder Schülerreferate. Die *Mikromethoden* unterteilt er in die „Beherrschung elementarer Lern- und Arbeitstechniken" (Klippert, 1995, S.7), wie z.b. das „Nachschlagen" (ebd., S.7), „Notizen machen" (ebd., S.7) oder „Mind-Mapping" (ebd., S.7), sowie die „Beherrschung elementarer Gesprächs- und Kooperationstechniken" (ebd., S.7), wie z.b. das „Vortragen" (ebd., S.7), „Feedback" (ebd., S.7) geben oder auch das Regeln von Konflikten (vgl. ebd., S.7).

Gudjons hält es für unabdingbar, dass die Lehrkraft den Schülerinnen und Schülern die methodischen Kompetenzen vermittelt, denn nur so „können sie Vertrauen und Sicherheit für die Lösung schwieriger Aufgaben lernen" (Gudjons, 2011, S.85).

Entdecken und Problemlösen

Gudjons definiert den Begriff des „Entdeckens" (ebd., S.86) dahingehend, „dass beim entdeckenden Lernen ein breiteres Spektrum von Aktivitäten möglich ist" (ebd., S.86). Demgegenüber sind beim „Problemlösen [...] die Zielorientierung und das Aktivitätsspektrum enger, wie der Begriff bereits sagt: es geht darum, eine Lösung für ein Problem zu suchen, also um ein klares, zielorientiert angestrebtes Ergebnis" (ebd., S.86). Im Rahmen des Frontalunterrichts lässt sich in dieser Unterrichtssituation „gemeinsam etwas entdecken" (ebd., S.87) und es lassen sich Antworten auf Fragen finden. Gudjons Postulat lautet: „Spannende Fragen zu entwickeln" (ebd., S.87). Gemeint ist damit, *echte* Fragen zu finden, wie z.B. *Warum ist der Himmel blau?* Ausgehend von solchen Fragestellungen können gemeinsam mit den Schülerinnen und Schülern Antworten gefunden werden. Zuvor werden Hypothesen aufgestellt und in einem nächsten Schritt verifiziert oder falsifiziert.

Echte Fragen stellten für Lernende eine größere Motivation dar, sich mit einer Thematik zu befassen, als Scheinfragen. Beim entdeckenden und problemlösungsorientierten Lernen muss an das Vorwissen der Lernenden angeknüpft werden (vgl. ebd., S.90 ff.). Die Lehrperson hat die Aufgabe, das entdeckende und problemlösende Lernen bei den Kindern anzubahnen: „Einerseits zielt entdeckendes Lernen auf die Selbstständigkeit und Eigentätigkeit der Lernenden, andererseits ist es gebunden an die Zielvorstellungen und Vermittlungsabsichten der Lehrkraft. Entdeckendes Lernen ist damit ein ‚lehrmethodischer Ansatz' [...], der Instruktionselemente mit selbstständiger Problemexploration durch die Lernenden verbindet" (Gudjons, 2011, S.89).

Üben und wiederholen

Eine weitere *didaktische Funktion* stellt der Aspekt *Ergebnisse sichern – üben – wiederholen* dar (vgl. ebd., S.98 ff.). Das Üben und Wiederholen von Lerninhalten soll zu einer möglichst langfristigen Speicherung der Inhalte und zum Ausbau von Kompetenzen führen.

Er unterteilt das „Üben und Wiederholen" (Gudjons, 2011, S.100) in „zwei Grundformen" (ebd., S.100): das „mechanische" (ebd., S.100) und „elaborierende" (ebd., S.100) Üben.

Zum *mechanischen Üben* gehören nach Gudjons die Techniken „auswendig lernen, Mnemotechniken[105], pauken und repetieren" (ebd., S.100), um „dem Vergessen entgegenzuwirken" (ebd., S.100). Ein Beispiel für eine Anwendung des mechanischen Übens im schulischen Alltag ist das Vokabellernen.

Das *elaborierende Üben* ist als *vertiefendes, erweiterndes* und *anwendendes Lernen* (vgl. ebd., S.100) zu bezeichnen. „Das Üben mit der Anwendung des Gelernten auf weitere Felder des Lebens und der Wirklichkeit zu verbinden, beugt hervorragend einem bloß mechanischen Üben und Wiederholen vor. [...] Sachliches und prozedurales Wissen ist die Voraussetzung für Anwendung und Transfer; wer nichts weiß, kann nichts anwenden" (ebd., S.105). Aufgabenformate, die Anwendungsmöglichkeiten für bereits erworbenes Wissen auf neue Sachverhalte oder andere Kontexte bieten, stellen Transferaufgaben dar (vgl. ebd., S.104 f.).

Die Lehrkraft vermittelt im Austausch mit den Schülerinnen und Schülern diese Techniken des *Übens und Wiederholens* sowie effiziente Lernstrategien. In der Regel schließt sich an Phasen des Übens und Wiederholens eine *Ergebnissicherung* an, um den Erfolg zu überprüfen (vgl. ebd., S.111).

---

[105] „Mnemotechniken sind Gedächtnis- und Merkhilfen jeder Form (Merksätze, Reime, ‚Eselsbrücken', Schemata, Grafiken oder Bilder)" (Boeglin, 2012, S.65).

Planen, koordinieren, auswerten

Um den Unterricht schülerorientiert und mit dem Ziel einer „Demokratisierung von Schule" (ebd., S.112) zu gestalten, sollten die Schülerinnen und Schüler über die Unterrichtsplanung informiert werden. Dies kann umgesetzt werden, indem die Planung und die Lernziele für die Schülerinnen und Schüler transparent gemacht werden. Die Lehrkraft sollte die Interessen und Vorerfahrungen in die Unterrichtskonzeption einbeziehen, indem sie zu Beginn einer Unterrichtseinheit, z.B. im Rahmen von kooperativen Lernformen, den Schülerinnen und Schülern eine Austauschmöglichkeit über ihr Vorwissen ermöglicht und in einer gemeinsamen Sammlungsphase die Ergebnisse des kooperativen Austausches zusammentragen lässt (vgl. ebd., S.113 ff.).

Von Bedeutung für den Lehr- und Lernprozess ist nach Gudjons, dass die Lehrkraft auch in individuellen Arbeitsphasen koordinierend mitwirkt und dass am Ende die Ergebnisse der Arbeitsgruppen zusammengeführt und ausgewertet werden (vgl. ebd., S.117 ff.).

Gudjons hebt in diesem Zusammenhang auch die Bedeutung von Feedback zum Ende einer Stunde oder einer Unterrichtseinheit hervor: „Ein Rückblick auf die gesamte geleistete Arbeit muss von der Lehrkraft vorbereitet, ergebnisorientiert durchgeführt und für künftige Vorhaben fruchtbar gemacht werden" (ebd., S.118). Auch könnte eine Unterrichtsstunde durch den Blick auf die zu erledigenden Hausaufgaben oder eine Zusammenfassung des Stundeninhalts beendet werden (vgl. ebd., S.119 f.).

Klassengemeinschaft fördern

Als siebte *didaktische Funktion* nennt Gudjons die *Förderung der Klassengemeinschaft*.

Entscheidend für den Aufbau einer Klassengemeinschaft sind nach Gudjons die Stärkung des Einzelnen und in noch höherem Maße die Stärkung und das Loben der ganzen Klasse. Dabei bezieht sich Gudjons auf die Bildungsforscher Andreas Helmke und Franz Weinert, die die Bedeutung von *Lernleistung* und *Klassenklima* herausgestellt haben (vgl. ebd., S.122): „Wie Kinder ihr Klassenzimmer, den Lehrer, die Mitschüler, den Unterricht, und die Schulleistungen kollektiv, differentiell oder individuell wahrnehmen, erleben und verarbeiten, ist eine wichtige Determinante für die Entwicklung und die Effektivität des Lernens" (Helmke/Weinert, 1997, S.98).

So lässt sich schlussfolgern, dass die Förderung der Klassengemeinschaft eine Voraussetzung für die Förderung der Gesamtleistung darstellt. Nach Gudjons gilt es daher, das „Wir-Bewusstsein" (Gudjons, 2011, S.126) zu stärken. Die Intensität des Zusammenhalts in einer Lerngruppe kann als „Kohärenz" (ebd., S.125) oder „Kohäsion" (ebd., S.125) bezeichnet werden.

> „Bei der Förderung der Klassengemeinschaft geht es um das Einüben grundlegender sozialer Kompetenzen [...]. Grundlage sind die zentralen Themen einer Sozialpsychologie der Schulklasse: Die Pflege und Entwicklung des inneren Systems, die Analyse und Veränderung von Rollen, der Aufbau einer angemessenen Kohäsion, Pflege des sozialen Klimas und der Atmosphäre, die Etablierung hilfreichen Feedbackverhaltens, der kritische Umgang mit Normen, die bewusste Unterstützung bei den typischen Entwicklungsphasen einer Gruppe, - aber auch die ständige Selbstreflexion der Lehrkraft" (ebd., S.131).

Hiermit wird zum Ausdruck gebracht, dass nicht nur Lerninhalte und -strategien *guten Unterricht* ausmachen, sondern *guter Unterricht* auch die Etablierung einer lernenden Gemeinschaft voraussetzt.

3.2.3 Das Angebots-Nutzungs-Modell zur Erklärung von Lernerfolg nach Helmke

Andreas Helmke legt ein umfassendes Angebots-Nutzungs-Modell zur Erklärung von Lernerfolg vor (vgl. Helmke, 2012, S.71). Darin berücksichtigt er unterschiedliche, den Lernerfolg bedingende Faktoren: *Lehrperson, Unterricht (Angebot), Lernaktivitäten, Kontext, Lernpotenzial und Familie*. Darüber hinaus nennt er die *Unterrichtszeit, Wahrnehmung und Interpretation* sowie *Wirkungen (Ertrag)* als Bestandteile im Wirkungs- und Beziehungsgeflecht des *Angebots-Nutzungs-Modells* (vgl. ebd., S.71).

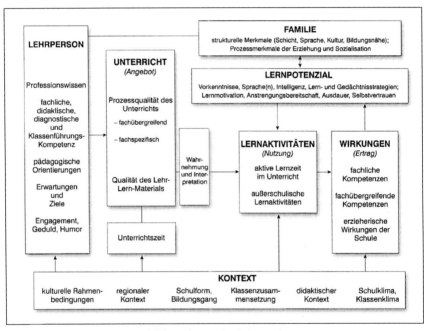

Abbildung 8: *Angebots-Nutzungs-Modell der Wirkungsweise des Unterrichts (Helmke, 2012, S.71)*

Die „Lehrperson" (ebd., S.71), ausgestattet mit „Professionswissen, fachlicher, didaktischer, diagnostischer und Klassenführungskompetenz" (ebd., S.71), „unterschiedlichen Erwartungen und Zielen" (ebd., S.71) sowie individuellen persönlichen Eigenschaften, wie z.B. „Engagement und Humor" (ebd., S.71), wirkt auf den Unterricht. Helmke merkt an, dass einzelne der genannten Aspekte „zum Teil angesehen werden [können] als Merkmale des Unterrichtsangebots (wenn man die Wissensgrundlagen betont), aus anderer Perspektive als Merkmale des

Unterrichtsangebots (wenn man die daraus resultierenden Unterrichts- und Verhaltenskompetenzen in den Vordergrund stellt)" (ebd., S.76; Einfügung: Verfasserin). Helmke weist hier auf die besondere Position der Lehrperson hin, „weil es sich um personale Merkmale handelt, die den Unterricht zwar beeinflussen, die aber nicht selbst als Aspekte der Unterrichtsqualität angesehen werden können" (ebd., S.76).

Der *Unterricht* repräsentiert in Helmkes Modell ein Angebot. Er wird charakterisiert durch die fächerübergreifende und fachspezifische „Prozessqualität" (ebd., S.76) sowie die „Qualität des Lehr-Lern-Materials" (ebd., S.79).

Zu den *fächerübergreifenden Qualitätsbereichen* gehören:

„Klassenführung
Klarheit und Strukturiertheit
Konsolidierung und Sicherung
Aktivierung
Motivierung
lernförderliches Klima
Schülerorientierung
Kompetenzorientierung
Umgang mit Heterogenität
Angebotsvariation" (ebd., S.168).

„'Guter Unterricht' ist nicht identisch mit einer optimalen und schon gar nicht einer maximalen Ausprägung *aller*[106] Merkmale. Dies schon deshalb nicht, weil es ganz unterschiedliche Muster erfolgreichen Unterrichts geben kann und Defizite in *einem*[107] Bereich bis zu einem gewissen Grad durch Stärken in *anderen*[108] Bereichen kompensierbar sind. Außerdem [...] hängt die Beurteilung des Unterrichts vom jeweiligen Fach, der Klassenzusammensetzung und vor allem vom angestrebten Bildungsziel ab" (Helmke, 2012, S.170).

Helmke versteht *Klassenführung* nicht „*als Reaktion auf Störungen*[109]" (ebd., S.173), sondern schließt sich dem integrativen Ansatz an:

„Die international vorherrschende Sichtweise der Klassenführung [...] ist dadurch gekennzeichnet, dass sie präventive, proaktive und reaktive Elemente umfasst, wobei die Vorbeugung (Prophylaxe) klar im Mittelpunkt steht. Unterrichtsqualität

---

[106] Hervorhebung im Original.
[107] Hervorhebung im Original.
[108] Hervorhebung im Original.
[109] Hervorhebung im Original.

und Klassenführung werden zwar begrifflich voneinander unterschieden, es wird jedoch stets auf die enge wechselseitige Verflechtung hingewiesen" (ebd., S.173).

Helmke betont die Bedeutung, die der *Klassenführung* bzw. dem *classroom mangement* zukommt (vgl. Kapitel 4.2.1), und nimmt Bezug auf internationale Studienergebnisse – wie Untersuchungen von Wang et al. (1993) und Hattie (2013)[110], die zeigen, „dass kein anderes Merkmal so eindeutig und konsistent mit dem Leistungsniveau und dem Leistungsfortschritt von Schulklassen verknüpft ist wie die Klassenführung" (Helmke, 2012, S.174).

In Bezug auf *Klarheit und Strukturiertheit* verweist Helmke u.a. auf Hattie (vgl. auch Kapitel 3.2.5) und Meyer (vgl. Kapitel 3.2.1).

> „Klarheit hat vier Komponenten: *akustisch* (Verstehbarkeit), *sprachlich* (Prägnanz), *inhaltlich* (Kohärenz) und *fachlich* (Korrektheit). Klarheit ist eher *sender-*, Verständlichkeit eher *empfänger*bezogen. Verständlichkeit und Verstehbarkeit hängen von Merkmalen der Sprache und des Sprechens ab, also von: *Lautstärke, Tonhöhe, Sprechgeschwindigkeit, Pausen, Artikulation*[111]*, Modulation, Timbre*[112], Unterstützung durch *Gestik* und *Mimik* und nicht zuletzt davon, ob Standardsprache (Hochdeutsch), *Dialekt*[113] oder *Regiolekt* gesprochen wird" (Helmke, 2012, S.191; Hervorhebungen im Original).

Im Hinblick auf die fächerübergreifenden Qualitätsbereiche *Konsolidierung und Sicherung* unterstreicht Helmke die Bedeutung von Wiederholungs- und Übungsphasen im Unterricht, um eine möglichst hohe Wirkung in Bezug auf die fachliche Kompetenzausprägung zu erzielen (vgl. ebd., S.201; Meyer, 2004, S.106; Wellenreuther, 2005, S.110). „Auch Verstandenes muss nämlich in einem gewissen Sinne überlernt, angewendet und aktiv in bestimmten Zeitabständen erinnert werden, um sicher verfügbar zu sein" (Wellenreuther, 2005, S.110).

---

[110] Im Kapitel 3.2.5 werden Ergebnisse der Hattie-Studie genauer dargelegt.
[111] „Zur Bildung von Sprachlauten intentional gesteuerte und koordinierte, kontinuierliche Bewegungen [...] A. vollzieht sich durch Atmung und Bewegung von Sprechwerkzeugen" (Bußmann, 2008, S.60).
[112] „Als Timbre wird die Klangfarbe der Stimme bezeichnet" (Schneider-Stickler/Bigenzahn, 2013, S.55).
[113] „Sprachliche Varietät mit begrenzter räumlicher Geltung im Gegensatz zur überdachenden Standardsprache" (Schneider-Stickler/Bigenzahn, 2013, S.131).

Die „Aktivierung" (Helmke, 2012, S.205) lässt sich nach Helmke durch vier Bereiche näher bestimmen: *Kognitiv*[114], *sozial*[115], *körperlich*[116] (vgl. ebd., S.205) und durch eine „*aktive Teilhabe*[117]"[118] (ebd., S.205).

Der fünfte fächerübergreifende Qualitätsbereich ist nach Helmke die „Motivierung"[119] (ebd., S.220). Helmke bezieht sich in seinen Ausführungen u.a. auf Ulrich Schiefele, Karl Josef Klauer und Detlef Leutner.

Schiefele unterscheidet zwischen intrinsischer und extrinsischer Motivation. Intrinsische Motivation „bezeichnet die Absicht, eine bestimmte Lernhandlung durchzuführen, weil die Handlung selbst von positiven Erlebenszuständen begleitet wird" (Schiefele, 2008, S.41). Die extrinsische Motivation hingegen ist dadurch gekennzeichnet, dass „eine Lernhandlung [durchgeführt wird] [...], weil damit positive Folgen herbeigeführt oder negative Folgen vermieden werden" (Schiefele, 1996, S.59; Einfügung: Verfasserin). Ein Lernender ist somit dann intrinsisch motiviert, wenn ihm beispielsweise eine (Lern-)Aufgabe an sich Freude bereitet. Eine extrinsische Motivation würde vorliegen, wenn die Aussicht auf eine bessere Note Schülerinnen und Schüler motiviert. Somit wäre die Motivation durch äußere Faktoren begründet.

Klauer und Leutner stellen in ihrem *Lehralgorithmus*[120] fünf *Lehrfunktionen* dar[121] (vgl. Klauer/Leutner, 2012, S.48). Im Zentrum steht hier die Motivation. Lehrende müssten zunächst die Motivation der Lerner überprüfen und gegebenenfalls Motivation schaffen, da fehlende Motivation zu einem Abbruch des Lernprozesses führe (vgl. ebd., S.48). Dies wird in der folgenden Abbildung zum *Lehralgorithmus* veranschaulicht:

---

[114] „Aktivierung im Sinne der Selbststeuerung des Lernens durch den Einsatz von Lernstrategien und Methoden eigenverantwortlichen Lernens" (Helmke, 2012, S.205).
[115] „durch Formen kooperativen Lernens" (Helmke, 2012, S.205).
[116] Diese Form der Aktivierung wäre u.a. unter dem Qualitätsbereich der „Angebotsvielfalt" zu subsumieren (vgl. Helmke, 2012, S.205).
[117] Hervorhebung im Original.
[118] Dies bezieht sich beispielsweise auf eine Beteiligung der Schülerinnen und Schüler „an der Planung und Durchführung des Unterrichts" (ebd., S.205).
[119] „Abgeleitet ist das Wort ‚Motivation' aus dem lateinischen Verb *movere* (=bewegen). Ein vielfältig motivierender Unterricht ist dadurch gekennzeichnet, dass er bewährte Prinzipien der Lern- und Motivationspsychologie zugrunde legt. Begrifflich muss man bei ‚Motiv' und ‚Motivierung' unterscheiden, obwohl sie umgangssprachlich weitegehend synonym verwendet werde; *Motive* sind gewachsene Verhaltenstendenzen (*trait*), während sich *Motivation* auf den Zustand in einer konkreten Situation (*state*) beziehen" (Helmke, 2012, S.221).
[120] „Ein Algorithmus ist eine Anleitung oder eine Vorschrift, die besagt, wie man vorgehen muss, um Aufgaben einer definierten Klasse angemessen lösen zu können" (Klauer/Leutner, 2012, S.46).
[121] Im Rahmen dieser Arbeit soll nur ein Ausschnitt des Modells von Klauer und Leutner (2012) besprochen werden. Das Modell befindet sich im Anhang B.

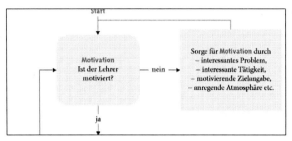

Abbildung 9: Ausschnitt aus dem Lehralgorithmus (Klauer/Leutner, 2012, S.46)

Helmke führt ein *lernförderliches Klima* als ein weiteres Qualitätsmerkmal an. „Mit ‚lernförderlichem Klima' ist eine Lernumgebung gemeint, in der das Lernen der Schülerinnen und Schüler erleichtert, begünstigt oder auf andere Weise positiv beeinflusst wird" (Helmke, 2012, S.226). Er weist darauf hin, dass ein *lernförderliches Klima* in zahlreichen „Klassifikationen der Unterrichtsqualität" (ebd., S.226) genannt werde.

In einem engen Zusammenhang mit einem lernförderlichen Klima steht nach Helmke die *Schülerorientierung*[122]. Sie „ist aber ein Bereich sui generis, weil es hier primär darum geht, dass Schüler unabhängig von Leistung, als Person ernst genommen und wertgeschätzt werden" (ebd., S.236).

Die *Kompetenzorientierung* weist Helmke als einen weiteren Qualitätsbereich aus. Sie besagt, dass sich der Unterricht an den zu erwerbenden und erreichten Kompetenzen der Schülerinnen und Schüler ausrichtet. Eine Orientierung liefern die Bildungspläne der jeweiligen Bundesländer sowie die von der KMK verabschiedeten Bildungsstandards[123]. Als vorletzten Aspekt nennt Helmke den *Umgang mit Heterogenität*. Die Frage danach stelle sich immer dann, wenn mehr als ein Lernender zu unterrichten ist (vgl. ebd., S.248). „Ein in der Lehr-Lern-Forschung verbreitetes Konzept ist das des *Adaptiven Unterrichts*[124], ein Sammelbegriff für unterschiedliche Varianten des Umgangs mit Heterogenität" (ebd., S.248).

---

[122] „Ein schülerorientierter Unterricht ist dadurch gekennzeichnet, dass Schülerinnen und Schüler die Lehrperson als Ansprechpartner auch in nichtfachlichen Fragen und sie als fürsorglich und an der Schülerperson – nicht nur ihrem Leistungsniveau und Lernfortschritt – interessiert, gerecht und fair wahrnehmen" (Helmke, 2012, S.236).
[123] Vgl.http://www.kmk.org/bildung-schule/qualitaetssicherung-in-schulen/bildungsstandards/ueberblick.html; Stand: 04.03.2014.
[124] Hervorhebung im Original.

Um Unterricht an die lernrelevanten Unterschiede zwischen den Schülern anzupassen, dient nach Helmke das Konzept des adaptiven Unterrichts.

„Adaptiver Unterricht ist [...] der realistische Versuch, mithilfe einer differentiellen Anpassung der Lehrstrategien bei möglichst vielen Schülern ein Optimum erreichbarer Lernfortschritte zu bewirken und dadurch auch den leistungsschwächeren Schülern die subjektive Überzeugung persönlicher Selbstwirksamkeit (wieder) zu vermitteln" (ebd., S.51).

Ein solcher Unterricht beinhaltet Basisanforderungen für alle Schülerinnen und Schüler und erweiterte Anforderungen für leistungsstärkere Schülerinnen und Schüler bzw. Schülergruppen.

Helmke berücksichtigt in seinen Ausführungen zur *Angebotsvielfalt* sowohl didaktische Positionen (vgl. u.a. Meyer[125]; vgl. Helmke, 2012, S.265) als auch empirische Studienergebnisse. Er stellt heraus: „Methodenvielfalt macht sicher den Kern der Angebotsvariation aus" (Helmke, 2012, S.266). Darüber hinaus nennt er eine Vielzahl anderer Komponenten, wie beispielsweise „Medien, Typen von Aufgaben [...], Textsorten, [...], Lernorte, [...]" (ebd., S.267). Ergebnisse der Studie MARKUS[126] unter der Leitung von Andreas Helmke und Reinhold Jäger geben Aufschluss über einen lernförderlichen Einsatz von Methoden und Unterrichtsformen. Es wurde u.a. gezeigt, „dass [...] der erfolgreichste Unterricht selten derjenige mit einem *Maximum* an Methodenvariation, sondern der mit einem *Optimum* ist. [...] Klassen mit ausschließlich Frontalunterricht oder mit exzessiv vielen Unterrichtsformen schnitten gleichermaßen schlecht ab" (ebd. S.270). Daraus lässt sich schlussfolgern, dass nicht die Zahl, sondern die Passung von Methoden und Unterrichtsformen über den Lernerfolg entscheidet.

Helmkes Angebots-Nutzungs-Modell verdeutlicht, dass u.a. die „Wahrnehmung und die Interpretation" (ebd., S.71) des Unterrichts einen Einfluss auf die „Nutzung des Unterrichts" (ebd., S.71) und die „Lernaktivitäten" (ebd., S.71) haben. Das Lernangebot hat keine automatische Lernwirkung, sondern ist an die Nutzung gebunden, d.h. „seine Wirksamkeit für das Lernen hängt von zweierlei Typen von vermittelnden Prozessen auf Schülerseite ab: (1) davon, ob und wie Erwartungen der Lehrkraft und unterrichtlichen Maßnahmen von den Schülerinnen und Schülern überhaupt *wahrgenommen*[127] und wie sie *interpretiert*[128] werden, sowie (2) ob und

---

[125] An dieser Stelle der Arbeit wird dies nicht weiter ausgeführt, vgl. hierzu Kapitel 3.2.1.
[126] „Projekt Mathematik-Gesamterhebung Rheinland-Pfalz: Kompetenzen, Unterrichtsmerkmale, Schulkontext" (Helmke, 2012, S.365).
[127] Hervorhebung im Original.
[128] Hervorhebung im Original.

zu welchen motivationalen, emotionalen und volitionalen (auf den Willen bezogenen) Prozessen sie auf Schülerseite führen" (ebd., S.71).

Der „Kontext" (ebd., S.71) spielt eine entscheidende Rolle im Angebots-Nutzungs-Modell. Dieser ist durch „kulturelle Rahmenbedingungen, regionalen Kontext, Schulform, Bildungsgang, Klassenzusammensetzung, didaktischer Kontext, Schulklima und Klassenklima" (ebd., S.71) näher zu bestimmen. Der Kontext hat Auswirkungen auf die Lehrperson, den Unterricht, die Lernaktivitäten und die Wirkungen. So kann sich beispielsweise ein positives und angstfreies Klassenklima stark auf die „aktive Lernzeit im Unterricht" (ebd., S.71) und die Nutzung des Angebots auswirken – gerade beim Einsatz kooperativer Lernformen[129] spielt das Klassenklima im Umgang miteinander eine Rolle.

Die Auswirkungen der *Unterrichtszeit* (ebd., S.75) auf das Lernangebot erläutert Helmke in einem Interview 2007: „Dass die Qualität und Quantität des Unterrichts nicht nur eine Steuergröße ist, sondern ein Stück weit selbst in seiner Wirksamkeit von nicht direkt steuerbaren Rahmenbedingungen abhängt, muss aus meiner Sicht bei der Beurteilung des Unterrichts berücksichtigt werden" (ebd., S.73).

Die *Familie* und das *Lernpotenzial* (Helmke, 2012, S.71) stellen eine entscheidende Wirkungsgröße für die Nutzung und den Ertrag des Angebots dar (vgl. ebd., S.80). Mit Hilfe des Angebots-Nutzungs-Modells könnte beispielsweise veranschaulicht werden, dass eine Bildungsnähe im Elternhaus zwar Einfluss auf das Lernpotenzial eines Kindes haben kann, dieses aber nicht automatisch genutzt wird und z.B. aufgrund einer geringen Lernmotivation zu einer ineffizienten Nutzung des Angebots führen kann.

3.2.4 Model of teaching and learning components nach Seidel und Shavelson

Die Unterrichtsforscher Tina Seidel und Richard Shavelson legen eine Metaanalyse vor, in der Studienergebnisse zum Einfluss des Lehrverhaltens auf das Lernen von Schülerinnen und Schülern aus dem letzten Jahrzehnt zusammengefasst werden. Theoretisch beziehen sie sich u.a. auf das Modell „Selfdirected learning" von Bolhuis (2003), das sie als Grundlage für ihr um

---

[129] „Kooperative Lernformen sind Instruktionsformen, bei denen Kleingruppen zur Erreichung eines gemeinsamen Ziels zusammenarbeiten. Ein zentrales Merkmal aller Formen kooperativen Lernens ist dabei die Strukturierung der Gruppenarbeit nach [...] Prinzipien. Dies geschieht durch den Einsatz bestimmter Arbeitsaufträge, die Zuteilung von Rollen oder bestimmte Belohnungssysteme" (Kunter/Trautwein, 2013, S.126).

mehrere Faktoren erweitertes Modell herangezogen haben (vgl. Abb. 10 „Model of learning components").

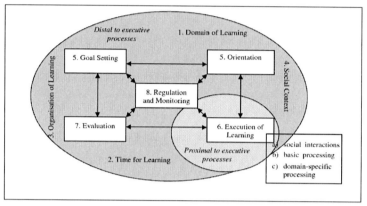

Abbildung 10: Model of learning components (Seidel/Shavelson, 2007, S.461)

Das Modell von Seidel und Shavelson weist zwei Ebenen aus:

die Lernumgebung, zu der das *spezifische Fach* (domain of learning), die *Lernzeit* (time for learning) sowie der *organisatorische und soziale Rahmen* (social context) gehören.

Der Unterricht wird durch *Zielsetzung* (goal setting), *Zielorientierung* (orientation), *Lernaktivitäten* (execution of learning), *Einschätzung und Auswertung* (evaluation) sowie die *Steuerung und Überwachung* (regulation and monitoring) näher bestimmt (vgl. Seidel/Shavelson, 2007, S.460).

Zunächst werden die für das Unterrichtsgeschehen zentralen Faktoren (5-8)[130] näher erläutert. Zielsetzung (5) und –orientierung (6) beziehen sich u.a. darauf, wie transparent die Unterrichtsziele für die Schülerinnen und Schüler als Voraussetzung dafür sind, dass sie eine Orientierung aufbauen und ihre Lernziele auch erreichen können. Einschätzung und Auswertung (7) ermöglichen es Lehrpersonen und Lernenden zu überprüfen, ob die Ziele erreicht wurden. Die Komponente der Regelung und Überwachung (8) bildet das Zentrum des Rahmenmodells.

---

[130] Die in Klammern gesetzten Ziffern beziehen sich auf Abbildung 10.

Damit wird ausgedrückt, dass diese Komponente auf alle anderen Lernkomponenten wirkt, wodurch diese gesteuert, überwacht und stimuliert werden. Die kreisförmige Anordnung der Komponenten drückt aus, dass sie in vielfältiger Weise auf den Lernprozess einwirken können und dass es keine festgelegte Abfolge gibt. Die Doppelpfeile unterstreichen dies (vgl. ebd., S.460).

Das Modell von Bolhuis wurde von Seidel und Shavelson durch vier Komponenten erweitert: das Wissensgebiet, den Umfang der Lernzeit, den organisatorischen Rahmen für das Lernen und das (soziale) Klassenklima (vgl. ebd., S.460). Bei der Komponente Lernaktivitäten (6) unterscheiden die Autoren zwischen sozialer Interaktion und direkten Erfahrungen (6a) sowie allgemeiner (6b) und fachspezifischer Informationsverarbeitung (6c). Zu den sozialen Interaktionen und direkten Erfahrungen zählen die Autoren beispielsweise kooperatives Lernen im Klassenraum. Allgemeine Informationsverarbeitung bezieht sich auf die Annahme, dass sich der Aufbau von Wissen durch kognitive Aktivitäten vollzieht. Bei der fachspezifischen Informationsverarbeitung handelt es sich um Lernaktivitäten, die sich auf den Wissensaufbau in einem bestimmten Fach beziehen (vgl. ebd., S.460).

Die erste Komponente der *Lernumgebung* betrifft das jeweilige Fach bzw. den Wissensbereich, wie z.B. das Fach Deutsch bzw. den Bereich des Lesens. Die *(Lern-)Zeit* meint den jeweiligen Zeitrahmen, der den Lernenden und Lehrenden zur Verfügung steht. Zur *Lernorganisation* zählen die Autoren das von der jeweiligen Lehrperson bereitgestellte Lernumfeld für die Schülerinnen und Schüler und seine Gestaltung. Der *soziale Kontext* betrifft das Klassen- und Lernklima, das die Lehrperson in ihrer Lerngruppe etabliert (vgl. ebd., S.461). Wichtige Aspekte der *Zielsetzung und Orientierung* sind nach Seidel und Shavelson eine klare Unterrichtsstruktur, Zielklarheit und – transparenz sowie die Aktivierung des Vorwissens der Schülerinnen und Schüler. Die Lehrperson kann die Lernaktivitäten der Schüler anregen, indem sie die soziale Interaktion unter den Lernenden sowie fächerspezifische Lerngelegenheiten ermöglicht, wie z.B. mathematisches Problemlösen (vgl. ebd., S.462).

Die Komponente *Einschätzung und Auswertung* zielt u.a. auf die Beurteilung und Bewertung der Schülerinnen und Schüler durch die Lehrperson ab. Die Komponente *Regelung und Überwachung* schließt Ermutigung, Unterstützung und Rückmeldung seitens der Lehrperson ein (vgl. ebd., S.462), was beispielsweise durch regelmäßiges Feedback im Unterrichtsalltag umgesetzt werden kann.

Seidel und Shavelson gehen von der Annahme aus, dass eine hohe Lernaktivität auch zu einem möglichst hohen Wissensaufbau und Lernergebnis bei den Schülerinnen und Schülern führen kann. Demgegenüber hat nach den herangezogenen Studienergebnissen der Lernkontext einen geringen Anteil beim Wissensaufbau. Er liefert jedoch den notwendigen Rahmen, in dem die Schülerinnen und Schüler lernen (vgl. ebd., S.462).

Als ein Ergebnis ihrer Metaanalyse stellen Seidel und Shavelson heraus, dass Unterrichtsbedingungen, in denen die Schülerinnen und Schüler zur Ausübung domänenspezifischer Lernaktivitäten befähigt werden, das kognitive Lernen fördern (vgl. ebd., S.476 ff.).

Ein weiteres Ergebnis besagt, dass motivationale Komponenten (z.b. Interesse und Selbstkonzept) eine Rolle spielen. Motivationsfördernde Faktoren mit hoher Wirkung sind fachbezogene Lernaktivitäten, Lernzeit sowie soziale Interaktionen. Dabei ist zu berücksichtigen, dass die Anzahl der Studien zu motivationalen Aspekten kleiner ist als diejenige zu kognitiven Aspekten (vgl. ebd., S.482).

Schlussfolgernd empfehlen Seidel und Shavelson Forschern, auch Effekte domänenspezifischen Unterrichts auf motivationale Ergebnisse vertiefend zu untersuchen:

> „We also found that executing domain-specific activities played an important role for motivational–affective outcomes (e.g., interest or self-concept of ability). However, the number of studies that included motivational–affective outcomes was considerably smaller than those investigating effects on cognitive outcomes. Researchers might consider investigating the effects of domain-specific teaching on learning processes and motivational–affective outcomes in more depth than is currently practiced" (ebd., S.483).

3.2.5 Lernen sichtbar machen nach Hattie

Der neuseeländische Bildungsforscher John Hattie legt 2009 in seiner Veröffentlichung „Visible Learning" eine umfangreiche Synthese empirischer Studien bezogen auf Komponenten guten Unterrichts vor, die insbesondere seit der Erscheinung der deutschen Übersetzung (Hattie, 2013) intensiv rezipiert und diskutiert wird. Die deutsche Ausgabe wurde von den Erziehungswissenschaftlern Wolfgang Beywl und Klaus Zierer besorgt und mit einem einleitenden Vorwort versehen (vgl. Beywl und Zierer, 2013, S.VI-XXVI).[131] Das Besondere an John Hatties Vorgehensweise ist, dass er 800 Variablen aus über 50.000 Studien aus dem Zeitraum von den 1960er bis in die 2000er Jahre in seine Forschungssynthese einbezogen hat (vgl. Beywl/Zierer,

---

[131] Die beiden Autoren haben zudem die deutsche Ausgabe „Lernen sichtbar machen für Lehrpersonen" (Hattie, 2014) besorgt und mit einem Vorwort versehen (Beywl/Zierer, 2014, S.VI-XI)

2013, S.XI ff.). So bezeichnet die Times Hatties „Visible Learning" 2009 kurz nach dem Erscheinen als „Holy Grail"[132], um die Bedeutung und die Wirkung der Forschungsergebnisse zu unterstreichen.[133]

Hattie legt seine umfassende Forschungssynthese mit dem Ziel vor, „ein Modell erfolgreichen Lehrens und Lernens zu erstellen" (Hattie, 2013, S.279). Seit der Erscheinung der deutschen Ausgabe von Hatties Forschungssynthese „Lernen sichtbar machen" (2013) setzte eine wissenschaftliche Diskussion darüber ein.

Insbesondere wurde kritisch angemerkt, dass mehr als zwei Drittel der Metaanalysen, die der Untersuchung zugrundeliegen, aus dem Zeitraum von 1960 bis 2000 stammen, so dass sich die Frage nach der Aktualität der Ergebnisse stelle (vgl. Beywl/Zierer, 2013, S.XIV). In seinem nachfolgenden Buch „Visible Learning for Teachers" (2012) greift Hattie diese Kritik auf und bezieht 100 weitere aktuelle Meta-Analysen ein, die nach dem Erscheinen seines ersten Werkes fertiggestellt wurden (vgl. Hattie, 2014, S.12). Hier kommt er zu vergleichbaren Ergebnissen und zeigt damit die Gültigkeit seiner ersten Forschungssyntheseergebnisse auf (vgl. ebd, S.12).

Ein weiterer Kritikpunkt ist, dass Hattie nur Metaanalysen aus dem angloamerikanischen Raum ausgewählt hat. Daher stellt sich die Frage nach der Übertragbarkeit auf Bildungssysteme anderer Länder (vgl. Beywl/Zierer, 2013, S.XIV).

Beywl und Zierer stellen darüber hinaus die Methodologie Hatties zur Diskussion, da beinahe ausschließlich quantitative Forschungsergebnisse berücksichtigt und Ergebnisse qualitativer Studien nur vereinzelt zur Interpretation herangezogen wurden (vgl. ebd., S.XII). Helmke merkt im Rahmen eines veröffentlichten Interviews an, dass „aus dem Schema seines Designs solche Studien heraus[fallen], die bis jetzt noch nicht metaanalysiert wurden, beispielsweise Forschungen zum Thema wie Lehrermotivation, Lehrerengagement und Enthusiasmus" (Helmke/Reinhardt, 2013, S.14; Einfügung: Verfasserin).

Beywl und Zierer charakterisieren Hatties Forschungssynthese (2013) als „systematisch", „allgemeindidaktisch" und „eklektisch" (Beywl/Zierer, 2013, S.XI).

---

[132] „Als Gral bzw. heiliger Gral wird die Schale bezeichnet, mit der Joseph von Arimathäa das Blut des Gekreuzigten aufgefangen haben soll. Mit vorchristlichen und okkulten Mythen angereichert wurde der Gral für mystische Spekulanten zu einem Inbegriff des Sitzes der Wahrheit und des eigentlichen Seins" (vgl. Reinhardt <http://www.rpi-virtuell.net/material/737B1923-8311-4B72-89EE-BFB26F6E0203>; Stand: 23.04.2014).
[133] Vgl. Mansell <http://www.tes.co.uk/article.aspx?storycode=6005393>; Stand: 23.03.2014.

Als „systematisch" (ebd., S.XI) stufen sie Hatties Ansatz ein, „weil Hattie aus der Vielzahl der Studien und Variablen 138 Faktoren extrahiert und diese zu sechs ‚Domänen' gruppiert: ‚Lernende', ‚Elternhaus', ‚Schule', ‚Curricula', ‚Lehrperson' und ‚Unterrichten'. Diese Domänen lassen sich aus der Geschichte der Erziehungswissenschaft herleiten und spiegeln sich im bekannten Modell des didaktischen Dreiecks (Lehrperson, Lernender, Stoff) und seines Kontextes wider" (ebd., S.XI). Zur Darstellung der zentralen Ergebnisse der Forschungssynthese wählte Hattie eine „Umrechnung in Effektstärken"[134] (Hattie, 2013, S.9), wobei er allerdings darauf hinweist, dass eine Orientierung an den Effektstärken für eine Interpretation der Ergebnisse nicht ausreicht. Vielmehr „sollten wir nach Mustern in den verschiedenen Effektstärken und nach den kausalen Hintergründen über unterschiedliche Effektstärken hinweg Ausschau halten" (ebd., S.11).

Als „allgemeindidaktisch" (Beywl/Zierer, 2013, S.XI) kann Hatties Forschungsansatz eingestuft werden, da er nicht fachspezifisch, sondern fächerübergreifend ist (vgl. ebd., S.XI).

Da Hattie für seine Forschungssynthese Metaanalysen begründet auswählte, kann sein Ansatz als „eklektisch" (ebd., S.XI) bezeichnet werden: „Sowohl seine sechs Domänen als auch seine 138 Faktoren lassen sich vor diesem Hintergrund als ‚Orientierungs-Verallgemeinerungen' verstehen, die das Ziel verfolgen, die Komplexität der Wirklichkeit zu reduzieren, um dadurch für das professionelle Handeln Orientierung und Halt zu geben" (ebd., S.XI).

In seiner Forschungssynthese weist Hattie die Domäne *Lehrperson* aufgrund der Effektstärke als den höchsten Einflussfaktor unter den sechs Domänen aus, gefolgt von den Domänen *Curricula*, *Unterrichten* und *Lernende*[135] (vgl. Tabelle 2).

---

[134] „Eine Effektstärke (in der Regel als *d** angegeben) stellt einen allgemeinen Wert dar, um die Stärke eines Effektes auf verschiedene Outcome-Variablen, wie beispielsweise auf die Schulleistung, zu veranschaulichen" (Hattie, 2013, S.9). Hattie gibt eine Einordnungsrichtung dieser Effektstärken an: „*d*= 0,2 klein, *d*=0,4 mittel und *d*=0,6 groß" (ebd., S.11).

[135] Beywl und Zierer übersetzen den von Hattie verwendeten Begriff „students" mit „Lernende" (Beywl/Zierer, 2013, S.XVIII) und nicht „Schülerinnen und Schüler" (ebd., S.XIX), um Lernen nicht nur auf die Schule zu begrenzen (vgl. ebd., S.XVIII).

Tabelle 2: Durchschnittliche Effekte für die wichtigsten zum Lernprozess beitragenden Faktoren (vgl. Hattie 2013, S.22)

Faktorenbündel	Anzahl Metas	Anzahl Studien	Anzahl Lernende	Anzahl Effekte	d
Lernende	139	11.101	7.513.406	38.282	0,40
Elternhaus	36	2.211	11.672.658	5.182	0,31
Schule	101	4.150	4.416.898	13.348	0,23
Lehrperson	31	2.225	402.325	5.559	0,49
Curricula	144	7.102	6.899.428	29.220	0,45
Unterrichten	365	25.860	52.128.719	55.143	0,42
Gesamt	816	52.649	83.033.433	146.626	0,40

Im Folgenden werden die Ergebnisse zu den *Domänen Lernende, Lehrpersonen und Unterrichten* näher ausgeführt, da sie für die in dieser Arbeit zugrundeliegende Zielsetzung von besonderer Relevanz sind.

3.2.5.1 Lernende

Zunächst stellt Hattie in seiner Metaanalyse die Ergebnisse zu der *Domäne der Lernenden* vor (vgl. Hattie, 2013, S.47 ff.). Hattie untersucht insgesamt 139 Metaanalysen mit 11.101 Studien, die für Aussagen über die Domäne der Lernenden herangezogen werden können. Sowohl die Leistungen der Lernenden als auch die persönliche Disposition stellen eine Einflussgröße auf schulisches Lernen dar (vgl. ebd., S.48). Diese Dispositionen können und werden jedoch durch die Schule beeinflusst. Als bedeutsam erwiesen sich: „Die Art und Weise, wie das Kind offen gegenüber neuen Erfahrungen ist; die sich bildenden Glaubensvorstellungen des Kindes darüber, welchen Wert es hat, in Lernen zu investieren; die Art, in der es lernt, dass es ein Selbstwertgefühl aus seinem Engagement im Abenteuer ‚Lernen' aufbauen kann" (ebd., S.48).

Im Folgenden sollen die von Hattie ausgewiesenen effektstärksten Faktoren in den Bereichen *Hintergrund, Einstellungen und Dispositionen* sowie *vorschulische Erfahrungen* vorgestellt werden (vgl. Tabelle 3).

*Tabelle 3: Effektstärkste Faktoren der Lernenden
(vgl. Hattie, 2013, S.47)*

Effektstärkste Faktoren der Lernenden	
Hintergrund	Vorausgehendes Leistungsniveau (d=0,67)
	Kognitive Entwicklungsstufe nach Piaget (d=1,28)
	Selbsteinschätzung des eigenen Leistungsniveaus (d=1,44)
Einstellungen und Dispositionen	Selbstkonzept (d=0,43)
	Motivation (d=0,48)
	Konzentration, Ausdauer und Engagement (d=0,48)
	Angstreduktion (d=0,40)
Vorschulische Erfahrungen	Frühkindliche Förderung (d=0,47)
	Vorschulprogramme (d=0,45)

Hintergrund

Das *vorausgehende Leistungsniveau* der Lernenden spielt in Bezug auf den schulischen Erfolg eine große Rolle (d=0,67): „Über das gesamte Ausbildungssystem hinweg erweist sich das vorausgehende Leistungsniveau als ein starker Prädiktor" (Hattie, 2013, S.50). Für diese Schlussfolgerung zieht Hattie die Studie „Hattie und Hansford (1982)" (Hattie, 2013, S.49) heran. Er referiert, dass diese Untersuchung einen Zusammenhang zwischen Intelligenz und Lernleistung aufzeigt, der eine sehr hohe Effektstärke von d=1,19 aufweist (vgl. ebd., S.49). Hattie unterstreicht dieses Ergebnis mit Bezug auf eine Untersuchung von „Rush (1992)" (Hattie, 2013, S.51), in der ebenfalls die Bedeutung des IQs herausgestellt wird (vgl. ebd., S.51). Hattie ermittelt in seiner Untersuchung darüber hinaus auch die Komponenten Bildungsansprüche und Kontrollüberzeugung seitens der Lernenden, die erfolgreiche Lernende auszeichnen können (vgl. ebd., S.51). Er formuliert die Bedeutung des vorausgehenden Leistungsniveaus, betont jedoch auch die mindestens ebenso bedeutsame Einflussgröße von Schulen und Lehrpersonen auf den Lernerfolg der Lernenden (vgl. ebd., S.50).

Einen weiteren sehr effektstarken Faktor (d=1,28) in der *Domäne der Lernenden* stellt die *kognitive Entwicklungsstufe nach Piaget* dar (vgl. Hattie, 2013, S.52). Eine Auswahl des Lerngegenstandes und der Aufgabenformate unter Berücksichtigung dieser kognitiven Entwicklungsstufen nach Piaget kann bedeutsam für den Erfolg der Lernenden sein. Hattie bezieht sich hierbei auf die Metaanalyse von „Jordan und Brownlee (1981)" (Hattie, 2013, S.52). Diese zeigte „dass die Beziehung zwischen dem Piaget-Stadium (logische Operation, konkret-, formal-operational) und der Lernleistung sehr hoch ist" (ebd., S.52). Für den Bereich des Lesens konnte Hattie auf Grundlage der Ergebnisse von Jordan und Brownlee eine Effektstärke von d=0,40 feststellen (vgl. Hattie, 2013, S.52).

Auch der *Selbsteinschätzung des eigenen Leistungsniveaus* durch die Lernenden kommt eine sehr hohe Bedeutung zu ($d=1{,}44$) (vgl. ebd, S.52). Unter Berücksichtigung von Ergebnissen von „Kuncel, Credel, Thomas (2005)" (Hattie, 2013, S.52) schlussfolgert Hattie, dass Lernende realistische Aussagen und Einschätzungen in Bezug auf ihr eigenes Leistungsvermögen treffen können. Die drei Autoren konnten nachweisen, dass Lernende in der High School ein hohes Selbsteinschätzungsvermögen in allen Fächern haben können (vgl. ebd., S.52).

Einstellungen und Dispositionen

Nach Hatties Forschungssynthese ist die „Beziehung zwischen Selbstwirksamkeitsüberzeugung und Lernleistung [...] eine der engsten unter den Selbst-Konstrukten (Multon, Brown & Lent, 1991)" (Hattie, 2013, S.56). Wenn es um die Einstellungen der Schülerinnen und Schüler in Bezug auf einen Lerngegenstand geht und beispielsweise das Gefühl der Bewältigung einer Prüfung, dann spielt das Selbstvertrauen eine entscheidende Rolle (vgl. ebd., S.56). So ist das *Selbstkonzept* der Lernenden mit einer Effektstärke von $d= 0{,}43$ ein entscheidender Faktor in Bezug auf die Lernleistung (vgl. ebd., S.55).

In Bezug auf die *Motivation* von Lernenden bezieht sich Hattie u.a. auf eine Untersuchung von „Findley&Cooper, 1983" (Hattie, 2013, S.58). In dieser Studie wird das „Gefühl der Kontrolle über das eigene Lernen oder ‚die Überzeugungen einer Person in Bezug auf die Kontrolle über Lebensereignisse'" (Hattie, 2013, S.58) im Zusammenhang mit den Lernergebnissen untersucht.

Demnach können

> „Lernende, die persönliche Verantwortung für Lebensereignisse wie beispielsweise das Lernen übernehmen, [...] als Lernende mit *internen*[136] Überzeugungen bezeichnet werden. Hingegen können solche, die glauben, sie könnten ihr Leben nicht beeinflussen, als Lernende mit *externen*[137] Überzeugungen bezeichnet werden. Das typische Ergebnis ist, dass ein Mehr an internen Überzeugungen mit akademischer Lernleistung verbunden ist" (ebd., S.58).

Die Einflussgröße *Motivation* weist Hattie mit einer Effektstärke von $d=0{,}48$ aus (vgl. ebd., S.57).

---

[136] Hervorhebung im Original.
[137] Hervorhebung im Original.

Hattie konstatiert einen Zusammenhang zwischen der *Konzentration*, der *Ausdauer* und dem *Engagement* in Bezug auf den schulischen Lernerfolg (vgl. ebd., S.59). Er bezieht sich dabei auf mehrere Metaanalysen. „In Kumars (1991) Metaanalyse" (Hattie, 2013, S.59) werden hohe Effekte für diese Zusammenhänge aufgezeigt (Hattie, 2013, S.59). „Engagement [ist] definiert als tatsächliche Zeit innerhalb einer bestimmten naturwissenschaftlichen Klasse, in der Lernende sich aktiv am Lernen beteiligen – etwa durch Experimentieren, Präsenz, Teilnahme an Diskussionen, Stellen von Fragen, Antworten, sich Notizen machen" (Hattie, 2013, S.59; Einfügung: Verfasserin). In einer weiteren Metaanalyse „(Datta&Narayanan, 1989)" (Hattie, 2013, S.59) konnte ein Zusammenhang zwischen dem Engagement und der Aufgabenkonzentration herausgestellt werden. Zudem zieht Hattie eine Untersuchung von „Feltz und Landers (1983)" (Hattie, 2013, S.59) heran, in der die Visualisierung von Strategien als erfolgsversprechend und –fördernd in Bezug auf die Konzentration herausgestellt worden ist (vgl. ebd., S.59).

Hattie bezieht sich auf mehrere Metaanalysen, die sich mit der Erforschung von Angsteinwirkung sowie der Reduktion von Angst auf die Lernleistung beschäftigen, und weist weist für die *Angstreduktion* eine Effektstärke von $d=0,40$ aus (vgl. ebd., S.60). In der Metaanalyse von „Hembree (1988)" (Hattie, 2013, S.60) wurde eine Korrelation von Prüfungsangst und Lernleistung nachgewiesen. „Lernende mit einem hohen oder niedrigen Selbstkonzept neigen (anders als solche mit mittlerem Selbstkonzept) eher zu Prüfungsangst und es gibt direkte Beziehungen zu den Ängsten der Lernenden in Bezug auf eine schlechte Bewertung, zu Verteidigungsverhalten und zur Abneigung gegen Tests" (ebd., S.60). Hattie zeigt als Desiderat auf, dass die Lehrperson Möglichkeiten und Strategien finden sollte, die die Angst der Lernenden reduzieren können, um ein erfolgreiches und sorgloses Lernen für diese sicherstellen zu können (vgl. ebd., S.60).

Vorschulische Erfahrungen

Insgesamt zeigte sich, dass Lernende, die bereits vor Eintritt in die schulische Institution an Förderprogrammen teilgenommen haben, hiervon profitiert haben. Für den Bereich der *frühkindlichen Förderung* konnte eine Effektstärke von $d=0,47$ ausgewiesen werden (vgl. ebd., S.70). „Im Gesamtergebnis sind frühkindliche Förderprogramme effektiver, wenn sie strukturiert und intensiv sind, wenn sie 15 oder mehr Kinder umfassen und wenn die Kinder bis zu 13 Stunden in der Woche in solchen Programmen verbringen" (ebd., S.70).

Im Rahmen von Metananalysen konnte gezeigt werden, dass die Teilnahme an *Vorschulprogrammen* lernförderlich ist. Hattie weist für das Lernen in der ersten Grundschulzeit einen Effekt von $d=0,45$ und für den Bereich des Lesens einen Effekt von $d=0,60$ aus (vgl. ebd., S.71).

Mit Bezug auf mehrere Autoren „(Casto & Mastropieri 1986; K.R. White, 1986)" (Hattie, 2013, S.71) konstatiert Hattie, dass „sich alle Effekte im Verlauf der Zeit schnell [verlieren]" (Hattie, 2013, S.71; Einfügung: Verfasserin).

3.2.5.2 Lehrperson

Hattie betrachtet verschiedene Einzelfaktoren in der *Domäne Lehrperson* (vgl. ebd., S.129 ff.) und weist den jeweiligen Einfluss durch Effektstärken aus. Im Folgenden werden die beiden für das schulische Unterrichten relevanten Einzelfaktoren *Klarheit der Lehrperson* und der *Lehrer-Schüler-Beziehung* näher beleuchtet. Diese Einzelfaktoren weisen mit *d*= 0,75 (Klarheit der Lehrperson) und *d*=0,72 (Lehrer-Schüler-Beziehung) eine hohe Effektstärke aus.

Klarheit der Lehrperson

Hattie bezieht sich auf eine Metaanalyse von „Fendick (1990)" (Hattie, 2013, S.151), der Lehrpersonen hinsichtlich ihrer Klarheit untersuchte (vgl. ebd., S.151). Nach Hattie definiert Fendick die Klarheit „als Organisation, Erläuterung, Beispiel geben und angeleitete Übung sowie Bewertung des Lernverhaltens der Lernenden – in der Form, dass Klarheit der Sprache eine Voraussetzung ist für die Klarheit der Lehrperson" (Hattie, 2013, S.151). Die Klarheit der Lehrperson ist demnach ein entscheidendes Merkmal für *guten Unterricht*.

Lehrer-Schüler-Beziehung

Zur Lehrer-Schüler-Beziehung bezieht sich Hattie auf Ergebnisse aus Eltern- und Schülerbefragungen zu leistungsbestimmenden Faktoren an neuseeländischen Schulen (vgl. ebd., S.141 ff.). Danach stellt die Lehrer-Schüler-Beziehung den bedeutsamsten Einfluss auf die Lernleistung dar. Hattie charakterisiert eine gute Lehrer-Schüler-Beziehung wie folgt:

> „Der Aufbau von Beziehungen zu den Lernenden erfordert Tatkraft, Effizienz und Respekt aufseiten der Lehrperson für das, was das Kind mit in die Klasse bringt (von Zuhause, aus seiner Kultur, von Peers). Lehrpersonen müssen dem Kind die Erfahrung ermöglichen, im Klassenzimmer anerkannt zu sein. Außerdem erfordert die Entwicklung von Beziehungen gewisse Fähigkeiten von der Lehrperson – etwa die Fähigkeit des Zuhörens, der Empathie, der Fürsorge sowie eine positive Einstellung gegenüber anderen" (ebd., S.141).

3.2.5.3 Unterrichten

In der *Domäne Unterrichten* (ebd., S.192 ff.) ordnet Hattie untersuchte Faktoren den folgenden Kategorien zu: „Betonung von Lernintentionen" (ebd., S.193), „Strategien, die Erfolgskriterien betonen" (ebd., S.193), „Umsetzungen, die das Feedback betonen" (ebd., S.193), „Maßnahmen, die die Perspektive der Lernenden beim Lernen betonen" (ebd., S.193), „Maßnahmen, die metakognitives und selbstreguliertes Lernen betreffen" (ebd., S.193) sowie „Umsetzungen, die Lehrstrategien betonen" (ebd., S.239).

In Tabelle 4 sind die effektstärksten Faktoren des Unterrichtens zusammengestellt.

Tabelle 4: Zusammenstellung der effektstärksten Faktoren des Unterrichts
(vgl. Hattie, 2013, S.193 und 239)

Effektstärkste Faktoren des Unterrichtens	
Betonung von Lernintentionen	Concept Mapping ($d=0{,}57$)
	Ziele ($d=0{,}56$)
Strategien, die Erfolgskriterien betonen	Mastery-Learning ($d=0{,}58$)
	Fallbeispiele ($d=0{,}57$)
Umsetzungen, die Feedback betonen	Formative Evaluation des Unterrichts ($d=0{,}90$)
	Feedback ($d=0{,}73$)
Maßnahmen, die die Perspektive der Lernenden beim Lernen betonen	Rhythmisiertes vs. geballtes Üben ($d=0{,}71$)
	Peer-Tutoring ($d=0{,}55$)
Maßnahmen, die meta-kognitives und selbstreguliertes Lernen betreffen	Meta-kognitive Strategien ($d=0{,}69$)
	Lautes Denken ($d=0{,}64$)
Umsetzungen, die Lehrstrategien betonen	Reziprokes Lehren ($d=0{,}74$)
	Lehrstrategien ($d=0{,}60$)

Im Folgenden werden für das Thema der vorliegenden Arbeit relevante Einzelfaktoren für das *Unterrichten* näher betrachtet.

Betonung von Lernintentionen

Die *Lernintentionen* sollen den Schülerinnen und Schülern transparent gemacht werden. „Lernintentionen beschreiben, was wir im Hinblick auf den Fortschritt der Schülerinnen und Schüler innerhalb einer bestimmten Unterrichtseinheit oder Unterrichtsstunde bezüglich Fähigkeiten, Wissen, Einstellungen und Werten zu erreichen versuchen" (Hattie, 2013, S.194). Die Lernintentionen müssen für die Lernenden verständlich formuliert sein. Die einzelnen Inhalte müssen passend sein. Am Ende einer Unterrichtseinheit kann innerhalb einer Leistungsüberprüfung festgestellt werden, inwiefern die Lernintentionen erreicht und erfüllt worden sind (vgl. ebd., S.194). Die Voraussetzung dazu bildet die Zielsetzung. *Ziele* sind für den Prozess des Lehrens von entscheidender Bedeutung: „Ziele regulieren Handlungen und sie erklären das Wesen der Verbindung zwischen der Vergangenheit und der Zukunft" (ebd., S.195). Ziele dienen als klare Orientierung für die Lernenden. Wenn diese wissen, was sie lernen können und welche Aspekte eines Themengebiets relevant sind, so hilft dies beim Lernen und bei der Kompetenzerweiterung. Als besonders lernförderlich erwiesen sich anspruchsvolle Ziele, die von den Lehrpersonen vorgegeben bzw. von den Lernenden selbst gesetzt werden können (vgl. ebd., S.196). Lernentscheidend ist auch, dass die Lehrpersonen den Lernenden eine Rückmeldung geben, gemeinsam über die gesetzten Ziele und deren Erreichen reflektieren und neue oder angepasste Ziele für die weitere Arbeit besprechen (vgl. ebd., S.197).

Dabei können zweierlei Zielarten unterschieden werden:

> „Aufgabenspezifische Ziele bieten Lernenden klare Informationen darüber, was sie in der unmittelbaren Zukunft zu erreichen versuchen (sowohl im Sinn der Spezifität als auch des Ausmaßes der Herausforderung). Situationsspezifische Ziele ihrerseits bieten Lernenden eine Begründung, weshalb sie einen bestimmten Outcome wollen (um ein vorheriges Leistungsniveau mit diesem Ziel zu übertreffen)" (ebd., S.197 f.).

Umsetzungen, die Feedback betonen

Im Folgenden werden die beiden effektstärksten Feedbackvarianten vorgestellt.

Eine *formative Evaluation des Unterrichts* ermöglicht beispielsweise eine Überprüfung des Lernerfolges einer Unterrichtseinheit und liefert Hinweise dafür, woran die Lernenden weiterarbeiten sollten (vgl. ebd., S.215).

Ein *Feedback* kann von Lehrpersonen an Lernende und umgekehrt gegeben werden. Es zeigt sich,

> „dass Feedback besonders wirksam ist, wenn es der Lehrperson von den Lernenden gegeben wird […]. Wenn Lehrpersonen Feedback von den Lernenden einfordern – oder zumindest offen sind gegenüber dem, was Lernende wissen, was sie verstehen, wo sie Fehler machen, wo sie falsche Vorstellungen haben, wo es ihnen an Engagement mangelt – dann können Lehren und Lernen miteinander synchronisiert werden und wirksam sein. Feedback an die Lehrpersonen hilft, das Lernen sichtbar zu machen" (ebd., S.206).

Im Hinblick auf das Feedback der Lehrenden ist eine der „effektivsten Formen von Feedback" (ebd., S.207) ein Feedback zu den Zielen, die sich die Lernenden gesetzt haben. Demgegenüber ist eine beispielsweise extrinsische Belohnung eine wenig wirksame Feedbackform (vgl. ebd., S.207; vgl. Deci et.al. 1999). Zusammenfassend konstatiert Hattie, dass erfolgreiches Feedback sachbezogen ist und nicht auf Lob und Tadel fokussiert (vgl. Hattie, 2013, S.207). Das folgende „Feedbackmodell" veranschaulicht die Komponenten und ihr Zusammenspiel.

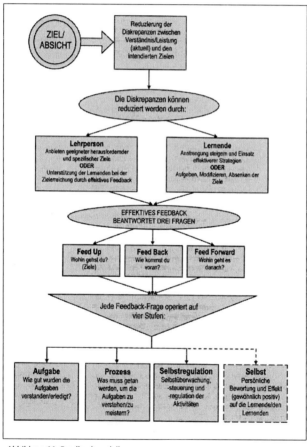

Abbildung 11: Feedbackmodell
(Hattie, 2013, S.209)

„Ziel[138]" und „Absicht" eines Feedbacks sind auf die „Reduzierung der Diskrepanzen zwischen Verständnis/Leistung (aktuell) und den intendierten Zielen" ausgerichtet. Die Reduzierung kann auf zwei Wegen erfolgen: Zum einen kann die „Lehrperson" den Lernenden „herausfordernde und spezifische Ziele" anbieten bzw. diesen durch „effektiveres Feedback" Impulse für eine Reflexion der „Zielerreichung" geben. Zum anderen können „Lernende" zu einer „Reduzierung der Diskrepanzen" beitragen, indem sie ihre „Anstrengung steigern" und „effektivere Strategien" verwenden oder ihre Ziele anpassen.

„Effektives Feedback beantwortet drei Fragen":

„Feed up": „Wohin gehst du? (Ziele)"

„Feed Back": „Wie kommst du voran?"

„Feed forward": „Wohin geht es danach?"

Diese drei Fragen beziehen sich auf vier Bausteine: „Aufgabe", „Prozess", „Selbstregulation" und „Selbst".

> „Lehren und Lernen [sollte sich] im Idealfall von der Aufgabe zu Prozessen und Verhaltensweisen [bewegen], die für das Lernen der Aufgabe erforderlich sind, und gehen dann darüber hinaus zu anspruchsvolleren Aufgaben und Zielen [über]. Dieser Prozess führt zu einem höheren Selbstvertrauen" (ebd., S.211; Einfügung: Verfasserin).

Maßnahmen, die Metakognitives[139] betreffen

Hattie bezieht sich auf eine Untersuchung von „Newell (1990)" (Hattie, 2013, S.224). „Newell (1990) hat festgestellt, dass es zwei Stufen des Problemlösens gibt: die Anwendung einer Strategie auf das Problem sowie die Auswahl und Kontrolle dieser Strategie. Ein solches ‚Nachdenken über das Denken', das an dieser zweiten Stufe des Problemlösens beteiligt ist, […] [wird] als ‚Meta-Kognition' bezeichnet" (Hattie, 2013, S.224; Einfügung: Verfasserin). Zu den *metakognitiven Strategien* zählen „das Planen, wie man eine bestimmte Lernaufgabe angeht, das Bewerten des Fortschritts und das Überprüfen des Verständnisses" (ebd., S.224).

---

[138] Die folgenden in Anführungszeichen gesetzten Begrifflichkeiten sind dem Feedbackmodell John Hatties wörtlich entnommen (vgl. Hattie, 2013, S.209).
[139] „Meta-Kognition betrifft das Nachdenken über das Denken" (Helmke, 2013, S.223).

Umsetzungen, die Lehrstrategien betonen

Das *reziproke Lehren* weist nach Hattie die größte Effektstärke bei den Lehrstrategien auf ($d=0,74$) (vgl. ebd., S.242). Die Lehrperson vermittelt den Lernenden „kognitive Strategien (wie Zusammenfassen, Fragen stellen, Klären und Voraussagen)" (ebd., S.241). Beim reziproken Lehren findet ein Dialog zwischen der Lehrperson und dem Lernenden statt. Ziel ist es, den Lernenden so zu unterstützen, dass er sich mit Hilfe der Strategien zunehmend selbstständiger beispielsweise einen Text erschließen kann. Durch das Stellen von Fragen oder das Äußern von Vermutungen bzgl. des Inhalts einer Geschichte können sich die Schülerinnen und Schüler dem Text nähern. Der Dialog unterstützt sie dahingehend, dass sie mit ihren Gedanken nicht alleine sind, sondern sich im Austausch vergewissern können. Dieser Austausch gibt ihnen Sicherheit und die Lernenden lernen so sukzessive, „ihr eigenes Lernen und Denken zu kontrollieren" (ebd., S.241).

Hattie fasst das reziproke Lehren und weitere effektstarke Aspekte in Bezug auf die Lehrperson zusammen und ordnet sie dem Oberbegriff „Lehrperson als Regisseur" (ebd., S.287) zu, wofür er eine Effektstärke von $d=0,59$ ausweist (vgl. ebd., S.287).

3.2.5.4 Sichtbares Lehren und Lernen

Aus den bisher dargelegten Ergebnissen seiner Forschungssynthese entwickelt Hattie „sechs Wegweiser für Exzellenz im Bildungsbereich" (ebd., S.280) sowie „ein Modell für sichtbares Lehren und Lernen" (ebd., S.281). Zunächst werden die sechs Kernaspekte des Wegweisers für Exzellenz im Bildungsbereich zusammenfassend dargestellt.

Darin stellt die Lehrperson die bedeutsamste Einflussgröße in Bezug auf das Lernen dar. Sie sollte den Lernenden zugewandt, engagiert und fachkompetent sein. Aufgrund ihrer Fachkompetenz kann sie den Lernenden ein Feedback zum Erreichen ihrer gesetzten Ziele geben, um diese im Lernen zu unterstützen. Zudem sollte die Lehrperson den Lernenden die Kriterien für die Leistungsbewertung transparent machen (vgl. ebd., S.280).

Entscheidend ist es, dass die Lernenden ihre eigenen Lehrpersonen werden, so „dass die Lernenden Wissen und Ideen konstruieren und rekonstruieren. Nicht das Wissen oder die Ideen, sondern die Konstruktion dieses Wissens durch die Lernenden ist entscheidend" (ebd., S.280). Zudem ist eine konstruktive und angstfreie Lernatmosphäre wichtig, in der Schülerinnen und Schüler Fehler machen dürfen – eine Atmosphäre, „in denen Fehler als Lerngelegenheit willkommen sind, in denen das Verwerfen von fehlerhaftem Wissen und Erkenntnissen begrüßt wird und in denen sich die Teilnehmenden sicher fühlen können, um zu lernen, neu zu lernen und Wissen und Erkenntnisse zu erkunden" (ebd., S.280 f.).

In Hatties Modell des „sichtbaren Lehrens und Lernens" (vgl. ebd., S.281) stehen die Lehrperson und die Lernenden im Zentrum (Abbildung 12).

Abbildung 12: Ein Modell des sichtbaren Lehrens und Lernens
(Hattie, 2013, S.281)

Für Hattie

„geht [es] um Lehrpersonen, die das Lernen mit den Augen der Lernenden sehen, und es geht um Lernende, die das Unterrichten als den Schlüssel für ihr andauerndes Lernen begreifen. [...] Wenn Lernende zu ihren eigenen Lehrpersonen werden, zeigen sie selbstregulierende Eigenschaften, die für Lernende besonders wünschenswert sind (Selbstüberprüfung*, Selbstbewertung* und Selbstunterrichten). Es ist also das sichtbare Lehren und Lernen durch Lehrpersonen und Lernende, das den Unterschied ausmacht" (Hattie, 2014, S.16-17; Einfügung: Verfasserin).

3.3 Zusammenschau von Faktoren *guten Unterrichts*

In dem vorausgehenden Kapitel wurden Modelle und Untersuchungen zu *gutem Unterricht* vorgestellt. Übergeordnet ist festzustellen, dass es Schnittstellen in Bezug auf die Komponenten *guten Unterrichts* gibt, die von den einzelnen Autoren aufgezeigt wurden. Unterschiede bestehen in den Begrifflichkeiten, in der Ausdifferenzierung, im Fokus der Betrachtung sowie in der Zusammenschau. Es bestehen jedoch keine Gegensätze in dem Sinne, dass Faktoren bei dem einen Autor als lernförderlich und bei einem anderen hingegen als lernhinderlich herausgestellt werden.

In dem folgenden Schaubild (Tabelle 5) werden die Faktoren guten Unterrichts nach Meyer (2013), Gudjons (2011), Helmke (2012), Seidel und Shavelson (2007) sowie Hattie (2013) zusammenführend dargestellt. Die Einordnung erfolgt nach den übergeordneten Kategorien, die in Anlehnung an das traditionelle *Modell des didaktischen Dreiecks*[140] ausgewählt wurden – Lehrende, Lernende und Unterricht (vgl. Jank/Meyer, 2011, S.55).

---

[140] Für die Zwecke einer vergleichenden Zusammenschau bietet das Modell des didaktischen Dreiecks in seiner ursprünglichen Form eine klare Orientierung. Dieses Modell wurde in den vergangenen Jahren von Didaktikern kritisiert und beispielsweise dahingehend erweitert, dass „Wechselwirkungsprozesse zwischen den Zielen, Inhalten und Methoden" (Jank/Meyer, 2011, S.55) ergänzt worden sind.

Tabelle 5: Zusammenschau möglicher Faktoren guten Unterrichts nach Kategorien und Autoren[141]

Kategorien	Meyer	Gudjons	Helmke	Seidel&Shavelson	Hattie[142]
Lehrende	- Sinnstiftendes Kommunizieren[143]	- Informieren, darbieten - Stoff erarbeiten, Lernen vernetzen - Lern- und Arbeitsmethoden vermitteln - Planen, koordinieren, auswerten - Klassengemeinschaft fördern	- Professionswissen - Fachliche, didaktische, diagnostische und Klassenführungskompetenz - Pädagogische Orientierungen - Erwartungen und Ziele - Engagement, Geduld, Humor	- Einschätzung und Auswertung (evaluation) - Steuerung und Überwachung (regulation and monitoring)	- Klarheit der Lehrperson - Lehrer-Schüler-Beziehung
Lernende	- Sinnstiftendes Kommunizieren	- Entdecken und Problemlösen - Üben und Wiederholen	- Vorkenntnisse - Intelligenz - Sprache(n) - Lern- und Gedächtnisstrategien - Lernmotivation - Anstrengungsbereitschaft - Ausdauer - Selbstvertrauen	- Lernaktivitäten (execution of learning) - Einschätzung und Auswertung (evaluation) - Steuerung und Überwachung (regulation and monitoring)	- Vorausgehendes Leistungsniveau - Selbsteinschätzung des eigenen Leistungsniveaus - Selbstkonzept - Motivation - Konzentration, Ausdauer, Engagement - Angstreduktion - Frühkindliche Förderung - Vorschulprogramme

---

[141] Um eine größere Übersichtlichkeit zur gewährleisten, wurde in dieser Tabelle auf die Anführungszeichen verzichtet. Es wurden jeweils die Begrifflichkeiten der Autoren verwendet.
[142] An dieser Stelle werden nur die effektstärksten Faktoren genannt. Hattie nimmt weitaus mehr Aspekte in den Blick, die auch den Kategorien zugeordnet werden könnten.
[143] Bei Gudjons (2011) können die sieben Grundformen des Unterrichts auch von den Lehrenden und den Lernenden wahrgenommen werden, so dass diese auch in der jeweiligen Spalte notiert werden könnten. Um eine höhere Übersichtlichkeit zu wahren, werden diese jedoch nur in der Rubrik zum Unterricht aufgeführt.

Kategorien	Meyer	Gudjons	Helmke	Seidel&Shavelson	Hattie
Unterricht	- Klare Struktur des Unterrichts - Lernförderliches Klima - Inhaltliche Klarheit - Methodenvielfalt - Intelligentes Üben - Vorbereitete Lernumgebung - Individuelles Fördern - Transparenz der Leistungserwartung - Hoher Anteil echter Lernzeit	- Entdecken und Problemlösen - Üben und Wiederholen	- Prozessqualität des Unterrichts (fachübergreifend und fachspezifisch) - Qualität des Lehr-Lern-Materials	- Zielsetzung (goal setting) - Zielorientierung (orientation) - Einschätzung und Auswertung (evaluation) - Fachbezogen (domain of learning) - Lernzeit (time for learning)	- Concept-Mapping - Ziele - Mastery-Learning - Fallbeispiele - Formative Evaluation des Unterrichts - Feedback - Rhythm. vs. geballtes Üben - Lehrstrategien - Meta-kognitive Strategien

In dieser vergleichenden Zusammenschau werden die Gemeinsamkeiten und Unterschiede in der Ausdifferenzierung der einzelnen Faktoren *guten Unterrichts* deutlich. Während Helmke und Hattie sowohl die Eigenschaften von Lehrpersonen (wie z.B. Klarheit oder fachliche Kompetenz) als auch förderliche Tätigkeiten (wie z.B. das Pflegen einer Lehrer-Schüler Beziehung) benennen, so beziehen sich Meyer, Gudjons sowie Seidel und Shavelson auf die Beschreibung von förderlichen Aktivitäten seitens der Lehrperson (wie z.B. sinnstiftendes Kommunizieren oder Einschätzung und Auswertung).

Auch in Bezug auf die *Lernenden* benennen Helmke und Hattie deren Eigenschaften und individuelle Vorerfahrungen, wie beispielsweise Intelligenz, Motivation und Selbstvertrauen. Meyer, Gudjons sowie Seidel und Shavelson formulieren dagegen Aktivitäten, die eine erfolgreiche Teilhabe am Unterricht begünstigen können, z.B. durch die Steuerung und Überwachung von Lernprozessen. In Bezug auf den Unterricht fokussieren diese Autoren auf die didaktische Ausgestaltung, nennen Methoden, Rahmenbedingungen sowie die Unterrichtstruktur.

Insgesamt haben die hier besprochenen Autoren die *Lehrenden* als einen Bereich in unterschiedlicher Weise in den Blick genommen. Bei Meyer und Gudjons werden ihre Aufgaben benannt, die als fachlich, didaktisch und sozial näher charakterisiert werden können. Helmke macht Aussagen zu den Kompetenzen, die eine Lehrperson mitbringen muss sowie zu Erwartungen und gesteckten Zielen von Lehrerinnen und Lehrern. Bei Seidel und Shavelson werden auch Aufgaben formuliert, die im Unterricht wahrzunehmen sind. Hattie benennt didaktische und soziale Kompetenzen erfolgreicher Lehrpersonen.

Auch in der Kategorie der *Lernenden* richten die Autoren jeweils einen eigenen Fokus. Während Meyer die Lernenden als Teilnehmer im Unterricht eher sekundär in seinen *zehn Merkmalen guten Unterrichts* fokussiert, geht es Gudjons um die von den Schülerinnen und Schülern wahrzunehmenden Aufgaben im Lernprozess. Helmke beschreibt die möglichen Einflussgrößen seitens der Lernenden hinsichtlich ihrer kognitiven, emotionalen und personalen Kompetenzen und ihrer Vorkenntnisse, die sie in das Unterrichtsgeschehen mit hineinbringen können. Seidel und Shavelson stellen die eigenverantwortliche Rolle von Schülerinnen und Schülern im Hinblick auf die Selbsteinschätzung heraus. Auch Hattie hat die Eigenaktivitäten von *Lernenden* als besonders kennzeichnend formuliert. Innerhalb der einzelnen Metastudien wurden die wirkungsvollen Eigenschaften dieser genauer beschrieben.

Im Bereich des *Unterrichts* führen alle der hier vorgestellten Autoren detaillierte Faktoren *guten Unterrichts* an, jedoch sind diese durch Helmke, Seidel und Shavelson sowie Hattie stärker empirisch gestützt – so dass in Teilen mehr Detailwissen generiert wird.

Meyer entwickelt sein Modell auf einer theoriegeleiteten Grundlage, die den Sinn und Zweck von Lehren und Lernen in den größeren Kontext von Demokratie und Bildung stellt. Er reiht Merkmale *guten Unterrichts* ohne übergeordnete Strukturierung aneinander.

Gudjons stellt ausgehend von einer theoriegeleiteten Vorstellung des Lehr-Lern-Prozesses begründet dar, welche Lehr-Lern-Formen zu welchem Zweck eingesetzt werden. Dabei stellt er Merkmale *guten Unterrichts*, wie beispielsweise die Förderung der Klassengemeinschaft oder das Üben und Wiederholen heraus, die auch für Meyer entscheidend sind.

Das *Angebots-Nutzungs-Modell* von Helmke ist umfassender und ermöglicht einen erweiterten Blick auf den Unterricht. Helmke bezieht sich auf die Merkmale *guten Unterrichts* nach Meyer, berücksichtigt aber auch eine Vielzahl an weiteren Studien, die u.a. Einflussgrößen auf den Unterricht ausweisen. Hier sind die Lehrperson, die Familie, die unterschiedlichen Lernpotenziale der Lernenden oder auch der Kontext, in dem gelernt wird, zu nennen. Zudem liefert das Modell einen Erklärungsansatz für die Interaktion und das Zusammenspiel der einzelnen Komponenten, die zu *gutem Unterricht* führen können.

Seidel und Shavelson fokussieren auf Komponenten eines erfolgreichen Unterrichts und heben im Rahmen der Ergebnisdarstellung ihrer Metaanalyse hervor, dass der klaren Unterrichtsstruktur, bedingt durch eine Zielklarheit und -transparenz, eine hohe Bedeutung zukommt. Regelmäßige Rückmeldungen an die Schülerinnen und Schüler durch die Lehrperson in Form eines Feedbacks stellen zudem ein Qualitätsmerkmal *guten Unterrichts* dar. Seidel und Shavelson zeigen auf, dass der Einfluss des domänen-/fachspezifischen Unterrichts auf die Motivation der Schülerinnen und Schüler untersucht werden müsste.

Zum Abschluss dieses dritten Kapitels sei ein Zitat von Beywl und Zierer angeführt, dass als richtungsweisend für weiterführende Untersuchungen im Hinblick auf Komponenten *guten Unterrichts* betrachtet werden kann:

> „Wünschenswert ist für die Zukunft die Integration weiterer, insbesondere deutschsprachiger Studien und Meta-Analysen und ebenso die verstärkte Berücksichtigung qualitativer und gemischt-methodischer Forschung" (Beywl/Zierer, 2013, S.XVI).

So weisen diese Untersuchungen Richtungen für weitere Forschungsprojekte und bieten Anstöße zur wissenschaftlichen Weiterarbeit in kleineren weiterführenden Studien.

4. Fachspezifische und fachübergreifende Konzepte zu Erwerb und Ausbau der Schriftkompetenz

Zu Erwerb und Ausbau der Schriftkompetenz liegt eine Vielzahl an fachspezifischen Konzepten vor. Grundsätzlich lassen sich diese hinsichtlich ihres Blicks auf die Schrift und deren Vermittlungsansätze kategorisieren. Konzepte, die sich fachlich an der *Dependenzthese* orientieren, vermitteln die Schrift ausgehend von der Lautung. Über lautgetreue Schreibungen geht der Weg zu Rechtschreibregeln, mit deren Hilfe Abweichungen vom Lautsystem vermittelt werden (vgl. Kapitel 2). Graphematisch basierte Konzepte zu Erwerb und Ausbau der Schriftkompetenz, die von der *Interdependenzthese* ausgehen, führen die Kinder über die Analyse des geschriebenen Wortes zum Zusammenhang von Schreibung und Lautung (vgl. Kapitel 2). Schulanfänger kommen mit unterschiedlichen Voraussetzungen und Vorerfahrungen in die Schule – einige haben bereits Schriftvorerfahrungen und sind schriftsozialisiert, wohingegen andere Kinder mit wenigen bis gar keinen Vorerfahrungen in die Schule kommen. Trautmann formuliert sechs Merkmale für einen an dem Gelingen ausgerichteten sprachlichen Anfangsunterricht[144]. Dieser sollte geprägt sein durch: „Überschaubarkeit" (Trautmann, 2002, S.8), „Kindorientierung" (ebd., S.8), „Individualität" (ebd., S.8), „Tätigkeits- bzw. Produktorientierung" (ebd., S.8), „Erfahrungsbezug" (ebd., S.8) und „Interaktionsförderung" (ebd., S.9) der Kinder untereinander.

In diesem Kapitel werden sowohl fachdidaktische Konzepte zu Erwerb und Ausbau der Schriftkompetenz (4.1) als auch pädagogische Konzepte (4.2) dargelegt, die für die vorliegende Untersuchung relevant sind.

Abschließend erfolgt eine Zusammenfassung des vierten Kapitels.

4.1 Methodische und didaktische Konzepte zu Erwerb und Ausbau der Schriftkompetenz

In Kapitel 4.1.1 und 4.1.2 werden zunächst auf der *Dependenzthese* basierende methodische und didaktische Konzepte zum Schriftspracherwerb dargestellt. Darüber hinaus wird auf das literarische Lernen nach Kaspar Spinner eingegangen (4.1.3), das der Etablierung einer schriftkulturellen Lernumgebung dient. In Kapitel 4.1.4 werden anschließend graphematisch-basierte Konzepte zum Erwerb der Rechtschreibkompetenz vorgestellt. In Kapitel 4.1.5 folgt ein

---

[144] Für den Anfangsunterricht im Allgemeinen stellt Hacker zentrale Aspekte zusammen: „Der Anfangsunterricht erhält heute nur bedingt neue inhaltliche Aufgaben. Nach wie vor bleiben die Einführung in das Verstehen der kindlichen Lebens- und Erfahrungswelt und die Hinführung zu den Kulturtechniken" (Hacker, 2014, S.434). Der Anfangsunterricht hat jedoch noch viele weitere Aufgaben (vgl. hierzu u.a. ebd. sowie Hanke 2007).

sprachsystematisch und schriftkulturelles Konzept zu Erwerb und Ausbau der Schriftkompetenz. Die Konzepte der beiden letztgenannten Kapitel fußen jeweils auf der *Interdependenzthese*.

4.1.1 Methodische Konzepte[145] zum Schriftspracherwerb[146] im Überblick

Konzeptuell werden synthetische und analytische Methoden für den Schriftspracherwerb unterschieden. *Synthetische Verfahren* haben bereits im 15. Jahrhundert Einzug in deutsche Schulen gefunden (vgl. Valtin, 2006, S.761). „Das Besondere dieser Verfahren besteht darin, dass am Beginn einzelne Elemente stehen, und zwar entweder der Buchstabe/Laut oder der Buchstabenname/Laut" (ebd., S.761). Das Zusammenfügen der einzelnen Buchstabenlaute wird als „Buchstabiermethode" (ebd., S.761) bezeichnet. Valentin Ickelsamer hat die Buchstabiermethode bereits 1527 als einen beschwerlichen Weg erkannt und hat demgegenüber die „Lautiermethode" (ebd., S.763) entwickelt. Dabei wird jeweils ein Bild einem Anlaut zugeordnet, wie beispielsweise *M wie Mond* (vgl. ebd., S.763), Nach Ickelsamer ist die „Anlautmethode" (ebd., S.761) „die rechte weis aufs kürtzist [sic!] lesen zu lernen" (ebd., S.763; Ickelsamer, 1534/1974; Einfügung: Verfasserin).

Auch die *Sinnlautmethode* ist eine synthetische Methode. Ausgangspunkt ist hier „ein sinnhaltiger Laut [...], z.B. eine Interjektion (uuu wie kalt, mmm wie lecker) oder ein Naturlaut (iii kräht der Hahn, mmm brummt der Bär)" (ebd., S.761).

Alle *synthetischen Methoden* gehen von einem dreischrittigen Vorgehen aus:

„1. Lautgewinnung, 2. Lautverschmelzung, 3. Erlesen von Silben" (ebd., S.761). Diese Methoden können mit existierenden Wörtern oder sogenannten „Kunstwörtern" (ebd., S.768) umgesetzt werden.

Demgegenüber gehen *analytische Methoden* nicht von Buchstabenlauten oder einzelnen lautlichen Einheiten aus, sondern von Wörtern oder ganzen Sätzen. Daher wird diese Methode

---

[145] Die Entwicklung der methodisch-didaktischen Konzepte zum Schriftspracherwerb wurde vielfach dargestellt. Die folgenden Ausführungen beziehen sich auf die Überblicksdarstellungen von Valtin (2006), Menzel (2002), Bredel et al. (2010) und Osburg (1998).
[146] Der Schriftspracherwerb soll verstanden werden als ein Problemlösungsprozess, der durch Eigenaktivität und sprachanalytisches Handeln auf Seiten der Lernenden gekennzeichnet ist (vgl. Hinney, 2004, S.73). „Die zentrale Anforderung liegt in der Fähigkeit des Schriftlernenden, durch ein Hypothesen testendes Experimentieren die Zusammenhänge von gesprochener und geschriebener Sprache zu verstehen und handelnd umzusetzen, d.h. lesend und schreibend" (ebd., S.73).

auch als „Ganzwortmethode" (ebd., S.764) oder „Ganzsatzmethode" (ebd., S.764) bezeichnet. Sowohl beim Erstlesen als auch beim –schreiben stehen das ganze Wort und der ganze Satz im Vordergrund. Befürworter dieser Methode stützen sich auf ganzheitspsychologische Argumente: „Kinder nähmen nicht einzelheitlich, sondern ganzheitlich wahr; beim Lesenlernen würden Wortbilder gespeichert (Wortumriss, Wortlänge)" (ebd., S.764). Bei den analytischen Methoden wird zudem die „Sinnentnahme" (ebd., S.764) aus Wörtern und Sätzen fokussiert. Als Begründer dieser Methode gilt Friedrich Gedike (1779) (vgl. ebd., S.764). Auch hier liegt ein dreischrittiges Vorgehen zugrunde: „Naiv-ganzheitliches Erlesen [...] 2. Durchgliedern von Wörtern [...] 3. Selbständiges Erlesen neuer Wörter über Nutzung des Sinnzusammenhangs sowie Wortauf- und abbaus" (ebd., S.764). Der erste Schritt setzt das Abspeichern von Wörtern voraus. Dabei wird vom ganzen Wortbild ausgegangen. Der zweite Schritt impliziert einen optischen Vergleich von Wörtern. Über beobachtbare Unterschiede erfolgt eine Durchgliederung der Wörter und führt weitergehend zur Isolierung von Buchstaben und deren lautlicher Zuordnung. In dem dritten Schritt erliest sich der Lerner Wörter über den Sinnzusammenhang, den Kontext (vgl. ebd., S.764). Für den Schreibunterricht innerhalb der analytischen Verfahren steht das Schreiben von Wörtern und Sätzen im Vordergrund (vgl. ebd., S.768). Arthur Kern hat mit seiner Fibel „Wer liest mit?" die Ganzheitsmethode maßgeblich geprägt (vgl. Menzel, 2002, S.55).

Kritikpunkte an der analytischen Methode sind, dass Kinder keinen systematischen Einblick in die Phonem-Graphem-Korrespondenz der Sprache erhielten und dass Auswendiglernen der Wörter zu Frustration und Verlust der Motivation sowie zu einem Ratespiel im Schriftspracherwerb führen würden (vgl. Valtin, 2006, S.764). Ein Streit zwischen den Vertretern der analytischen sowie synthetischen Methode entbrannte in den 1960er Jahren – ausgehend von der Annahme, dass es nur einen *richtigen* Weg geben könne (vgl. Menzel, 2002, S.62). In den anschließenden Untersuchungen zur Effektivität der einzelnen methodischen Zugänge stellte sich heraus, dass nach etwa zwei Jahren keine Effektivitätsunterschiede mehr zu verzeichnen waren, mit Ausnahme besserer Aufsatznoten der mit der Ganzwort-/Ganzsatzmethode unterrichteten Schülerinnen und Schüler (vgl. ebd., S.62).

Seit Beginn der 1970er Jahre erfolgte eine Integration dieser beiden Methoden *zur analytisch-synthetischen Methode*, welche die Vorzüge beider Ansätze zu vereinen suchte (vgl. ebd., S.64). Folgende Annahmen liegen der analytisch-synthetischen Methode zugrunde:

„ - Lesen ist eine Einheit von Technik und Sinnentnahme.
 - Die Lernenden sollen direkt zur Struktur der Alphabetschrift geführt werden.
 - Buchstaben werden funktionsgrecht gelernt als Repräsentanten eines Lautes.

- Lesen ist eine kommunikative Aktivität, deshalb wird von sinnvollen Spracheinheiten (Wörtern und kleinen Texten) ausgegangen" (Valtin, 2006, S.764).

Diese Methode bietet folglich von Anfang an Wörter und kleine Texte an. Sie führt jedoch auch von Beginn an in die Struktur der Laut-Buchstaben-Zuordnung ein. Es werden gleichermaßen Buchstaben und Wörter gelesen und geschrieben. Zusätzlich dienen Wortkärtchen oder auch das Drucken bzw. Stempeln als Hilfsmittel, ein möglichst umfassendes Angebot an Zugriffsweisen für die Lernenden bereitzustellen. Kritiker merken an, dass das begrenzte (in Fibeln vorgegebene) Wortangebot zu sehr von der mündlichen Sprachkompetenz der Grundschulkinder abweicht (vgl. ebd., S.764 f.).

Aus dieser Kritik heraus ist der „Spracherfahrungsansatz" (ebd., S.765) hervorgegangen. Er entstammt dem in den USA entwickelten „whole language approach" (ebd., S.765) und geht auf den Psycholinguisten John Goodman zurück (vgl. ebd., S.765). Hervorgehoben wird, wie wichtig eine „schriftreiche Umgebung" (ebd., S.765) mit altersansprechender Sprache und Kinderliteratur für einen erfolgreichen Schriftspracherwerb ist. In Deutschland gilt Hans Brügelmann als führender Vertreter des Spracherfahrungsansatzes (vgl. Brügelmann, 2013, S.158 ff.). Dabei wird „sich je individuell bezogen auf die Erfahrungen und Fähigkeiten des Kindes im Umgang mit der Schriftsprache. Die Lehrkraft soll daran mitwirken, dass das Kind durch handelnden Umgang mit Schriftsprache seinen individuellen Zugang zur Schrift findet und mitgestalten kann" (Valtin, 2006, S.765).

Ein weiteres methodisches Konzept zum Schriftspracherwerb legt Jürgen Reichen 1982 unter dem Begriff *Lesen durch Schreiben* vor. Dabei beginnen die Schülerinnen und Schüler mit Hilfe einer Anlauttabelle, auf der die jeweiligen Buchstaben mit einem dazugehörigen Bild abgebildet sind, Wörter und Texte zu schreiben. Die Lehrperson übt mit den Kindern den Umgang mit der Anlauttabelle ein. Reichen postuliert, dass die Kinder durch das Schreiben innerhalb eines Schuljahres sich selbst das Lesen beibringen können. Auf jegliche rechtschriftliche Korrektur soll seitens der Lehrpersonen bzw. Erwachsenen verzichtet werden (vgl. ebd., S.767). Diese methodische Herangehensweise in *Reinkultur* wird bis heute vielfach kritisiert. Die bloße Orientierung an der eigenen Aussprache wird als nicht ausreichend betrachtet. Gerade für diejenigen Kinder, die einen Dialekt oder einen Akzent aufgrund einer anderen Muttersprache haben, führe dies zu unkenntlichen Schreibungen (vgl. ebd., S.767). Diese seien im späteren Rechtschreibunterricht nur schwer zu korrigieren. Nach Bredel et al. kann die Reichen-Methode dazu führen, dass Lernende „kaum zu einem systematischen Orthographieunterricht gelangen können" (Bredel et al., 2010, S.2). Sie argumentieren, dass bei diesem Ansatz

„Buchstaben mit Lautwerten verknüpft [werden], wie sie in Wortanfangsrändern vorkommen sollen. Beim Schreiben und Lesen von Wörtern müssen die Schüler/innen dann wieder und wieder die Erfahrung machen, dass Buchstaben teilweise mit anderen als den angenommen Lauten assoziiert sind (vgl. <roh> vs. <Ohr> [...]), und umgekehrt dass manche Laute mit anderen als den angenommenen Buchstaben verschriftet werden (<kälter> *<kelter> [...])" (ebd., S.2; Einfügung: Verfasserin).

Als positiv wird dagegen „das Aufgeben der Kleinschrittigkeit, das auch beim Spracherfahrungsansatz verfolgt wird" (Osburg, 1998, S.101) hervorgehoben; dies wird auch „durch Untersuchungen [...] [gestützt], die gezeigt haben, daß einige Kinder bereits vor Schuleintritt viele Erfahrungen mit Schrift gemacht haben" (ebd., S.101; Einfügung: Verfasserin). Die Anlauttabelle, die bereits auf Ickelsamer zurückgeht, ist mittlerweile jedoch als Hilfsmittel im Schriftspracherwerb (vgl. ebd., S.99) in zahlreichen Bildungsplänen und Handreichungen verankert und wird in unterschiedlichen Konzepten genutzt (vgl. hierzu u.a. Freie und Hansestadt Hamburg, 2014, S.26).

4.1.2 Zeit für die Schrift – ein methodisch-didaktischer Ansatz zum Schriftspracherwerb

Mechthild Dehn hat mit ihrem grundlegenden Werk „Zeit für die Schrift" (1988; 2013) die Didaktik des sprachlichen Anfangsunterrichts maßgeblich geprägt. Im Zentrum ihres Ansatzes stehen nicht nur das Erlernen der Kulturtechniken des Lesens und Schreibens sowie die Entscheidung für die Vermittlungsmethode, sondern die Teilhabe und das Hineinfinden in die Schriftkultur. Sie formuliert insgesamt fünf Thesen für ihren methodisch-didaktischen Ansatz zum Schriftspracherwerb:

> „THESE 1 Lesenlernen ist mehr als die Kenntnis der Buchstaben und die Aneignung der Synthese. Die zentrale Tätigkeit des Kindes beim Lesenlernen entspricht der beim Problemlösen. Lesenlernen heißt für das Kind Problemlösen. [...]
>
> THESE 2 Schreibenlernen ist mehr als die Aneignung der Buchstabenform im Bewegungsvollzug. Es handelt sich um eine sprachanalytische Tätigkeit des Kindes. [...]
>
> THESE 3 Schrifterwerb und Schriftgebrauch sowie frühe Literacy gehören zusammen. [...]
>
> THESE 4 Lernen ist in erster Linie eine Aktivität der Lernenden, weniger eine Folge von Lehrvorgängen. Lernen sollte, statt – wie bisher vorrangig – dem Grundsatz ‚Vom Leichten zum Schweren' zu folgen, von der Maxime ‚Vom Unvollkommenen zum Vollkommenerem' geleitet sein. [...]
>
> THESE 5 Fehler der Lese- und Schreibanfänger sollen nicht in erster Linie als Abweichung von der Norm betrachtet und behandelt werden, sondern als lernspezifische Notwendigkeit" (Dehn, 2013, S.11 ff.).

Dehn versteht das *Lesenlernen als Problemlösungsprozess*. Das Kind muss ausgehend von dem zu lesenden Wort über die Synthese, dem Zusammenziehen von Buchstaben und Silben, zur richtigen Aussprache gelangen und sich darüber die Wortbedeutung erschließen (vgl. THESE 1; vgl. Scheerer-Neumann 1990). Dies ist nach Dehn ein *eigenaktiver Problemlösungsprozess* (vgl. Dehn, 2013, S.11). Das zu lesende Wort, die Leseaufgabe, stellt für das Kind die zu lösende Aufgabe dar.

Beim Schreibenlernen geht es nicht nur um das motorische Schreiben einzelner Buchstaben oder Buchstabenverbindungen, sondern um das sprachanalytische Vorgehen in dem Prozess des Schreibenlernens (vgl. THESE 2). Dabei greift das Kind meist auf die eigenen Schriftvorerfahrungen zurück und konstruiert auf dieser Grundlage weitere neue Wörter. Nach Dehn geht das Kind hierbei von der gesprochenen Sprache aus (vgl. Dehn, 2013, S.12). Sie verweist auch auf Merklinger (2012) und auf Hüttis-Graff (2012) und merkt an, dass Kinder bereits vor dem Prozess des Schreibens erster eigener Wörter und kleiner Texte einen Zugang zur Schrift und ersten Texterfahrungen über das Diktieren kleiner Texte und dem Verschriften von Erzähltem durch eine schriftkundige Person bekommen können (vgl. ebd., S.12).

Das frühe Hineinkommen in die „elementare[...] Schriftkultur" (ebd., S.52) betrachtet Dehn als unerlässlich: „Schrifterwerb und Schriftgebrauch sowie frühe Literacy gehören zusammen" (ebd., S.13; THESE 3). Frühe *Literacy* bezieht sich auf die Kontakte mit Schrift im Vorschulalter. Dazu gehören das Lesen bzw. Wahrnehmen von Schrift auf Verpackungen, Reklame oder Verkehrsschildern, das Betrachten von Kinderbüchern oder das Beobachten der Eltern beim Zeitunglesen (vgl. ebd., S.13).

Lesen und Schreiben werden von Dehn als *schriftkulturelle Praktiken* betrachtet.

Beim Schreiben erster Texte

> „geht es nicht um Imitation, sondern um Adaption und Transformation. Hier soll ein Verständnis vom Textschreiben als kultureller Tätigkeit begründet werden, das Schreiben immer in Korrespondenz mit Vorgefundenem sieht, mit und zwischen anderen Texten, Schreiben also als Umgang mit Mustern begreift, mit Mustern der Erfahrung und Deutung" (Dehn et al., 2011, S.8).

Bei diesem Verständnis von Textschreiben wird deutlich, dass die Einbindung und das Umgeben der Kinder mit Schrift und Literatur unerlässlich scheinen. Wenn Kinder bestimmte Muster, wie beispielsweise märchengattungsspezifische Elemente durch das Vorlesen oder Erzählen von Märchen kennen, könnten sie diese auch in eigenen Texten aufgreifen.

Die von Dehn herausgestellten Bedeutungen von schriftkulturellen Erfahrungen für das Lesenlernen werden durch Ergebnisse der Lesesozialisationsforschung gestützt und präzisiert. Danach ist nicht nur das Vorlesen bedeutsam für eine gelingende Lesesozialisation, sondern die „*Fähigkeit zu Anschlusskommunikationen*[147]"[148] (Hurrelmann, 2002, S.14). Im Anschluss an eine (Vor-)Lesesituation findet über das Gehörte und Gelesene ein gemeinsamer Austausch statt: „Dieser [...] Austausch über das Gelesene mit Anderen bietet zum einen eine Intensivierung des Textverstehens, zum anderen bildet er einen starken Leseanlass" (Rosebrock/Nix, 2008, S.23).

In THESE 4 formuliert Dehn, dass die „Aktivität der Lernenden" (Dehn, 2013, S.13) beim Schriftspracherwerb im Vordergrund stünde. Eine anregende Lernumgebung mit Schrift sollte im sprachlichen Anfangsunterricht zielführend sein.

In These 5 wird die Forderung benannt, dass die Lernenden beim Lesen- und Schreibenlernen Fehler machen dürfen. Dehn bezeichnet „Fehler als lernspezifische Notwendigkeit" (ebd., S.14). Fehler sollten nicht als Leistungsrück- oder gar –stillstand angesehen werden, sondern sie können darauf hindeuten, dass das Kind gerade über diese Unebenheit voranschreitet – „Lernen verläuft nicht gradlinig" (Dehn, 2007, S.74).

Um die Schriftvorerfahrungen der Kinder zu berücksichtigen, wurden *Schulanfangsbeobachtungen*[149] wie das „Leere Blatt" (Hüttis-Graff, 2013b, S.165) und das „Memory mit Schrift" (ebd., S.165) entwickelt. Im Sinne Wygotskis und dem von ihm geprägten Begriff der „Zone der nächsten Entwicklung" (Wygotski, 1991, S.242) sollte das Kind im Schriftspracherwerb ausgehend von seinen Vorerfahrungen und seinem Können herausgefordert werden, den nächsten Entwicklungsschritt zu gehen, so dass von einer „Passung von Lernprozess und Unterricht" (Dehn, 2013, S.71) gesprochen werden kann.

Beim *Leeren Blatt* als Schulanfangsbeobachtung handelt es sich um eine Aufgabe für Kinder, die sie in der Regel zu zweit bearbeiten. Die Lernenden erhalten zu Beginn der ersten Klasse ein großes Blatt mit der Aufgabe, das sie alles schreiben können, was sie möchten und können bzw. was sie in ihrer Umgebung entdecken, wie Markennamen von Stiften (vgl. Hüttis-Graff,

---

[147] Hervorhebung im Original.
[148] „Das meint die Fähigkeit, sich über Gelesenes mit anderen auszutauschen, zur Toleranz bei unterschiedlichen Interpretationen, zum Aushandeln von Bedeutungskonsensen" (Hurrelmann, 2002, S.14).
[149] „Die Schulanfangsbeobachtung gilt dem Beobachten und Lernen zugleich. Sie ermöglicht [...] von Anfang an der Heterogenität der Klasse gerecht zu werden, weil [...][so] die Kinder und (!) ihre Lernausgangslagen schon sehr früh sehr genau kennen [gelernt werden]" (Hüttis-Graff, 2013b, S.164; Einfügung: Verfasserin).

2013b, S.165). Es steht ihnen aber auch frei, zu malen. Diese kooperative Situation ermöglicht eine Austauschsituation der beiden Kinder untereinander über die Schrift.

Hüttis-Graff hat eine „Beobachtungslandkarte für den Schulanfang" (vgl. Abb. 12) entwickelt.

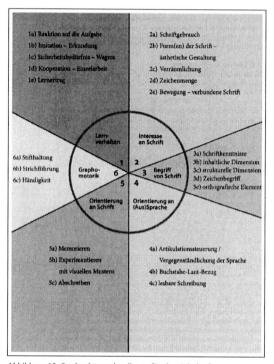

Abbildung 13: Beobachtungslandkarte für den Schulanfang (Hüttis-Graff, 2013, S.168)

Einzelne Aspekte, die innerhalb der Schulanfangsbeobachtungen von Relevanz sein könnten, werden hier aufgenommen und jeweils Kategorien zugeordnet – dem *Schriftinteresse des Kindes* (vgl. 2a bis 2e)[150], dem *Schriftbegriff* und der *Schriftkenntnis* der Lernenden (vgl. 3a bis 3e),

---

[150] Die Ziffern beziehen sich auf Abbildung 13.

der jeweiligen *Sprachorientierung* (vgl. 4a bis 4c) sowie der *Schriftorientierung* (vgl. 5a bis 5c), die beispielsweise beim *Leeren Blatt* von Relevanz sein können (vgl. ebd., S.168 f.).

4.1.3 Literarisches Lernen

Der von Kaspar Spinner geprägte Begriff des *literarischen Lernens*[151] knüpft an die obigen Ausführungen an. Literarisches Lernen kann bereits im vorschulischen Alter der Kinder beginnen, wenn erste schriftkulturelle Erfahrungen durch Vorlesen oder auch durch das Hören von Literatur sowie durch Theaterbesuche gemacht werden. Spinner formuliert dafür insgesamt elf Aspekte (vgl., Spinner, 2006, S.6 ff.). Im ersten Aspekt geht es darum, dass sich *beim Lesen und Hören Vorstellungen entwickeln* können. Der Lesende bzw. Hörende wird angeregt, Ideen und Gedanken im Zusammenhang mit dem Gelesenen bzw. Gehörten zu entfalten, so dass in die Literatur eingetaucht werden kann. Durch die Anregung der Imagination, die Vorstellungsbildung, wird der Rezipient subjektiv in die Literatur involviert. Beim Lesen und Hören entwickelt der Rezipient beispielsweise seine eigenen Vorstellungen zum Aussehen literarischer Figuren (vgl. ebd., S.8).

Beim zweiten Aspekt werden die *subjektive Involviertheit und die genaue Wahrnehmung von Literatur* miteinander ins Spiel gebracht: „In solcher Wechselbeziehung zwischen subjektiver Involviertheit und genauer Textwahrnehmung spielen Prozesse der Verfremdung und des Wiedererkennens eine wichtige Rolle: Man sieht sich und seine Erfahrungen im literarischen Text wie einem Spiegel und wird zugleich irritiert" (ebd., S.8).

Die *aufmerksame Wahrnehmung der sprachlichen Gestaltung* kennzeichnet den dritten Aspekt (vgl. ebd., S.9). Beim vierten Aspekt geht es um das *Nachvollziehen der Perspektiven literarischer Figuren* (vgl. ebd., S.9). Dabei spielt die Betrachtung der Gefühle und Handlungen der Figuren eine zentrale Rolle. Hierbei können sich die einzelnen Aspekte literarischen Lernens miteinander verknüpfen, indem beispielsweise die subjektive Involviertheit des Lesers bzw. Hörers sich darin äußern kann, dass dieser sich aufgrund eines eigenen Lebensweltbezugs angesprochen und persönlich betroffen bzw. involviert fühlt und somit die Perspektive der literarischen Figur leicht nachvollziehen kann (vgl. ebd., S.9).

---

[151] „Der Begriff des literarischen Lernens gründet in der Auffassung, dass es Lernprozesse gibt, die sich speziell auf die Beschäftigung mit literarischen, das heißt hier: fiktionalen, poetischen Texten beziehen" (Spinner, 2006, S.6).

Das *Verstehen narrativer und dramaturgischer Handlungslogik* kennzeichnet den fünften Aspekt (vgl. ebd., S.10). Der *bewusste Umgang mit Fiktionalität*[152] von Literatur als sechster Aspekt fällt gerade jüngeren Kindern zumeist schwer (vgl. ebd., S.10). Es stellen sich Fragen wie: Was ist in einem literarischen Text real und was ist fiktiv? Um dies zu klären, können literarische Gespräche einen wichtigen Beitrag leisten, die der Anschlusskommunikation nach Hurrelmann entsprechen[153].

Das *Verstehen metaphorischer und symbolischer Ausdrucksweise* (vgl. ebd., S.11) benennt Spinner als siebten Aspekt literarischen Lernens und merkt an, dass gerade jüngere Kinder Schwierigkeiten im Explizieren solcher Ausdrücke haben, jedoch durchaus ein „intuitives Verständnis dafür haben, etwa für den Wald als den Ort der Gefahr und der Bewährung im Märchen" (ebd., S.11).

Als achter Aspekt wird „*Sich auf die Unabschließbarkeit des Sinnbildungsprozesses einlassen*[154]" (ebd., S.12) formuliert. Die vielschichtigen Deutungs- und Interpretationsweisen kennzeichnen literarische Texte im Unterschied zu Sachtexten. Sie können im Rahmen von literarischen Gesprächen ausgetauscht und erörtert werden. Das *Vertrautwerden mit dem literarischen Gespräch* (vgl. ebd., S.12) ist der neunte Aspekt literarischen Lernens. Zum Literaturunterricht in der Schule gehört, dass die Schülerinnen und Schüler textgattungsspezifische Merkmale kennenlernen. Dabei kann an vorschulische Erfahrungen angeknüpft werden. So lernen Kinder oft schon im vorschulischen Alter spezifische Merkmale von Märchen kennen: Einleitungssätze wie *Es war einmal…* oder Schlusssätze wie *Und wenn sie nicht gestorben sind, dann leben sie noch heute*. Als zehnten Aspekt literarischen Lernens benennt Spinner das *Gewinnen prototypischer Vorstellungen von Gattungen/Genres* (vgl. ebd., S.13).

Die *Entwicklung eines literaturhistorischen Bewusstseins* (elfter Aspekt) umfasst „die Entwicklung der Fähigkeit, literarische Texte auch als Reaktion auf Vorausgegangenes sehen zu kön-

---

[152] Mit „Fiktionalität ist hier die Tatsache gemeint, dass literarische Texte nicht direkt auf die außertextliche Wirklichkeit verweisen, sondern ein eigenes Bezugssystem schaffen" (Spinner, 2006, S.10).
[153] „Man spricht einerseits von Anschlusskommunikation und meint damit die unterschiedlichen Formen des Redens über Literatur, die an das Lesen anschließen können. Andererseits wird der Begriff des ‚literarischen Gesprächs' verwendet, der im engeren Sinn eine spezifische hermeneutisch begründete Form des gemeinsamen Redens über literarische Texte meint. Das literarische Gespräch ist dadurch charakterisiert, dass die Beteiligten eigene Verhaltensansätze artikulieren, anderen Gesprächsbeteiligten zuhören und deren Lesarten nachzuvollziehen suchen, eine Verständigung über Leseweisen versuchen und dabei auch Erfahrungen des Nicht-Verstehens und nicht auflösbarer Fremdheit von Texten aushalten. [...] Eine solche Gesprächsform, die als kulturell tradierte Form der Annäherung an literarische Texte gelten kann, bedarf der Einübung vom Grundschulalter an" (Spinner, 2008, S.319).
[154] Hervorhebung durch Verfasserin.

nen" (ebd., S.13). Bereits in der Grundschule könnte ein literaturhistorisches Bewusstsein angebahnt werden, „weil viele Kinderbücher auf frühere Texte, zum Beispiel auf Märchen, anspielen" (ebd., S.13).

4.1.4 Ein graphematisch basiertes Konzept zum Erwerb und zur Entwicklung der Rechtschreibkompetenz

Gabriele Hinney hat im Sinne einer Grundlagenforschung mit Bezugnahme auf die graphematische Forschung Eisenbergs eine „Neubestimmung von Lerninhalten für den Rechtschreibunterricht" (Hinney, 1997, S.3) postuliert. Sie orientiert sich bei ihrer Konzeption zum Erwerb der Rechtschreibkompetenz an dem Aufbau der Schriftstruktur.

Das untenstehende Schaubild stellt Hinneys grundlegendes Konzept dar (vgl. Abb. 14).

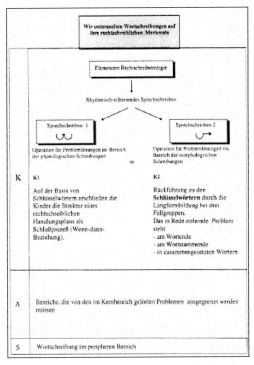

Abbildung 14: Raster für Strukturmodelle zur problemlösenden Aneignung der Regularitäten
(Hinney, 1997, S.140)

Zentral für Hinneys graphematisches Konzept, das sie in der Sekundarstufe I erprobt hat, ist die elementare Rechtschreibstrategie des rhythmisch-silbischen Sprechschreibens. Dieses unterteilt sich im Kernbereich (K) in zwei Schritte, das sogenannte „zweischrittige Konstruktionsprinzip" (Hinney, 2004, S.79 ff.). Im ersten Schritt, dem Sprechschreiben 1, werden prototypische zweisilbige Wörter untersucht, die sie in ihrer Darstellung als Schlüsselwörter bezeichnet (vgl. Hinney, 1997, S.140). Die Kinder sollen systematisch über dieses Verfahren an die Struktur der Schrift herangeführt werden und systematisch die Regularitäten der Schrift entdecken.

Hinney geht es darum, dass die Lernenden

> „die analogen Baumuster [...] erschließen. Das heißt: Wenn *ren-nen* mit *n-n*, dann auch *rin-nen* (weil nicht *[Rinən]), dann auch *schwim-men, Schwim-mer*, mit *m-m* [...]" (Hinney, 2004, S.80). Es geht um das Entdecken der Folgebeziehungen, die sich für die Konsequenzen in der Schreibweise ergeben – eine sogenannte „Wenn-dann-Beziehung" (Hinney, 1997, S.140).

Im zweiten Konstruktionsschritt betrachten die Kinder Einsilber. Sie überführen diese durch eine Verlängerung des Wortes in die zweisilbige Form. So werden Zweifelsfälle am Wortende herleitbar, wie beispielsweise <Wald>, weil <Wälder>.

Dem Bereich *Additum (A)* ordnet Hinney Wörter zu, die nicht den Kernbereichsstrukturen entsprechen, das zweischrittige Konstruktionsprinzip kann jedoch auch beim Erschließen der richtigen Schreibweise helfen. Zum Bereich Additum zählt Hinney u.a. *Kleine Wörter*, wie „z.B. wenn, trotz, denn" (ebd., S.141) oder Wörter mit *Nachsilbe und deren Erweiterung*, wie „z.B. Freundin aber: Freundinnen" (ebd., S.141).

Der *Sonderbereich (S)* ist gekennzeichnet durch Wörter, die dem Peripheriebereich zugeordnet werden können. Die Wortschreibungen dieses Bereiches können nicht regelhaft hergeleitet werden (vgl. Hinney, 1997, S.139). Hierzu zählen z.B. das sogenannte Dehnungs-h, die Vokalverdoppelung oder die Fremdwortschreibung.

Hinney (2010) stellt in einem Überblick die unterschiedlichen *Wissensformen* vor, die beim Rechtschreiberwerb zentral sind:

Es kann zwischen *deklarativem, prozeduralem, impliziten* und *metakognitiven Wissen* unterschieden werden (Hinney, 2010, S.51). Das *deklarative Wissen* umfasst das „Wissen über Sachverhalte, Faktenwissen" (ebd., S.51). Ein rechtschreibkompetenter Lerner verfügt über deklaratives Wissen im Bereich der Orthographie. Jedoch kann nicht davon ausgegangen werden, dass eine Verfügung über deklaratives Wissen – beispielsweise in Form von Rechtschreibregelversprachlichung – automatisch zu sicheren orthographisch korrekten Schreibungen führen könne: „Seit langem weiß man, dass deklaratives Wissen in der Orthographie keine Sicherheit bringt. Wer eine Rechtschreibregel aufsagen kann, kann noch lange nicht das in der Regel Ausgesagte richtig schreiben" (Ossner, 2006, S.164). Das *prozedurale Wissen* ist „Wissen, das die Ausführung von psychomotorischen und kognitiven Fertigkeiten steuert, das Können" (Hinney, 2010, S.51). Die Anwendung des Rechtschreibwissens in Form von orthographisch korrekt verfassten Schriftstücken kann dem prozeduralem Wissen zugeordnet werden (vgl. ebd., S.51). Ein *implizites Wissen* liegt dann vor, wenn Wörter beispielsweise richtig geschrieben werden, ohne dass Schreibende überlegen müssen, warum diese so geschrieben werden (vgl. ebd., S.52). *Metakognitives Wissen* ermöglicht dem Lernenden eine Überwachung und Steuerung des rechtschriftlichen Schreibens (vgl. ebd., S.52). So kann dieser in Zweifelsituationen beispielsweise das Wörterbuch konsultieren und so die richtige Schreibweise herausfinden.

Der Kerngedanke des graphematisch-basierten Rechtschreibkonzeptes orientiert sich an Eisenberg, der postuliert: „Der Schreiber kann die Orthographie seiner Sprache nicht nur beherrschen, er kann sie auch verstehen" (Eisenberg, 2005, S.65). Bei diesem Ansatz geht es nicht um ein bloßes Auswendiglernen von Rechtschreibregeln bzw. orthographisch regelhaftes Verschriften von Wörtern, es geht besonders darum, dass Lernende ein Verständnis für die Schriftstruktur entwickeln.

Hinney legt 2010 auch ein graphematisches Konzept für den Deutschunterricht in der Grundschule vor. Grundlegend für ihre Konzeption ist – wie auch in ihrem Konzept für die Sekundarstufe I (vgl. Hinney, 1997, S.79 ff.) – das prototypische zweisilbige Wort in geschriebener Form. Das zweischrittige Konstruktionsprinzip ist als Strategie auf dem Weg zum Richtigschreiben zu betrachten. Innerhalb des Schriftspracherwerbs sind u.a. zwei Phasen bedeutsam: „die *Phase des Wissenserwerbs* und die *Phase der Automation*[155]" (Hinney, 2010, S.79).

Das Kind im Schriftspracherwerb muss zunächst bestimmte Phänomene in Bezug auf die Schreibung von Wörtern sowie Strategien zum Richtigschreiben kennen lernen und kann diese dann sukzessive automatisieren (*Phase der Automation*) (vgl. ebd., S.79). Eng mit der *Phase des Wissenserwerbs* hängt die „*metasprachliche Bewusstwerdung*[156]" (ebd., S.79) zusammen, für diese „muss das Kind spezifische Probleme der Wortschreibung erkennen, dann braucht es Methoden oder Strategien zur Lösung" (ebd., S.79).

---

[155] Hervorhebung im Original.
[156] Hervorhebung im Original.

Das gemeinsame Reflektieren und Nachdenken von Kindern und Lehrpersonen über Schrift ist nach Hinney gerade in den ersten Schuljahren unerlässlich. Sie konstatiert:

> „Damit alle Kinder ihren Weg zur Schrift finden, muss gerade im schriftsprachlichen Anfangsunterricht die Lehr-Lernorganisation auf dialogisches Lernen ausgerichtet sein, d.h. die Untersuchung der Wortschreibungen kann als eine gemeinsame Aufgabe von Lehrenden und Lernenden betrachtet werden. Drei zentrale Leitimpulse dafür sind:
>
> *(1) Ich mache das so.*[157] (2) *Wie machst du es?*[158] (3) *Das machen wir ab.*[159] Durch die Reflexion zwischen Lehrenden und Lernenden kann Handlungskompetenz mit Metakompetenz verbunden werden" (ebd., S.73).

Neben der sprachsystematischen Herangehensweise ist die dialogische Reflexionskultur auf einer Metaebene kennzeichnend für dieses Konzept.

Die Schlüsselwörter werden im schriftsprachlichen Anfangsunterricht ausschließlich schriftlich und nicht gegenständlich (wie z.B. bei Blatt/Pagel 2008) repräsentiert. Solche gegenständlichen Modelle würden nach Hinney sonst „dem sprachlichen dynamischen Handeln entgegenwirken können" (Hinney, 2010, S.81).

Im Deutschunterricht werden „Forscheraufgaben" (ebd., S.82) eingesetzt. Die Kinder können die Schriftstruktur anhand solcher Aufgaben entdecken. Als konkrete Aufgabenbeispiele führt Hinney Memoryspiele (vgl. ebd., S.84), „Fehlerdetektive" (ebd., S.84) oder auch „Rechtschreibgespräche" (ebd., S.84) an. Hier sollen die Kinder beispielsweise Wörter mit gleichen Phänomenen gruppieren und aufdecken (*Memoryspiele*), Fehler entdecken (*Fehlerdetektive*) oder Begründungen für bestimmte Schreibweisen im Rahmen von Gesprächen formulieren (*Rechtschreibgespräche*) (vgl. ebd., S.84).

Im Rahmen einer längsschnittlichen Untersuchung von Hinney in den Jahren 2003 bis 2006 in einer Grundschulklasse mit einer großen Anzahl von Kindern mit Migrationshintergrund wurden Kinder nach diesem Konzept unterrichtet (vgl. ebd., S.84 ff.). Die Lehrperson jener Grundschulklasse integrierte den rechtschriftlichen Unterricht von Anfang an in den Deutschunterricht. Wissenschaftlich begleitet wurde dieser Unterricht von Hinney. Es konnte durchweg ein Lernfortschritt verzeichnet werden, quantitativ wurden diese Daten mit der Hamburger

---

[157] Hervorhebung im Original.
[158] Hervorhebung im Original.
[159] Hervorhebung im Original.

Schreibprobe (HSP)[160] ausgewertet. Hinney formuliert keinen „Ursache-Wirkungs-Zusammenhang" (ebd., S.88). Sie führt diese Ergebnisse „vorwiegend auf den engagierten Unterrichtsstil und den Lernkontext zurück[...], der neben der emotionalen Lernkultur den sprachanalytischen operativen Umgang mit der Schriftsprache fördert und schon vom Beginn der 1. Klasse an die Ausbildung informativer sprachlicher Wissenseinheiten fördert" (ebd., S.89).

Als Ausblick formuliert Hinney, dass weitere Studien mit repräsentativem Charakter folgen müssten, um diese Konzeption zu überprüfen (vgl. ebd., S.96).

4.1.5 Ein sprachsystematisches und schriftkulturelles Konzept zu Erwerb und Ausbau der Schriftkompetenz

Die Lese- und Schreibfähigkeiten, die im Schriftspracherwerb aufgebaut werden, müssen im Laufe der Grundschule ausgebaut und gefestigt werden, damit sie sich weitgehend automatisieren.

Das Konzept, das im Folgenden dargestellt wird, verbindet sprachsystematisches und schriftkulturelles Lernen miteinander. Es beruht auf dem didaktischen Rechtschreibbasiskonzept von Hinney (1997), das von Blatt (2010) auf der Grundlage eines graphematisch basierten Rechtschreibkompetenzmodells und von Studienergebnissen aus Förderprojekten erweitert wurde, sowie auf didaktischen Konzepten von Dehn (vgl. Dehn, 2006a, S.52 ff.). Auf dieser Grundlage wurde von Barbara Pagel ein didaktisches Konzept für den sprachlichen Anfangsunterricht mit entsprechenden Unterrichtsmaterialien entwickelt und erprobt (vgl. Blatt/Pagel, 2008; Pagel, 2010; Pagel/Blatt, 2010a-b). Auch wenn die Erprobung im Rahmen einer Interventionsstudie mit Kontrollklassen an einer Schule stattfand, zu deren Einzugsbereich überwiegend Familien mit Migrationshintergrund und niedrigem Sozialstatus gehören (vgl. Pagel/Blatt, 2010a-b), so liefern die vorliegenden Ergebnisse deutliche Hinweise darauf, dass damit auch Kinder mit einem anderen Familienhintergrund ihren individuellen Interessen und Fähigkeiten entsprechend gefördert werden können.

Als grundlegend für den Lernprozess im sprachlichen Anfangsunterrichts wird in dem Konzept mit Bezug auf die von Gudjons formulierten didaktischen Funktionen (vgl. Kapitel 3.2.2) das *Entdecken und Problemlösen* sowie das *Wiederholen und Üben* ausgewiesen (vgl. Blatt/Pagel,

---

[160] Das Testinstrument der Hamburger Schreibprobe (HSP) wird in Kapitel 5.6.1 vorgestellt.

2008, S.26 ff.). Auf diese Weise können die Kinder zunächst über das *Entdecken* der Schriftstruktur zum Verstehen kommen. Über das *Wiederholen und Üben* werden Inhalte gefestigt und so gelangen sie zum Können – der Lernweg erfolgt über das Verstehen zum Können.

Zur festen Unterrichtsstruktur in Klasse 1 und 2 gehören zudem das Vorlesen durch die Lehrperson mit Anschlusskommunikation und lesebegleitenden produktiven Aufgaben, die die Kinder zum Hypothesen bildenden und testenden Lesen anregen sollen. Weiterhin ist das Vorlesen durch Kinder auf dem *Lesethron*, das von der Klasse nach festen Regeln kommentiert wird, ein fester Bestandteil des Unterrichts (vgl. ebd., S.5 f.; Pagel/Hinney, 2007, S.12). Der Lesethron ist ein Stuhl, der sich optisch von den anderen Stühlen abhebt. Dieser wird für solche Vorlesezeiten vor die Klasse an die Tafel gestellt. Weiterhin gibt es eine Klassenbibliothek und freie Lesezeiten, in denen sich die Kinder auch gegenseitig vorlesen können, sowie ein Lesezimmer, das regelmäßig besucht wird.

Der sprachsystematisch ausgerichtete Schriftspracherwerb greift auf graphematische Ergebnisse zurück und gründet auf der Analyse geschriebener Wörter.

Die Lerninhalte bauen in Anlehnung an Hinneys „zweischrittiges Konstruktionsprinzip" (Hinney, 2004, S.79 ff.) in den ersten beiden Grundschuljahren systematisch aufeinander auf. Die Schülerinnen und Schüler entdecken zunächst anhand von *Wörtern der Woche*, prototypischen Zweisilbern, die Schriftstruktur (vgl. Pagel/Blatt, 2010a, S.3). Sie lernen über die Struktur der offenen und geschlossenen Silbe (vgl. Kapitel 2.2.1) den Unterschied zwischen langen und kurzen Vokalen in der ersten betonten Silbe.

Der prototypische Zweisilber, in dem Konzept „Bärenwort" (Pagel/Blatt, 2010a, S.5) genannt, wird durch das Modell eines „Bärenbootes" (ebd., S.5) repräsentiert. Die jeweils drei Bären jeder Silbe stehen für ein Silbenelement: Den Silbenanfangsrand, den Silbenkern und den Silbenendrand. Die Bären, die den Silbenkern in der betonten bzw. unbetonten Silbe repräsentieren, sind rot, die Bären, die für den konsonantischen Silbenanfangs- oder -endrand stehen, sind blau.

Das *Bärenboot* steht als ein Boot mit sechs rot bzw. blau gekleideten Bären im Klassenraum. Weiterhin ist es als Abbildung vorhaben und wird auf einer interaktiven Tafel und auf Arbeitsblättern verwendet (vgl. ebd., S.5 ff.).

Der *Lernweg der Kinder* beginnt auf der konkreten Ebene, wobei das Bärenboot eingesetzt wird. Die jeweiligen Bären bekommen ein Buchstabenschild um den Hals gehängt – wie bei dem Beispielwort <falten> (vgl. Abb. 15). Bei einer offenen Silbe bleibt die Position des dritten Bären in der ersten Silbe unbesetzt. Das erfahren die Kinder anschaulich, da der Bär, der für den Endrand der betonten Silbe steht, aus dem Boot genommen wird und sich auf einem Liegestuhl ausruhen kann. Das bedeutet wiederum, dass der Vokal lang gesprochen wird.

Auf der bildhaften Ebene ist das Bärenboot als Bild mit der schriftlichen Repräsentation des Wortbildes zu finden. Auf der symbolischen ist nur noch das Wortbild zu sehen.

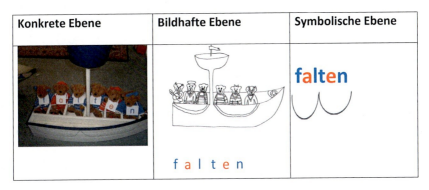

Abbildung 15: Lernweg der Kinder vom Konkreten zum Abstrakten
(Pagel/Blatt, 2010a, S.4)

Das sprachsystematische Konzept ist von Anfang an in schriftkulturelle Tätigkeiten eingebettet. Von Klasse 1 an ist das regelmäßige Schreiben von Texten, sogenannter Montagsgeschichten, fest im Unterricht etabliert. Geschichten der Kinder werden als Geschichtenbuch mit Bildern veröffentlicht. Die Buchstabeneinführung in Klasse 1 erfolgt systematisch, um rasch Wörter schreiben und lesen zu können. Ein systematischer Aufbau der Lerninhalte ist für dieses sprachsystematische Konzept grundlegend (vgl. Blatt, 2010, S.104).

Jeden Tag werden dann Buchstaben und die Wörter der Woche geschrieben, um die Psychomotorik zu trainieren[161]. Die Silbenbögen sollen eine Lesehilfe darstellen und das Lesenlernen erleichtern.

---

[161] Schorch legt einen Überblick zur Geschichte der *Didaktik des Handschreibens* vor. In dieser Zusammenschau wird geschildert, welchen Stellenwert dem Schreiben mit der Hand, dem Schönschreibunterricht eingeräumt worden ist. Häufig hat das psychomotorische Schreiben isoliert von eigentlichen Inhalten und individuellen Vorerfahrungen von Schreibern in Lehr-Lern-Prozessen Berücksichtigung gefunden. Seit den 1970er Jahren hat im Zuge einer kommunikationsorientierten Didaktik eine Umorientierung hinsichtlich einer Integration des Handschreibens in einen an individuellen Voraussetzungen orientierten und einen auf Kommunikation ausgerichteten Schreibunterricht stattgefunden. So wird das psychomotorische Schreiben beispielsweise im

Begleitend werden Lernbeobachtungen durch Tests durchgeführt, um den Lernfortschritt der Kinder zu überprüfen und an den individuellen Voraussetzungen der Kinder anzuknüpfen (vgl. Pagel/Blatt, 2010b, S.15).

Darauf aufbauend lernen die Kinder in Klasse 2 und 3 literarische Texte und Sachtexte kennen. Bestimmte Textstrukturen werden eingeübt und in eigenen Texten angewendet, z.B. in Form einer Unterrichtseinheit zum Thema *Briefe schreiben*. Auch werden fachübergreifende Projekte – das Fach Deutsch mit dem Fach Sachunterricht – realisiert (vgl. ebd., S.50).

Durch die Einbettung des sprachsystematischen Lernens in schriftkulturelle Tätigkeiten soll sich den Kindern der Sinn der Rechtschreibung als Lesehilfe erschließen (vgl. Blatt et al., 2010, S.101). Zudem soll es die Anstrengungsbereitschaft und das Durchhaltevermögen fördern.

Das sprachsystematische und schriftkulturelle Konzept wird für die vorliegende Interventionsstudie mit Kontrollklassen aufgegriffen, indem es für die Untersuchungsklasse adaptiert wird. Die Darstellung des dieser Forschungsarbeit zugrundeliegenden Unterrichtskonzepts erfolgt in Kapitel 5.4.

4.2 Pädagogische Konzepte

Neben dem fachspezifischen didaktischen Konzept werden im Folgenden pädagogische Konzepte dargestellt, auf die von dieser Arbeit in der zugrundeliegenden Interventionsstudie mit Kontrollklassen in Klasse 1 bis 3 zurückgegriffen wird. Es handelt sich um Konzepte zum *Lernen in der Gemeinschaft* (4.2.1) und zur *Individualisierung von Lernprozessen* (4.2.2). Dabei geht es um den Einsatz von *Regeln und Ritualen,* um eine *lernende Gemeinschaft* aufzubauen, sowie um Konzepte zum *formativen Assessment* als einer zentralen Säule für die *Individualisierung*.

Rahmen von Schreibanlässen trainiert (vgl. Schorch, 2003, S.283). Schorch plädiert jedoch „im Sinn didaktischer Ausgewogenheit [...] [für] Wertschätzung solider Grundlegung der Schreibtechnik, Beachtung der Formkomponente und Anleitung zum Erlernen bewegungsgünstigen und ausbaufähigen Handschreibens" (ebd., S.284; Einfügung: Verfasserin). So erscheint es für die Entwicklung des psychomotorischen Schreibens bedeutsam, eine Balance zwischen dem basalen und konzentrierten Erlernen der Schreibtechnik und der funktionalen Anwendung dieser zu finden.

4.2.1 Lernen in der Gemeinschaft

In der Schule lernen die Kinder innerhalb einer (Klassen-)Gemeinschaft. Nach Wygotski kann Lernen[162] als ein individueller und zugleich sozial vermittelter Prozess betrachtet werden:

„human learning presupposes a specific social nature and a process by which children grow into the intellectual life of those around them[163]" (Vygotsky[164], 1978, S.88).

Zentral für den Unterricht ist u.a. die Etablierung einer lernenden Gemeinschaft innerhalb eines konstruktiven und für die Lernenden angenehmen Klassenklimas (vgl. Kapitel 3). Mithilfe der Klassenführung[165], international als Classroom-Management bezeichnet (vgl. Kounin 2006; Evertson/Neal 2006), kann die Lehrperson Strukturen schaffen, die ein positives Lernklima begünstigen.

Evertson und Neal (2006) stellen in einer Zusammenschau zentrale Aspekte des Classroom-Managements dar. Das Ziel eines erfolgreichen Classroom-Managements ist demnach, die Schülerinnen und Schüler zum Lernen zu aktivieren, sie zu ermutigen, eigenaktiv und selbstgesteuert zu lernen, sowie sie anzuregen, eine Klassengemeinschaft zu bilden. Die Lernenden übernehmen dabei zunehmend die Verantwortung für ihr eigenes Lernen. Sie arbeiten alleine oder kooperativ mit ihren Mitschülerinnen und Mitschülern (vgl. Evertson/Neal, 2006, S.4). Regeln und Rituale können das Zusammenleben einer lernenden Gemeinschaft strukturieren (vgl. Trautmann, 1994, S.17).

Regelsysteme innerhalb einer Schule oder Klasse lassen sich unterscheiden in „Verfahrensregeln"[166] (Kiel et al., 2013, S.70) und „Verhaltensregeln"[167] (ebd., 2013, S.70). *Verfahrensregeln* sichern Abläufe innerhalb der Institution oder der Klasse. So hat jede Klasse innerhalb einer Schule auch eigene Verfahrensregeln. Kinder wissen durch etablierte Verfahren, wie ein Mor-

---

[162] Lernen ist ein „Veränderungsprozess [...], der als Ergebnis individueller Erfahrungen auftritt" (Mazur, 2006, S.20).
[163] Hervorhebung im Original.
[164] An dieser Stelle wird die englische Schreibweise des Namens verwendet, da es sich um eine englischsprachige Publikation handelt.
[165] „Klassenführung steht für eine Interaktion im institutionalisierten Rahmen einer Schulklasse, die durch ein hohes Maß an Unsicherheit und Komplexität geprägt ist. Klassenführung will Unsicherheit und Komplexität strukturieren und reduzieren, um einerseits Lernarbeit zu ermöglichen und andererseits einen Rahmen für die Entfaltung und den Schutz eines Einzelnen zu etablieren" (Kiel et al., 2013, S.16).
[166] „*Verfahrensregeln* betreffen organisatorische Abläufe" (Kiel/Frey/Weiß, 2013, S.70; Hervorhebung im Original).
[167] „*Verhaltensregeln* gestalten die soziale Interaktion zwischen den Schülerinnen und Schülern zwischen Lehrperson und Schülerschaft" (Kiel/Frey/Weiß, 2013, S.70; Hervorhebung im Original).

gen im Klassenzimmer beginnt. So kann beispielsweise der Aufbau eines Sitzkreises mit Hockern oder Stühlen vor Unterrichtsbeginn dazugehören, um dann unmittelbar mit einem Erzählkreis beginnen zu können (vgl. ebd., S.70).

Verhaltensregeln sind in vielen Schulen sowohl für die gesamte Schule als auch für die einzelnen Klassen gültig. Sie stellen eine Art Richtschnur des erwünschten Verhaltens dar. Sie können sich beispielsweise auf das Verhalten der Einzelnen in Gesprächen beziehen – *Es spricht nur eine Person zur Zeit* (vgl. ebd., S.70).

„Rituale [...] sind in der Regel bewusst gestaltete, mehr oder weniger form- und regelgebundene, in jedem Fall aber relativ stabile, symbolträchtige Handlungs- und Ordnungsmuster, die von einer gesellschaftlichen Gruppe geteilt und getragen werden" (Brosius et al., 2013, S.15). Rituale in der Schule können das Einhalten von Verhaltensregeln unterstützen. Jacob Kounin nennt in seinem für die Schulpädagogik zentralen Werk „Discipline and group management in classrooms" bzw. „Techniken der Klassenführung" als einen zentralen Aspekt der Klassenführung die „Auslösung und Sicherung eines reibungslosen, schwungvollen Unterrichtsablaufs" (Kounin, 2006, S.149). Durch die Etablierung von Ritualen kann eine Strukturierung des Unterrichts begünstigt werden, so dass dies zu einer stärkeren Orientierung für die Schülerinnen und Schüler führen kann (vgl. Riegel, 2011, S.21).

Der Einsatz von Ritualen wurde in den 1970er Jahren diskutiert und durchaus kritisch betrachtet. Gerade die symbolische Ebene von Ritualen stelle ein Tor für Manipulation dar (vgl. Kaiser, 2012, S.23). Weiterhin wird die Disziplinierung der Kinder durch Rituale und die damit mögliche Unterwerfung der Kinder als eine Gefahr genannt (vgl. ebd., S.29 ff.). Zudem wird eine Zentrierung auf die Lehrperson kritisch angemerkt (vgl. ebd., S.28).

Rituale sollten „situationsadäquat" (Lichtenstein-Rother, 1990, S.33) eingesetzt werden, so dass ein „innerer stimmiger Zusammenhang" (ebd., S.33) für die Kinder ersichtlich ist.

Rituale können das Zusammenleben einer Klassengemeinschaft innerhalb des schulischen und unterrichtlichen Kontextes strukturieren, „das Leben [...] gliedern, ihm Halt und Form geben, die Schulzeit nicht als gleichförmiges Dahinfließen erleben zu lassen, sondern als eine klar und hilfreich gegliederte reiche Erlebniswelt mit vielen ‚Inseln', Nischen, Haltepunkten" (von der Groeben, 2011, S.8f.). Sie können den Lernenden Sicherheit geben, für Transparenz sorgen sowie ein „inneres Gleichgewicht" (Trautmann, 1994, S.17) bewirken. Die Etablierung von Ritualen schafft für die Kinder einen Orientierungsrahmen, innerhalb dessen sie sich bewegen können. Dies kommt nach Kaiser zum einen „den Ordnungsbedürfnissen der Kinder" (Kaiser, 2012, S.31) entgegen und zum anderen fördere es „den Weg zur Selbstständigkeit" (ebd., S.32).

Es gibt unterschiedliche Formen und Einsatzweisen von Ritualen: „Rituale im Leben einer Schulklasse" (ebd., S.60) – wie z.b. Begrüßungslieder, akustische Signale oder auch (persönliche) Begrüßung durch die Lehrperson – können als tägliche Rituale etabliert werden. Das Begrüßungslied als ein Ritual zu Beginn eines Schultages könnte für die Kinder ein Haltepunkt im Sinne von der Groebens sein. Die besondere Funktion der Rituale als Orientierungs- und Stärkungspunkte fasst Trautmann wie folgt zusammen:

> „Ein strukturiertes kindliches Ich wird selbstsicher, wenn ein Großteil seines Lebens in Ordnungsbahnen verläuft, worin es sich orientieren kann und nur wenige, die Unsicherheiten beinhalten" (Trautmann, 1994, S.17).

Für den Einsatz von Ritualen gilt, dass Rituale im Hinblick auf ihre lernförderliche Funktion gewählt und dem jeweiligen Entwicklungsstand der Kinder angepasst werden. Sie müssen auch mit den Kindern besprochen werden. Unter diesen Voraussetzungen können sie zu einem positiven Lernklima beitragen (vgl. Kaiser, 2012, S.164).

Rituale geben den Kindern Sicherheit und Orientierung. Trautmann (1994) postuliert, dass das Spielen[168] ähnlich wie die Rituale und Einhaltung von Regeln Kindern ebenfalls eine Form von Sicherheit geben kann (vgl. Trautmann, 1994, S.19). Dabei ist es zentral, dass die aufgestellten Spielregeln eingehalten werden: „Gemeinsames Spielen gelingt nur, wenn bestimmte Gewohnheiten – Rituale – vorhanden sind: Auswahl der Spielpartner, Einhaltung einmal vereinbarter Regeln, Benutzung des Spielzeugs u.ä." (ebd., S.19).

Einsiedler deklariert den Begriff des Spiels als *injunktiv*, „d.h. er umfasst fließende Übergänge zu anderen Verhaltensformen, z.B. zu Erkundungsverhalten oder zielorientiertes Herstellen" (Einsiedler, 1990, S.12). Das Spiel ist hiernach nicht begrifflich eng zu definieren, sondern bewusst begrifflich offen gefasst. Nach Einsiedler ist das *Kinderspiel* von vier Merkmalen gekennzeichnet:

---

[168] Die Bedeutung des Spielens für das Kind aus entwicklungspsychologischer Perspektive wurde in zahlreichen Veröffentlichungen hervorgehoben und differenziert ausgeführt (vgl. hierzu u.a. Berk, 2011, S.395). An dieser Stelle können jedoch nur einzelne Aspekte vor dem Hintergrund der Relevanz für die dieser Arbeit zugrundeliegende Untersuchung vorgestellt werden. Es wird hierbei kein Anspruch auf Vollständigkeit erhoben. Für ein tieferes Einlesen in die Thematik des Spiels seien die Leserinnen und Leser u.a. verwiesen auf: Einsiedler (1990)&(1999); Flitner (1972); Petillon/Valtin (1999); Scheuerl (1954) und Trautmann (1997) sowie Trautmann/Trautmann (2003). Die Bedeutung des Spiels für die Kinder wird u.a. durch die Aufnahme in Artikel 31 der UN-Kinderrechtskonvention (vgl. Bundesministerium für Familie, Senioren, Frauen und Jugend, 2010, S.23) unterstrichen.

„Wir verstehen unter Kinderspiel eine Handlung oder eine Geschehniskette oder eine Empfindung,
- die intrinsisch motiviert ist, durch freie Wahl zustande kommt,
- die stärker auf den Spielprozess als auf ein Spielergebnis gerichtet (Mittel-vor-Zweck) ist,
- die von positiven Emotionen begleitet ist
- und die im Sinne eines So-tun-als-ob von realen Lebensvollzügen abgesetzt ist" (ebd., S.17).

Einsiedler unterstreicht, dass diese vier Merkmale Hinweischarakter haben würden, dass es sich um ein Kinderspiel handele (vgl. ebd., S.17). Jedoch sollten diese nicht in Form einer Checkliste verstanden werden (vgl. ebd., S.17).

Bereits in den ersten zwei Lebensjahren spielen Kleinkinder, sie entdecken sich mit ihrem eigenen Körper. Beim Krabbeln entdecken sie dann ihr eigenes Umfeld, auf dem Boden stehende Gegenstände werden genau inspiziert. Diese Form des Spiels kann als „Funktionsspiel" (ebd., S.24) bezeichnet werden.

Innerhalb von „Phantasie- und Rollenspielen" (ebd., S.24), die in etwa im zweiten Lebensjahr eines Kindes einsetzen, spielen Kinder *so als ob* etwas wäre. So spielen sie beispielsweise, dass sie telefonieren oder Staub saugen, obwohl dies nicht *in echt* passiert (vgl. ebd., S.24).

Beim „Konstruktionsspiel" (ebd., S.25) bauen Kinder Objekte unterschiedlicher Art, diese Phase vollzieht sich meist im mittleren Kindesalter (vgl. ebd., S.25).

Spiele, die nach bestimmten Regeln gespielt werden, werden unter dem Begriff der „Regelspiele" (ebd., S.25) gefasst. Nach Einsiedler spielen Kinder diese Regelspiele im Kindergartenalter (vgl. ebd., S.25).

Eine weitere Form der Spiele sind die sogenannten *Lernspiele*. Der Einsatz von Lernspielen, um „die Vorteile des Spielens mit dem systematischen Lernen zu verbinden" (Einsiedler, 1999, S.68), ist nicht unumstritten. Kritiker befürchten, dass „die Kinder [...] dabei überlistet würden und das Spiel [...] instrumentalisiert [werde]" (ebd., S.69; Einfügung: Verfasserin).

Nach Einsiedler ginge es in der Betrachtungsweise von Lernspielen jedoch um zwei wesentliche Aspekte – „nämlich Spielfreude und intrinsische Motivation einerseits und Lernintention in einem bestimmten Lernzielbereich andererseits" (ebd., S.69).

Trautmann beleuchtet zentrale Aspekte des Spiels in der vorschulischen Institution zur Zeit der DDR. Diese „Potenzen des Spiels" (Trautmann, 1997, S.208) zeigen wesentliche Merkmale von Lernspielen auf und haben dabei nicht nur eine Gültigkeit für eine bestimmte Zeit und lassen sich mit den von Einsiedler als wesentlich herausgestellten Lernspielcharakteristika verbinden. Trautmann fasst die „Potenzen des Spiels für die Unterstützung von Lernvorgängen" (ebd., S.208) zusammen. So:

> „- gibt Spiel der Lernaufgabe einen konkreten und aktuellen Sinn, motiviert damit die Kinder für die Lösung der Lernaufgabe, mobilisiert ihre Kräfte und spornt sie an, sich anzustrengen,
> - bietet Spiel den Kindern eine Orientierungsgrundlage für die Ausführung der Lernhandlungen, d.h., es gibt ihnen die Lösungsart vor und ist damit eine wichtige Stütze für die Erkenntnistätigkeit,
> - versetzt Spiel die Kinder in eine ‚als-ob-Situation' und die Emotionen, welche die eingebildete Situation auslöst, stimulieren und aktivieren ihre Leistungsbereitschaft,
> - löst Spiel bei den Kindern Beweglichkeit im Denken, Phantasie und den Willen zur Lösungsfindung aus, entwickelt Wißbegierde, erzieht zum aufmerksamen Zu- und Hinhören und Disziplin, zur Kontrolle und zur Selbstkontrolle" (ebd., S.208 f.).

Zusammenfassend lässt sich nach Einsiedler (1999) und Trautmann (1997) sagen, dass Lernspiele durch

- eine Motivation und Freude,
- einen Orientierungsrahmen für die Kinder, innerhalb dessen sie sich sicher bewegen können,
- eine stimulierende und die Leistungsbereitschaft aktivierende „als-ob-Situation" (Trautmann, 1997, S.209) und
- eine Konzentrationsförderung

näher charakterisiert werden können.

Für den Einsatz von Lernspielen im Fach Deutsch hebt Hinney besonders den motivationalen Anreiz sowie den Anreiz zum Experimentieren mit den Inhalten hervor (vgl. Hinney, 2010, S.79). Nickel bezeichnet dies als „spielerisch-detektivischer Umgang mit der Schrift" (Nickel, 2006, S.371), der sich positiv auf die Lernenden auswirken kann.

4.2.2 Individualisierung mit Hilfe des formativen Assessments

Mechthild Dehn und Petra Hüttis-Graff stellen die wichtige Funktion der Lernbeobachtung für einen individualisierten sprachlichen Anfangsunterricht heraus. Die Lernbeobachtung kann unter dem Begriff des *formativen Assessments* subsumiert werden. Darunter ist zu verstehen, dass die Lernentwicklung der Schüler lernbegleitend erfasst wird und „die Ergebnisse aktiv für den weiteren Lernprozess genutzt werden, indem der Unterricht individuell an die Lernentwicklung der Schüler angepasst wird" (Frahm, 2012, S.9). Dazu werden neben Beobachtungen im Unterricht vor allem auch theoriebasierte und normierte Tests eingesetzt, damit die Leistung empirisch fundiert erhoben werden kann. Für formatives Assessment wurden in Hatties Forschungssynthese hohe Effekte ($d=0,90$) auf die Lernentwicklung nachgewiesen (vgl. Kapitel 3). Frahm legt innerhalb ihres zusammenfassenden Forschungsüberblicks die Besonderheiten und Unterschiede des formativen Assessments in Abgrenzung zum summativen Assessment dar. Zwar beinhalten beide Ansätze Leistungsmessungselemente, im Unterschied zum formativen werden beim summativen Assessment „Tests [...] zum Anfang und bzw. oder zum Ende der Lerneinheit eingesetzt, um retrospektiv den erzielten Lernzuwachs der Lerngruppe zu erheben" (ebd., S.12). Beim formativen Assessment werden diese Leistungsüberprüfungen durchgeführt, um beispielsweise nach einer Unterrichtseinheit zu überprüfen, ob die Lerninhalte verinnerlicht und verstanden wurden.

Das folgende Schaubild von William zeigt *Aspekte des formativen Assessments*:

	Where the learner is going	Where the learner is right now	How to get there
Teacher	Clarifying learning intentions and sharing and criteria for success	Engineering effective classroom discussions, activities and tasks that elicit evidence of learning	Providing feedback that moves learners forward
Peer	Understanding and sharing learning intentions and criteria for success	Activating learners as instructional resources for one another	
Learner	Understanding learning intentions and criteria for success	Activating learners as the owners of their own learning	

Abbildung 16: Aspects of formative assessment
(William, 2009, S.31)

Dylan William weist in seinem Modell „Aspects of formative assessment" (William, 2009, S.31) fünf Schlüsselstrategien (*key strategies*) aus. Die erste Schlüsselstrategie bezieht sich auf den Lernweg (*Where the learner is going*). Die Lehrperson (*teacher*) beschäftigt sich mit den Lernzielen, klärt und formuliert diese und legt Kriterien fest, die für das Erreichen des Lernzieles maßgeblich sind. Die Lehrperson bespricht diese mit den Schülerinnen und Schülern, so dass diese wissen, welche Ziele zu erreichen sind und was sich hinter diesen verbirgt. So entsteht Transparenz (vgl. ebd., S.31).

Die zweite Schlüsselstrategie bezieht sich darauf, dass die Lehrerinnen und Lehrer aktivierende Lernaufgaben anbieten, die zu einer hohen Aktivität auf Seiten der Lernenden führen können. Als Hilfe zur Erreichung des Lernziels (*how to get there*), gibt die Lehrperson den Lernenden eine Rückmeldung, ein Feedback, so dass sie wissen, wie sie zielorientiert weiterarbeiten können (dritte Schlüsselstrategie). Auch die Mitschülerinnen und Mitschüler können sich untereinander unterstützen, zusammenarbeiten und einander Rückmeldungen geben (vierte Schlüsselstrategie). Die fünfte Schlüsselstrategie betrifft die Lernenden. Die Schülerinnen und Schüler sollen für ihr eigenes Lernen, ihren Lernweg, Verantwortung übernehmen und eigenaktiv ihren Lernprozess gestalten. Zentral ist, dass nicht nur die Lehrerinnen und Lehrer an diesem Prozess beteiligt sind, sondern die Lernenden maßgeblich eingebunden werden (vgl. ebd., S.31 f.).

Um die besondere Funktion und Aufgabe des Assessments hervorzuheben, wird in der englischsprachigen Forschung vom „assessement for learning" (Black et al., 2004, S.10) gesprochen. Black et al. (2004) betonen, dass die oberste Priorität dieser Art von Rückmeldung in der Bedeutung für das Lernen, für den Lernfortschritt, liegt:

„Assessment for learning is any assessment for which the first priority in its design and practice is to serve the purpose of promoting students' learning" (ebd., S.10).

Diese Ergebnisse des formativen Assessments bzw. Assessment for learning liefern sowohl den Lernenden als auch der Lehrkraft ein Feedback. Die Lehrperson gewinnt damit eine verlässliche Planungsgrundlage für einen sowohl an den einzelnen Kindern als auch an der Gesamtklasse ausgerichteten Unterricht. Dazu gehört, dass leistungsschwache Schülerinnen und Schüler gefördert und leistungsstarke besonders gefordert werden (vgl. William, 2009, S.31). Die Bildungsforscherin Elsbeth Stern betont die besondere Bedeutung eines Unterrichts, in dem die Lehrperson an den Vorkenntnissen und Vorerfahrungen der Lernenden ansetzt – „nur wenn dies der Fall ist [...][,]können die Schüler dazulernen" (Stern, 2006, S.43; Einfügung: Verfasserin).

4.3 Zusammenfassung des vierten Kapitels

Bei den *Methoden zum Schriftspracherwerb* bestand zunächst eine Opposition zwischen *synthetischen und analytischen Verfahren,* bis der sogenannte Methodenstreit in den 1970er Jahren zu einer Integration der beiden methodischen Ansätze, der *Methodenintegration,* führte (vgl. Valtin, 2006, S.764). Im Anschluss daran etablierten sich weitere Konzepte.

Der *Spracherfahrungsansatz* setzt an den Erfahrungen und Voraussetzungen der Kinder an. Er fokussiert ein anregendes und am Kind orientiertes Schriftumfeld.

Das von Reichen entwickelte Konzept *Lesen durch Schreiben* setzt die Anlauttabelle ein, mit deren Hilfe sich Kinder Wortschreibungen ausgehend von ihrer Lautform selbständig erarbeiten sollen und darüber selbständig das Lesen erlernen sollen (vgl. ebd., S.764). Es geriet zunehmend in die Kritik.

Dehn stellt in ihrem Konzept nicht die methodische Vermittlungsweise der Kulturtechniken in das Zentrum, sondern die Teilhabe der Lernenden an der (elementaren) *Schriftkultur von Anfang an* (vgl. Dehn, 2013, S.52).

In Bezug auf die Schriftkultur spielen sowohl die von Hurrelmann postulierte *Anschlusskommunikation* (vgl. Hurrelmann, 2002, S.18) als auch das *literarische Lernen* nach Spinner eine zentrale Rolle (vgl. Spinner, 2006, S.6).

Um an den Lernvoraussetzungen der Kinder im sprachlichen Anfangsunterricht anzusetzen, sind sogenannte *Schulanfangsbeobachtungen* – wie das Leere Blatt - geeignet, um das Können der Kinder zu ermitteln und die nächsten Lernschritte zu planen (vgl. Hüttis-Graff, 2013b, S.165).

Hinney legt ein *graphematisches Konzept zum Erwerb der Rechtschreibkompetenz* vor, das sich an der graphematischen Forschung von Eisenberg orientiert. Im Zentrum ihres Konzepts steht der Kernbereich der Rechtschreibung, den sich die Lernenden mit Hilfe des zweischrittigen Konstruktionsprinzips erschließen sollen. In einem ersten Schritt erfolgt die Untersuchung von prototypischen zweisilbigen Wörtern und in einem zweiten Schritt die Herleitung von einsilbigen Wörtern vom Zweisilber ausgehend durch die Verlängerung des Wortes (vgl. Hinney 1997).

Ein *sprachsystematisches und schriftkulturelles Konzept* von Pagel und Blatt verbindet die Sprachsystematik im Sinne Hinneys und das schriftkulturelle Lernen im Sinne von Dehn (vgl. Pagel/Blatt, 2010a, S.3 ff.). Sie passen ihr Konzept den Lernvoraussetzungen der Schulanfängerinnen und Schulanfänger an, die nach Wygotski noch nicht über das zum Schriftsprachlernen notwendige Abstraktionsvermögen verfügen, indem sie einen Lernweg vom Konkreten zum Abstrakten ermöglichen.

Lernen ist sowohl ein individueller als auch ein sozial vermittelter Prozess (vgl. Vygotski, 1978, S.88). Um eine *lernende Gemeinschaft* zu etablieren, kann der Einsatz von Ritualen einen wesentlichen Beitrag liefern. *Rituale* können die Lernenden u.a. dadurch unterstützen, dass sie den Tages- und Wochenablauf strukturieren und dadurch eine Orientierung liefern (vgl. u.a. Kaiser, 2012, S.23). Lernspiele können eine hohe intrinsische Motivation bei den Lernenden initiieren. Spiele haben einen ritualhaften Charakter (vgl. Trautmann, 1994, S.19; Einsiedler, 1999, S.69).

Um mit dem Lernangebot an den individuellen Lernvoraussetzungen der Kinder anzuknüpfen und Kinder zu selbstverantwortlichem Lernen zu befähigen, kann das *formative Assessment* bzw. *das Assessment for learning* dienlich sein. Der Lernstand der Schülerinnen und Schüler wird ermittelt und die Ergebnisse liefern sowohl den Lernenden als auch den Lehrenden ein Feedback. Es gibt Auskunft darüber, inwieweit die bisherigen Lernziele erreicht wurden, und dient als Planungsgrundlage für die nächsten Lernschritte (vgl. u.a. William, 2009, S.31).

Empirische Untersuchung

5. Forschungsvorhaben

5.1 Forschungsfragen und Forschungsziel

Die Forschungsfragen und das Forschungsziel für die Interventionsstudie mit Kontrollgruppen werden aus dem Forschungsstand abgeleitet. Der Unterricht stellt sich danach als komplexes Zusammenspiel von fachlichen und überfachlichen Komponenten dar. Das fachliche Konzept beruht auf den Ergebnissen der Graphematik. Seit der Grundlagenforschung von Hinney, die eine Neubestimmung der Rechtschreibinhalte auf graphematischer Basis nahelegt, werden entsprechende Unterrichtskonzepte auch erarbeitet und erprobt. Hinney veröffentlichte positive Ergebnisse aus einer Grundschulstudie, in der ein auf ihrer Grundlagenforschung beruhendes Konzept erprobt und evaluiert wurde (vgl. Hinney, 2010, S.84 ff.).

Die vorliegende Untersuchung greift auf das konkrete Konzept für den sprachlichen Unterricht von Barbara Pagel zurück. Sie entwickelte es insbesondere für bildungsferne Kinder mit Migrationshintergrund. Nach den vorliegenden Veröffentlichungen dazu erscheint es jedoch auch für Kinder mit einem anderen Bildungs- und Sprachhintergrund sehr geeignet, da es auf eine den individuellen Fähigkeiten entsprechende Förderung ausgerichtet ist (vgl. Pagel/Hinney, 2007, S.12 ff.; Blatt/Pagel, 2008, S.25 ff.; Pagel/Blatt, 2010a, S.1 ff; Pagel/Blatt, 2010b, S.1 ff.). Eine umfassende Veröffentlichung der Studienergebnisse ist in Vorbereitung.

Im Hinblick auf die Schriftkultur als Unterrichtskomponente hat Dehn didaktische Konzepte für einen schriftkulturellen Schriftsprachunterricht entwickelt und mit vielen Beispielen belegt, wie Kinder Gewinn aus literarischen Kontexten für ihr eigenes Lernen ziehen können (vgl. Dehn, 1991, S.49; Dehn, 2013, S.11 ff.; Dehn et al., 2011, S.42). Ergebnisse aus vergleichenden Untersuchungen mit Kontrollgruppen zu diesen Konzepten liegen jedoch nicht vor.

Zu den überfachlichen Komponenten des eingesetzten Unterrichtskonzeptes wurden zahlreiche Forschungsergebnisse veröffentlicht (vgl. Meyer, 2013, S.12 ff.; Gudjons, 2011, S.24 ff.; Helmke, 2012, S.71 ff; Seidel/Shavelson, 2007, S.461; Hattie, 2013, S.22 ff.; William, 2009, S.31). Diese sind jedoch nicht spezifisch auf den sprachlichen Anfangsunterricht und seine Entwicklung bezogen. Vor diesem Forschungshintergrund werden keine Hypothesen für die Untersuchung gebildet, sondern es werden ein Forschungsziel und Forschungsfragen formuliert.

Grundsätzlich zielt die vorliegende Arbeit darauf ab, lernförderliche Merkmale für den Erwerb und die Entwicklung der Schriftkompetenz zu bestimmen. Dies ist in einer Interventionsstudie mit Kontrollklassen jedoch nur im begrenzten Maße möglich.

Während die Lernentwicklung mit Hilfe von Lernbeobachtungsinstrumenten und Tests erfasst werden kann, lassen sich im Rahmen einer solchen Studie keine kausalen Zusammenhänge mit den Unterrichtsbedingungen ableiten. Aus den Untersuchungsergebnissen, insbesondere aus dem Vergleich zwischen der Leistungsentwicklung in der Untersuchungsklasse und den Kontrollklassen, aber auch aus den qualitativen Analysen der Unterrichtsgespräche und Fallbeispiele, ergeben sich jedoch Hinweise, auf deren Grundlage sich Beziehungen zwischen bestimmten Merkmalen des eingesetzten Unterrichtskonzepts und den erzielten Ergebnissen ableiten lassen.

Vor diesem Hintergrund wird für die Arbeit ein konkretes **Forschungsziel** formuliert:

Identifizierung lernförderlicher Merkmale des eingesetzten Unterrichtskonzepts.

Konkrete **Forschungsfragen** beziehen sich auf die Untersuchung der Lernentwicklung.

Forschungsfrage 1 (F1):

Zeigen sich Unterschiede in den Ergebnissen der Untersuchungsklasse und der Kontrollklassen in Bezug auf

a) *Leseflüssigkeit/-genauigkeit?*
b) *Leseverstehen?*
c) *Rechtschreibung?*

Hier soll mit Hilfe von empirisch erprobten Tests herausgefunden werden, ob sich Unterschiede in den Leistungsergebnissen von Klasse 1 bis 3 zeigen.

Forschungsfrage 2 (F2):

Was kennzeichnet die Lernentwicklung der Kinder in der Untersuchungsklasse im Rechtschreiben?

Hier geht es darum, die Lernentwicklung im Rechtschreiben zu untersuchen, um ggf. charakteristische Merkmale herauszufinden.

Forschungsfrage 3 (F3):

Wie entwickelt sich die Kompetenz im Textschreiben bei Kindern in der Untersuchungsklasse?

Neben der Erfassung der Rechtschreibleistung stellt sich die Frage nach der Entwicklung der Kompetenz Texte zu schreiben. Ausgewählte Texte von Fallbeispielen aus Klasse 1 bis 3 werden auf ihre Qualitätsmerkmale hin untersucht.

Forschungsfrage 4 (F4):

Was kennzeichnet die Entwicklung der Kinder in der Untersuchungsklasse überfachlich im Hinblick auf

   a) Lernen in der Gemeinschaft?
   b) Etablierung einer Feedbackkultur?

Neben der fachbezogenen Entwicklung wird auch der Beitrag überfachlicher Komponenten auf die Lernentwicklung qualitativ untersucht, um Ansatzpunkte für mögliche Zusammenhänge zwischen fachlichem und überfachlichem Lernen gewinnen zu können.

5.2 Forschungsdesign im Überblick

Bevor das Studiendesign näher beschrieben wird, wird zur Orientierung für den Leser zunächst ein Überblick geliefert. In der folgenden Tabelle (vgl. Tabelle 6) werden die Forschungsfragen, die dazugehörige Datengrundlage und Auswertungsmethoden aufgezeigt sowie auf die Ergebnisdarstellung hingewiesen.

Tabelle 6: Darstellung der Forschungsfragen

	Forschungsfragen	Datengrundlage	Ergebnisse
F 1	Zeigen sich Unterschiede in den Ergebnissen der Untersuchungsklasse und der Kontrollklassen in Bezug auf a) Leseflüssigkeit/-genauigkeit? b) Leseverstehen? c) Rechtschreibung?	a) Stolperwörterlesetest b) IGLU-Leseverstehenstest c) HSP und SRT „Das geheime Versteck"	Kapitel 6.2
F 2	Was kennzeichnet die Lernentwicklung der Kinder in der Untersuchungsklasse im Rechtschreiben?	HSP, SRT „Das geheime Versteck", Videotranskriptanalysen	Kapitel 6.1.2
F 3	Wie entwickelt sich die Kompetenz im Textschreiben bei Kindern in der Untersuchungsklasse?	Leeres Blatt, Montagsgeschichten, Speisekarte (Fallbeispiele)	Kapitel 6.4.1.1, 6.4.1.2, 6.4.2.1, 6.4.2.2, 6.4.3.1, 6.4.3.2, 6.4.3.5, 6.4.4.1, 6.4.4.2
F 4	Was kennzeichnet die Entwicklung der Kinder in der Untersuchungsklasse überfachlich im Hinblick auf a) Lernen in der Gemeinschaft? b) Etablierung einer Feedbackkultur?	a) Videotranskriptanalysen, Beschreibungen von Videosequenzen b) Videotranskriptanalysen, Schatzkästchenwörter, Beschreibungen von Videosequenzen	Kapitel 6.3.1, 6.3.2

5.3 Zur Stichprobe der Untersuchungsklasse und der Kontrollklassen

Bei der hier vorliegenden Untersuchung handelt es sich um eine längsschnittliche[169] Interventionsstudie in den Klassenstufen 1 bis 3 an einer Großstadtschule in einem weitgehend bildungsnahen Umfeld von 2010 bis 2013. In Hamburg wird für jede Schule ein sogenannter KESS-Index[170] ermittelt. Die Untersuchungsgruppen der hier vorliegenden Untersuchung gehören zu einer Schule mit dem Sozialindex 6 (vgl. Bürgerschaft der Freien und Hansestadt Hamburg, 2008, S.24).

Die *Untersuchungsklasse* setzt sich aus 20 Kindern[171] zusammen: Insgesamt sind elf Mädchen und neun Jungen in der Klasse – von den Kindern haben drei einen Migrationshintergrund.

Innerhalb der Untersuchungsklasse wurde am Ende des ersten Schuljahres (siehe Kapitel 5.6.1) ein Elternfragebogen eingesetzt. Dort wurden u.a. auch Angaben zur Anzahl von Büchern (ohne Zeitschriften, Zeitungen oder Kinderbücher) und Angaben zur Anzahl von Kinderbüchern (ohne Kinderzeitschriften und Schulbücher) getätigt. Alle Eltern dieser Klasse gaben den Fragebogen vollständig ausgefüllt zurück.

Für die Verteilung bzgl. des Bildungshintergrundes auf Basis der Bücheranzahl im Haushalt stellte sich heraus (vgl. Abb. 17), dass 47 Prozent der Eltern angaben, 101-200 Bücher zu besitzen, 32 Prozent über 200 Bücher und 21 Prozent zwischen 26 und 100 Bücher. Damit besitzt der größte Teil der Elternschaft eine hohe Anzahl an Büchern.

---

[169] Eine längsschnittliche Untersuchung sieht „wiederholte Erhebungen zu mehreren Zeitpunkten vor" (Diekmann, 2014, S.305). In dieser Untersuchung handelt es sich um einen Zeitraum von drei Schuljahren, in dem zu unterschiedlichen Testzeitpunkten verschiedene Testinstrumente eingesetzt worden sind. Diese Vorgehensweise, die Art von Design, kann als *Paneldesign* bezeichnet werden: „Mit einem Paneldesign werden […] die Werte der gleichen Variablen […] zu mehreren Zeitpunkten, jedoch auf Grundlage einer identischen Stichprobe erhoben. Die einzelnen Erhebungen werden als Panelwellen bezeichnet" (Diekmann, 2014, S.305).

[170] Der KESS-Index ist ein „Sozialindex[. Dieser] bildet die soziale Lage der Schülerschaft jeder Schule auf einer sechsstufigen Skala von 1 (stark belastete soziale Lage) bis 6 (bevorzugte soziale Lage) ab. Je nach Einstufung werden einer Schule unterschiedlich viele Lehrkräfte für kleinere Klassen, sprachliche und sonderpädagogische Förderung zugewiesen" (Behörde für Schule und Berufsbildung, 2013 <http://www.hamburg.de/bsb/pressemitteilungen/3862048/2013-02-28-sozialindex-lehrerausstattung/>; Einfügung: Verfasserin).

[171] Für die Untersuchung werden ausschließlich die Ergebnisse der Kinder herangezogen, die vom ersten bis einschließlich zum dritten Schuljahr die Untersuchungsklasse besucht haben.

Abbildung 17: Anzahl der Bücher im Haushalt der Elternschaft der UK (Mai 2011)

Bei der Anzahl der Kinderbücher im Haushalt (vgl. Abb. 18) zeigt sich in der Elternschaft der Untersuchungsklasse ein ähnliches Bild: 55 Prozent der Stichprobe besitzt 51-100 Kinderbücher im Haushalt, 25 Prozent besitzen über 100 Kinderbücher und 25 Prozent besitzen weniger als 50 Kinderbücher, jedoch mindestens 26, im Haushalt. So besitzen 75 Prozent der Befragten über 50 Kinderbücher im eigenen Haushalt.

Abbildung 18: Anzahl der Kinderbücher im Haushalt der Elternschaft der UK (Mai 2011)

Diese Befragung kann einen Anhaltspunkt geben, dass es sich tendenziell eher um ein schriftnahes Umfeld handelt. Eine entsprechende Befragung wurde in den Kontrollklassen nicht durchgeführt. Da die Untersuchungsklasse und die Kontrollklassen aus demselben Einzugsgebiet kommen, kann auf einen vergleichbaren Bildungshintergrund geschlossen werden.

Die Verfasserin der hier vorliegenden Arbeit hat als Klassen- und Deutschlehrerin die Untersuchungsklasse von der ersten bis zur vierten Klassenstufe geleitet.[172]

Drei Parallelklassen dienen als *Kontrollklassen*, in denen jeweils 20 Schülerinnen und Schüler sind. In Kontrollklasse 1 sind jeweils zehn Mädchen und zehn Jungen, ein Kind hat einen Migrationshintergrund. Kontrollklasse 2 setzt sich aus neun Mädchen und elf Jungen zusammen und Kontrollklasse 3 aus zehn Mädchen und zehn Jungen, von denen ein Kind einen Migrationshintergrund hat.

Alle drei Kontrollklassen wurden nach einem einheitlichen Lehrwerk unterrichtet. Diesem liegt ein fachliches *Unterrichtskonzept* zugrunde, das Kinder von der mündlichen Sprache zur Schrift führt. Rechtschreiblernen von Anfang an und die Etablierung einer Feedbackkultur sowie die Anwendung eines formativen Assessments sind nicht Teil des eingesetzten Konzeptes. In der Kontrollklasse 2 können die Kinder auch freie Texte in ein sogenanntes Tagebuch schreiben, in den Kontrollklassen 1 und 3 werden Schreibaufgaben verwendet, die im Lehrwerk vorgeschlagen werden. Die Unterrichtskonzeptionen der Kontrollklassen unterscheiden sich von dem Unterrichtskonzept der Untersuchungsklasse prinzipiell dahingehend, dass eine Kombination sprachsystematischer und schriftkultureller Aspekte in den Kontrollklassen nicht zu verzeichnen ist.

Das in der Untersuchungsklasse eingesetzte fachliche und überfachliche Unterrichtskonzept wird in dem folgenden Kapitel ausführlich dargestellt.

5.4 Unterrichtskonzept[173] der Untersuchungsklasse

Das dieser Untersuchung zugrundeliegende Unterrichtskonzept ist durch fachlich-didaktische und fachübergreifende Aspekte gekennzeichnet.

---

[172] Anmerkungen zur besonderen Rollensituation im Forschungsprozess erfolgen in Kapitel 5.6.7.
[173] Dieses Konzept ist auf Grundlage des Konzepts von Barbara Pagel und Inge Blatt konzipiert, an die Lerngruppe angepasst und weiterentwickelt worden (vgl. Kapitel 4.1.5). Die Bärenbootidee wurde von Barbara Pagel entwickelt und erprobt. Aufgrund der positiven Ergebnisse innerhalb ihres Unterrichts in einer Grundschule mit dem Sozialindex 1 wurde das Bärenboot auch für das vorliegende Projekt übernommen und angepasst, um seine Eignung für eine eher bildungsnahe Schülerschaft zu erproben.

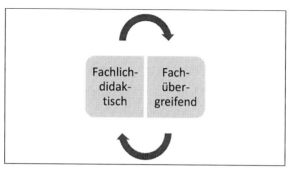

Abbildung 19: Kennzeichen des Unterrichtskonzepts

Das Unterrichtskonzept für die Untersuchungsklasse verbindet in Anlehnung an den Forschungsstand einen sprachsystematischen Zugang zur Schrift mit schriftkulturellen Aktivitäten von Anfang an (vgl. u.a. Kapitel 4.1.5). Dabei wird auf ein von Barbara Pagel (verheiratete Streubel) entwickeltes und erprobtes Konzept zurückgegriffen. Es wurde in Kooperation mit der Verfasserin und Inge Blatt weiterentwickelt und ist inzwischen für die erste Klasse als Unterrichtsmaterial veröffentlicht (Blatt/Hein/Streubel 2015 a-c).

Schriftsystem	Schriftkultur
• Entdeckendes Lernen auf der Grundlage des prototypischen Zweisilbers • Umsetzung im Rahmen des Bärenboots: Von der Anschauung zur Abstraktion • Zweischrittiges Konstruktionsprinzip nach Hinney • Synthese und Analyse von Ableitungen und Komposita	• Heranführen an die Schriftkultur nach Dehn • Literarisches Lernen nach Spinner • Regelmäßige Lesezeiten von Anfang an • Lesethron • Vorlesen durch die Lehrperson • Anschlusskommunikation nach Hurrelmann • Textschreiben von Anfang an

Abbildung 20: Fachlich-didaktische Aspekte des Unterrichtskonzepts

Das sprachsystematische Lernen ist bestimmt durch ein *entdeckendes Lernen auf der Grundlage des prototypischen Zweisilbers*. Die konkrete Umsetzung im Unterricht erfolgt mithilfe eines *Bärenbootes*, das den prototypischen Zweisilber in Form eines konkreten Bootes und durch die bildliche Darstellung in anschaulicher Art präsentiert. Mit diesem *Bärenboot* wird den Kindern ein Lernweg von der konkreten zur symbolischen Ebene ermöglicht. Jeder Bär repräsentiert ein Silbenelement: Den Anfangsrand, den Kern und den Endrand. Die Konsonanten der Anfangs- und Endränder und die Vokale der Silbenkerne werden farblich unterschieden: Die Konsonantenbären sind blau, die Vokalbären sind rot gekleidet (vgl. Pagel/Blatt, 2010a, S.5 ff.). Die Bären bekommen den entsprechenden Buchstaben eines Wortes umgehängt. Ist eine Position nicht besetzt, so ruht sich der Bär je nach Jahreszeit auf einem Liegestuhl oder Schlitten aus. So wird den Kindern die Silbenstruktur veranschaulicht. Jeder Bär auf dem Boot hat einen Namen. So heißt der Matrose im Anfangsrand der ersten Silbe Paul, der Silbenkern ist durch den Kapitän[174] vertreten und der Matrose, der den Silbenendrand der ersten Silbe repräsentiert, heißt Max. Der erste Matrose der zweiten Silbe heißt Ole, der Silbenkern der zweiten Silbe ist durch die Kapitänsfrau[175] besetzt und der Silbenendrand der zweiten Silbe ist durch das Matrosenmädchen Maxi vertreten.

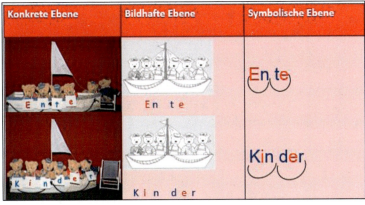

Abbildung 21: Bärenboot - Von der konkreten Ebene zur symbolischen Ebene (vgl. Blatt/Hein/Streubel, 2015, S.12 f.)

Die Veranschaulichung der Silbenstruktur soll den Kindern den Lernweg von der konkreten Handlungsebene über die bildhafte Darstellung hin zur symbolischen Ebene der mit Silbenbögen unterlegten Wortschreibungen erleichtern. Damit wird der Entwicklungsstand der Kinder

---

[174] Der Kapitän hat keinen Eigennamen.
[175] Die Kapitänsfrau hat auch keinen Eigennamen.

zu Schulbeginn berücksichtigt, der nach Wygotski dadurch gekennzeichnet ist, dass bei den Kindern das zum Schriftspracherwerb notwendige abstrakte Denken noch nicht ausgebildet ist (vgl. Wygotski, 1991, S.224).

Auch beim Schreiben markieren die Kinder die Konsonanten- und Vokalbuchstaben farblich. So verwenden sie für das Schreiben der neu eingeführten Buchstaben[176] und der Wörter der Woche einen zweifarbigen (rot und blau) Buntstift[177].

Im Sinne des *zweischrittigen Konstruktionsprinzips* nach Hinney (vgl. Hinney, 1997, S.140) erfolgt im Anschluss an die Analyse der Silbenstruktur die Herleitung von morphologischen Schreibweisen. Weiterhin werden mit Hilfe von Prä- und Suffixen sowie durch Komposition Ableitungen und Komposita gebildet und analysiert. Die Silbenbögen dienen den Lernenden als Schreib- und Lesehilfe.

Die Wortschreibungen werden systematisch eingeführt. In Klasse 1 werden jede Woche zum einen neue Buchstaben und zum anderen die damit zu schreibenden *Wörter der Woche* eingeführt (vgl. Pagel/Blatt, 2010a, S.5 ff.). Die Einführung der Buchstaben der Woche erfolgt jeweils zum Wochenanfang. In einem Sitzkreis liest die Lehrperson eine selbst verfasste Geschichte vor, in der jeweils ein Matrosenbär oder der Kapitän bzw. die Kapitänsfrau sowie das Klassentier als Protagonisten vorkommen (vgl. Blatt/Hein/Streubel, 2015a, S.25 ff.). Bei dem Klassentier handelt es sich um einen Teddybären, der gemeinsam mit den Kindern am ersten Schultag eingeschult worden ist und sie beim Lernen in der Klasse begleitet. Jeweils ein Kind darf diesen spielen, während die Lehrperson die Geschichte vorliest. Am Ende der Geschichte übergibt einer der Bären ein Säckchen mit Bildern oder Gegenständen zum neuen Buchstaben. Nacheinander dürfen einzelne Kinder diese aus dem Säckchen nehmen. Dann dürfen sie erraten, um welchen Buchstaben es sich in dieser Woche handeln wird (vgl. Anhang D4.2.1). Die Schülerinnen und Schüler schreiben den neuen Buchstaben in der Lineatur, auf dem Rücken eines anderen Kindes, in die Luft oder auch beispielsweise in den Sand oder mit Straßenmalkreide auf dem asphaltierten Schulhof. Zudem lernen sie zu jedem Buchstaben ein passendes „Geheimzeichen" (Dummer-Smoch/Hackethal, 2007, S.24) kennen.

---

[176] Im freien Schreiben oder in anderen Fächern schreiben die Kinder zunächst mit einem Bleistift oder auch anders farbigen Stiften.
[177] Dieser wird im Unterricht als Rot-Blau-Stift oder Rechtschreibstift bezeichnet.

Diese sind Lautgebärden[178], die als Unterstützung zur Anbahnung des Schriftspracherwerbs eingesetzt werden.

Der prototypische Zweisilber wird systematisch eingeführt und bildet die Basis für die Analyse von offenen, geschlossenen, unmarkierten und markierten Silben.

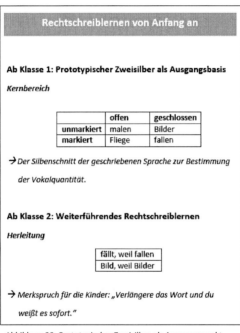

Abbildung 22: Prototypischer Zweisilber als Ausgangspunkt

Die Kinder untersuchen den Silbenschnitt und lernen mit Hilfe der offenen und geschlossenen Silbe, die Länge und Kürze der Vokale in der betonten Silbe zu bestimmen. Ist der Endrand in der betonten Silbe unbesetzt, wie in dem Beispiel *malen*, so wird der Vokal lang gesprochen, ist er besetzt, wie in dem Beispiel *Bilder*, so wird er kurz gesprochen. Dieses Wissen können

---

[178] „Unter Lautgebärden (phonomimische Systeme, phonemische Manualsysteme) versteht man Handzeichen, die parallel zum silbenweisen Sprechen der Sprachlaute in Wörtern, Laut für Laut gezeigt werden. Es handelt sich um das Prinzip, einem Normallaut der Sprache den entsprechenden Buchstaben eine Geste zuzuordnen" (Dummer-Smoch/Hackethal, 2007, S.23).

die Kinder auch beim Erlesen von Wörtern anwenden, um das Wort richtig auszusprechen. Bei der Strukturanalyse der zweiten unbetonten Silbe können die Kinder entdecken, dass der Schwalaut /ə/ in der Regel den Silbenkern bildet (vgl. Eisenberg, 2006, S.130). Mit dem Wissen um diese Struktur kann es in prototypischen Zweisilbern mit der Endung <er> wie z.B. <Bäcker> erheblich seltener zur Fehlschreibung <a> kommen, die bei einer ausschließlich lautorientierten Herangehensweise sehr häufig ist (vgl. ebd., S.130).

Wenn die Kinder Lang- und Kurzvokale unterscheiden können, lernen sie darauf aufbauend regelhafte Markierungen im Kernbereich wie die Silbengelenkschreibung kennen. Weiterführend erfolgt das Herleiten morphologischer Schreibungen wie *Bild, weil Bilder*.

Im Weiteren lernen die Kinder, abgeleitete und zusammengesetzte Wörter in ihre Bestandteile zu zerlegen wie z.B. anhand der Wörter <Maler>, <ausmalen> und <Malstunde>. Dabei erkennen sie, dass Präfixe immer gleich geschrieben und vor das Bärenwort gesetzt werden, wie z.B. ver-malen. Suffixe werden an den Stamm angehängt, wie Krank-heit, womit eine höhere Anforderung verbunden ist, da der Stamm richtig bestimmt werden muss. Prä- und Suffixe können durch Beiboote veranschaulicht werden, die vorne bzw. hinten am *Bärenboot* andocken.

Das Großschreiben wurde von Anfang an dadurch angebahnt, dass Nomen mit dem Artikel genannt wurden. In Klasse 3 wurde die Großschreibung auch syntaktisch begründet mit den sogenannten Treppengedichten nach Röber-Siekmeyer (vgl. Röber-Siekmeyer, 1999, S.96 ff.) eingeführt.

Neben dem Entdecken des Schriftsystems stellt das Heranführen der Kinder an die *Schriftkultur* (vgl. Dehn, 1988; Dehn, 2013, S.11 ff.) ein Kernelement des Unterrichts dar ebenso wie das *literarische Lernen* nach Kaspar Spinner (vgl. Spinner, 2006, S.10 ff.). Zentrale Aspekte wie das Sich-Hineinversetzen in die Perspektive literarischer Figuren werden bereits in der Klassenstufe 1 angebahnt ebenso wie die von Hurrelmann als zentral für literarisches Lernen herausgestellte *Anschlusskommunikation* (vgl. Hurrelmann, 2002, S.18). Neben dem Lesethron werden weitere schriftkulturelle Praktiken etabliert. Von Anfang an gibt es *freie Lesezeiten*, in denen die Kinder allein oder zu zweit Texte ihrer Wahl lesen können sowie tägliche Vorlesezeiten durch die Lehrperson. Des Weiteren ist Textschreiben von Anfang an ein fester Unterrichtsbestandteil. In den sogenannten *Montagsgeschichten*, die regelmäßig zu Beginn der Woche verfasst werden, können die Kinder persönlich Bedeutsames schriftlich ausdrücken. Beim Textschreiben können die Kinder ihre im sprachsystematischen Unterricht erworbenen Kenntnisse anwenden, so dass die Lesbarkeit der Texte von Anfang an unterstützt wird.

Zur Erweiterung der Fantasie soll das regelmäßige *Vorlesen und Selberlesen* beitragen. Beides soll von Anfang an einen festen Platz im Unterricht haben, wobei die Anschlusskommunikation und das literarische Lernen eine wichtige Rolle spielen sollen.

Von Anfang an wird durch die Lehrperson vorgelesen und anschließend gemeinsam über das Vorgelesene gesprochen. Die Kinder werden aufgefordert, Vermutungen und Meinungen zu äußern sowie Hypothesen bzgl. des Fortgangs der Geschichte zu bilden. Ein prozessorientierter Leseunterricht im Hinblick auf eine Integration nieder- und höherrangiger Leseprozesse (vgl. Irwin, 2007, S.6) wird von Beginn der ersten Klasse an etabliert. Gerade das Bilden von Hypothesen vor dem Lesen und Hören eines Textes sowie die anschließende Überprüfung der Vermutungen bilden das Kernelement dieses Leseunterrichts.

In Freiarbeitsphasen haben die Kinder von Anfang an Gelegenheit, ihrem Können entsprechend angemessene Lesehefte oder Bücher zu lesen, die im Klassenzimmer zugänglich sind. Bereits in der ersten Klasse haben die Kinder eine Einführung in die schuleigene Bibliothek erhalten. Regelmäßig leihen sich die Kinder dort Bücher aus. Auch das wöchentliche Lesen in der Bibliothek ist ein Bestandteil des Unterrichts. In der Untersuchungsklasse gibt es sogenannte *Leseeltern,* die im ersten Schuljahr zwei Mal in der Woche in Kleingruppen mit den Schülerinnen und Schülern lesen. Die Kleingruppen ermöglichen eine effektive Förderung der Kinder in Anknüpfung an ihren individuellen Leistungsstand.

Fachübergreifend ist das Unterrichtskonzept auf den *Aufbau einer lernenden Gemeinschaft* ausgerichtet. Lew Wygotski versteht Lernen als einen persönlichen und zugleich sozial vermittelten Prozess (vgl. Vygotski, 1978, S.88). Im Unterricht kommt es demnach darauf an, eine Klassengemeinschaft zu etablieren, in der ein positives Lernklima und ein sozialer Geist herrschen sowie ein vertrauensvolles Verhältnis zwischen Kindern und Lehrkraft besteht.

Weiterhin stellen die motivationale und kognitive Aktivierung (vgl. Helmke, 2012, S.205 ff.) der Kinder zwei Säulen für das Lernen dar. So sollen die Kinder eine positive Einstellung zum Lerngegenstand gewinnen und darüber Lernmotivation und -interesse aufbauen. Um sie kognitiv zu aktivieren, soll ihnen Lernen transparent gemacht werden. Das betrifft die Lernziele, -inhalte und -wege sowie die Anwendung und den Transfer von Wissen und Fähigkeiten, die im Unterricht erworben werden.

Diese Ziele werden ebenfalls auf vielfältige Weise zu erreichen versucht: Es werden emotional ansprechende Lernmaterialen eingesetzt, wie beispielsweise das *Bärenboot*. Sprachsystematisches und schriftkulturelles Lernen wird verbunden. Dabei können die Kinder erfahren, wozu sie lesen und schreiben lernen, was wiederum die Motivation fördern kann. Ein zentraler Bestandteil des fächerübergreifenden Unterrichtskonzepts ist die Evaluation als Basis für die Unterrichtsplanung einerseits und als Instrument zur Selbststeuerung für die Lernenden andererseits. Lernen soll an den Lernvoraussetzungen der Kinder ansetzen, die Lernentwicklung soll fortlaufend beobachtet werden und am Ende einer Lerneinheit soll der Lernerfolg kontrolliert werden.

Regeln und Rituale strukturieren den Unterricht: Zu Beginn wird mit den Kindern gemeinsam der Ablauf des Unterrichts besprochen, um Transparenz zu schaffen. Zwischen einzelnen Unterrichtsphasen dienen Lieder, Spiele oder Auflockerungsübungen als kurze Pausen, um u.a. erneut die Aufmerksamkeit zu stärken und zu bündeln sowie die Freude am Lernen zu fördern (vgl. Anhang D4.1.2). Innerhalb von Tages- und Wochenplänen können sich die Schülerinnen und Schüler für vorgegebene und frei wählbare Lernaktivitäten entscheiden. Die Lerninhalte werden in einer systematischen Abfolge eingeführt, wobei neue Lerninhalte auf zuvor erworbenem Wissen und dazu gehörigen Fähigkeiten aufbauen. Die Kinder lernen selbstentdeckend auf der Grundlage von Strukturen und Strategien, die im Unterricht erarbeitet werden.

Im Sinne des *formativen Assessments* (vgl. Kapitel 4.2.2) wird die Lernentwicklung mit unterschiedlichen Instrumenten (z.B. durch Beobachtungen und Tests) erhoben und die Ergebnisse werden als Feedback zurückgespiegelt. So wird beispielsweise das Erteilen von mündlichem Feedback mit den Kindern systematisch eingeübt. Sie geben sich gegenseitig eine Rückmeldung nach dem Vorlesen auf dem Lesethron, dem Vorlesen aus ihren Lesetagebüchern und bei Buchpräsentationen, indem sie jeweils zwei Aspekte loben und einen Tipp zum Bessermachen geben.

Wie gut sie die Wörter der Woche beherrschen, können die Kinder selbst überprüfen, da diese in Form von Knickdiktaten geübt werden (vgl. Anhang C1). Ein Knickdiktat hat drei Kästchen: Die vorgegebenen Wörter sind untereinander im ersten linken Kästchen eingetragen. Die beiden jeweils folgenden Kästchen sind leer. Nachdem die Kinder ein Wort gelesen haben, merken sie es sich, knicken die Seite, sodass das erste Kästchen nicht mehr sichtbar ist, und schreiben das Wort in das zweite Kästchen. Im Anschluss vergleichen sie selbst ihre Wortschreibung mit dem richtig vorgegebenen Wort. Wenn sie ein Wort nicht richtig geschrieben haben, schreiben sie es noch einmal in dem dritten Kästchen auf. Daran kann die Lehrperson u.a. auch erkennen, wie gut die Kinder die Lerninhalte der Woche verstanden haben und beherrschen und kann sie entsprechend individuell fördern bzw. das Thema in der Klasse nochmals aufgreifen.

Rückmeldung von der Lehrperson erhalten die Kinder für ihre Montagsgeschichten. Diese ist stets mit dem Auftrag verbunden, einige kleine Wörter (wie beispielsweise <ich>, <dann>,

<und>) einzuüben. Weiterhin erhalten sie eine Rückmeldung zu den Ergebnissen der Leseverstehens- und Rechtschreibtests.

Die Lehrperson wertet Lernbeobachtungen und laufende Tests aus. Die Ergebnisse werden für die weitere Planung benutzt. Von den Kindern erhält die Lehrperson für den Unterricht eine Rückmeldung - beispielsweise mit Hilfe der Daumenprobe[179] (vgl. Anhang D3.3.2).

Diese Feedbackformen lassen sich in den laufenden Unterricht problemlos integrieren und stellen mit Ausnahme der differentiellen Testauswertung zum Leseverständnis und zum Rechtschreiben auch eine eher geringe zeitliche Belastung dar.

Eine feste Strukturierung des Wochenstundenplanes liefert einen verlässlichen Rahmen und hilft den Kindern, den Lerngegenstand Schreiben und Lesen in seiner Komplexität zu erfassen. Neben dem strukturierten Wochenablauf werden auch Lese- und Schreibprojekte realisiert. Die Kinder können innerhalb solcher Projekte individuelle Schwerpunkte setzen – die die Themenwahl oder auch die Wahl der Methoden betreffen können.

Das Interventionskonzept beinhaltet den Einsatz unterschiedlicher Medien. Die interaktive Tafel integriert eine Vielzahl der herkömmlichen im Unterricht eingesetzten Medien. So kann sie beispielsweise Fernseher, Overheadprojektor, CD- oder auch DVD-Player ersetzen. Texte, Bilder und Videos können an der interaktiven Tafel gezeigt werden. Tafelbilder sowie auch verschiedene Arbeitsergebnisse der Kinder können gespeichert werden, um zu einem späteren Zeitpunkt daran weiterzuarbeiten (vgl. Blatt/Pagel, 2008, S.25 ff.; Aufenanger/Bauer, 2010, S.6 ff.). So wird das Stunden- oder auch Projektprogramm an der interaktiven Tafel gezeigt. Neben den einzelnen schriftlich repräsentierten Programmpunkten sind auch Bilder oder Symbole zur Visualisierung aufgeführt. Auch das *Bärenboot* kann an der interaktiven Tafel auf einer bildhaften Ebene dargestellt werden (vgl. hierzu auch Blatt/Pagel, 2008, S.25 ff.).

---

[179] Die Daumenprobe stellt ein Reflexionsinstrument für die Lernenden da. Die Lehrperson bittet die Kinder am Ende einer Unterrichtssequenz sich bzgl. einer Fragestellung oder Aussage zu positionieren. Wenn Kinder den Daumen nach oben zeigen, bedeutet dies, dass sie der Frage oder Aussage voll zustimmen. Wenn sie den Daumen auf eine mittlere Position bringen, so bedeutet dies, dass sie sich in der Mitte positionieren. Zeigt der Daumen nach unten, so bedeutet dies, dass sie dem nicht zustimmen. Einzelne Kinder sollen ihre Entscheidung begründen, sodass die Lehrperson auch erfährt, was zu dem Urteil geführt hat.

5.5 Durchführung der Untersuchung

In Tabelle 7 sind die Rahmendaten der Untersuchung dargestellt.

Tabelle 7: Organisatorischer Rahmen der Untersuchung

Untersuchungsklasse	Grundschule in Hamburg
Untersuchungsklasse	Eine 2010/2011 eingeschulte Klasse im ersten bis dritten Schuljahr an dieser Schule
Kontrollklassen	Drei Parallelklassen
Erhebungs- und Berichtszeitraum	Schuljahr 2010/11 – 2012/13
Inhalte	Durchführung einer Intervention mit Hilfe eines Unterrichtskonzepts zum Erwerb und zur Entwicklung der Schriftkompetenz

Die Verfasserin unterrichtete die Untersuchungsklasse von 2010 bis 2014 als Klassenlehrerin u.a. in dem Fach Deutsch. Im Rahmen dieser Tätigkeit beantragte sie bei der Behörde für Bildung und Sport der Freien und Hansestadt Hamburg eine wissenschaftliche Untersuchung an Schulen, die auch genehmigt wurde. Einverständniserklärungen der Eltern sowie der Deutschlehrkräfte der Parallelklassen (Kontrollklassen) liegen vor. Alle Eltern stimmten zu, dass ihr Kind an der Untersuchung teilnehmen darf und dass die Leistungen anonym gesammelt und ausgewertet werden dürfen. Zudem erteilten sie ihre Zustimmung zu Videoaufnahmen und deren Auswertung im Rahmen des Dissertationsprojektes und für Zwecke der Lehrerbildung. Für die vorliegende Arbeit werden die Daten von Klasse 1 bis 3 herangezogen.

Die Lern- und Übungsmaterialien wurden fortlaufend erstellt bzw. aus vorliegenden Unterrichtsmaterialien übernommen und gegebenenfalls angepasst[180].

---

[180] Im Februar 2015 sind zwei Arbeitshefte für Schülerinnen und Schüler der ersten Klasse sowie ein Lehrerband mit dem Titel „Entdecke die Schrift", das diesem sprachsystematischen und schriftkulturellem Ansatz entspricht, erschienen. Die entwickelten Lehr- und Lernmaterialien für das erste Schuljahr sind in „Entdecke die Schrift" enthalten. Dieses Lehrwerk ist von Blatt/Hein/Streubel verfasst worden (vgl. Blatt/Hein/Streubel, 2015 a-c).

5.6 Methodische Vorgehensweise

In der vorliegenden längsschnittlichen Untersuchung wurden in der Untersuchungs- und in den Kontrollklassen sowohl quantitative[181] als auch qualitative[182] Methoden[183] eingesetzt. Die Erhebung der Daten erfolgte aus unterschiedlichen Perspektiven, die durch die zugrundeliegenden Theorieansätze und die unterschiedliche Datenbeschaffenheit gegeben sind. Die Leistungen der Schülerinnen und Schüler wurden sowohl schriftlich (z.b. durch Leistungstests) als auch mündlich (z.b. die Mitarbeit der Kinder im Unterricht durch Videoaufnahmen) erhoben. Somit wird ein multiperspektivischer Blick auf den Untersuchungsgegenstand eröffnet. Der Datenaufnahme liegen theoretische Konzepte zugrunde, die wiederum die Basis für die Auswertungskriterien bildeten und die Kategorien bestimmten.

Die Verbindung einer qualitativen und quantitativen Herangehensweise kann als *Mixed-Methods-Design*[184] bezeichnet werden: „Unter Mixed-Methods wird die Kombination und Integration von qualitativen und quantitativen Methoden im Rahmen des gleichen Forschungsprojekts verbunden. Es handelt sich also um eine Forschung, in der die Forschenden im Rahmen von ein- oder mehrphasig angelegten Designs sowohl qualitative als auch quantitative Daten sammeln" (Kuckartz, 2014a, S.33).

---

[181] Ein quantitatives methodisches Vorgehen wird in der Regel „mit standardisierten Erhebungsinstrumenten assoziiert [...], dem Modell eines naturwissenschaftlichen Messens [...] und mit numerischen Daten" (Kuckartz, 2014a, S.28).

[182] „Qualitative Verfahren arbeiten [...] mit nicht-numerischen Daten, postulieren Offenheit, Authentizität und basieren auf der Interaktion und Kommunikation von Forschenden und Forschungsteilnehmenden" (Kuckartz, 2014a, S.28).

[183] „Methoden sind Hilfsmittel bei der Forschung, Werkzeuge, die es ermöglichen, eine Forschungsfrage [...] zu beantworten" (Kuckartz, 2014a, S.37).

[184] Für die hier vorliegende Untersuchung wird der Mixed-Methods-Ansatz anstelle eines Triangulationsansatzes fokussiert. „Triangulation beinhaltet die Einnahme unterschiedlicher Perspektiven auf einen untersuchten Gegenstand oder allgemeiner: bei der Beantwortung von Forschungsfragen. Diese Perspektiven können sich in unterschiedlichen Methoden, die angewandt werden, und/oder unterschiedlichen gewählten theoretischen Zugängen konkretisieren, wobei beides wiederum mit einander in Zusammenhang steht bzw. verknüpft werden sollte" (Flick, 2011, S.12). Beide Ansätze verbindet die Kombination quantitativer und qualitativer Methoden, um einen möglichst multiperspektivischen Blick auf die Forschung zu haben, jedoch wird der Triangulationsansatz dahingehend kritisiert, dass „primär Validierung [fokussiert würde sowie eine] [...] implizite Annahme [bestünde], dass verschiedene Methoden für die Forschungsfrage die gleiche Erklärungskraft besitzen" (Kuckartz, 2014a, S.48; Einfügung: Verfasserin).

5.6.1 Datenerhebung

Die folgende Tabelle 8 zeigt die eingesetzten Test- und Beobachtungsinstrumente, mit denen in der Untersuchungsgruppe und zum Teil in den Kontrollgruppen Daten erhoben wurden. Weiterhin sind die jeweiligen Erhebungszeitpunkte und die Auswertungsverfahren ausgewiesen.

Tabelle 8: Datenerhebung für die Untersuchungsgruppen mit Erhebungszeitpunkten im Überblick

Erhobene Daten	Untersuchungsgruppen		Erhebungszeitpunkt (Klassenstufe)			Auswertungsverfahren
	UK	KK	1	2	3	
Lernausgangslage						
HaReT	X	X	X			quantitativ
Leeres Blatt	X	X	X			qualitativ
Fortlaufende Lernbeobachtung						
Lesen						
Stolperwörterlesetest	X	X	X	X	X	quantitativ
IGLU-Leseverstehenstest	X	X			X	quantitativ
Lesethron	X			X		qualitativ
Schreiben						
Montagsgeschichten	X			X	X	X	qualitativ
Produktive Schreibaufgabe	X			X		qualitativ
Rechtschreibung						
HSP	X	X	X	X	X	quantitativ
Wörter der Woche	X			X		quantitativ
Sprachsystematischer Rechtschreibtest	X	X			X	quantitativ und qualitativ
Weitere Daten						
Videoaufnahmen	X			X	X	X	qualitativ
Elternfragebögen	X			X		quantitativ

In diesem Abschnitt werden die Testinstrumente und die Datenerhebung vorgestellt. Die Auswertungsverfahren werden im Kapitel 5.6 erläutert.

Die *Lernausgangslage* wurde mittels des *Hamburger Rechentests*[185], *HaReT*, erhoben. Es handelt sich dabei um ein normiertes Testinstrument (vgl. Schneider et al., 2013, S.167), das in den Hamburger Schulen eingesetzt wird. Der HaReT liefert Informationen bzgl. der kognitiven Fähigkeiten der Kinder bei der Einschulung (vgl. Lorenz, 2007, S.3) und kann damit Hinweise auf die kognitive Lernausgangslage der Schülerinnen und Schüler geben[186]. Dieser Wert soll als vergleichende Kontrollvariable zwischen der Untersuchungsklasse und den Kontrollklassen dienen. Die Ergebnisse im HaReT wurden quantitativ ausgewertet.

Ein Instrument zur Erfassung der Lernausgangslage in Bezug auf die Schriftvorerfahrungen der Kinder ist das *Leere Blatt* (vgl. Kapitel 4.1.2), das qualitativ ausgewertet wurde. In Bezug auf das Lesen wurden lernprozessbegleitende Beobachtungs- und Testinstrumente eingesetzt. Der *Stolperwörterlesetest (SWLT)* – entwickelt von Wilfried Metze – wurde in jeder Klassenstufe zum Ende des Schuljahres in allen Untersuchungsgruppen eingesetzt. Dieser Test misst die Leseflüssigkeit, -geschwindigkeit und -genauigkeit. Während in der ersten Klassenstufe 45 Sätze im Testheft bearbeitet werden können, sind dies in den Klassenstufen 2 bis 4 60 Sätze. Es werden jeweils unterschiedliche Testhefte für die Klassenstufen angeboten. Diese unterscheiden sich in der Reihenfolge der Sätze. Für jede Klassenstufe existieren zwei Testheftversionen (Version A und B). Beide Versionen wurden in der Untersuchungsklasse eingesetzt. Die Dauer der Testbearbeitung variiert in den einzelnen Schuljahren. So haben die Kinder in der Klassenstufe 1 beispielsweise zehn Minuten und in der Klassenstufe 3 fünf Minuten Bearbeitungszeit (vgl. Metze 04.06.2012 http://www.wilfriedmetze.de/html/stolper.html#Stolle-

---

[185] „Zielrichtung des Tests ist die Identifikation von Schwierigkeiten auf der Ebene derjenigen Teilbereiche, durch die sich die mathematischen Kernideen altersadäquat behandeln und entwickeln lassen und die als notwendige kognitive Fähigkeiten entwickelt werden müssen, bevor weiterführende Inhalte Unterrichtsgegenstand werden können" (Lorenz, 2007, S.3). Der HaReT setzt sich aus einer Vielzahl an Aufgaben zusammen – so sind dies beispielsweise Aufgaben zum Vergleich von Größen, zum Fortsetzen von Reihen, Puzzle- und Mosaikaufgaben sowie auch erste Aufgaben zur Addition und Subtraktion (vgl. ebd., S.9 ff.).

[186] In vielen Untersuchungen (vgl. u.a. HeLp 2007/2008) wird „auf ein allgemeines Fähigkeitsmaß wie Intelligenz" (Baumert et al., 2006, S.121) zurückgegriffen. In HeLp 2007/2008 wurde beispielsweise der Kognitive Fähigkeitstest (KFT) eingesetzt (vgl. Blatt et al., 2007, S.22 ff.). Dieser Test ermöglicht Aussagen über „sprachliches, quantitatives und nonverbales-figurales Denken inkl. Aspekte des räumlichen Denkens sowie das kognitive Gesamtleistungsniveau eines Schülers" (Heller/Perleth, 2000, S.8). In der hier vorliegenden Untersuchung wurde auf den HaReT zurückgegriffen, da dieser auch in Ansätzen Aussagen zu einzelnen kognitiven Aspekten wie der KFT ermöglicht und in nahezu allen Hamburger Schulen eingesetzt wird, so dass keine zusätzliche Testung diesbezüglich vorgenommen werden musste.

oben). Es liegt ein Manual vor, in dem die Anzahl der richtig bearbeiteten Sätze einem Prozentrang zugewiesen ist, so dass die Ergebnisse im Stolperwörterlesetest der Untersuchungsgruppen in Prozentrangangaben ausgewiesen werden (vgl. Metze, 2009, S.1 ff.).

Der IGLU-Leseverstehenstest „Der Hase kündigt das Erdbeben an" wurde am Ende der dritten Klassenstufe in der Untersuchungsklasse und den Kontrollklassen eingesetzt. Er misst das Textverständnis auf Grundlage eines Lesekompetenzmodells, das der Internationalen Grundschulleseuntersuchung (IGLU) zugrunde liegt (vgl. Kapitel 2.4.1). Insgesamt werden den Schülerinnen und Schülern elf Fragen zum Verständnis des literarischen Textes „Der Hase kündigt das Erdbeben an" von Rosalind Kerven gestellt. Fünf Fragen werden mit Ankreuzmöglichkeiten im Multiple-Choice-Format und sechs Fragen ohne Antwortmöglichkeiten als offene Fragen formuliert, so dass die Kinder die Aufgaben frei unter Bezugnahme auf den Text bearbeiten müssen. Dabei unterscheiden sich die Fragen nicht nur im Hinblick auf das Format, sondern auch in Bezug auf die Anforderungen. Die einzelnen Fragen sind den Leseverstehensaspekten nach IGLU zugeordnet (vgl. Voss, 2006, S.85). Die Auswertung erfolgt nach der für die einzelnen Leseverstehensaufgaben festgesetzten Punktzahl. Für die offenen Fragen liegt eine Kodieranleitung vor (vgl. Bos et al., 2005, S.441). Dem Leseverstehensaspekt I „Lokalisieren explizit angegebener Informationen" (Bremerich-Vos et al., 2012, S.3) lassen sich drei Aufgaben (zwei MC[187] und eine OF[188]) zuordnen. Zum Leseverstehensaspekt II „Einfache Schlussfolgerungen ziehen" (ebd., S.73) gehören zwei Aufgaben (eine MC und eine OF). Dem Leseverstehensaspekt III „Komplexe Schlussfolgerungen ziehen bzw. interpretieren und kombinieren" (ebd., S.73) sind fünf Aufgaben (zwei MC und drei OF) zuzuordnen und zum Leseverstehensaspekt IV „Prüfen und Bewerten des Inhalts und des Sprachgebrauchs" (ebd., S.73) gehört eine Frage (OF) (vgl. Voss, 2006, S.85). Diese Daten werden quantitativ ausgewertet. Es werden die durchschnittliche Anzahl der erreichten Punkte und die mittleren Lösungshäufigkeiten in Prozent angegeben.

Der *Lesethron* war ein fest etabliertes Ritual im Deutschunterricht in den Klassenstufen 1 und 2 der Untersuchungsklasse. Die Kinder wählten sich einen Text selbst aus und bereiteten diesen zu Hause vor. Für ihren Lesevortrag bekamen sie von ihren Mitschülerinnen und Mitschülern eine Rückmeldung. Es erfolgt eine qualitative Auswertung des transkribierten Videomaterials nach theoriebasierten Kriterien.

---

[187] Die Abkürzung *MC* soll im Folgenden für *Multiple-Choice-Aufgabe* verwendet werden.
[188] Die Abkürzung *OF* soll im Folgenden für *offene Aufgabe* verwendet werden.

In der Untersuchungsklasse schrieben die Kinder von Anfang an jede Woche eine *Montagsgeschichte*, in der sie Erlebtes und Ausgedachtes aufschreiben konnten. In Klasse 1 und 2 wurden vorwiegend Wochenenderlebnisse aufgeschrieben, in Klasse 3 konnten die Themen für die Geschichten von den Kindern frei gewählt werden. Im Kontext der Montagsgeschichten wurden auch die sogenannten kleinen Wörter – wie z.B. und, wir, sind – eingeübt. Die Auswertung der Montagsgeschichten erfolgt qualitativ für ausgewählte Fallbeispiele ebenfalls auf Basis theoriebasierter Kriterien.

Eine *produktive Schreibaufgabe*[189] zum Bilderbuch „Gibt es eigentlich Brummer, die nach Möhren schmecken?" von Matthias Sodtke (vgl. Sodtke, 2007, S.1ff.) wurde von den Kindern der Untersuchungsklasse in Klasse 1 bearbeitet. Dazu liegt auch ein Videotranskript vor. Das Buch handelt von der Freundschaft zwischen einem Frosch und einem Hasen. Ihre Freundschaft drückt sich darin aus, dass sie fast alles gemeinsam machen und dass sie viel Spaß miteinander haben – nur gemeinsam gegessen hatten sie noch nicht. Dies wurde jedoch zum Desaster, weil beide das Lieblingsessen des Anderen, einen Brummer und eine Karotte, nicht vertragen konnten. Hier wurde die Geschichte unterbrochen und die Kinder erhielten die Aufgabe, sich mit der im Buch aufgeworfenen Frage „Sollten sie etwa doch keine richtigen Freunde sein?" (ebd., S.27) auseinanderzusetzen. Die Kinder notierten die eigenen Gedanken zu dieser Frage. Einzelne Kinder lasen ihre Überlegungen vor (vgl. Anhang D3.2.2). Die Auswertung der Ergebnisse der produktiven Schreibaufgabe erfolgt qualitativ auf der Grundlage der Videosequenz. Weiterhin werden die Texte der vier Fallbeispiele[190] analysiert (vgl. Kapitel 6.4).

Die *Hamburger Schreib-Probe (HSP)* [191] von Peter May ist ein in Hamburg flächendeckend eingesetztes und ein in der Handreichung für den Rechtschreibunterricht an Hamburger Schulen empfohlenes Testinstrument (vgl. Freie und Hansestadt Hamburg, 2014, S.60). Es handelt sich

---

[189] Die produktive Schreibaufgabe befindet sich im Anhang (vgl. C2).
[190] Zum Zwecke der Anonymisierung werden die für die Fallanalysen ausgewählten Kinder als Fallbeispiele 1 bis 4 bezeichnet.
[191] „Das Konzept der *Hamburger Schreib-Probe* geht davon aus, dass es grundlegende Strategien zur Rekonstruktion der Schreibungen von Wörtern und Sätzen gibt und dass die Regeln, die Schriftlerner entdecken und denen sie schreibend folgen, bestimmten Prinzipien zugeordnet werden können, die der deutschen Schrift zugrunde liegen. Neben dem Prinzip, so zu schreiben, wie es Schriftkundige vormachen, und sich die Buchstabenkombinationen zu merken (,*logographemisches Prinzip*') sind vor allem die beiden Grundprinzipien relevant, die als ,*alphabetisches Prinzip*' (Laut-Buchstaben-Zuordnung) und als ,*morphematisches Prinzip*' (Konstanz des Stammes und der Wortbildungsbausteine) bekannt sind. Daneben bzw. dazwischen gibt es verschiedene ,*orthographische Prinzipien*', die auf der Grundlage des morphematischen Prinzips das alphabetische Prinzip modifizieren (z.B. orthografische Elemente im Wortstamm wie Länge- und Kürzezeichen). Beim Schreiben von Sätzen und Texten müssen darüber hinaus *wortübergreifende Regelungen* beachtet werden" (May, 2008, S.100 f.; Hervorhebung im Original).

bei diesem Test um ein Wortdiktat, in dem sich neben jedem zu schreibenden und diktierten Wort ein dazugehöriges Bild befindet. Dieses kann als „Gedächtnisstütze" (May, 2012a, S.7) fungieren, da das Kind in seinem eigenen Tempo nach dem Diktieren die Wörter schreiben darf. Jeweils an zwei Testzeitpunkten in jeder Klassenstufe wurde die HSP in der Untersuchungsklasse und in den Kontrollklassen durchgeführt und quantitativ[192] nach Graphemtreffern[193] ausgewertet.[194] Diese Ergebnisse sagen jedoch nichts über die Anzahl richtig geschriebener Wörter aus.

Bei den *Wörtern der Woche* handelt es sich um sechs bis sieben Wörter, an denen die Kinder systematisch bestimmte Phänomene der Schriftstruktur entdecken und üben können. In der Untersuchungsgruppe wurde das Knickdiktat als Testinstrument zur Selbststeuerung in Klasse 1 eingesetzt. Die Kinder konnten ihre Schreibungen dabei selbst überprüfen. In der Klassenstufe 3 wurde ein *sprachsystematischer Rechtschreibtest (SRT)* in der Untersuchungsklasse sowie in den Kontrollklassen eingesetzt und sowohl quantitativ als auch qualitativ nach Teilkompetenzen ausgewertet. Der Sprachsystematische Rechtschreibtest „Das geheime Versteck" ist ein von Inge Blatt entwickelter Test, der auf einem validierten differentiellen Kompetenzmodell basiert (vgl. Kapitel 2.4.3), der quantitativ und qualitativ ausgewertet wird. Die Auswertung erfolgt auf Ebene des Ganzen Wortes und der sechs Teilkompetenzen. Da es sich um einen bisher unveröffentlichten Test handelt, soll dieser ausführlicher vorgestellt werden.

In dem folgenden Diktattext werden die Analyseeinheiten farblich gekennzeichnet. Sie entsprechen den fünf Teilkompetenzen des Sprachsystematischen Rechtschreibkompetenzmodells – Großschreibung (Satzanfang, Nomen), phonographisch-silbisch, morphologisch, Wortbildung (Präfixe, Suffix, Komposita), Peripherie.

---

[192] Auf eine qualitative Auswertung der einzelnen Schreibungen wird verzichtet, da es hier ausschließlich um eine quantitative Auswertung und den numerischen Vergleich der Ergebnisse zu den jeweiligen Testzeitpunkten innerhalb der Untersuchungsklasse und den Kontrollklassen geht.

[193] Hierbei handelt es sich um die „Zahl richtig geschriebener Grapheme **(Graphemtreffer)**. Dieser Wert dient der differenzierten Einschätzung des erreichten Niveaus des Rechtschreibkönnens" (May, 2012a, S.5; Hervorhebung im Original).

[194] Es „liegen bundesweite Vergleichswerte (Testnormen) vor. Dies bedeutet, dass [...] die Testleistung der einzelnen Schüler oder der gesamten Klasse mit der Leistungsverteilung einer repräsentativen Stichprobe aller deutschen Schüler in dieser Klassenstufe [...][verglichen werden] können" (May, 2012a, S.6; Einfügung: Verfasserin).

Im Hinblick auf die Klassenstufe 3 wird das Modell um die sechste Teilkompetenz „Merkwörter" ergänzt.

> **Das** geheime Versteck
>
> Eine kleine Schnecke **kriecht** ruhig über **das** Feld.
>
> **Sie** kommt zu einer Höhle und geht hinein.
>
> **Dort** steht eine Schatztruhe.
>
> **Ihre** Freunde, die Läuse, hatten ihr das Versteck verraten.
>
> **In der** Kiste sind glänzen de Goldtaler,
>
> eine süße Puppe und winzige Teller und Tassen.
>
> **Die** Schnecke packt alles aus und spielt mit den Sachen.
>
> **Sie** erzählt es aber keinem.

Abbildung 23: Diktierter Text des Sprachsystematischen Rechtschreibtests[195]

---

[195] Der Test mit den dazugehörigen Auswertungskategorien wurde von Inge Blatt entwickelt, jedoch nicht veröffentlicht. Für diese Untersuchung wurde er zur Verfügung gestellt.

Die folgende Tabelle zeigt die Zuordnung zu den Teilkompetenzen.

Tabelle 9: Auswertungsraster für den Sprachsystematischen Rechtschreibtest

Ganzes Wort	Großschreibung 1) Satzanfang 2) Nomen	Phonographisch-silbisch	Morphologisch: 1) Stamm 2) Endung	Wortbildung (Präfixe, Suffixe, Komposita)	Peripherie	Merkwörter
Insgesamt: 61	1) Satzanfang: Insgesamt: 8 2) Nomen: Insgesamt: 15	Insgesamt: 30	1) Stamm: Insgesamt: 15 2) Endung: Insgesamt: 8	Insgesamt: 9	Insgesamt: 4	Insgesamt: 19

Im Hinblick auf Klassenstufe 3 sind Struktureinheiten aus der phonographisch-silbischen und der morphologischen Teilkompetenz am stärksten vertreten. Der Peripheriebereich umfasst dagegen nur vier Struktureinheiten, da – analog zum Unterrichtskonzept – in Klasse 3 in erster Linie die Einsichten in den Kernbereich erhoben werden sollen. Auch die Wortbildung ist nur mit neun Struktureinheiten vertreten, da dieser Bereich erst in Klasse 4 einen zentraleren Stellenwert einnimmt. Die Testergebnisse der Kinder werden im Hinblick auf die Lösungshäufigkeiten im *Ganzen Wort* und in den einzelnen Teilkompetenzen in Prozent errechnet. Die Prozentangaben für die Teilkompetenzen sind jedoch im Hinblick auf die unterschiedliche Anzahl der Struktureinheiten nicht direkt vergleichbar. Bei der Ergebnisinterpretation wird dies berücksichtigt.

Filmaufnahmen wurden in allen drei Klassenstufen jeweils an drei Zeitpunkten im Verlauf des Schuljahres in der Untersuchungsklasse durch das Medienzentrum der Fakultät für Erziehungswissenschaft der Universität Hamburg unter der Leitung von Sibylla Leutner-Ramme, Andreas Hedrich und Ute Wett durchgeführt (vgl. Hein/Blatt, 2014b). Einzelne Transkriptausschnitte der Videoaufnahmen aus dem ersten bis dritten Schuljahr werden qualitativ ausgewertet.

Fragebögen, die u.a. den Bildungs- und sozioökonomischen *Hintergrund des Elternhauses* der Kinder der Untersuchungsklasse erheben, wurden am Ende der Klassenstufe 1 eingesetzt und quantitativ ausgewertet (vgl. Kapitel 5.3). Die Anzahl der Bücher[196] innerhalb eines Haushalts konnte als Prädiktor „für die schulischen Kompetenzen von Kindern" (Bos et al., 2007, S.228) in einer Vielzahl von Studien herausgestellt werden (vgl. ebd., S.228; Schwippert et al., 2003, S.265 ff.).

5.6.2 Quantitative und qualitative Auswertung im Überblick

Die *quantitative Auswertung* erfolgt auf deskriptiver Ebene.

Die Testergebnisse werden in Mittelwerten[197] für die einzelnen Klassen sowie auch für einzelne Schülerinnen und Schüler ausgewiesen. Hinzu kommen Angaben für die Prozentränge für die standardisierten und normierten Tests HaReT, SWLT und HSP sowie eine Auswertung nach Leistungsquartilen[198] für den SWLT und die HSP am Ende von Klasse 3. Ergebnisse des SRTs „Das geheime Versteck" werden in Prozent angegeben.

Die Qualität von Tests wird anhand der *klassischen Gütekriterien* der *Objektivität, Reliabilität* und der *Validität* bestimmt (vgl. Moosburger/Kelava, 2012, S.8 ff.).

> „Ein Test entspricht dann dem Kriterium der Objektivität, [...] wenn er dasjenige Merkmal, das er misst, unabhängig von Testleiter und Testauswerter misst. [...] Objektivität bedeutet, dass den Testdurchführenden kein Verhaltensspielraum bei der Durchführung, Auswertung und Interpretation eingeräumt wird" (ebd., S.8).

Die Reliabilität betrifft die Messzuverlässigkeit eines Tests, so dass bei einer wiederholten Testung bei gleichen Messbedingungen das gleiche Ergebnis erzielt werden würde: „Ein Test ist dann reliabel (zuverlässig), wenn er das Merkmal, das er misst, exakt, d.h. ohne Messfehler, misst" (ebd., S.11). Die Validität als Gütekriterium liefert Aussagen darüber, ob mit dem Test das zu messende Konstrukt gemessen wird: „Ein Test gilt dann als valide (,gültig'), wenn er das Merkmal, das er messen soll, auch wirklich misst und nicht irgendein anderes" (ebd., S.13).

Der HaReT kann als reliables Messinstrument gelten, da die Reliabilität 0,96 für den Gesamttest der Klassenstufe 1 beträgt (vgl. Lorenz, 2007, S.31). Die Objektivität ist bei Einhaltung der

---

[196] „Der Buchbesitz ist ein Merkmal der Bildungsnähe der Elternhäuser – die Bildungsnähe wiederum ist ein Hinweis auf die Sozialschicht" (Bos et al., 2007, S.228).
[197] „Maßzahlen der zentralen Tendenz (Mittelwerte)" (Diekmann, 2014, S.672). „Die bekannteste Maßzahl zentraler Tendenz ist der arithmetische Mittelwert. [...] [Dieser errechnet sich] aus der Summe der Beobachtungswerte dividiert durch die Fallzahl" (Diekmann, 2014, S.14; Einfügung: Verfasserin).
[198] „Das erste, zweite bzw. dritte Quartil (Q1, Q2, Q3) ist jener Testwert X_v, der von 25%, 50% bzw. 75% der Testwerte unterschritten bzw. höchstens erreicht wird" (Moosbrugger/Kelava, 2012, S.425).

konkreten Testanweisungen gegeben (vgl. ebd., S.29). Für die Validität dieses Tests können anhand der vorliegenden Veröffentlichungen (vgl. ebd., S.29 ff.) keine Aussagen getroffen werden. Die HSP und der SWLT können als den Testgütekriterien entsprechende Instrumente bezeichnet werden (vgl. hierzu Hesse/Latzko, 2011, S.243; Metze, 2009, S.13).

Der Leseverstehenstest „Der Hase kündigt das Erdbeben an" wurde im Rahmen von IGLU eingesetzt. Innerhalb des internationalen und nationalen Einsatzes konnten befriedigende Reliabilitätswerte ausgewiesen werden (vgl. Mullis et al., 2003, S.298). Zudem kann dieser Test als valide eingeschätzt werden.

Bos et al. (2003b) skalierten die Daten mit Hilfe der *„Item Response Theorie* (IRT). [...] Zunächst wurden Personenfähigkeiten für die nach dem IGLU-Rahmenmodell unterschiedenen acht Kompetenzaspekte berechnet. Diese bildeten die Basis für die anschließenden Dimensionalitätsanalysen" (Bos et al., 2003b, S.80). Dieser Test kann zudem als objektiv gelten. Bos et al. geben einheitliche Angaben zu Durchführung und Einsatz des Tests an – so haben die Kinder 40 Minuten Zeit den Lesetext zu lesen und die Aufgaben zu bearbeiten (vgl. ebd., S.96). Innerhalb der vorliegenden Untersuchung wurden die jeweiligen Durchführungsmaßgaben berücksichtigt.

Der SRT „Das geheime Versteck" ist ein bisher unveröffentlichter Test, der auf der Grundlage des validierten sprachsystematischen Rechtschreibkompetenzmodells entwickelt wurde, aber nicht auf Gütekriterien hin statistisch untersucht wurde.

Für die Auswertung nach Teilkompetenzen liegt eine Kodieranweisung vor (vgl. Kapitel 5.6.1).

Eine *qualitative Auswertung* wird im Rahmen der Fallanalysen für den sprachsystematischen Rechtschreibtest „Das geheime Versteck" vorgenommen. Sie erfolgt differentiell auf Teilkompetenzebene (vgl. Kapitel 6.4). Die Videotranskripte und Kindertexte werden inhaltsanalytisch ausgewertet.

Auch für die Inhaltanalyse werden in der Literatur dieselben Gütekriterien angeführt: die Objektivität, Reliabilität und Validität (vgl. Mayring, 2010, S.117). Die *„Intracoderreliabilität*[199]*"* (ebd., S.117) entspricht demnach dem Gütekriterium der Reliabilität. Nach Mayring liegt Reliabiltät vor, „wenn der gleiche Inhaltsanalytiker am Ende der Analyse nochmals das Material (oder relevante Ausschnitte) kodiert, ohne seine ersten Kodierungen zu kennen" (ebd., S.117).

---

[199] Hervorhebung im Original.

Objektivität wird hier definiert als „die Unabhängigkeit der Ergebnisse von der untersuchenden Person" (ebd., S.117), dies wird als „*Intercoderreliabiltät*[200]" (ebd., S.117) bezeichnet.

Die Übertragung dieser Gütekriterien aus der quantitativen Forschung auf die qualitative Inhaltsanalyse ist nicht unumstritten und vielfach kritisiert worden (vgl. Mayring, 2010, S.117).

5.6.3 Qualitative inhaltsanalytische Auswertung

Die *qualitative Auswertung* des erhobenen Datenmaterials erfolgt mit Hilfe der *qualitativen Inhaltsanalyse nach Philipp Mayring* (vgl. Mayring, 2010, S.48 ff.). Die Auswertungskriterien werden auf der zugrundeliegenden Theoriebasis entwickelt (vgl. Kapitel 5.6.4). Vertiefende Analysen erfolgen anhand von Fallbeispielen (vgl. Kapitel 6.4). Die Analyse von Einzelfällen ist in der qualitativen Sozialforschung zentral: „Die Einzelfallanalyse will sich während des gesamten Analyseprozesses den Rückgriff auf den Fall in seiner Ganzheit und Komplexität erhalten, um so zu genaueren und tief greifenderen Ergebnissen zu gelangen" (Mayring, 2002, S.42). Qualitativ inhaltsanalytisch werden Transkripte zu Videoausschnitten sowie eine Auswahl von Kindertexten für die Fallbeispiele untersucht: Leeres Blatt, Montagsgeschichten von Klasse 1 bis 3 sowie eine produktive Schreibaufgabe in Klasse 1.

Nach Mayring legt der Wissenschaftler vor der inhaltsanalytischen Materialauswertung sein wissenschaftliches Vorverständnis dar, indem „Fragestellungen, theoretische Hintergründe und implizite Vorannahmen [...] ausformuliert werden" (ebd., S.32). Für die Auswertung werden theoriebasiert Analyseeinheiten und Auswertungsschritte festgelegt (vgl. ebd., S.59).

Grundsätzlich können Kategorien induktiv, aus dem Material heraus, oder deduktiv, theoriebasiert, gebildet werden (vgl. ebd., S.66). Bei der sogenannten strukturierten qualitativen Inhaltsanalyse erfolgt die Kategorienbildung deduktiv (vgl. ebd., S.92).

Im Hinblick auf die Zielsetzung und Fragestellung der vorliegenden Untersuchung wird die inhaltliche Strukturierung für die Auswertung eingesetzt: „Ziel inhaltlicher Strukturierungen ist es, bestimmte Themen, Inhalte, Aspekte aus dem Material herauszufiltern und zusammenzufassen" (ebd., S.98).

---

[200] Hervorhebung im Original.

Dafür grundlegend ist die Dreischrittigkeit der Vorgehensweise:

„1. Definition der Kategorien[201] [...] 2. Ankerbeispiele[202] [...] Kodierregeln[203] [...]" (Mayring, 2010, S.92).

Mayring unterscheidet vier Arten der Strukturierung: formal, inhaltlich, typisierend und skalierend (vgl. Mayring, 2010, S.94 ff.).

5.6.4 Qualitative inhaltsanalytische Auswertung des Videomaterials

Eine besondere Form der Beobachtung stellen die *videografierten Daten* dar. Anders als bei der *teilnehmenden Beobachtung*[204] können die Aufnahmen wiederholt betrachtet werden und somit auch unter verschiedenen Gesichtspunkten durch unterschiedliche Betrachter ausgewertet werden. Videodaten lassen sich quantitativ und qualitativ auswerten.

> „Quantitative Beobachtungsverfahren haben ein festes Auswertungsraster mit einfach einschätzbaren, schnell quantizierbaren Beobachtungsaspekten. Hier ist eine tiefere Auseinandersetzung mit dem Material nicht möglich. In qualitativen Beobachtungsstudien werden offene Beobachtungsprotokolle oder Feldnotizen angelegt und einer eher freien Interpretation unterzogen; eine kontrollierte und vergleichbare Analyse fällt hier schwer. Qualitative Video-Inhaltsanalyse hingegen versucht möglichst theoriegeleitet Kategorien zu definieren, genaue Zuordnungsregeln und Analyseablaufmodelle festzulegen" (Mayring et al., 2005, S.12 f.).

Einzelne Ausschnitte des erhobenen Videomaterials werden auf der Grundlage des Transkriptionsytems von Gail Jefferson (1984 a und b) transkribiert[205]. Kuckartz hat dieses Transkriptionssystem (vgl. Anhang D1) ins Deutsche übersetzt (vgl. Kuckartz, 2014b, S.137). Dieses Transkriptionssystem ermöglicht u.a. Hinweise zur Intonation, zum schnelleren und langsameren Sprechen sowie Pausenangaben.

---

[201] „Es wird genau definiert, welche Textbestandteile unter eine Kategorie fallen" (Mayring, 2010, S.92).
[202] „Es werden konkrete Textstellen angeführt, die unter eine Kategorie fallen und als Beispiele für diese Kategorie gelten sollen" (Mayring, 2010, S.92).
[203] „Es werden dort, wo Abgrenzungsprobleme zwischen Kategorien bestehen, Regeln formuliert, um eindeutige Zuordnungen zu ermöglichen" (Mayring, 2010, S.92).
[204] „Die teilnehmende Beobachtung schließt die Reflexion der Rolle des Feldforschers ein. Dieser begibt sich auf eine Gratwanderung zwischen Nähe und Distanz, zu der es gehört, die Perspektiven der Untersuchungspersonen übernehmen zu können, aber gleichzeitig als ‚Zeuge' der Situation Distanz zu wahren" (Pryborski/Wohlrab-Sahr, 2014, S.46).
[205] „Unter Transkription versteht man in der empirischen Sozialforschung das Verschriftlichen verbaler und ggf. auch nonverbaler Kommunikation" (Kuckartz, 2010, S.38).

Eine Auswahl des erhobenen Videomaterials wird qualitativ nach Mayring (vgl. Mayring, 2005, S.3 ff.) ausgewertet. Inhaltlich wurden diese Videosequenzen fachübergreifenden, pädagogischen Oberbegriffen zugeordnet, die den von Gudjons postulierten Grundfunktionen entsprechen (vgl. Gudjons, 2011, S.51 ff.; vgl. Anhang D2.).

5.6.5 Kodierleitfaden[206] für die Videotranskripte

In den folgenden Unterkapiteln werden die deduktiv gebildeten Kategorien für die inhaltsanalytische Auswertung der Videotranskripte dargelegt.

5.6.5.1 Vorlesen

Die Kategorien für die Auswertung des Vorlesens entstammen theoretisch dem Modell zum Erstlesen von Scheerer-Neumann (1990) und dem Leseprozessmodell von Irwin (2007). Daraus werden die Komponenten „Direktes Lesen" (Scheerer-Neumann, 1990, S.21) und die Leseprozesskomponenten „Dekodieren" (Blatt et al., 2010, S.177) und „Strategien auswählen, überprüfen und regulieren" (ebd., S.177) von Irwin ausgewählt.

Tabelle 10: Kodierleitfaden zur inhaltsanalytischen Auswertung des Vorlesens

Kategorien[207]	Definition	Ankerbeispiele
Direktes Lesen	Das gedruckte Wort wird normal ausgesprochen vorgelesen.	Lesethron (Mai 2011), $S^{208} 15^{209} Z^{210}1$: „Tim fliegt in die Ferien."
Dekodieren	- Einzelne Laute werden wiedergegeben. - Synthese von Lauten, Lautkomplexen und Silben.	Buchvorstellungen (Februar 2011), S1 Z18: <fun><zel><te>[211] Z43: Mo<dell><mond>
Strategien auswählen, überprüfen und regulieren	Zur Auswahl, Überprüfung und Regulierung der Strategien gehören: - das Beobachten des Lesens unter Berücksichtigung des Verstehens durch die Leserin oder den Leser, - die Nutzung von Lernstrategien, - die Anpassung von Strategien.	Buchvorstellungen (Februar 2011), S1 Z27: Er wählt die Strategie aus, dass er den Satz noch einmal von Beginn an liest.

---

[206] Um eine stereotypisierte Darstellung der Auswertungsergebnisse zu vermeiden, werden nicht ausschließlich die Kategorienamen verwendet, sondern auch inhaltlich entsprechende Begrifflichkeiten.
[207] Die Darlegung der Kategorien mit der genauen Ausführung dieser im Bereich der Definition bilden das „Kernstück der strukturierenden Inhaltsanalyse" (Mayring, 2010, S.106).
[208] Die Abkürzung S wird im Folgenden für Schülerin bzw. Schüler verwendet.
[209] Im Folgenden wird die anonymisierte Abkürzung mit zugeordneter Nummerierung verwendet (vgl. Anhang D2.2).
[210] Die Abkürzung Z wird im Folgenden für die Zeile der jeweiligen Trasskriptausschnitte verwendet.
[211] Die Erläuterungen zum Transkriptionssystem von Jefferson befinden sich im Anhang D1.

5.6.5.2 Literarisches Gespräch

Die Kategorien für die Auswertung des literarischen Gesprächs entstammen der Theorie zum literarischen Lernen nach Spinner (2006) und dem Leseprozessmodell von Irwin (2007). Daraus wird der Aspekt „Nachvollziehen der Perspektiven literarischer Figuren" (Spinner, 2006, S.8) und die Leseprozesskomponente „Elaborieren" (Blatt et al., 2010, S.177) von Irwin ausgewählt.

Tabelle 11: Kodierleitfaden zur Auswertung des literarischen Gesprächs

Kategorie	Definition	Ankerbeispiele
Nachvollziehen der Perspektive der literarischen Figuren	- Das Nachvollziehen der Perspektive einzelner literarischer Figuren kann beispielsweise durch die Betrachtung der Gefühle und Handlungen der Figuren gegeben sein. - Ein Bezug zur Lebenswelt des Kindes kann hergestellt werden.	Literarisches Gespräch (Februar 2011) S20 Z10: „Es tut **mir**[212] leid, dass der Brief gestern nicht angekommen ist, aber heute kommt er." Produktive Schreibaufgabe (Mai 2011) S2 Z18 f.: „**Ich finde**[213], sie sollten Freunde sein, denn jeder ist anders."
Elaborieren	Zum Elaborieren gehören: - das Treffen von Vorhersagen, - die Nutzung des Vorwissens, - affektives Beurteilen.	Literarisches Gespräch (Februar 2011) Z6: „Lieber Tiger, mir tut's sehr leid, dass ich gestern den Brief so spät geschickt hab." Produktive Schreibaufgabe (Mai 2011) S15 Z8 f.: „Ähm, die sind noch Freunde. Nur der Frosch ist'n bisschen enttäuscht, dass die Brummer weggeflogen sind."

5.6.5.3 Nachdenken über das Gelesene und das Lesen

Die Kategorien für die Auswertung des reflexiven Nachdenkens über das Gelesene und das Lesen entstammen der Theorie zum Lesekompetenzmodell in IGLU (2012), dem literarischen Lernen nach Spinner (2006) und dem Leseprozessmodell von Irwin (2007). Daraus werden die Komponenten „Nutzung von textimmanenter Information" (Bremerich-Vos et al., 2012, S.73), „Heranziehen externen Wissens" (ebd., S.73), der Aspekt „Nachvollziehen der Perspektiven literarischer Figuren" (Spinner, 2006, S.8) sowie die Leseprozesskomponenten „Elaborieren" (Blatt et al., 2010, S.177) und „Strategien auswählen, überprüfen und regulieren" (ebd., S.177) von Irwin ausgewählt.

---

[212] Das Wort <mir> als Hinweis, dass die Perspektive der literarischen Figuren nachvollzogen wird, wird an dieser Stelle fett gedruckt.
[213] Die Wörter <ich finde> als Hinweis, dass ein Bezug zur Lebenswelt des Kindes hergestellt wird, werden an dieser Stelle fett gedruckt.

Tabelle 12: Kodierleitfaden zur Auswertung des Nachdenkens über das Gelesene und das Lesen

Kategorien	Definition	Ankerbeispiele
Nutzung von textimmanenter Information	- Einzelinformationen aus dem Text werden verwendet. - Es werden Beziehungen zwischen Textteilen und –abschnitten hergestellt.	Hypothesen bilden (Mai 2013) S20 Z15 f.: „Das kann auch sein, dass vielleicht die also die Jungen von der Bushaltestelle wieder drin vorkommen." Hypothesen überprüfen (Mai 2013) S15 Z5 f.: „Weil die Jungen sahen auch ein bisschen unheimlich aus auf den Bildern und was die gesagt haben, hat sich auch so angehört als wenn mit denen nicht zu spaßen ist."
Heranziehen externen Wissens	- Die Kinder reflektieren Gelesenes. - Komplexe Schlussfolgerungen werden gezogen. - Der Inhalt des Gelesenen wird bewertet.	Hypothesen bilden (Mai 2013) S16 Z6: „Nach einem Wesen, das unheimlich ist."
Nachvollziehen der Perspektive der literarischen Figuren	- Das Nachvollziehen der Perspektive einzelner literarischer Figuren kann beispielsweise durch die Betrachtung der Gefühle und Handlungen der Figuren gegeben sein. - Ein Bezug zur Lebenswelt des Kindes kann hergestellt werden.	Hypothesen bilden (Mai 2013) S1 Z10 f.: „Das ist für ihn, dann wird's ja mal irgendwie (.) findet er garantiert nich so gut, wenn die in ihrem Versteck auftauchen."
Elaborieren	Zum Elaborieren gehören: - das Treffen von Vorhersagen, - die Nutzung des Vorwissens, - affektives Beurteilen.	Feedback zum Lesen, Sequenz 1 (Mai 2013) S10 Z4 – affektives Beurteilen: „Weil das Buch ist halt auch spannend und da möchte man wissen, wie's weitergeht."
Strategien auswählen, überprüfen und regulieren	Zur Auswahl, Überprüfung und Regulierung der Strategien gehören: - das Beobachten des Lesens unter Berücksichtigung des Verstehens durch die Leserin oder den Leser, - die Nutzung von Lernstrategien, - die Anpassung von Strategien.	Feedback zum Lesen, Sequenz 2 (Mai 2013) S2 Z9 f. – Äußerung von Strategien beim Nichtverstehen von Wörtern: „[...] wenn man die nicht kennt, also kennt , aber nicht so richtig weiß, was die bedeuten, dann kann man nachfragen und dadurch lernt man ja auch noch mehr."

5.6.5.4 Rechtschreibung *Wörter forschen*

Die Kategorien für die Auswertung zur Rechtschreibung unter dem Titel *Wörter forschen* entstammen der Theorie der Rahmenkonzeption zum sprachsystematischen Rechtschreibtest, zum zweischrittigen Konstruktionsprinzip sowie Wissensformen beim Rechtschreiberwerb. Daraus werden die Komponenten „Phonographisches und Silbisches Prinzip im Kernbereich" (Blatt et al., 2011, S.237), „Zweischrittiges Konstuktionsprinzip" (Hinney, 1997, S.140; Hinney, 2004, S.79 ff.), sowie die Aspekte „Deklaratives Wissen" (Hinney, 2010, S.51) und „Metakognitives Wissen" beim Rechtschreiberwerb (ebd., S.51) ausgewählt.

Tabelle 13: *Kodierleitfaden zur Auswertung der Rechtschreibung - dem Wörter forschen*

Kategorien	Definition	Ankerbeispiele
Phonographisches und silbisches Prinzip im Kernbereich	„Bezug herstellen zwischen Schrift- und Lautstruktur unter Berücksichtigung der silbenstrukturellen Informationen (Silbenanfangs- und –endrand und Silbenschnitt)" (Blatt et al., 2011, S.237).	Wörter forschen <ie> (Mai 2012) S18 Z48: „Geschlossene Silbe."
Zweischrittiges Konstruktionsprinzip	- „Sprechschreiben 1" (Hinney, 1997, S.140): Untersuchung von prototypischen Wörtern, - „Sprechschreiben 2" (ebd., S.140): Einsilber werden betrachtet; Verlängerung des Einsilbers zum Zweisilber.	Wörter der Woche (Mai 2011) S17 Z38: „Verwandt ist es, also Glas und Gläser. Gras und Gräser."
Deklaratives Wissen	Wissen über das Schriftsystem.	Wörter der Woche (Mai 2011) S15 Z45: „Immer die Wörter, die mit A sind (.) sind eine Silbe und die anderen sind zwei."
Metakognitives Wissen	- Strategiewissen, - Aktivierung von gewonnenem sprachsystematischen Wissen, - Überwachung und Steuerung.	Wörter der Woche (Februar 2011) S2 Z13: „Weil der Max dabei ist und der Kapitän kurz arbeiten muss."

5.6.6 Kodierleitfaden für die Kindertexte

In den folgenden Unterkapiteln werden die deduktiv gebildeten Kategorien für die inhaltsanalytische Auswertung des Leeren Blattes, der Montagsgeschichten sowie der produktiven Schreibaufgabe in Klasse 1 dargelegt.

5.6.6.1 Leeres Blatt

Für die Auswertung des Leeren Blattes wird auf Kategorien aus der Beobachtungslandkarte von Hüttis-Graff (Hüttis-Graff, 2013, S.168) zurückgegriffen. Für die Analyse sind die übergeordneten Kategorien „Interesse an Schrift" (ebd., S.168), „Begriff von Schrift" (ebd., S.168) sowie „Orientierung an Schrift" (ebd., S.168) von Relevanz. Die Definitionen, Kodierregeln und Ankerbeispiele für die ausgewählten Kategorien sind der folgenden Tabelle[214] zu entnehmen:

---

[214] Da die Kategorien inhaltlich klar voneinander abzutrennen sind, werden keine Kodierregeln formuliert.

Tabelle 14: Kodierleitfaden zur Auswertung des Leeren Blattes

Kategorie	Definition	Ankerbeispiele
Interesse an Schrift	- Das *Interesse an Schrift* meint die formale Gestaltung und den Umfang des Produkts. - Das *Interesse an Schrift* lässt sich näher bestimmen durch den Schriftgebrauch, die ästhetische Formgestaltung, die Anordnung der Buchstaben und Wörter sowie die Zeichenmenge.	- Anordnung der Wörter: Fallbeispiel 1 und 3 ordnen die geschriebenen Wörter untereinander an. - Zur ästhetischen Formgestaltung: Fallbeispiel 3 schreibt die Wörter in zwei verschiedenen Farben und verwendet Großbuchstaben.
Begriff von Schrift	- Mit dem *Begriff von Schrift* ist die Schreibweise gemeint. - Das Kind schreibt Buchstaben oder Wörter auf. - Es sind Ansätze erkennbar, dass das Kind über das Geschriebene etwas ausdrücken möchte. - Strukturell sind Ansätze einer Phonem-Graphem-Korrespondenz erkennbar. - Orthographische Elemente werden eingesetzt.	- Es ist erkennbar, dass das Kind etwas ausdrücken möchte: Fallbeispiel 2 schreibt etwas für jemanden „VON (eigener Name) FÜR NICK MAMA UND PAPA". - Ansätze einer Phonem-Graphem-Korrespondenz: An der Lautanalyse orientiert schreibt Fallbeispiel 3 das Wort <*SUPA>.
Orientierung an der Schrift	- Die Orientierung an der Schrift betrifft die Wahrnehmung und das Abschreiben von Schrift, Schreibungen und Zeichen. - Das Kind schreibt Buchstaben und Wörter in seiner Umgebung ab.	- Abschreiben von Schrift: Fallbeispiel 1 schreibt von Namensschildern in der Klasse ab.

5.6.6.2 Montagsgeschichte

Im Anschluss an Blatt et al. werden als Auswertungskategorien für die Montagsgeschichten der ersten bis dritten Klasse die „allgemeinen aus der Fachliteratur bekannten Beurteilungskriterien von Texten wie Inhalt, Aufbau, sprachliche Gestaltung und schriftliche Darbietung" (Blatt et al., 2005, S.112) herangezogen.

Tabelle 15: *Kodierleitfaden zur Auswertung der Montagsgeschichten*[215]

Kategorie	Definition	Ankerbeispiele
Inhalt	Die Kategorie Inhalt wird bestimmt durch die Aufgabenstellung. Die Kinder können in ihren Geschichten Ereignisse vom Wochenende schreiben bzw. eigene Geschichten erfinden.	In allen Montagsgeschichten berichten die Kinder von Wochenendereignissen oder erfinden eigene Geschichten (vgl. hierzu Fallbeispiele 1-4 in den Klassenstufen 1-3).
Aufbau	- Der Text wird eingeleitet. - Eine Handlungsabfolge bzw. ein Handlungszusammenhang sind zu erkennen. - Der Text hat einen Abschluss. - Die Geschichte hat eine Überschrift.	- Fallbeispiel 1, Klassenstufe 2: Der Text wird durch den Satz „Ich fand schön dass…" eingeleitet. - Fallbeispiel 2, Klassenstufe 1: Der Text hat einen Abschluss. Mit dem Schlusssatz gibt sie einen Ausblick auf ein für sie erfreuliches und bedeutsames Ereignis: „Ich freue mich aufs Reiten". - Fallbeispiel 4, Klassenstufe 3: Die Geschichte hat eine Überschrift: „Der arme Mann"
Sprache	- Treffender Wortschatz, - Abwechslungsreiche Wortwahl, - Kohäsive Mittel (Konjunktionen, Adverbien; Pronomina), - Korrekter Satzbau, - Abwechslungsreicher Satzbau, - Kommentare/Erklärungen für den Leser.	- Fallbeispiel 1, Klassenstufe 2: Verwendung des Wortes <und> als kohäsives Mittel - Fallbeispiel 2, Klassenstufe 3: Kommentare/Erklärungen für den Leser durch den Satz „Oh ich habe ja Freitag ganz vergessen. Egal dann erzähle ich halt jetzt von Freitag."
schriftliche Darbietung	- Lesbarkeit der Schrift (Schriftbild), - Verständlichkeit der Schreibweisen, - Korrekte Schreibweise.	- Fallbeispiel 1, Klassenstufe 1: Wortzwischenräume werden nur begrenzt eingehalten. - Fallbeispiel 4 schreibt in dem ausgewählten Text der Klassenstufe 3 zahlreiche Wörter nach der Lautanalyse, wie z.B. <*dar>, <*lepte>, <*reknete>, so dass die Wörter nicht orthographisch korrekt geschrieben worden sind. Die Lesbarkeit des Textes wird daher etwas erschwert.

---

[215] Da die Kategorien inhaltlich klar voneinander abzutrennen sind, werden keine Kodierregeln formuliert.

5.6.6.3 Produktive Schreibaufgabe in Klasse 1

Die Kategorien für die Auswertung der produktiven Schreibaufgabe gründen sich auf das linguistische Argumentationsmodell von Toulmin (vgl. Lenke et al., 1995, S.202-205).

Tabelle 16: Kodierleitfaden zur Auswertung der produktiven Schreibaufgabe in Klasse 1[216]

Kategorie	Definition	Ankerbeispiele
Argumentation	Argumentationsstruktur: - Daten, auf denen das Argument aufbaut, - Behauptung, die durch das Argument gestützt werden, - Schlussregel, mit deren Hilfe aus den Daten auf die Behauptung geschlossen wird.	Fallbeispiel 1: Daten, auf denen das Argument aufgebaut wird: Sie sind gute Freunde und haben sich gestritten. Behauptung – „Sie sollten Freunde sein." Schlussregel – „Weil wenn sie sich gestritten haben, vertragen sie sich wieder."
Bezug zum Bilderbuch	Die für die Argumentation notwendigen Informationen sind dem Bilderbuch zu entnehmen.	Fallbeispiel 3: „Sie hatten doch so viel Spaß."

5.6.7 Rolle der Forscherin im Untersuchungsfeld

Die Rolle der Forscherin und Verfasserin der vorliegenden Arbeit im Untersuchungsfeld ist dadurch gekennzeichnet, dass sie als Lehrperson einerseits Akteurin in der Untersuchungsklasse ist und andererseits als Forscherin tätig war, indem sie Testungen und Untersuchungen durchführte und als teilnehmende Beobachterin agierte. Dieses Forschungsdesign ist dadurch gekennzeichnet, dass die Forscherin das Feld nicht verlassen hat, sondern von Beginn der ersten Klasse bis zum Ende der vierten Klasse als Lehrperson in der Untersuchungsklasse tätig und in den Kontrollklassen als Lehrerin bekannt war. Als Sprachlernberaterin ist sie für die Testerhebung an ihrer Schule zuständig. Von den Kindern wurde sie als Akteurin und Lehrperson und nicht als Forscherin wahrgenommen. Das Forschungsinteresse wurde den Eltern der Untersuchungsklasse vor Eintritt in die erste Klasse transparent dargelegt sowie deren Zustimmung eingeholt, so dass dahingehend von einer *offenen Forschung* gesprochen werden kann (vgl. Pryborski/Wohlrab-Sahr, 2014, S.42).

Da die Forscherin auch Akteurin in der Untersuchungsklasse war, hat sie durch die Umsetzung des Unterrichtskonzeptes in das Forschungsfeld eingegriffen. In diesem Wechselspiel von

---

[216] Da die Kategorien inhaltlich klar voneinander abzutrennen sind, werden keine Kodierregeln formuliert.

Nähe[217] und Distanz im Forschungsprozess reflektierte und beobachtete die Forscherin und Akteurin ihr eigenes Handeln:

> „Für den Forschungsprozess bedeutet das, sich immer wieder systematisch aus der Rolle des Teilnehmers zu lösen und zum Beobachter zu werden. Dies kann auf der konzeptuellen Ebene in die Forschungsarbeit integriert werden, indem etwa Phasen intensiver Feldforschung mit Phasen distanzierter analytischer Arbeit abwechseln" (ebd., S.47).

Die Ergebnisse der Reflexionsphasen flossen jeweils auch in das weitere Handeln der Lehrperson ein. Zu einer kritischen Reflexion wurde u.a. das an die Videoaufnahmen anschließende Interview durch das Filmteam genutzt.

---

[217] „Die Nähe, die im Forschungsprozess dadurch entstehen kann, dass die Forscherin Einblick in Dinge bekommt, die vor der Öffentlichkeit normalerweise verborgen bleiben"(Pryborski/Wohlrab-Sahr, 2014, S.48).

6. Ergebnisse der Untersuchung

6.1 Fachliche Lernentwicklung der Untersuchungsklasse[218]

Zunächst wird die fachliche Lernentwicklung der Untersuchungsklasse anhand der Testergebnisse beschrieben. Die folgende Tabelle zeigt die Ergebnisse im Hamburger Rechentest (HaReT), dem Stolperwörterlesetest (SWLT) und der Hamburger Schreibprobe (HSP). Die Beschreibung der fachlichen Lernentwicklung erfolgt in den Unterkapiteln zu den Bereichen Lesen und Rechtschreiben, wobei vertiefend Videoanalysen herangezogen werden. Abschließend werden die Ergebnisse der fachlichen Lernentwicklung der Untersuchungsklasse und der Kontrollklassen vergleichend betrachtet.

Tabelle 17: Testergebnisse in Prozenträngen im Überblick (Klasse 1-3) - UK

Tests	HaReT	SWLT 1.2[219]	SWLT 2.2	SWLT 3.2	HSP 1.1	HSP 1.2	HSP 2.1	HSP 2.2	HSP 3.1	HSP 3.2
	Beginn Klasse 1	Ende Klasse 1	Ende Klasse 2	Ende Klasse 3	Mitte Klasse 1	Ende Klasse 1	Mitte Klasse 2	Ende Klasse 2	Mitte Klasse 3	Ende Klasse 3
UK	68,25	62,90	70,90	77,77	68,60	73,65	81,10	83,47	82,00	91,00

6.1.1 Lesen

6.1.1.1 Stolperwörterlesetest und Leseverstehen

Insgesamt war eine kontinuierliche Entwicklung in Bezug auf die Testergebnisse im SWLT zu verzeichnen. Zum Ende des ersten Schuljahres erzielte die Untersuchungsklasse einen Prozentrang von 62,90. Ende des zweiten Schuljahres stieg dieser auf 70,90 an und erhöhte sich zum Ende des dritten Schuljahres um 6,87 Prozentrangpunkte auf einen Prozentrang von 77,77.

Die folgende Tabelle zeigt die Leistungsverteilung für die Ergebnisse im Stolperwörterlesetest am Ende von Klasse 3 nach Leistungsquartilen für die Untersuchungsklasse.

---

[218] Es wurden auch Daten zum Schreiben erhoben (Montagsgeschichten). Aufgrund der Datenfülle können diese jedoch nur exemplarisch im Rahmen der Fallanalysen (vgl. Kapitel 6.4) vertiefend ausgewertet werden.
[219] Die erste Ziffer steht jeweils für die Klassenstufe. Die zweite Ziffer gibt jeweils das Schulhalbjahr an.

Tabelle 18: Leistungsverteilung der SWLT-Ergebnisse (Ende Klasse 3) nach Quartilen der UK

UG	Prozentrang 100-76	Prozentrang 75-51	Prozentrang 50-25	Prozentrang 24-0
UK	75%	15%	10%	-

Neben den Mittelwerten wurde für den Stolperwörterlesetest auch die Leistungsverteilung nach Quartilen am Ende von Klasse 3 berechnet. Hier zeigt sich, dass sich der überwiegende Teil der Untersuchungsklasse im obersten Quartil befand und 15 bzw. 10 Prozent in den beiden mittleren Leistungsquartilen und kein Kind im unteren Leistungsquartil.

Die folgende Tabelle zeigt die Ergebnisse der Untersuchungsklasse im Leseverstehenstest „Der Hase kündigt das Erdbeben an". Es werden die Anzahl der Fragen und die Anzahl der zu erreichenden Punkte sowie der Mittelwert der erreichten Punkte und die mittlere Lösungshäufigkeit für die Fragen nach Leseverstehensaspekten (LVA) in Prozent angegeben.

Tabelle 19: Leseverstehenstest (Klasse 3) - UK

LVA	Anzahl der Fragen	Anzahl der zu erreichenden Punkte	Durchschnittliche Anzahl der erreichten Punkte (Mittelwert)	Mittlere Lösungshäufigkeit (%)
I	3	3	2,8	93,33%
II	2	3	2,3	76,66%
III	5	7	5,9	84,29%
IV	1	2	1,45	72,50%

Für die drei Fragen, die dem Leseverstehensaspekt I „Lokalisieren explizit angegebener Informationen" (Bremerich-Vos et al., 2012, S.73) zugeordnet sind, waren insgesamt drei Punkte zu erreichen. Durchschnittlich wurden in der Untersuchungsklasse 2,8 Punkte erreicht. Dies entspricht einer mittleren Lösungshäufigkeit von 93,33 Prozent.

Die mittlere Lösungshäufigkeit für die beiden Aufgaben des Leseverstehensaspektes II „Einfache Schlussfolgerungen ziehen" (ebd., S.73) war erwartungsgemäß mit 76,66 Prozent geringer. Insgesamt gab es für die beiden Aufgaben drei Punkte, im Durchschnitt erzielten die Kinder der Untersuchungsklasse 2,3 Punkte.

Die fünf Aufgaben des Leseverstehensaspektes III „Komplexe Schlussfolgerungen ziehen bzw. interpretieren und kombinieren" (ebd., S.73) wurden durchschnittlich zu 84,29 Prozent gelöst.

Mit sieben Punkten waren im Leseverstehensaspekt III die meisten Punkte zu erwerben. Davon erreichte die Untersuchungsklasse im Durchschnitt 5,9 Punkte.

Für den Leseverstehensaspekt IV „Prüfen und Bewerten des Inhalts und des Sprachgebrauchs" (ebd., S.73), der nur mit einer Aufgabe erhoben wurde, erzielte die Untersuchungsklasse eine mittlere Lösungshäufigkeit von 72,50 Prozent. Insgesamt gab es für diese Aufgabe zwei Punkte, der Mittelwert der erreichten Punkte beträgt 1,45 Punkte.

6.1.1.2 Vorlesen

Um den Leistungsstand und seine Entwicklung im Vorlesen zu erfassen, wurden ausgewählte Transkriptausschnitte[220] inhaltsanalytisch ausgewertet, in denen einzelne Kinder der Untersuchungsklasse vorlesen. Die drei Auswertungskategorien *Direktes Lesen*, *Dekodieren* und *Strategien auswählen, überprüfen und regulieren* wurden theoriebasiert gebildet (vgl. hierzu Kapitel 5.6.5).

Bei den Transkriptausschnitten I – IV handelt es sich um das Vorlesen auf dem Lesethron in Klasse 1 und um das Vorlesen im Zusammenhang mit Buchvorstellungen in Klasse 2. Darüber hinaus bezieht sich Ausschnitt V auf gemeinsames Lesen in Klasse 3. In den ersten beiden Fällen durften sich die Kinder jeweils eine Textpassage aussuchen und im Vorwege üben. Es wurden zwei Transkriptausschnitte zu Beginn von Klasse 1 im Oktober ausgewählt und ein weiterer Ausschnitt vom Ende des Schuljahres im Mai 2011[221]. Beim gemeinsamen Lesen dagegen wurde eine von der Lehrkraft ausgewählte Lektüre in der Klasse abwechselnd laut vorgelesen. Transkriptausschnitt I und II zeigen das Vorlesen eines Mädchens und eines Jungen auf dem Lesethron mit einer identisch ausgewählten Textstelle. Hier werden die individuellen Zugriffsweisen der Kinder beim Lesen fokussiert.

Transkriptausschnitt I, Anfang Klasse 1:
Informieren und darbieten: Lesethron (Oktober 2010) (vgl. Anhang D3.1.1)
1[222]   S5: Alle haben sich versteckt. Mi, Mo, <Mama> <Papa> Mi, Mo, Mi ↑ (.)
2   ((S5 klappt das Lesebuch zu und lächelt die Lehrperson an.))

---

[220] Es werden in diesem Kapitel jeweils nur Ausschnitte vorgestellt. Die vollständigen Transkripte sind dem Anhang (vgl. D3.1) zu entnehmen.
[221] Im Anhang befindet sich ein weiteres Videotranskript, welches das Lesen eines Schülers auf dem Lesethron in der Mitte des ersten Schuljahres zeigt (Februar 2011) (vgl. Anhang D3.1.2). Das Feedback an den Schüler wird in Kapitel 6.3.2 in den Blick genommen werden.
[222] Die Nummerierungen am Beginn einer Zeile sind Zeilennummerierungen der jeweiligen Transkripte.

Das Mädchen S5 liest in der Zeile 1 einen Text aus ihrem Leselernbuch (vgl. Hinrichs et al., 2009, S.12 f.) vor. Dabei verbindet sie *Direktes Lesen* und *Dekodieren*. Die Passagen „Alle haben sich versteckt" sowie die Wörter „Mi" und „Mo" werden direkt gelesen. Die Wörter werden der korrekten Aussprache entsprechend vorgelesen. Die Wörter „Mama" und „Papa" liest sie zerdehnt und in Silben zergliedert, was für *Dekodieren* spricht.

Transkriptausschnitt II, Anfang Klasse 1:
Informieren und darbieten: Lesethron (Oktober 2010) (vgl. Anhang D3.1.1)

```
2    S1: Alle haben sich versteckt. Mi, Mo, Mama >Papa Papa< Mi und Mo.
3    ((S1 guckt hoch in die Klasse und klappt das Buch zu. Er bewegt dann die Lippen.)) (Er
4    scheint Teile des Vorgelesenen noch einmal nachzusprechen „Mi, Mama, Papa".)
```

Der Junge S1 hat sich dieselbe Textpassage zum Vorlesen wie S5 ausgesucht. Der Lesetext (Z2) wird direkt gelesen. Das Wort „Papa" wird zweifach und schneller als die anderen Wörter gelesen. Hervorzuheben ist, dass S1 nach dem lauten Vorlesen noch einmal seine Lippen bewegt und das Vorgelesene im Geiste und ohne Ton nachzusprechen scheint. Möglicherweise hat S1 den kurzen Text abgespeichert und spricht diesen (auswendig) gelernten Text noch einmal für sich – nicht hörbar, sondern nur durch die Mundbewegungen sichtbar für die anderen Kinder und die Lehrperson.

Transkriptausschnitt III, Ende Klasse 1:
Informieren und darbieten: Lesethron (Mai 2011) (vgl. Anhang D3.1.3)

```
1    S15: Tim fliegt in die Ferien. Tim <ist> aufgeregt, heute fliegt er <mit> Mama, Papa
2    und seinem großen Bruder Juri in den Urlaub mit einem <richtigen> Flugzeug. <Tim>
3    sieht noch einmal in seinen Koffer. Noch ((S1 guckt die Lehrperson fragend an.)) Hä?
4    Steht nur noch. ((S1 schaut wieder ins Buch.)) Noch ob (S1 schaut wieder fragend.))
5    Hä? ((L. kommt zum Lesethron. S1 zeigt auf die Stelle.)) Hier.
6    L: ((L. spricht leise.)) Das ist ein a.
7    ((S1 schaut konzentriert ins Buch.))
8    S15: Nach ob <er> auch <nichts> vergessen hat. (.) <Tu> <Taucherbrille>
9    <Badehose> <Super>teddy. Alles eingepackt, ruft er. Ich passe gut auf <Rini> und
10   <Tayfun> auf <währ> <während> du weg bist, sagt Tims Freundin Annika. Das Taxi
11   <ist> da, meldet Juri und °setzt setzt seine Sonnenbrille auf. Papa, ruft Tim. (.)
12   Ich brauche auch <eine> Sonnenbrille. Vielleicht können wir am Flughafen eine
13   kaufen, sagt Papa.
```

Das Mädchen S15 liest einen Ausschnitt aus dem Buch „Tim fliegt in die Ferien" (Wieker, 2010, S.1 f.) vor. Den großen Anteil des Textes liest sie direkt. Das Wort „setzt" (Z11) liest sie zunächst ebenfalls direkt, jedoch flüsternd. Danach wiederholt sie es laut. Das leise erste Lesen könnte eine *Sicherheitsstrategie* für das Mädchen gewesen sein, da sie sich unsicher war. Einzelne Wörter dekodiert sie und bedient sich der Strategie des Synthetisierens von Silben. Dies trifft auf die folgenden Wörter zu: „richtigen" (Z2), „Taucherbrille" (Z8), „Badehose" (Z9), „Super" (Z9), „Rini" (Z9), „Tayfun (Z10), „während" (Z10). Die *kleinen Wörter* spricht sie zerdehnt: „ist" (Z1), „mit" (Z1), Tim (Z2), „er" (Z8), „nichts" (Z8) und „ist" (Z11). In den Zeilen 3 bis 8 wird deutlich, dass dieses Kind ihr eigenes Lesen überwacht: Als sie feststellt, dass das Wort „noch" (Z3) nicht zum Inhalt des Textes passt, ist sie irritiert und wendet sich fragend der Lehrperson mit dem Ausspruch „Hä?" (Z3) zu. Die Lehrerin geht zur Schülerin, zeigt auf das Wort und gibt den Hinweis, dass es sich um den Buchstaben <a> handeln würde. Das Mädchen nimmt den Impuls auf und liest richtig weiter. Diese Textpassage zeigt, dass S15 bereits sinnentnehmend liest und Lesefehler feststellen kann.

Der Junge S1 liest einen Ausschnitt aus dem Buch „Alle Geschichten von der Maus für die Katz" von Ursel Scheffler (2010) vor, das er für die Buchvorstellung in der Klasse ausgewählt hat.

Transkriptausschnitt IV, Mitte Klasse 2:

Informieren und darbieten: Buchvorstellungen (Februar 2011) (vgl. Anhang D3.1.4)

```
13   S1: ((S1 legt seine Notizen weg und blättert sein Buch auf.)) Hmm. ((S1 sucht die
14       Stelle.)) (.hhh) Ein für ein Einbrecherkönig <gehört> (.) Er kramt sein
15       Einbruchswerkzeug aus dem Räubersack, knippst die Taschenlampe an und mach sich
16       an die Arbeit. Ein leises Klicken <ver><ver>riet Kalle das <Sicherheitsschloss>
17       erfolgreich geknackt hatte. Vorsichtig schob er die Tür auf und drang in die in den
18       Laden ein. Mit der Lampe <fun><zel>te (.) er an dem Spiel<zeug>regalen entlang.
19       Freddybär saß <nichts>ahnend auf dem <Re>galbrett in der <Pup><pen>abteilung, als
20       das <Taschen>lam pen licht an ihm vorüber su schuchste. Es war sofort hellwach,
21       gespannt beobachtete (.) er den
22       Mann, der mit flinken <Fin><gern> die Ladenkasse ausräumte und dann in die
23       Eisenbahnabteilung ging. Dort testete er eine halbe Stunde lang die
24       Modelleisen<bahn> Modelleisenbahn, baute Gleise, <Tra>fos und Weichen ab und
25       packte alles in seinen (.) großen Räubersack. Die Eisen<bahn>wagons und Loks wik
26       <wickelten> es er (.) wickelte er <sorg>fältig in Seidenpapier ein und legte sie oben
27       drauf. Als Kalle mit seiner Arbeit fertig war, kam er bei Freddy vorbei. Freddy <reck>te
28       sich und (.) reckte sich hoch nee. Als Kalle bei seiner Arbeit fertig war, kam er bei
29       Freddy <vor> Freddy vorbei, Freddy reckte sich hoch, winkte mit der Plüsch (.) winkte
30       mit der Plüsch<fo> Plüsch<pfo>te und rief, he, du nehm mich mit. Erschrocken blieb
31       Maloni stehen und murmelte, spinne ich, oder war was dieser Bär hat doch <soeben>
32       mit mir geredet. Er richtete den Lichtkegel seiner Lampe auf Freddy. Auf den Teddy.
33       Das gibt es nicht, knurrte Maloni. <Ver>blüfft <der> sieht genauso aus, wie der
34       <däm>dämliche Teddy, den ich damals zum Geburtstag bekam, als ich mir <sehen>
35       sehentlich eine elektrische Eisenbahn wünschte. Ich glaube, ich werde alt und schrullig
36       <Nu>Nö, nö, bleib, wo du bist, du langweiliger Plüschnase. Kalle ries Kalle ries die Tür
37       sperrangelweit offen und verschwand in der Nacht. Ein kühler Windzug <strich> um
38       Freddys Ohren. Die Tür stand immer noch offen. Draußen (.) draußen <lockte> die
39       Freiheit und das Abenteuer. So eine Gelegenheit kommt n kommt nie wieder, dachte
40       Freddybär. Kommt <ein> einer von euch mit, rief er in die >Dunkelheit< des Ladens
41       <hinein>. Aber keiner keines von den anderen Spielzeugtieren rührte sich (.) schienen,
42       alle schienen zu schlafen. Vielleicht stellen sich auch nur schlafend, weil sie Angst
```

43	hatten haben aufzu<lau> Angst haben eben wegzulaufen, dachte Freddybär. Er
44	kletterte vom Regal und tappte auf die Mo<dell> <mond>helle Straße hinaus. In der
45	Ferne sah er noch die Schusslichte von Malonis schwarzen Porsche. Dröhnend davon
46	brausten. Freddy lief zur Notrufsäule an der <Straßen>ecke am Park, er klettert<te>
47	hoch und drückte auf den Notrufknopf und rief, ((S1 grinst.)) Hallo, Polizei, Einbruch
48	im Spielzeug (.) paradies. Der Räuber ist ein schwarz, der Räuber ist in, der Räuber ist
49	in einem schwarzen Porsche geflohen, und dann machte er sich endgültig auf den Weg
50	in die Freiheit.

Der Junge liest den Text größtenteils direkt. Einzelne Wörter dekodiert er und bedient sich der Strategie des Synthetisierens von Lautkomplexen und Silben. Die Wörter, die er dekodiert, weisen Gemeinsamkeiten hinsichtlich ihrer grammatischen Struktur auf. Aus Gründen der Übersichtlichkeit werden die von ihm dekodierten Wörter in der folgenden Tabelle zusammengestellt:

Tabelle 20: Dekodierte Wörter - Buchvorstellung S1 - Zuordnung Wortschreibungsprinzipien

Phonographisch-silbisch	Morphologisch	Wortbildung		Peripherie	Merkwörter
		Komposita	Präfixe		
<Fin><gern> (Z22) Plüsch<pfo>te (Z30) <sehen> (Z34)	<fun><zel><te> (Z18) <wickelten> (Z26) <reckte> (Z27) <strich> (Z37) <lockte> (Z38) kletter<te> (Z46)	<nichts>ahnend (Z19) <Re>galbrett (Z19) <Pup><pen>abtei-lung (Z19) <Taschen>lampen-licht (Z20) Modelleisen<bahn> (Z24) Eisen<bahn>wagons (Z24) <sorg>fältig (Z26) <soeben> (Z31) Mo<dell><mond> (Z44) <Staßen>ecke (Z46)	<ver>riet (Z16) <ver>blüfft (Z33) <hin> (Z41)	Trafos (Z24) <däm> (Z34)	der (Z33)

S1 dekodiert am häufigsten Komposita. Dabei geht es oftmals um die erste Silbe oder das erste komplette Wort des Kompositums, wie z.B. „<Re>galbrett" (Z19) oder „<Taschen>lampen-licht" (Z20). Bemerkenswert ist, dass er das Wort <Bahn>, das nacheinander in zwei Komposita vorkommt, auch beim wiederholten Lesen dekodiert. Möglicherweise stellt das Dehnung-h eine Irritation dar. Das Präfix <ver> liest er in beiden Fällen (vgl. Z16 und Z33) zerdehnt. Abgeleitete Wörter (vgl. Z18 und Z26) im morphologischen Bereich dekodiert er ebenfalls.

Der Junge überwacht und überprüft sein Lesen: In Z7 stellt er fest, dass etwas nicht stimmt, und liest den Satz noch einmal von Beginn an. Das wiederholte Lesen verwendet er als Strategie zum Überprüfen und Regulieren. Da er sinnentnehmend liest, kann er sich selbst korrigieren.

Auch für die folgende Sequenz wurde der Junge S1 ausgewählt, um seine Lernentwicklung aufzuzeigen. Er liest hier eine vorher nicht geübte Passage.

Transkriptausschnitt V, Ende Klasse 3:
Entdecken und Problemlösen: Gemeinsames Lesen (Mai 2013) (vgl. Anhang D3.1.5)

1	S1: Da sage ich zu Ludger. Lass uns mal nachsehen. Nach sehen. Hab ich es nicht gesagt
2	Ludger? Wie Wieder nickt die Glatze. Und was müssten wir nun feststellen? Der Gelbe
3	macht eine Pause. Mir bleibt die Luft weg vor Angst und vor Spannung. Der Gelbe zeigt
4	auf den das kirschrote Rad. Du hast das Rad hier versteckt.
5	S5: Fahrräder klauen, so etwas tut man nicht. Erklärt der Gelbe. Er hat so ein hässliches
6	Grinsen aufgesetzt und deshalb mein Kleiner musst du eine Strafe kriegen.

Das Gelesene kann der Kategorie *Direktes Lesen* zugeordnet werden. In Z4 liest der Junge zunächst den falschen Artikel <den> zum Wort <Rad>. Er bemerkt, dass dies nicht stimmt und liest direkt den kongruenten Artikel <das>. Anders als noch im zweiten Schuljahr beginnt er nicht noch einmal mit dem Lesen vom Beginn des Satzes, sondern korrigiert und reguliert sein Lesen unmittelbar.

6.1.1.3 Literarisches Gespräch

In den folgenden Videoausschnitten führen die Kinder ein literarisches Gespräch im Anschluss an das Vorlesen eines Kinderbuches. Während im zweiten Beispiel (Transkriptausschnitt VII) eine produktive Schreibaufgabe vorangestellt ist, schließt sich das Gespräch im ersten Beispiel direkt an das Vorlesen an (Transkriptausschnitt VI).

Für die Analyse der Videosequenzen wurden die Auswertungskategorien *Nachvollziehen der Perspektiven literarischer Figuren* und *Elaborieren* theoriebasiert gebildet (vgl. hierzu Kapitel 5.6.5.2). Sie werden auch für das zweite Beispiel angewendet, da es im Gespräch vorrangig um die Aushandlung von Rezeptionsweisen des Textes geht.[223]

---

[223] Demgegenüber wurden für die Auswertung der Kindertexte zur produktiven Schreibaufgabe eigene Kategorien zur Ermittlung der Textqualität gebildet (vgl. Kapitel 5.6.6.3).

Es wurde ein Ausschnitt der Geschichte „Post für den Tiger" von Janosch vorgelesen.

Transkriptausschnitt VI, Mitte Klasse 1
Entdecken und Problemlösen: Literarisches Gespräch (Februar 2011) (vgl. Anhang D3.2.1)

```
1    L: Hast du ne Idee, was in dem Brief, den der kleine Bär dem Tiger morgen schickt,
2    stehen könnte?
3    S3: °Morgen?
4    L: Also am nächsten Tag. Er schreibt ja, könntest du mir morgen den Brief etwas eher
5    schicken? ((Einzelne Kinder melden sich.)) S11.²²⁴
6    S11: (S11 schaut L. beim Erzählen an.)) Ähm. Lieber Tiger, mir tut's sehr leid, dass ich
7    gestern den Brief so spät geschickt hab.
8    L: ((L. nickt und schaut S11 an.)) Mh, zum Beispiel. ((L. lächelt und guckt in die Runde.))
9    Hast du noch eine Idee? Alle Kinder sind gefragt. S17, lass es bitte. °Gesundheit. S20.
10   S20: Es tut mir leid, dass der Brief gestern nicht angekommen ist, aber heute kommt
11   er.
12   L: S2.
13   S2: Es tut mir leid, dass ich gestern zu spät gekommen bin, aber ich kann nix dafür, weil
14   die Fische nicht so schnell anbeißen.
15   L: Mh, zum Beispiel.
```

Drei Kinder äußern in diesem Ausschnitt des literarischen Gesprächs in Klasse 1 Vermutungen dazu, was der kleine Bär dem Tiger morgen schreiben könnte. Das Mädchen S11 bekundet ihr Bedauern, dass der gestrige Brief so spät geschickt wurde (Z6): „mir tut's sehr leid". Das lässt sich als affektives Beurteilen einordnen und der Kategorie *Elaborieren* zuordnen.

Das Mädchen beginnt ihre Überlegung mit der Briefanrede (Z6): „Lieber Tiger [...]" und bezieht sich damit direkt auf die Frage der Lehrerin (Z1 f.): „ Hast du ne Idee, was in dem Brief, den der kleine Bär dem Tiger morgen schickt, stehen könnte?" Sie bindet ihr Vorwissen zur Textsorte Brief mit ein.

In Z10 f. formuliert das Mädchen S20 ihren Vorschlag: „Es tut mir leid, dass der Brief gestern nicht angekommen ist, aber heute kommt er." Sie verwendet das Pronomen <mir>, was darauf hindeutet, dass sie die Perspektive der literarischen Figur nachvollzieht. Sie stellt in ihrer Aussage einen kommenden Brief in Aussicht.

---

[224] Die graue Markierung ist der Hinweis, dass an dieser Stelle eine Anonymisierung vorgenommen worden ist. Dieser Hinweis soll auch für folgende Transkriptstellen gelten.

Das Mädchen S2 nutzt eine Information, die in der Geschichte vorkommt, und zwar dass der Bär lange am Fluss gesessen und auf das Anbeißen der Fische gewartet hat. Sie zieht also textimmanente Informationen heran (Z13 f.): „Es tut mir leid, dass ich gestern zu spät gekommen bin, aber ich kann nix dafür, weil die Fische nicht so schnell anbeißen."

In dem nächsten Beispiel wurde den Kindern das Bilderbuch „Gibt es eigentlich Brummer, die nach Möhren schmecken" von Matthias Sodtke bis zu der Stelle vorgelesen, an der die beiden Freunde, der Hase Nulli und der Frosch Priesemut, sich gegenseitig ihr Lieblingsessen anboten: Eine Möhre und einen dicken Brummer. Während sie bislang alles miteinander gemacht hatten und unglaublich viel Spaß dabei hatten, konnte keiner von beiden dem Lieblingsessen des anderen etwas abgewinnen. Hier wurde die Frage aufgeworfen, ob die beiden Protagonisten doch keine richtigen Freunde sein sollten. Die Kinder bekamen ein Arbeitsblatt und wurden gebeten, ihre eigenen Gedanken hierzu aufzuschreiben. Im Anschluss daran folgte das literarische Gespräch.

Transkriptausschnitt VII, Ende Klasse 1
Entdecken und Problemlösen: Produktionsorientierte Aufgabe (Mai 2011) (vgl. Anhang D3.2.2)

```
 8   S15: Ähm, die sind noch Freunde. Nur der Frosch ist 'n bisschen enttäuscht, dass die
 9   Brummer weggeflogen sind.
10   L: Hm. Ok. S12.
11   S12: ((S12 erzählt.)) Sie könnten sich ja wieder vertragen, weil wenn sie sich immer
12   streiten, dann vertragen sie sich wieder.
13   L: Lies ruhig vor, was du auch aufgeschrieben hast.
14   S8: ((S8 erzählt.)) Bei mir, da sollen sie Freunde sein, bloß dass Nulli, der Hase, nicht
15   die Brummer isst und der Frosch nicht die hier (.) die Möhren ist. ((S5 lächelt und
16   grinst.))
17   L: S20.
18   S20: ((S20 liest.)) Ich finde, sie sollten Freunde sein, denn ((S20 schaut nach oben.))
19   jeder ist anders.
20   L: S2.
21   S2: Ich hab geschrieben, ((S2 liest.)) sie sind Freunde. Sie <haben> nur sich ge<schickt>
22   <wa> <wal> ((S2 guckt nach vorne.)) beide können auch (.hhh) sie essen was anderes
23   und beide ham ein anderes Leben.
24   L: Sie essen was anderes und beide haben ein anderes Leben?
25   S2: ((S2 nickt.)) Weil sie sind ja nicht die Gleichen. Ein Frosch is es ja und ein Hase. Und
26   der Hase ist kein Frosch und der Frosch ist kein Hase. ((S7 grinst.)) Und beide essen
27   was anderes.
28   L: Hm. Und das findest du auch ganz in Ordnung?
29   S2: Ja, man muss ja nicht das Andere essen, was die Anderen essen.
30   L: S1.
31   S1: Ich hab aufgeschrieben, ((S1 liest.)) Ja, weil es Spaß bringt <zusammen> zu spielen
32   und <wal> ja jeder seine eigene Speise essen kann.
```

Das Mädchen S15 reflektiert über den Buchinhalt und zieht somit externes Wissen heran. Sie äußert in Z8 f.: „Nur der Frosch ist'n bisschen enttäuscht, dass die Brummer weggeflogen sind." Die Enttäuschung des Frosches hat die Schülerin interpretierend aus dem Text und der Illustration geschlussfolgert, da sie nicht explizit ausgedrückt wird. Die Textaussage wird somit erfasst.

Der Junge S8 trifft die Vorhersage, dass Frosch und Hase weiterhin befreundet sein können, dass aber jeder bei seinem eigenen Essen bleibt (vgl. Z14 f.).

Der Kommentar des Mädchens S20 „Ich finde, sie sollten Freunde sein, denn jeder ist anders" (Z18 f.) ist eine verallgemeinernde Schlussfolgerung auf der Grundlage von externem Wissen. Die Schülerin S2 beginnt mit dem Vorlesen ihrer Schreibaufgabe, bricht aber mitten im Wort ab, um dann mündlich zu formulieren (Z20 f.). Sie äußert sich dabei in eine ähnliche Richtung wie das Mädchen S20 (Z25 ff.): „Weil sie sind ja nicht die Gleichen. Ein Frosch is es ja und ein Hase. Und der Hase ist kein Frosch und der Frosch ist kein Hase. [...] Und beide essen was anderes." Auf Nachfrage bekräftigt die Schülerin ihre Argumentation mit einem verallgemeinernden Statement, das ihre Überzeugung widerspiegelt: „Ja, man muss ja nicht das Andere essen, was die Anderen essen." (vgl. Z29). Ihre Äußerungen sind der Kategorie *Elaborieren* zuzuordnen. In ihrer Äußerung wird deutlich, dass sie den Inhalt bewertet.

Die Schüleräußerungen zeigen, dass sie auch den Kern des in dem Bilderbuch angesprochenen Problems verstanden haben: Freunde können viel Schönes zusammen machen, aber jeder bleibt dabei er selbst.

6.1.1.4 Nachdenken über das Gelesene und das Lesen

Um Aufschluss über das gemeinsame Reflektieren über Literatur und Lesen zu gewinnen, wurden zum einen Videosequenzen aus einem Gespräch über die Klassenlektüre „Das Schulhofgeheimnis" von Frauke Nahrgang und andererseits über das Lesen im Unterricht aus Klasse 3 ausgewählt.

Die Gesprächsauszüge zur Klassenlektüre werden in einzelne Sequenzen gegliedert und teilweise beschreibend zusammengefasst, teilweise auch wörtlich wiedergegeben. Die Sequenzen werden anhand der Kategorien *Nutzung von textimmanenter Information, Heranziehen externen Wissens, Nachvollziehen der Perspektive der literarischen Figuren, Elaborieren* sowie *Strategien auswählen, überprüfen und regulieren* ausgewertet (vgl. hierzu Kapitel 5.6.5.3).

Transkriptausschnitt VIII, Ende Klasse 3
Lern- und Arbeitstechniken vermitteln: Feedback zum Lesen (Mai 2013) (vgl. Anhang D3.3.3)

```
1   L: Und ich möchte jetzt zur Daumenprobe kommen. Ich habe ein paar Sätze
2   vorbereitet. (.) S10, du streckst die Daumen hoch, warum jetzt schon? ((L.
3   schmunzelt.))
4   S10: Ähm, weil ich fande das eigentlich ganz schön toll. Weil das Buch ist halt auch
5   spannend und da möchte man wissen wie's weitergeht und nicht irgendwie abwarten.
6   Ach, das Buch is langweilig, is mir doch egal, wen's erst in einem Monat weiterlesen,
7   als wenn man sich darauf freuen kann weiterzulesen.
8   L: Das ist ganz ganz super, dass du das so sagst. Das hat natürlich auch viel mit unserem
9   Lesen zu tun.
```

In dieser ersten Feedback-Sequenz zur Klassenlektüre äußert der Junge S10 Gründe für seine Lesemotivation: „Weil das Buch ist halt auch spannend" (Z4 f.). Das bietet für ihn auch den Anreiz weiterzulesen: „wenn man sich darauf freuen kann weiterzulesen." (Z7). Da es sich bei dem Jungen nicht um ein genuin lesefreudiges Kind handelt, lässt sich daraus schließen, dass die Auswahl der Lektüre die Lesemotivation fördern kann. Das lässt sich auch anhand des folgenden Gesprächsausschnittes verdeutlichen. Die Schülerin S2 äußert sich reflektierend zur Klassenlektüre.

Transkriptausschnitt IX, Ende Klasse 3
Lern- und Arbeitstechniken vermitteln: Feedback zum Lesen (Mai 2013) (vgl. Anhang D3.3.3)

```
1    S2: Ich fand das Buch vom Inhalt schön, aber es gibt auch Stellen, die nicht so gut zu
2    lesen sind. Also die sind schon etwas schwieriger, aber sonst ist das Buch schön und
3    ähm der Inhalt auch gut zu verstehen, eigentlich. Bis auf so ein paar kleine Stellen.
4    L: Was macht es schwieriger, es zu verstehen?
5    S2: Ähm, manche Wörter kann man nicht so gut verstehen. Ja und da muss man halt
6    nachfragen, aber sonst ist das Buch richtig schön.
7    L: Super, aber macht dir das was aus, wenn du Wörter hast, die du dann nicht
8    verstehst?
9    S2: Nein, weil wenn man die nicht kennt, also kennt, aber nicht so richtig weiß, was die
10   bedeuten, dann kann man nachfragen und dadurch lernt man ja auch noch mehr.
11   L: Gut, prima.
```

Das Mädchen lässt sich von der Lektüre nicht abschrecken, auch wenn sie nicht alle Wörter kennt und versteht (vgl. Z1 f.). Dennoch bewertet sie das Buch positiv (vgl. Z2), da ihr Gesamtverständnis durch die unbekannten Wörter nicht beeinträchtigt wird ebenso wenig wie ihr Interesse an dem Buch. Sie formuliert ihre Strategie des Nachfragens und sieht darin sogar eine besondere Lernchance (vgl. Z9 f.).

Der Transkriptausschnitt X entstammt einer Feedbackrunde zu dem Statement „Ich lese gern im Unterricht". Dieses Statement impliziert gemeinsames und individuelles, stilles Lesen sowie Lesen in der Gruppe.

Transkriptausschnitt X, Ende Klasse 3

Lern- und Arbeitstechniken vermitteln: Feedback zum Lesen (Mai 2013) (vgl. Anhang D3.3.3)

1	L: Ich lese gern im Unterricht. Wer der Meinung ist, erst einmal schauen, ja ((L. zeigt
2	Daumen nach oben.)) auf jeden Fall, Daumen nach oben. Wer so sagt, so mittel (L. zeigt
3	Daumen in der Mitte.)) oder nein, ich stimme dem gar nicht zu ((L. zeigt Daumen nach
4	unten.)) Ich lese gerne im Unterricht. ((Die Kinder zeigen ihre Daumen.)) Eins, zwei,
5	drei Daumen herbei. Ich sehe S4, sag mal was.
6	S4: Ich find es schön, wenn alle mal mitlesen können. Wenn man nicht alleine im
7	Zimmer sitzt, so.
8	L: Was ist denn der Unterschied, wenn du alleine im Zimmer sitzt für dich jetzt und
9	liest, oder wenn wir gemeinsam lesen?
10	S4: Also, dass man dann merkt, wie die anderen lesen. (.) Und, dass man sich dann
11	auch halt abwechselt.
12	L: Was macht dann so nämlich, wenn man sich abwechselt? Was ist das für'n
13	Unterschied? Gibt's da einen Unterschied für dich? ((S4 zuckt mit den Schultern.)) Nee,
14	aber auf jeden Fall is doch klasse, ja. ((S4 nickt.)) Kann ich gut verstehen. S14.
15	S14: Ich les auch ganz gerne im Unterricht, weil ähm wenn man da kein Wort also wenn
16	da ein schwieriges Wort dabei ist und denn kann man gleich nachfragen. Dich oder die
17	anderen Kinder, die sagen das dann ja meistens und aber im Zimmer, da muss man
18	erst wieder runtergehen was weiß ich oder so.
19	L: Und wenn du runtergehst, wer hilft dir dann?
20	S14: Meine Mutter, mein Vater oder mein Bruder.
21	L: S10 zeigt so mittel.
22	S10: Also, ich mag Lesen zwar nicht (.) so gerne, aber bei spannenden Büchern finde
23	ich das schon toll, aber so welche die nicht so spannend sind die mag ich nicht so gerne.
24	L: Ok. Und S5.
25	S5: Also, ich find es auch einfach schön, wenn zuhause das kann ich eigentlich nie, weil
26	mein Bruder der gar noch nicht so gut lesen, meine anderen Brüder das geht eh nicht,
27	mein Vater arbeitet den ganzen Tag und meine Mutter muss sich um die Babys
28	kümmern. Deshalb finde ich es auch mal schön, wenn man zusammen lesen kann.
29	L: Vielen Dank.
30	L: Der nächste Satz. Auch kompliziertere Geschichten lese ich gerne. Ein, zwei, drei,
31	Daumen herbei. Jeder für sich. Auch kompliziertere, schwierigere Geschichten (.) lese
32	ich gerne. S20.
33	S20: Ich les eigentlich alle Geschichten gerne, weil ich mag irgendwie lesen gerne, weil
34	man kann sich dann irgendwie in das Buch richtig reinversetzen, wenn man's noch
35	lange liest.
36	L: S18, du hast so mittel.
37	S18: Hm, wenn sie spannend sind, lese ich sie gerne. Auch schwirige, aber wenn sie
38	ganz langweilig sind, dann nicht so gerne.
39	L: Kann ich verstehen. S12.
[…]	
51	S11: Ja, also eigentlich mag ich richtig komplizierte Geschichten, aber ich mag nich so
52	gerne wenn man irgendwie (.) jedes zweite Wort nicht versteht, weil ähm ich find dann
53	kann man lieber auch nochmal ein bisschen ein Jahr warten oder so. Weil ähm wenn
54	man jetzt irgendwie so wenn man jetzt irgendwie ganz schwere Bücher mit ganz
55	schweren Wörtern liest, dann zum Beispiel Harry Potter finde ich auch ziemlich schwer
56	dann mag ich das nicht so, weil ähm man dann so wenig zu versteht.

57	L: S1 noch dazu.
58	S1: Ich lese gerne kompliziertere Geschichten, auch mit der Klasse. Weil ich dann auch
59	oft drankomme, weil ich viele Wörter kenne.

Für das Mädchen S4 steht der gemeinsame Lesegenuss im Vordergrund. Abwechselnd in der Klasse zu lesen, zieht sie dem Lesen alleine zu Hause vor (vgl. Z6 f.). Ihr ist das abwechselnde Lesen angenehm, da sie erfährt, wie die Mitschülerinnen und Mitschüler lesen, und nicht die gesamte Zeit alleine gefordert ist (vgl. Z10 f.). Eine nähere argumentative Begründung liefert sie auf Nachfrage nicht, sondern betont nochmals ihre Freude am gemeinsamen Lesen.

Der Junge S14 hebt als positiv am Lesen im Klassenkontext hervor, schwierige Wörter sofort nachfragen zu können (vgl. Z15 f.). Zuhause sei dies entschieden umständlicher (vgl. Z20).

Das Mädchen S5 stellt das gemeinsame Lesen in der Schule insbesondere deshalb als positiv heraus, weil das gemeinsame Lesen bei ihr Zuhause aufgrund der beruflichen und familiären Situation kaum stattfindet (vgl. Z25 ff.).

In der weiteren Diskussion rückt die Lehrerin das Lesen von komplizierteren Geschichten in den Fokus (vgl. Z30).

Das Mädchen S20 gibt an, dass sie „alle Geschichten" (Z33) gerne liest, „weil man kann sich dann irgendwie in das Buch reinversetzen" (Z33 f.). Diese Äußerung lässt sich der Kategorie *Nachvollziehen der Perspektive literarischer Figuren* nach Spinner (2006) zuordnen.

Der Junge S18 akzentuiert, dass er gerne auch kompliziertere Geschichten lesen würde, wenn sie spannend und nicht langweilig seien (vgl. Z37 f.). Für das Mädchen S11 sollten Geschichten jedoch auch vom Schwierigkeitsgrad her passend zur eigenen Lesefähigkeit sein. Kann man diese richtig einschätzen, so kann man mit der Lektüre warten, bis man sie verstehen kann (vgl. Z51 ff.). In Bezug auf sich selbst äußert sie: „zum Beispiel Harry Potter finde ich auch ziemlich schwer, dann mag ich das nicht so, weil ähm man dann so wenig versteht." (Z55 f.). Sie verfügt also über eine realistische Einschätzung ihrer eigenen Lesefähigkeit und hat ein positives Selbstkonzept in Bezug auf den Ausbau ihrer Lesekompetenz. Der folgende Videoausschnitt bezieht sich auf ein Klassengespräch, in dem die Kinder Hypothesen zur Kapitelüberschrift „Begegnung der unheimlichen Art" in dem Buch „Das Schulhofgeheimnis" von Frauke Nahrgang bilden sollten.

Transkriptausschnitt XI, Ende Klasse 3
Entdecken und Problemlösen: Hypothesen bilden (Mai 2013) (vgl. Anhang D3.3.4)

1	L: Begegnung der unheimlichen Art. ((L. steht vorm Smartboard. Hier steht „Begeg
2	nung der unheimlichen Art" mit einer Seitenangabe.)) Seite 55-
3	70. Das ist unser Kapitel 5 und wir wollen jetzt gemeinsam gerne lesen. ((Einige Kinder
4	blättern die zu lesenden Seiten auf.)) Begegnung der unheimlichen Art. Das klingt ja
5	schon. Wonach? Wonach klingt das? Wer hat ne Vermutung, ne Idee? S16.
6	S16: Nach einem Wesen das unheimlich ist.
7	L: S1, was hast du für ne Idee.
8	S1: Das sie vielleicht dass sie jetzt (.) Daniel vielleicht irgendwann mal es dass wenn er
9	in seinem Versteck ist, dass die dann kommen oder so. Dann is das für Daniel auf jeden
10	Fall ne Begegnung der nicht so der unheimlichen Art. Das ist für ihn dann wird's ja mal
11	irgendwie (.) findet er garantiert nich so gut, wenn die in ihrem Versteck auftauchen.
12	L: Wer sind die?
13	S1: Die Mädchen. ((S1 guckt sehr aufmerksam.))
14	L: Noch eine Vermutung. (.) S20.
15	S20: Das kann auch sein dass vielleicht die also die Jungen von der Bushaltestelle
16	wieder drin vorkommen.

Die Hypothesen lassen sich den Kategorien *Elaborieren, Nutzung von textimmanenter Information* und *Heranziehen externen Wissens* zuordnen. Beim *Elaborieren* werden Vorhersagen getroffen, was auf die Äußerungen von Z6 bis Z16 zutrifft. Das Mädchen S16 vermutet, dass die Überschrift „Begegnung der unheimlichen Art" nach „einem Wesen, das unheimlich ist" (Z6) klingt. Möglicherweise zieht sie für ihre Vermutung externes Wissen über ihr bekannte Bücher oder Filme heran, in denen es um *unheimliche Wesen* geht.

Der Junge S1 berücksichtigt bei seiner Vermutung die Perspektive der literarischen Figuren: „Das ist für ihn dann wird's ja mal irgendwie (.) findet er garantiert nich so gut, wenn die in ihrem Versteck auftauchen" (Z10 f.).

Eine Hypothese unter Berücksichtigung textimmanenter Informationen stellt das Mädchen S20 auf: „Das kann auch sein, dass vielleicht die also die Jungen von der Bushaltestelle wieder drin vorkommen." (Z15 f.)

Der folgende Transkriptausschnitt bezieht sich auf die Überprüfung der Hypothesen nach der gemeinsamen Lektüre des Kapitels.

Transkriptausschnitt XII, Ende Klasse 3
Entdecken und Problemlösen: Hypothesen überprüfen (Mai 2013) (vgl. Anhang D3.3.5)

1	L: Begegnung der unheimlichen Art. War sie unheimlich?
2	Mehrere S: Ja.
3	L: ((L. nickt.)) Worin bestand das, also woran w woran merkte man dass das (.) doch
4	ganz schön unheimlich war?
5	S15: Weil die Jungen sahen auch ein bisschen unheimlich aus auf den Bildern und was

```
6    die gesagt haben, hat sich auch so angehört als wenn mit denen nicht zu spaßen ist.
7    L: und woran merkte man jetzt gerade zum Schluss, das mit denen absolut nicht zu
8    spaßen ist? S15.
9    S15: Weil die den Preis auch noch erhöht haben und dann nochmal richtig ärgerlich
10   geworden sind und ihn auch an sich rangezogen haben und das is ja auch schon nich
11   ungefährlich.
```

Die Kinder ziehen zur Überprüfung der Hypothesen Informationen aus dem Text und den dazu gehörigen Illustrationen heran. Das Mädchen S15 argumentiert: „Weil die Jungen sahen auch ein bisschen unheimlich aus auf den Bildern und was die gesagt haben, hat sich auch so angehört als wenn mit denen nicht zu spaßen ist" (Z5 f.). Sie bewertet das Gelesene auch affektiv: „und das is ja auch schon nich ungefährlich" (Z10 f.).

6.1.2 Rechtschreiben

6.1.2.1 HSP und SRT „Das geheime Versteck"

Die Ergebnisse der HSP zeigen eine kontinuierliche Lernentwicklung (vgl. Tabelle 17). Im ersten Halbjahr von Klasse 1 erzielte die Untersuchungsklasse einen Prozentrang von 68,60, im zweiten Halbjahr steigerte sie sich auf einen Prozentrang von 73,65. Im ersten Halbjahr der zweiten Klassen wurde ein Prozentrang von 81,10 und Ende des Schuljahres ein Prozentrang von 83,47 erreicht. Im ersten Halbjahr der dritten Klasse war ein leichter Rückschritt auf einen Prozentrang von 82 zu verzeichnen. Zum Ende des dritten Schuljahres stieg der Prozentrangwert auf 91.

Die folgende Tabelle zeigt die Leistungsverteilung für die HSP-Ergebnisse am Ende von Klasse 3 nach Leistungsquartilen für die Untersuchungsklasse.

Tabelle 21: Leistungsverteilung für die HSP-Ergebnisse (Ende Klasse 3) nach Quartilen

UG	Prozentrang 100-76	Prozentrang 75-51	Prozentrang 50-25	Prozentrang 24-0
UK	90%	-	10%	-

Die Konzentration im oberen Leistungsquartil für die HSP-Ergebnisse ist mit 90 Prozent noch ausgeprägter als beim Stolperwörterlesetest. Daneben liegen 10 Prozent der Kinder im unteren Mittelfeld. Auch hier fällt kein Kind in das unterste Quartil.

Einen vertiefenden Einblick in die Rechtschreibkompetenz liefert die Auswertung des Sprachsystematischen Rechtschreibtests „Das geheime Versteck", der den Kindern zum Ende des dritten Schuljahres diktiert wurde.

In der folgenden Tabelle sind die Testergebnisse der Untersuchungsklasse zusammengestellt.

Tabelle 22: Testergebnisse in Prozentangaben der UK im SRT

UG	Ganzes Wort	Großschreibung 1) Satzanfang 2) Nomen	Phonographisch-silbisch	Morphologisch: 1) Stamm 2) Endung	Wortbildung	Peripherie	Merkwörter
UK	90,71	1) 99,40 2) 94,29	95,08	1) 89,52 2) 98,21	86,24	90,48	98,50

Durchschnittlich wurden 90,71 Prozent der Wörter orthographisch korrekt geschrieben. Am Satzanfang wurden 99,4 Prozent der Wörter großgeschrieben, von den Nomen wurden 94,29 Prozent großgeschrieben. Wörter bzw. Wortelemente, die nach dem phonographisch-silbischen Prinzip gebildet werden, wurden mit einem Wert von 95,08 Prozent richtig geschrieben. Im morphologischen Bereich wurde für die Stammschreibung ein Wert von 89,52 Prozent und für die Schreibweise der Endungen ein Wert von 95,83 Prozent erzielt. 86,24 Prozent der Prä- und Suffixe oder Komposita im Bereich der Wortbildung wurden richtig geschrieben. 90,48 Prozent der Schreibungen im Peripheriebereich und 98,5 Prozent der Merkwörter sind korrekt.

6.1.2.2 Wörter forschen

In diesem Abschnitt werden Videoausschnitte zum problemorientierten Lernen analysiert. Die Auswertungskategorien sind *Phonographisches und silbisches Prinzip im Kernbereich, zweischrittiges Konstruktionsprinzip, Deklaratives Wissen* und *Metakognitives Wissen* (vgl. hierzu Kapitel 5.6.5.4). Lerngegenstand ist die Systematik der Schriftsprache.

In der ersten Sequenz aus dem zweiten Halbjahr des ersten Schuljahres geht es um die Vokalquantität im prototypischen Zweisilber. Das Mädchen S2 expliziert, warum das <A> in dem Wort <Mantel> kurz ist.

Transkriptausschnitt XIII, Mitte Klasse 1
Entdecken und Problemlösen: Wörter der Woche (Februar 2011) (vgl. Anhang D3.4.1)

10	L: Ist das A in Mantel lang oder kurz? S2.
11	S2: Nein. Es ist nicht lang.
12	L: ((L. nickt.)) Genau. Warum?
13	S2: Weil Max dabei ist und der Kapitän kurz arbeiten muss.
14	L: Super.

Um die Frage zu beantworten, greift das Mädchen auf ihr *deklaratives Wissen* zur Struktur des prototypischen Zweisilbers zurück. Es wendet dieses Wissen richtig an und liefert eine Begründung für ihre Antwort, wie sie sie im Unterricht gelernt hat. Sie kann also ihr Wissen strategisch nutzen.

Thema der folgenden Sequenz, die im Mai des ersten Schuljahres aufgenommen wurde, ist die morphologisch bedingte Umlautschreibung. Am Smartboard standen die Wörter <Gläser>, <Glas>, <Gräser>, <Gras>, <Dächer>, <Dach>, <Wände>, <Wand>, <Hände>, <Hand>, <Länder> und <Land>. In der folgenden Sequenz geht es um Wortverwandtschaften, um die sogenannten *Familienwörter*.

Transkriptausschnitt XIV, Ende Klasse 1
Entdecken und Problemlösen: Wörter der Woche (Mai 2011) (vgl. Anhang D3.4.2)

31	L: S11 hat ja eben angemerkt, da sind ja gar keine Familienwörter. ((L. zeigt ein neues
32	Tafelbild mit einem einsilbigen und einem zweisilbigen Boot. Die Zweisilber sind
33	ergänzt durch die passenden verwandten einsilbigen Wörter.))
34	S11: Oh ja. Die sind ja umgewandelt. Das sind andere Wörter.
35	L: Was ist jetzt passiert, was ist hier anders?
36	Mehrere S: Ah.
37	L: S17.
38	S17: Verwandt ist es, also Glas und Gläser. Gras und Gräser.
39	L: Hm. (.) Wieviel Silben hat das Wort Glas? (.) S6.
40	S6: Eine.
41	L: Wie heißt das passende zweisilbige Wort dazu? (.) S18.
42	S18: <Gläser>
43	S15: Ah, verstehe.
44	L: Was verstehst du, S15.
45	S15: Ähm. Immer die Wörter, die mit A sind (.) sind eine Silbe und die anderen das
46	sind zwei.
47	L: In diesem Falle ja. Das muss nicht immer so sein. (.) Aber wenn du das Wort Gläser
48	nur hörst? (.) ((L. schaut die Kinder fragend an.)) was könnte man denken, welchen
49	Buchstaben hat der Kapitän? (.) S15.
50	S15: E.

Die fünf Kinder, die sich in diesem Gesprächsausschnitt äußern, entdecken gemeinsam das zweischrittige Konstruktionsprinzip, d. h. die Herleitung morphologisch bedingter Schreibungen von einem verwandten Wort. Die Schülerin S11 erkennt, dass es hier nicht mehr um den prototypischen Zweisilber geht, der bislang Lerngegenstand war: „Das sind andere Wörter." (Z34). Schüler S17 kommt schnell auf die Lösung: „Verwandt ist es, also Glas und Gläser. Gras und Gräser." (Z38). Das Mädchen S15 fasst das bisher Entdeckte in eine verallgemeinernde Regel. Dabei expliziert sie ihren Verstehensprozess: „Ah, verstehe." (Z43). Das zeigt, dass sie sich beim Lernen überwachen kann. Weiterhin kann sie den Vokal lautlich analysieren und sie hat sichtlich verstanden, dass die Lautverschriftung nicht nur phonographisch geregelt ist (vgl. Z47 ff.).

Die folgende Sequenz stammt vom Ende des zweiten Schuljahres. Mit den Kindern gemeinsam wurde am Smartboard über zweisilbige Wörter mit <ie> und <i> vergleichend gesprochen und nachgedacht. Das <ie> wurde in den Unterrichtsstunden zuvor bereits eingeführt.

Transkriptausschnitt XV, Ende Klasse 2
Entdecken und Problemlösen: Wörter forschen <ie> und <i> (Mai 2012) (vgl. Anhang D3.4.4)

```
38   L: Wie ist das mit dem ie? Wer kann das nochmal ein bisschen erklären? S17.
39   S14: Ie ist ja ein roter Buchstabe, also das I und das E ist ja ein roter Buchstabe und
40   ähm nur die Kapitänsfrau und der Kapitän können rote annehmen, also rote haben
41   und der Rest is ja blau.
42   L: Ist das I in Tinte lang oder kurz? S11.
43   S11: Kurz, weil sonst würde es Tiiiinte heißen.
44   L: Genau.
45   Mehrere S: Tiiinte.
46   L: Wie nennen wir denn, wenn der Max dabei ist und der Kapitän kurz arbeiten muss?
47   Wie nennt man die Silbe dann, die erste? ((L. zeigt auf S18.))
48   S18: Geschlossene Silbe.
49   L: Genau.
```

Der Junge S14 erklärt, dass es sich bei dem <ie> um Vokale handelt und benutzt dabei den bislang im Unterricht dafür eingeführten Begriff *roter Buchstabe*. Er verfügt demnach über im Unterricht erworbenes *deklaratives Wissen*, das er auch begründen kann: „Ie ist ja ein roter Buchstabe, also das I und das E ist ja ein roter Buchstabe und ähm nur die Kapitänsfrau und der Kapitän können rote annehmen, also rote haben und der Rest is ja blau." (Z39 ff.).

Der Junge S18 wendet in dem Transkriptausschnitt XV sein *deklaratives Wissen* korrekt an. Er kann die Vokalquantität bestimmen und erläutert die Wortstruktur mit dem korrekten Begriff „Geschlossene Silbe" (vgl. Z48).

In den folgenden Sequenzen aus Klasse 2 geht es darum, unterschiedliche Phänomene der Silbenstruktur am *Bärenbootmodell* zu erklären.

Transkriptausschnitt XVI, Anfang Klasse 3
Entdecken und Problemlösen: Silbenstuktur (September 2012) (vgl. Anhang D3.4.5)

Sequenz 1
1   (S8 expliziert in dieser Szene nach dem gemeinsamen Wörterforschen die
2   Silbenstruktur anhand des Bärenboots. Daran schließt sich ein Unterrichtsgespräch
3   an.) S8: Also ähm bei Kante, also es sind ja immer im Bärenboot drei und nochmal drei.
4   L: Ja.
5   S8: Ähm. Also Bären sind ja sechs. Auf jeden, eine Silbe hat also wenn alle da sind hat
6   jede Silbe eigentlich also wenn jeder (.) Bär ein (Wutbo) Buchstaben hat, sind es sechs
7   Buchstaben. Und dann also weil man hört ja auch Kann, das ist ja dann das sind ja dann
8   die erste Silbe ist geschlossen, aber die zweite da fehlt noch Maxi. [Die ist nicht dabei.]

Der Junge S8 geht systematisch an die Problemlösung heran, indem er zunächst feststellt, dass es sechs Bären im Boot gibt, von denen jeder einen Buchstaben tragen kann, aber nicht muss. Korrekterweise findet er bei dem Wort <Kante> heraus, dass in der ersten geschlossenen Silbe alle Bären einen Buchstaben haben, in der zweiten Silbe der letzte Bär aber keinen Buchstaben hat. Er bezeichnet diesen Bären als Maxi, wie er es im Unterricht gelernt hat.

Nun ist die Umlautschreibung Thema.

Sequenz 2
[...]
36   L: Genau, warum weißt du denn, das du bei Mäuse beispielsweise Ä U schreiben musst
37   und nicht E U? S16.
38   S16: Es kommt von Maus.

Die Schülerin S16 kann auf Anhieb das „äu" in „Mäuse" durch die Herleitung von „Maus" erklären. Das zeigt, dass sie ihr im Unterricht erworbenes Wissen als Problemlösestrategie nutzen kann.

In der nächsten Sequenz geht es um komplexe Anfangsränder.

Sequenz 3
[...]
53   L: Genau. Richtig und am Anfang der erste Bär kann ja auch manchmal mehrere
54   Buchstaben haben. Fällt euch da was ein? (.) S6.
55   S6: Er könnte hier zum Beispiel Schloss.
56   L: Welche Buchstaben, super, hat er denn am Anfang?
57   S6: S C H und L.
58   L: Super. Ganz klasse. (.) Und, das hab ich euch ja auch schon mal verraten. Niemals
59   kann der erste Bär mehr als vier Buchstaben haben. Und bei Schl von Schloss ham wir
60   da ja schon erreicht. S1.

61	S1: Stapel.
62	L: Welche Buchstaben?
63	S1: S T.
64	L: Super

Die Kinder S6 (vgl. Z57) und S1 (vgl. Z63) nennen auf Anhieb zwei Beispiele für komplexe Silbenanfangsränder. Das Gespräch zeigt auch, dass den Kindern klar war, dass nicht Buchstabe für Buchstabe in das Boot eingetragen wird, sondern dass das Wort nach seinem Silbenaufbau zergliedert und die Buchstaben dementsprechend den Bären zugeordnet werden.

6.2 Vergleichende Betrachtung der fachlichen Lernentwicklung der Untersuchungsklasse und der Kontrollklassen

Tabelle 23 liefert einen vergleichenden Überblick über die Testergebnisse der Untersuchungsklasse und der Kontrollklassen im HaReT, in der HSP und im SWLT von der ersten bis zur dritten Klasse.

Tabelle 23: Testergebnisse in Prozenträngen (Klasse 1-3) der UK und K1-K3 im Überblick

Tests	HaReT	SWLT 1.2	SWLT 2.2	SWLT 3.2	HSP 1.1	HSP 1.2	HSP 2.1	HSP 2.2	HSP 3.1	HSP 3.2
	Beginn Klasse 1	Ende Klasse 1	Ende Klasse 2	Ende Klasse 3	Mitte Klasse 1	Ende Klasse 1	Mitte Klasse 2	Ende Klasse 2	Mitte Klasse 3	Ende Klasse 3
UK	68,25	62,90	70,90	77,77	68,60	73,65	81,10	83,47	82,00	91,00
K1	58,16	52,79	57,40	75,68	59,00	64,53	62,15	64,55	42,00	38,00
K2	71,35	65,45	64,86	66,77	71,65	65,35	60,67	67,80	51,00	57,00
K3	65,14	65,35	66,62	69,10	56,95	54,95	67,44	67,19	60,00	65,00

Die Untersuchungsklasse liegt bei den kognitiven Voraussetzungen – gemessen an den Ergebnissen im HaReT – mit einem Prozentrang von 68,25 als Durchschnittswert im Mittelfeld.

Im Folgenden werden die Testerergebnisse für Lesen und Rechtschreiben gesondert verglichen. Über die Ergebnisse im SWLT und in der HSP hinaus werden für eine vertiefende Betrachtung Ergebnisse aus je einem weiteren Test herangezogen.

6.2.1 Lesen

Nach den Ergebnissen im Stolperwörterlesetest liegt die Untersuchungsklasse in Klasse 1 mit einem Ergebnis von Prozentrang 62,90 hinter den Ergebnissen von Kontrollklasse 2 und 3. Zum zweiten und dritten Testzeitpunkt in Klasse 2 und 3 erzielte die Untersuchungsklasse jeweils das höchste Testergebnis. Die Leistungsentwicklung in der Untersuchungsklasse war somit stetig. In der Kontrollklasse 1, die in Klasse 2 in etwa 10 Prozentränge unter den anderen lag, war die größte Leistungssteigerung zu verzeichnen. Die Leistungsentwicklung in der Kontrollklasse 2, bis auf einen kleinen Rückschritt in Klasse 2, und der Kontrollklasse 3 war moderat.

Neben dem SWLT, der die Lesegenauigkeit und -geschwindigkeit erfasst, wurde auch der Leseverstehenstest „Der Hase kündigt das Erdbeben an" in den Kontrollklassen am Ende von Klasse 3 eingesetzt.

Zusätzlich zu den Mittelwerten werden auch die Ergebnisse nach Leistungsquartilen herangezogen. Die folgende Tabelle zeigt die prozentuale Zuordnung der Kinder zu Leistungsquartilen für den Stolperwörterlesetest am Ende der dritten Klasse für die Untersuchungsklasse und die Kontrollklassen.

Tabelle 24: Leistungsverteilung im SWLT (Ende Klasse 3) nach Quartilen für die UK und die K1-K3

UG	Prozentrang 100-76	Prozentrang 75-51	Prozentrang 50-25	Prozentrang 24-0
UK	75%	15%	10%	-
K1	65%	20%	10%	5%
K2	45%	25%	15%	15%
K3	55%	20%	20%	5%

Hier zeigen sich gravierende Unterschiede in der Verteilung. Auffällig ist, dass sich nur Kinder aus den Kontrollklassen im untersten Leistungsquartil befinden. Weiterhin ist die Leistungsspitze in der Untersuchungsklasse am stärksten ausgeprägt. Dementsprechend liegen im oberen Mittelbereich der Untersuchungsklasse weniger Kinder als in den Kontrollklassen. Im unteren Mittelbereich befinden sich in der Untersuchungsklasse, der Kontrollklasse 1 und der

Kontrollklasse 2 annähernd ähnlich bzw. gleich viele Kinder, in der Kontrollklasse 3 hingegen mehr.

Die folgenden Tabellen zeigen den Mittelwert der maximal erreichten Punktezahl sowie die mittlere Lösungshäufigkeit in Prozent für die Aufgaben zu den einzelnen Leseverstehensaspekten.

Tabelle 25: Leseverstehensaspekt I (Klasse 3) – UK und K1-K3

UG	Anzahl der Fragen	Anzahl der zu erreichenden Punkte	Anzahl der erreichten Punkte (Mittelwert)	Mittlere Lösungshäufigkeit (%)
UK	3	3	2,8	93,33%
K1	3	3	2,65	88,33%
K2	3	3	2,75	91,66%
K3	3	3	2,65	88,33%

Von insgesamt drei möglichen Punkten für die drei Fragen zum Verstehensaspekt I erzielte die Untersuchungsklasse mit 2,8 Punkten die höchste durchschnittliche Punktzahl, dem folgt die Kontrollklasse 2 mit 2,75 Punkten und die Kontrollklassen 1 und 3 liegen gleichauf mit 2,65 Punkten.

Tabelle 26: Leseverstehensaspekt II (Klasse 3) – UK und K1-K3

UG	Anzahl der Fragen	Anzahl der zu erreichenden Punkte	Anzahl der erreichten Punkte (Mittelwert)	Mittlere Lösungshäufigkeit (%)
UK	2	3	2,3	76,66%
K1	2	3	1,5	50,00%
K2	2	3	1,85	61,66%
K3	2	3	1,95	65,00%

Die Untersuchungsklasse erzielte auch hier die höchste mittlere Punktzahl. Von insgesamt drei Punkten erzielte sie durchschnittlich 2,3 Punkte, während die Kontrollklassen 1,5 bis 1,95 Punkte im Durchschnitt erreichten.

Tabelle 27: Leseverstehensaspekt III (Klasse 3) – UK und K1-K3

UG	Anzahl der Fragen	Anzahl der zu erreichenden Punkte	Anzahl der erreichten Punkte (Mittelwert)	Mittlere Lösungshäufigkeit (%)
UK	5	7	5,9	84,29%
K1	5	7	3,3	47,14%
K2	5	7	4,7	67,14%
K3	5	7	4,85	69,29%

Die Untersuchungsklasse liegt auch beim Leseverstehensaspekt III mit einem Mittelwert in Höhe von 5,9 Punkten von maximal sieben Punkten vorne. Dies entspricht einer mittleren Lösungshäufigkeit von 84,29 Prozent. Das zweitbeste Ergebnis erzielte Kontrollklasse 3 mit durchschnittlich 4,85 Punkten und einer mittleren Lösungshäufigkeit von 69,29 Prozent. Es folgen die Kontrollklasse 2 mit einem Mittelwert von 4,7 Punkten und die Kontrollklasse 1 mit 3,3 Punkten im Durchschnitt.

Tabelle 28: Leseverstehensaspekt IV (Klasse 3) – UK und K1-K3

UG	Anzahl der Fragen	Anzahl der zu erreichenden Punkte	Anzahl der erreichten Punkte (Mittelwert)	Mittlere Lösungshäufigkeit (%)
UK	1	2	1,45	72,50%
K1	1	2	0,95	47,50%
K2	1	2	0,7	35,00%
K3	1	2	0,65	32,50%

Mit einem Mittelwert in Höhe von 1,45 Punkten von zwei möglichen Punkten liegt die Untersuchungsklasse auch hier über den Ergebnissen der Kontrollklassen. Der Mittelwert für die Kontrollklasse 1 beträgt 0,95 Punkte, dem folgen die Kontrollklasse 2 mit 0,7 Punkten und die Kontrollklasse 3 mit 0,65 Punkten.

Die Auswertungsergebnisse für das Leseverständnis beruhen auf einer insgesamt schmalen Basis, da nur ein Leseverstehenstest in der Untersuchungsklasse und den Kontrollklassen eingesetzt wurde. Sie liefern also nur Anhaltspunkte für einen Vergleich des Leistungsstandes der Klassen im Leseverständnis.

6.2.2 Rechtschreiben

Die durchschnittlichen Ergebnisse in der HSP weisen in der Untersuchungsklasse eine kontinuierliche Tendenz nach oben aus, mit Ausnahme eines kleinen Einbruchs im ersten Halbjahr von Klassenstufe 3 (HSP 3.1). Demgegenüber sind bei den Kontrollklassen größere Schwankungen zu verzeichnen. In der Kontrollklasse 1 war der Leistungsabfall in Klasse 3 deutlich. In der Kontrollklasse 1 liegt die Durchschnittsleistung vom letzten Messzeitpunkt um 19 Prozentränge hinter dem ersten Messzeitpunkt (HSP 1.1) und in der Kontrollklasse 2 um ca. 14 Prozenträngen. In der Kontrollklasse 3 liegt das Testergebnis in etwa 8 Prozentränge höher als zum ersten Messzeitpunkt. Am Ende der dritten Klassenstufe schnitt die Untersuchungsklasse in der HSP erheblich besser ab als die Kontrollklassen. Ihr durchschnittliches Testergebnis ist am Ende von Klasse 3 um ca. 23 Prozentränge höher als beim ersten Testzeitpunkt.

Zusätzlich zu den Mittelwerten werden auch die Ergebnisse nach Leistungsquartilen herangezogen. Die folgende Tabelle zeigt die prozentuale Zuordnung der Kinder zu Leistungsquartilen für die HSP am Ende der dritten Klasse für die Untersuchungsklasse und die Kontrollklassen.

Tabelle 29: Leistungsverteilung der HSP-Ergebnisse der UK und K1-K3 nach Quartilen

UG	Prozentrang 100-76	Prozentrang 75-51	Prozentrang 50-25	Prozentrang 24-0
UK	90%	-	10%	-
K1	25%	15%	35%	25%
K2	40%	25%	25%	10%
K3	50%	30%	15%	5%

Es zeigen sich entscheidende Unterschiede. Im Vergleich zu den Kontrollklassen ist das oberste Leistungsquartil in der Untersuchungsklasse am stärksten ausgeprägt. In der Kontrollklasse 1 sind die unteren beiden Leistungsbereiche leicht stärker ausgeprägt, in Kontrollklasse 2 hingegen die oberen Bereiche. In Kontrollklasse 3 sind die beiden oberen Leistungsbereiche mit 80 Prozent stark vertreten. Anders als in der Untersuchungsklasse sind in allen Kontrollklassen ein bis fünf Kinder im untersten Leistungsbereich.

Als ein weiterer Test wurde der SRT „Das geheime Versteck" auch in den Kontrollklassen durchgeführt. Die Ergebnisse aus allen Klassen sind in der folgenden Tabelle vergleichend dargestellt.

Tabelle 30: Testergebnisse in Prozentangaben der UK und K1-3 im SRT

UG	Ganzes Wort	Großschreibung 1) Satzanfang 2) Nomen	Phonographisch-silbisch	Morphologisch: 1) Stamm 2) Endung	Wortbildung	Peripherie	Merkwörter
UK	90,71	1) 99,40 2) 94,29	95,08	1) 89,52 2) 98,21	86,24	90,48	98,50
K1	78,25	1) 97,61 2) 84,24	89,68	1) 70,79 2) 90,91	86,77	66,66	88,04
K2	81,05	1) 96,71 2) 92,63	91,75	1) 80,35 2) 96,71	83,04	86,84	98,61
K3	82,41	1) 92,28 2) 92,11	91,17	1) 82,00 2) 96,88	88,33	62,50	99,21

Die Untersuchungsklasse erreichte mit 95,08 Prozent in der phonographisch-silbischen Teilkompetenz einen Vorsprung von 8,3 bis 12,4 Prozent vor den Kontrollklassen. In der morphologischen Teilkompetenz beträgt die durchschnittliche Lösungshäufigkeit 89,52 Prozent bei der Stammschreibung, was einem Vorsprung von 7,52 bis 18,73 Prozent vor den Kontrollklassen entspricht, und 98,21 Prozent bei der Verschriftung von Endungen mit einem Vorsprung von 1,33 bis 7,3 Prozent. In der Teilkompetenz Wortbildung schnitt die Kontrollklasse 3 mit einem Vorsprung von 2,09 Prozent vor der Untersuchungsklasse ab, während diese Klasse im Peripheriebereich am schlechtesten abschnitt. Hier erzielte die Untersuchungsklasse mit 90,48 Prozent einen Vorsprung von 3,64 bis 27,98 Prozent.

Bezogen auf die korrekte Schreibweise der ganzen Wörter steht die Untersuchungsklasse mit einer durchschnittlichen Lösungshäufigkeit von 90,71 Prozent auch vorne mit einem Vorsprung von 8,3 bis 12,46 Prozent. Im Bereich der Großschreibung erzielte die Untersuchungsklasse ein Ergebnis von 99,4 Prozent. Die anderen Klassen liegen 1,79 bis 7,12 Prozent dahinter. Bezüglich der Großschreibung von Nomen erreichte die Untersuchungsklasse mit 94,29 Prozent das höchste Ergebnis, mit einem Vorsprung von 1,66 bis 10,5 Prozent.

Die Werte bei den Merkwörtern liegen, mit Ausnahme von Kontrollklasse 1, dicht beieinander.

6.3 Entwicklung des sozial vermittelten und individuellen Lernens in der Untersuchungsklasse

6.3.1 Lernende Gemeinschaft

In diesem Unterkapitel wird anhand von Beispielen aufgezeigt, ob, und wenn ja in welcher Form, die Untersuchungsklasse zu einer lernenden Gemeinschaft wurde. Eine lernende Gemeinschaft ist gekennzeichnet durch Faktoren wie „lernförderliches Klima" (Helmke, 2012, S.168; Meyer, 2013, S.47), „Förderung der Klassengemeinschaft" (Gudjons, 2011, S.126), Verantwortungsübernahme für das eigene Lernen und Kooperatives Lernen (vgl. Evertson/Neal, 2006, S.4). Diese fachübergreifenden Ziele waren im Unterrichtskonzept verankert. Sie sollten vor allem durch eine Strukturierung durch Rituale, die motivationale und kognitive Aktivierung der Kinder, eine Förderung der Schüleraktivität und gegenseitige Unterstützung und Aufeinandereingehen erreicht werden.

Für die Videoanalyse werden entsprechende Videosequenzen ausgewählt. Sie sind zum Teil identisch mit den Ausschnitten, die für das fachliche Lernen herangezogen werden. Damit kann gezeigt werden, wie eng im Unterrichtsgeschehen fachliche und überfachliche Lernprozesse ineinandergreifen.

Aus den Ergebnissen einer solchen beispielhaften Untersuchung lassen sich keinesfalls direkte Zusammenhänge mit Unterrichtsfaktoren ableiten. Die Befunde liefern aber Anhaltspunkte, um Verbindungen herstellen zu können und weiterführende Hypothesen abzuleiten.

Strukturierung durch Rituale und Regeln

Das Zusammenleben in der Untersuchungsklasse wurde durch den Einsatz von Ritualen und Regeln strukturiert. Erzählkreise, in denen Erlebtes, Erfreuliches oder auch Trauriges berichtet werden konnte, prägten den gemeinsamen Wochenbeginn. Feste Regeln für die Diskussionskultur wurden durch die Meldekette etabliert, wobei sich die Kinder gegenseitig aufrufen durften. Weiterhin dienten Klangsignale der Arbeitsorganisation im Unterricht. Die Rührtrommel (vgl. Z1) markierte den Beginn von Aufräumphasen und die Klangschale (vgl. Z2) die Unterbrechung der Arbeit für Ansagen. Beide Klangsignale leiteten eine neue Arbeitsphase ein. Dass sich die Lehrkraft Notizen zu komplexeren Unterrichtsgesprächen machte, war ebenfalls ritualisiert. Die Rituale und Regeln wurden den Kindern transparent gemacht.

Dafür liefert die folgende Videosequenz ein Beispiel. Nach dem Schreiben der Texte zu einer produktionsorientierten Schreibaufgabe in Klasse 1 sollten die Kinder diese in der Klasse vorstellen (vgl. hierzu Anhang D3.2.2).

Transkriptausschnitt XVII, Ende Klasse 1
Produktionsorientierte Aufgabe (Mai 2011) (vgl. Anhang D3.2.2)

```
1    L: Ich hab grad nicht die Rührtrommel, weil ich nämlich möchte, dass du nicht alles
2    aufräumst, sondern dass dein Blatt auf dem Tisch bleibt. ((L. stellt Klangschale weg.))
3    Denn mich interessiert natürlich riesig, was du dir dazu gedacht hast. Ihr kennt das
4    schon von mir, dass ich teilweise ((L. nimmt Block und Stift in die Hand.)) wenn ihr
5    vorstellt, die Sachen aufschreibe damit ich sie dann auch noch gut im Kopf habe. Und
6    jetzt bin ich mal gespannt, was du dir dazu gedacht hast. Wir sammeln erstmal und
7    danach sprechen wir. ((Kinder melden sich.)) S15, fang mal an.
```

Die Lehrkraft lässt die Klangschale erklingen und erläutert, warum sie nicht die Rührtrommel als Aufräumzeichen genommen hat (Z1 f.). Damit hat sie sofort die Aufmerksamkeit der Kinder gewonnen. Dies deutet darauf hin, dass diese Rituale im Unterricht bekannt und akzeptiert waren. Dass ein neuer wichtiger Arbeitsabschnitt folgt, wird durch die Ankündigung der Lehrkraft signalisiert, dass sie mitschreiben wird und warum (vgl. Z3 ff.). Damit wird der Beginn eines neuen Arbeitsabschnittes markiert und die Kinder stellen sich sofort darauf ein (Kinder melden sich, Z7). Damit geht keine kostbare Unterrichtszeit verloren.

Im Unterricht wurden zu Beginn einer neuen Unterrichtsstunde und einer neuen Phase innerhalb der Unterrichtsstunde das Stundenprogramm und das weitere Vorgehen gemeinsam besprochen. Die Kinder konnten Fragen stellen, Unklarheiten im Vorwege klären, damit für die inhaltliche Arbeit keine wertvolle Unterrichtszeit verloren geht.

Der folgende Ausschnitt zeigt das Koordinieren weiterer Unterrichtsschritte. Es geht hier um die Herbstgedichteübungszeit in Klasse 2. Die Kinder konnten aus einer Sammlung von Herbstgedichten einzelne auswählen, die sie vortragen und zu denen sie arbeiten wollten. Die Gedichte unterschieden sich im Hinblick auf den Schwierigkeitsgrad und die Länge. Für die Gedichte bekamen die Kinder Sterne, die im Vorwege zu den Gedichten ausgewiesen worden waren. Die Anzahl der Sterne orientierte sich an der Komplexität und Schwierigkeit der Gedichte. Insgesamt sollten sie 10 Sterne sammeln.

Transkriptausschnitt XVIII, Anfang Klasse 2
Planen, koordinieren, auswerten: Abläufe koordinieren (September 2011) (vgl. Anhang D4.2.3.1)

```
1    L: Wir haben jetzt erstmal eine Arbeitszeit, eine Übungszeit. Die Kinder, die heute
2    vortragen, mit denen hab ich das abgesprochen. Mit denen hab ich besprochen, dass
3    sie bereit sind, vorzutragen. Das machen wir danach. Das heißt, es ist jetzt eine
4    Übungszeit für die Kinder, S1 ((L. schaut zu S1, der gerade unruhig ist.)), die heute
5    vortragen wollen und natürlich auch für die anderen. Montag ist denn der nächste
6    Zeitpunkt, an dem ihr vortragen könnt, um euren Sternenglanz ((L. macht eine große,
7    kreisende Bewegung mit den Händen und Armen.)) möglichst voll zu bekommen. Ok.
8    Fragen vorweg? S2.
```

9	S2: Wie viele Sterne muss man eigentlich nochmal haben? ((L. zeigt ihre zehn
10	Finger.)) L: Mindestens zehn.
11	S2: Achso. ((S2 macht eine abwinkende Geste.))
12	L: Viele von euch haben sogar schon 10, aber natürlich die Seite sieht toll aus, wenn
13	da besonders viele Sterne drauf sind. Ihr seht das.
14	S8: Achso, ich dachte 20.
15	L: Nein, es gibt ein Gedicht mit dem ihr auf einmal 20 bekommen könnt. Aber es ist
16	auch toll, wenn man sich Stück für Stück die Sterne dann erarbeitet.

Das Mädchen S2 nutzt diese Phase, um sich zu versichern, wieviel Sterne sie insgesamt erwerben muss. So kann sie planen, welches ihre nächsten Schritte für die Übungszeit sein werden. Der Junge S8 nutzt die Koordinationsphase, um ein Missverständnis aufzuklären.

Im Unterricht wurden von Anfang an Lernspiele eingesetzt. Um den Ablauf transparent zu machen, wurden in der Klasse dafür Regeln vereinbart. Ein in Klasse 3 bei den Kindern beliebtes Spiel war *Nomenkönig/Nomenkönigin*. Das Regelwerk dieses Spiels expliziert der Junge S1 in dem folgenden Ausschnitt:

Transkriptausschnitt XIX, Ende Klasse 3
Üben und wiederholen: Nomenkönig/Nomenkönigin (Mai 2013) (vgl. Anhang D4.2.6.2)

1	S1: Ähm, ähm. Da rufst du zwei Kinder auf und sagst dann, ein Nomen mit V, zum
2	Beispiel. Dann sagt der eine (.)
3	S2: Vogel.
4	S1: Vogel, und der andere sagt Volkswagen. ((Einige Kinder lachen.))
5	L: Zum Beispiel. Und wie geht das dann?
6	S1: Der, der als Erster gesagt hat, der ist dann weiter, außer er hat ein Verb oder ein
7	Adjektiv gesagt, dann muss er sich halt hinsetzen und der Andere muss stehen
8	bleiben. Der, der als Letzter noch steht, der ist Nomenkönig.
9	S2: Oder Nomenkönigin. ((S2 lächelt.))
10	L: Richtig. (.) So. Es geht los.

Der Junge ruft die bereits bekannten Regeln ins Gedächtnis. Das Mädchen S2 fügt seiner Erklärung hinzu, dass Mädchen „Nomenkönigin" (Z9) und nicht „Nomenkönig" (Z8) werden können. Das könnte ihr deshalb wichtig gewesen sein, weil in diesem Spiel Mädchen gegen Jungen spielen.

Motivationale und kognitive Aktivierung

Durch eine motivationale und kognitive Aktivierung sollten die Kinder eine positive Einstellung zum Lerngegenstand gewinnen und darüber Lernmotivation und -interesse aufbauen. Weiterhin sollten sie sich eigenaktiv und verstehend mit den Lerninhalten auseinandersetzen sowie zur Anwendung und zum Transfer von Wissen und Fähigkeiten befähigt werden (vgl. u.a. Helmke, 2012, S.205). Um sie kognitiv zu aktivieren, wurde ihnen Lernen transparent gemacht. Das betraf die Lernziele, -inhalte und -wege.

Zu Beginn einer Unterrichtsstunde wurde den Kindern jeweils das Stundenprogramm vorgestellt und mit ihnen besprochen (vgl. hierzu u.a. die Beschreibung der Videosequenzen im Anhang zum Planen, Koordinieren und Auswerten D4.2.3). Dieses Ritual ermöglichte es ihnen, sich auf die folgenden Lernaktivitäten einzustellen.

Eine motivationale und kognitive Aktivierung wurde auf vielfältige Weise zu erreichen gesucht: Es wurden emotional ansprechende Lernmaterialen eingesetzt, wie beispielsweise das *Bärenboot*. Eine Reihe von Videotranskripten zeigt, dass sich die Kinder in Unterrichtsgesprächen häufig auf das *Bärenboot* beziehen. An der folgenden Sequenz wird das beispielhaft aufgezeigt.

Transkriptausschnitt XX, Beginn Klasse 3
Entdecken und Problemlösen: Silbenstruktur (September 2012) (vgl. Anhang D3.4.5)

```
45   S5: Da hat Max den Wetterbericht gehört und ähm dass es stürmisch wird und
46   deswegen kam er nicht mit aufs Schiff und ist mitgefahren, sondern is lieber ähm an
47   die Ostsee oder so gefahren.
48   L: Genau, um welche Buchstaben geht's dann? Das is ja nur bei einem Buchstaben die
49   Besonderheit?
50   S5: Da muss der Kapitän zwei Buchstaben nehmen.
51   L: Genau. Und welche sind's, S2?
52   S2: Ähm, das I und das E.
53   L: Genau. Richtig und am Anfang der erste Bär kann ja auch manchmal mehrere
54   Buchstaben haben. Fällt euch da was ein? (.) S6.
55   S6: Er könnte hier zum Beispiel Schloss.
56   L: Welche Buchstaben, super, hat er denn am Anfang?
57   S6: S C H und L.
58   L: Super. Ganz klasse. (.) Und, das hab ich euch ja auch schon mal verraten. Niemals
59   kann der erste Bär mehr als vier Buchstaben haben. Und bei Schl von Schloss ham wir
60   da ja schon erreicht. S1.
61   S1: Stapel.
62   L: Welche Buchstaben?
63   S1: S T.
64   L: Super
```

Das Mädchen S5 gibt die Buchstabengeschichte wieder, dass bei dem regelhaften Längezeichen <ie> der Matrose, der den Silbenendrand in der ersten Silbe bekleidet, unbesetzt bleibt: „Da hat Max den Wetterbericht gehört und ähm dass es stürmisch wird und deswegen kam er nicht mit aufs Schiff und ist mitgefahren, sondern is lieber ähm an die Ostsee oder so gefahren." (Z45 ff.). Diese Geschichte sollte den Kindern auf interessante Weise nahebringen, dass es sich bei <ie> um ein reguläres Längezeichen und somit eine Sonderform der offenen Silbe im Kernbereich handelt. Dieses für das Verständnis des Schriftsystems zentrale Wissen kann die Schülerin wiedergeben.

Die Gesprächssequenz zeigt, dass die Kinder in die Geschichtenwelt eintauchten, die sich um das *Bärenboot* ranken. Sie blieben aber nicht dabei stehen. Dass sie das Modell und die Geschichten auch zum Verstehen der Silbenstruktur nutzen konnten, zeigt der gesamte Gesprächsverlauf. Im Unterschied zu einer alphabetischen und orthographischen Betrachtungsweise der Schrift wendeten die Schüler S5, S1 und S6 eine silbenanalytische Strategie zur Erklärung von der Wortschreibung an. Sie unterschieden analog zum *Bärenbootmodell* Silbenanfangsrand, Silbenkern und Silbenendrand und wussten, dass die Positionen jeweils unterschiedlich besetzt sein können, auch wenn sie die Fachbegriffe dafür noch nicht anwendeten: Der Silbenkern kann auch aus zwei Vokalen bestehen (z.B. <ie>), wobei dann der Silbenendrand unbesetzt bleibt, der Silbenanfangsrand kann bis zu vier Buchstaben haben.

Aktivität der Schülerinnen und Schüler

Das Videomaterial umfasst Aufnahmen von drei Doppelstunden aus Klasse eins bis drei. Sie zeigen, dass sich nahezu alle Kinder der Untersuchungsklasse an den Unterrichtsgesprächen beteiligt haben. Dies wird durch eine Auswahl von Transkripten aus diesen Stunden dokumentiert (vgl. Anhang D.3). Die Aktivität der Schülerinnen und Schüler äußerte sich jedoch nicht nur in Klassengesprächen, sondern insbesondere auch in Phasen von kooperativer und Einzelarbeit.

Ein Beispiel dafür ist die *Einheit Herbstgedichte* aus Klasse 2 (vgl. z.B. Anhang D4.2.4.1). Die Kinder konnten sich Gedichte unterschiedlicher Länge aussuchen, sich einen Lernpartner wählen und ihre Lernaktivitäten selbst bestimmen. Die Aufnahmen zum Üben des Gedichtevortrags liefern ein Beispiel für die Lernaktivitäten der Kinder (vgl. z.B. Anhang D4.2.4.1).

Ein Beispiel dafür, dass Kinder von sich aus auch individuelle Unterstützung einforderten, liefert ein Schüler, der mit der Lehrkraft gemeinsam am *Bärenboot* ein Verständnisproblem löste (vgl. Anhang D3.5.1).

Gegenseitige Unterstützung und Aufeinandereingehen

Die Etablierung eines „Wir-Bewusstseins" (Gudjons, 2011, S.126) ist entscheidend dafür, ob sich Kinder in einer Klasse gegenseitig unterstützen und aufeinander eingehen. Für dieses Ziel wurden unterschiedliche Mittel eingesetzt: Singen und Spielen in der Klassengemeinschaft, Wettspiele und kooperative Partnerarbeit in unterschiedlichen Gruppierungen.

An Sing- und Bewegungsspielen beteiligte sich durchweg die gesamte Klasse mit viel Begeisterung (vgl. Anhang D4.1.2.2-D4.1.2.4).

Gemeinsame Lernaktivitäten im Klassenkontext waren positiv besetzt. Der folgende Transkriptausschnitt soll dies veranschaulichen:

Transkriptausschnitt XXI, Ende Klasse 3
Lern- und Arbeitstechniken vermitteln: Feedback zum Lesen (Mai 2013) (vgl. Anhang D3.3.3)

6	S4: Ich find es schön, wenn alle mal mitlesen können. Wenn man nicht alleine im
7	Zimmer sitzt, so.
8	L: Was ist denn der Unterschied, wenn du alleine im Zimmer sitzt für dich jetzt und
9	liest, oder wenn wir gemeinsam lesen?
10	S4: Also, dass man dann merkt, wie die anderen lesen. (.) Und, dass man sich dann
11	auch halt abwechselt.
12	L: Was macht dann so nämlich, wenn man sich abwechselt? Was ist das für'n
13	Unterschied? Gibt's da einen Unterschied für dich? ((S4 zuckt mit den Schultern.)) Nee,
14	aber auf jeden Fall is doch klasse, ja. ((S4 nickt.)) Kann ich gut verstehen. S14.
15	S14: Ich les auch ganz gerne im Unterricht, weil ähm wenn man da kein Wort also wenn
16	da ein schwieriges Wort dabei ist und denn kann man gleich nachfragen. Dich oder die
17	anderen Kinder, die sagen das dann ja meistens und aber im Zimmer, da muss man
18	erst wieder runtergehen was weiß ich oder so.
[...]	
25	S5: Also, ich find es auch einfach schön, wenn zuhause das kann ich eigentlich nie, weil
26	mein Bruder der gar noch nicht so gut lesen, meine anderen Brüder das geht eh nicht,
27	mein Vater arbeitet den ganzen Tag und meine Mutter muss sich um die Babys
28	kümmern. Deshalb finde ich es auch mal schön, wenn man zusammen lesen kann.
29	L: Vielen Dank.

Hier formulieren zwei Kinder, wie sehr sie ihre Klassengemeinschaft als einen Ort schätzen gelernt haben, in dem sie lernen können, und dass sie das auch gern tun. Sie hören aufeinander und fühlen sich angenommen und ernst genommen. Darauf weisen ihre Aussagen hin, dass sie es schön finden, wenn alle etwas gemeinsam tun, dass sie gern den anderen zuhören, dass sie Fragen stellen können und dass sie verlässliche Antworten erhalten.

Ein Beispiel für eine gemeinsame konzentrierte Aufgabenlösung ist das Wörterbuchquiz (vgl. Anhang D4.2.4.2).

Wie die Kinder in Gruppen- und Partnerarbeit miteinander arbeiteten, wird im Folgenden aufgezeigt.

Für Wettspiele und kooperative Partnerarbeit wurden unterschiedliche Gruppen gebildet: Mädchen gegen Jungen, Jungen zusammen mit Mädchen, freie Wahl bei Partner- und Gruppenarbeit.

Dass sich in den unterschiedlichen Gruppierungen ein „Wir-Bewusstsein" (Gudjons, 2011, S.126) bilden konnte, lässt sich an mehreren Beispielen zeigen. Dass aber auch Mädchen und Jungen gute Teams bilden konnten und dass bei freier Wahl auch Mädchen Jungen als Partner wählten und umgekehrt, zeigte sich an vielen Beispielen.

Die Meldekette bei Spielen, bei der ein Mädchen immer einen Jungen aufrufen musste und umgekehrt, funktionierte problemlos. Auch bei freier Wahl arbeiteten Mädchen mit Jungen zusammen und kamen gut miteinander zurecht wie z.b. beim Memoryspielen in Partnerarbeit (vgl. Anhang D4.2.6.1) und beim Üben der Herbstgedichte in kleinen Gruppen (vgl. Anhang D4.2.4.1).

Wie Wahl und Absprache unter Arbeitspartnern zu Beginn des zweiten Schuljahres funktionierten, zeigt das folgende Beispiel aus der *Lerneinheit Herbstgedichte*:

Transkriptausschnitt XXII, Anfang Klasse 2
Individuelle Beratungsgespräche (September 2011) (vgl. Anhang D3.5.2)

4	S14: Ich muss selbst ein bisschen üben. Aber wir können ja zusammen. Im
5	Gruppenraum.
6	L: Nee, Gruppenraum nicht. Draußen sind schon Kinder. Oder ihr sucht euch eine Ecke.
7	Ihr dürft euch sonst auch einen Hocker nehmen und draußen zusammen üben.
8	((S14 spricht mit S5.))
9	S14: Gehst du schon mal raus?
10	S5: Ja, ich hol zwei Hocker.

Der Junge S14 informiert das Mädchen S5, dass es noch an seinem Gedichtevortrag arbeiten und üben müsse, und schlägt vor, dass sie gemeinsam im Gruppenraum üben (vgl. Z4 f.). Nachdem die Lehrperson die beiden Kinder darauf aufmerksam gemacht hat, dass dieser belegt sei, und eine Alternative angeboten hat (vgl. Z6 f.), koordinieren die beiden das weitere Vorgehen selbstständig (vgl. Z9 f.). Das zeugt davon, dass beide darin bereits erfahren waren. Dass die beiden das gemeinsame Üben der Einzelarbeit vorzogen, lässt darauf schließen, dass sie damit auch gute Erfahrungen gemacht haben.

Unterstützung erhielten die Kinder auch durch Rückmeldung aus der Klasse. Nach dem Vorlesen auf dem Lesethron oder nach einer Buchvorstellung durften sie ihre Feedbackgeber selbst auswählen. Der folgende Transkriptausschnitt zeigt eine Rückmeldungssituation im Anschluss an eine Buchpräsentation. Das Mädchen S2 wählte insgesamt vier Kinder aus, damit sie ihr eine Rückmeldung gaben.

Transkriptausschnitt XXIII, Mitte Klasse 2
Feedback im Anschluss an Buchvorstellungen – Sequenz 2 (Februar 2012) (vgl. Anhang D3.5.3)

```
1    S2: S11.
2    S11: Ich fand schön, dass du so deutlich gelesen hast. ((S2 lächelt.))
3    S2: S5.
4    S5: Ich fand schön, dass du ein Buch ausgesucht hast, wo die kleine Maus (.) hier ähm
5        ähm ihrn Eltern eine Freude machen wollte.
6    S2: Ähm, S4.
7    S4: Du könntest noch ein bisschen lauter lesen.
8    L: Und ein Lob hast du ja sogar noch.
9    S2: S3.
10   S3: Ich find es schön, dass du so flüssig gelesen hast.
```

Die Rückmeldung betrifft die Art und Weise des Lesevortrags (vgl. Z2, Z7 und Z10) sowie die Auswahl des präsentierten Lesestoffs. Die einleitenden Formulierungen sind hervorzuheben, da sie eine persönliche Ebene herstellen. So wurde das Lob eingeleitet mit „Ich fand schön" (vgl. Z2) oder „Ich find es schön" (vgl. Z10). Mädchen S4 beginnt ihren Tipp (Z7) mit „Du könntest". Der Konjunktiv lässt der Empfängerin damit die freie Entscheidung. Diese Art und Weise der Rückmeldung zeugt von einem freundlichen und respektvollen Umgang der Lernenden untereinander. Durch den Beifall am Ende seines Vortrags erfährt der Vortragende eine Würdigung durch die ganze Klasse.

Dass die Kinder aufeinander Bezug nahmen bzw. aufeinander eingingen, war kennzeichnend für diese Untersuchungsklasse. Hierbei spielte zunächst die Würdigung der einzelnen Präsentationen durch den Beifall eine zentrale Rolle. Die lernende Gemeinschaft schloss alle Kinder mit ein.

Die analysierten Sequenzen liefern Beispiele dafür, dass die Kinder der Untersuchungsklasse vielfache Lernerfahrungen in unterschiedlichen Gruppierungen und im Plenum gemacht haben. Ihr Verhalten zeigt, dass sie aufeinander eingingen, sich gegenseitig unterstützten, sich wertschätzten und sich wohlfühlten.

6.3.2 Formatives Assessment als Komponente der Individualisierung

Ein zentraler Bestandteil des fachübergreifenden Unterrichtskonzepts ist die Evaluation als Basis für die Unterrichtsplanung sowie als Instrument zur Selbststeuerung für die Lernenden.

Um Lernprozesse zu individualisieren, soll Lernen an den Lernvoraussetzungen der Kinder ansetzen. Voraussetzung dafür ist eine fortlaufende Beobachtung der Lernentwicklung und Kontrolle des Lernerfolges.

Um die Integration des formativen Assessments in den Unterricht zu untersuchen, werden schriftliche und Videodaten herangezogen, die unterschiedliche Feedbackformen für Lehrperson und Lernende abdecken: schriftliches Feedback für Übungen, Texte und Tests sowie formalisiertes mündliches Feedback für Präsentationen und Reflexionsphasen.

Die Schulanfangsbeobachtung das „Leere Blatt" (Hüttis-Graff, 2013b, S.168) lieferte eine erste globale Rückmeldung für die Lehrperson dazu, über welche Vorerfahrungen von Schrift die Kinder ihrer Klasse verfügen. Exemplarisch wird das in den vier Fallbeispielen gezeigt (vgl. Kapitel 6.4).

Im Folgenden geht es um Feedbackformen der Selbstkontrolle und Selbststeuerung. Dazu dienten Knickdiktate im Rahmen der Stationenarbeit, mit deren Hilfe die Kinder selbst überprüfen konnten, wie gut sie die *Wörter der Woche* in der Wochenmitte bereits beherrschten, die jeweils am Ende der Woche abgeprüft wurden. Bei der anschließenden Überprüfung durch die Lehrkraft zeigte sich, dass die meisten Kinder alle Wörter richtig schreiben konnten und in seltenen Fällen ein bis zwei Fehler gemacht wurden.

Rückmeldungen an die Lernenden durch die Lehrperson erfolgten für Texte und Tests. Bei den Texten war die Rückmeldung abhängig vom Können der Kinder. Sie erfolgten schriftlich und wurden vor allem bei einem höheren Lernbedarf auch mündlich besprochen.

Für die Tests erhielten die Kinder eine differenzierte Rückmeldung, indem die Fehler markiert wurden. Jedes Kind bekam seinen Testergebnissen entsprechende Übungsmaterialien für den nächsten Lernschritt. Da die Rückmeldungen für die Tests so individualisiert waren, kann hierfür keine beispielhafte Analyse erfolgen.

Im Folgenden wird die Rückmeldung für die Texte am Beispiel von Montagsgeschichten aufgezeigt. Die wöchentliche Rückmeldung für die Montagsgeschichten der Kinder war immer mit dem Auftrag verbunden, einige *kleine Wörter* – wie z.B. <ich> oder <dann> – einzuüben. Die Bedeutung des Richtigschreibens als Lesehilfe wurde mit den Kindern besprochen. Die Kinder überarbeiteten ihre Geschichten wöchentlich.

Dass diese Feedbackformen und die damit verbundenen (Unterrichts-)Gespräche eine weiterführende und differenzierte Reflexion ausgelöst haben, zeigt der folgende Videoausschnitt aus Klasse 2.

Transkriptausschnitt XXIV, Ende Klasse 2
Lern- und Arbeitstechniken vermitteln: Feedback (Mai 2012) (vgl. Anhang D3.4.6)

1	L: Wie wichtig ist es dir, dass du Wörter in deinem Text richtig schreibst? 1,2,3 Daumen
2	herbei. ((L. schaut sich um.)) Ok, ich sehe überwiegend Daumen nach oben und ich
3	werde euch befragen. S14, sag mal was dazu.
4	S14: Ich find's einfach wichtig.
5	L: Warum findest's wichtig?
6	S14: Sonst wenn du das liest oder Frau H., dann weißt du nicht, was das heißt.
7	L: Genau.
8	S14: Und dann steht da vielleicht ((S1 klatscht einmal in die Hand.)) schreiben oder so
9	und dann <schreibt man> schleiben und dann denkst du, häh? Und weißt dann gar
10	nicht, was das bedeutet.
11	L: Mh. ((L. schaut in die Klasse.)) Und (.) S15.
12	S15: Weil sonst später, wenn man Kinder hat, kann man den auch so nicht wirklich
13	helfen, weil dann ähm sagt man ja hilft man den ja und sagt man ja, wenn die das falsch
14	schreiben. ((L. nickt zustimmend.)) Dann kann man den ja gar nicht richtig helfen.
[...]	
15	L: S11, du hast mittel? ((L. bewegt den Daumen in die Mitte.))
16	S11: Für später ist es natürlich wichtig, wenn man alles richtig schreibt. Aber jetzt noch
17	in der zweiten Klasse oder so, dann ist es auch jetzt noch nicht ganz so wichtig, weil
18	dann denk ich ja auch noch nicht so richtig, dass das Kinder geschrieben haben. Weil
19	das ja fast nur die Eltern geschrieben haben, mit dem ganz korrigieren und so.
20	L: Also da machst du einen Unterschied. S8, lass das mal bitte.
21	S11: Also schon wichtig, dass richtig zu schreiben. Aber, wenn da ein paar schwiegige
22	Wörter sind, dann korrigiert Mama die nicht so ganz doll. Weil du sollst ja schon noch
23	denken, dass die Kinder das geschrieben haben.
24	L: Da hast du recht.
25	S11: Und nicht die Mütter.

Die Schülerinnen und Schüler äußern die Bedeutung der Rechtschreibung für das Textverständnis des Lesers, die Bedeutung für ihr späteres Lesen und ihre eigene Lernsituation in Klasse 2. Mit dem zuletzt genannten Aspekt machte das Mädchen S11 deutlich, dass sie sich in einem Lernprozess befindet und dass Rechtschreibfehler in der zweiten Klasse keinerlei Probleme darstellen, sondern dass sie diese sogar als „lernspezifische Notwendigkeit betrachtet" (Dehn, 2013, S.14).

Dass dieses formative Assessment einen Lernanreiz für die Kinder darstellte, wird am *Rechtschreibüben mit dem Schatzkästchen* aufgezeigt, das die Schülerinnen und Schüler in Klasse 3 anlegten. Dort bewahrten die Kinder ihren individuellen Wortschatz auf, den sie im Zusammenhang mit der rechtschriftlichen Verbesserung ihrer Montagsgeschichten anlegten.

Die Lehrperson wählte zunehmend komplexere Wörter aus den Geschichten zur Verbesserung und Übung aus. Die korrigierten Wörter hoben die Kinder in ihrem Schatzkästchen auf und übten die für sie bedeutsamen Wörter so lange bis sie sich richtig schreiben konnten. Das überprüften sie dadurch, dass sie Wörter aus dem Schatzkästchen auswählten und aus dem

Kopf in ihr *Schatzkästchenheft* schrieben. Wenn sie diese Wörter drei Mal in Folge richtig aufschrieben, wurden sie aus dem Schatzkästchen entfernt. Die folgenden Wortbeispiele geben einen Einblick in den Schatzkästchenwortschatz: <Pferde>, <Polizei>, <Astronaut>, <Juckreiz>, <Moschee>, <Kirche>, <Kette>, <unangenehm>, <verrückt>, <Spongebob>, <Star Wars>, <vertrauen>, <Freund>, <Stern>, <spielen>, <gestritten>, <gefahren>, <lebte>, <spritzt>, <antwortete>, <gibt>, <sollte>, <sind>, <Weltall>, <Fohlen>, <Computer>, <Stall>, <Gänsebraten>.

Hauptsächlich sind Nomen aus dem Kern- und Peripheriebereich vertreten. Die Verben sind – dem Vorkommen im Text entsprechend – überwiegend flektiert.

Die Wörterbeispiele zeigen die inhaltliche Bandbreite des persönlichen Schriftwortschatzes, der unterschiedliche Lebensbereiche betrifft. Hieran werden die individuellen Interessen, Vorlieben und Schwierigkeiten der Kinder deutlich und damit auch die Notwendigkeit einer Individualisierung. Die *Schatzkästchenwörter* erleichterten ebenso wie die *kleinen Wörter* im Kontext der Montagsgeschichten den Kindern den Schreibprozess, so dass sie sich auf Inhalt und Formulierung konzentrieren konnten[225]. Die Liste für die Schatzkästchenwörter könnte beliebig fortgesetzt werden.

Eine Rückmeldung durch die Mitschülerinnen und Mitschüler sowie die Lehrperson wurde für das Vorlesen auf dem Lesethron und für Buchvorstellungen gegeben, indem jeweils zwei Aspekte gelobt und ein Tipp zum Bessermachen gegeben werden sollten. Bei der Analyse der Daten wird der Blick darauf gerichtet, wie die Kinder das im Unterricht eingeübte Feedbackverfahren umsetzen und wie das Feedback von Kindern und Lehrperson von dem Adressaten aufgenommen wird.

Beim ersten Beispiel handelt es sich um eine Rückmeldung auf einen Lesethronvortrag zu Beginn von Klasse 1. Zu diesem Zeitpunkt standen ausschließlich die Würdigung und Ermutigung im Zentrum des Feedbacks. Eine kritische konstruktive Rückmeldung in Form eines Tipps erfolgte erst im zweiten Halbjahr des ersten Schuljahres.

Transkriptausschnitt XXV, Mitte Klasse 1

Lesethron – Sequenz 3 (Februar 2011) (vgl. Anhang D3.1.2)

7	((S8 lächelt und schaut zu den Kindern der Klasse. Alle applaudieren. S8 guckt sich
8	um.)) S1.
9	S1: Du hast schön laut gelesen. ((S8 fordert ein weiteres Kind auf und lächelt.))
10	S8: S5.

---

[225] Hinweise dafür liefern die Fallbeispiele (vgl. Kapitel 6.4).

11	S5: Du hast schön flüssig gelesen. ((S8 strahlt und möchte aufstehen.))
12	L: Gibt es noch einen Tipp? ((S8 setzt sich wieder richtig hin und schaut sich um.))
13	S8: S7.
14	S7: Du könntest noch etwas we weniger lesen. ((S8 geht fröhlich zu seinem Platz.))

Der Junge S8 liest einen selbstgewählten Text im Februar 2011, im ersten Schuljahr, auf dem Lesethron vor. Er wählt insgesamt drei feedbackgebende Kinder aus – den Jungen S1, das Mädchen S5 und den Jungen S7. Die Kinder, die ein Lob aussprechen, beginnen ihre Rückmeldung mit „Du hast so schön" (vgl. Z9 und Z11). Damit greifen sie Formulierungen auf, die im Unterricht als mögliche Satzanfänge besprochen wurden. Inhaltlich nehmen sie auf die Lautstärke und die Flüssigkeit des Lesevortrags Bezug. Beide Feedbackgeber setzen den avisierten Sinn des Feedbacks als Ermutigung gut um. Der Schüler S8 leitet seinen Tipp mit dem Satzanfang „Du könntest noch etwas" (vgl. Z14) ein. Inhaltlich nimmt er auf den umfangreichen Lesevortrag von S8 Bezug, der für ihn etwas kürzer hätte ausfallen können. Der Junge S8 nimmt das Feedback fröhlich und zufrieden auf und geht mit einem Lächeln auf dem Gesicht vom Lesethron zu seinem Platz. Sein Lächeln zeigt, dass er sich bestätigt fühlt und dass ihm das Lesen Freude bereitet. Von dem Tipp bzgl. des Leseumfangs scheint er sich nicht beirren zu lassen.

Reflexionsphasen wie die *Daumenprobe*, die ohne großen Zeitaufwand in den Unterricht integriert wurden, lieferten eine Rückmeldung für die Lehrperson. Daran ließ sich z.B. erkennen, ob die ausgewählte Lektüre das Interesse der Kinder weckte (vgl. u.a. Transkriptausschnitt VIII) und welche Haltung sie zu bestimmten Lerngegenständen, wie dem Lesen und Rechtschreiben einnahmen (vgl. u.a. Transkriptausschnitt XXIV). Darüber hinaus erhielt die Lehrkraft auch Hinweise auf die von den Kindern genutzten Strategien und zu ihrer Reflexionsfähigkeit (vgl. u.a. Transkriptausschnitt IX).

6.4 Vertiefende Analysen anhand von Fallbeispielen

Insgesamt werden vertiefende Analysen zu vier Fallbeispielen[226] vorgenommen. Es wurden dafür jeweils zwei Mädchen und zwei Jungen ausgewählt. Ihre Lernentwicklung wird auf der Grundlage schriftlicher Arbeiten mit quantitativen und qualitativen Methoden untersucht. Dazu werden das *Leere Blatt*, jeweils drei *Montagsgeschichten* aus dem ersten bis dritten Schuljahr, eine *produktive Schreibaufgabe* aus Klassenstufe 1 sowie der SRT „Das geheime

---

[226] Die Fallbeispiele werden durchnummeriert und erhalten keine fiktiven Namen.

Versteck" aus Klassenstufe 3 herangezogen. Die schriftlichen Arbeiten zur produktiven Schreibaufgabe liefern auch Hinweise zum Leseverständnis.

Von den Fallkindern gehören jeweils zwei Kinder zur oberen bzw. zur unteren Leistungshälfte. In der folgenden Tabelle werden die Leistungsergebnisse der vier Kinder im *HaReT*, in der *HSP* und im *SWLT* im Klassendurchschnitt verortet.

Tabelle 31: Verortung der Fallbeispiele nach Leistung in der Untersuchungsklasse

Tests	HaReT	SWLT 1.2	SWLT 2.2	SWLT 3.2	HSP 1.1	HSP 1.2	HSP 2.1	HSP 2.2	HSP 3.1	HSP 3.2
	Beginn Klasse 1	Ende Klasse 1	Ende Klasse 2	Ende Klasse 3	Mitte Klasse 1	Ende Klasse 1	Mitte Klasse 2	Ende Klasse 2	Mitte Klasse 3	Ende Klasse 3
UK	68,25	62,90	70,90	77,77	68,60	73,65	81,10	83,47	82,00	91,00
Fallbeispiel 1	35,00	57,00	43,00	48,00	33,00	45,00	71,00	70,00	60,00	93,00
Fallbeispiel 2	86,00	92,00	73,00	86,00	91,00	95,00	98,00	95,00	99,00	99,00
Fallbeispiel 3	95,00	82,00	93,00	98,00	51,00	92,00	91,00	98,00	97,00	99,00
Fallbeispiel 4	97,00	24,00	39,00	64,00	68,00	45,00	44,00	65,00	39,00	44,00

6.4.1 Erstes Fallbeispiel

Beim Fallbeispiel 1 handelt es sich um ein zurückhaltendes, fröhliches Mädchen mit pakistanischem Migrationshintergrund. Sie lebt mit ihren Eltern und mit drei älteren Geschwistern zusammen. Sie arbeitet in einem eher langsamen Tempo.

Mit einem Prozentrang von 35 im *HaReT* ist sie der unteren Leistungsgruppe in Bezug auf die kognitiven Voraussetzungen zuzuordnen, da sie 33,25 Prozentränge unter dem Durchschnitt liegt. Im Rechtschreiben entwickelt sich ihre Leistung nach den *HSP*-Ergebnissen positiv. Mit einem Prozentrang von 33 zum ersten Testzeitpunkt in Klasse 1 liegt sie erheblich unter dem

Durchschnitt. Auch wenn sich ihre Ergebnisse mit kleinen Schwankungen verbesserten, blieben ihre Leistungen bis Anfang Klasse 3 unterdurchschnittlich, wobei sich der Abstand allerdings verringerte. Am Ende von Klasse 3 dagegen machte sie einen großen Leistungssprung und liegt mit einen Prozentrang von 93 zwei Prozentrangpunkte über dem Klassendurchschnitt. In der Leseflüssigkeit und -genauigkeit war die Entwicklung weniger positiv. Ihre Ergebnisse im *SWLT* liegen durchgängig unter dem Durchschnitt: In Klasse 1 5,9 Prozentrangpunkte, in Klasse 2 17,9 Prozentrangpunkte und in Klasse 3 sogar 29,33 Prozentrangpunkte. Insgesamt nahm sie insofern eine positive Lernentwicklung, als ihre fachlichen Leistungen nicht so weit unter dem Durchschnitt liegen wie ihre Leistung im *HaReT*.

6.4.1.1 Leeres Blatt

Das Mädchen schreibt auf dem *Leeren Blatt* sechs Namen: ihren eigenen Namen[227], Namen aus der Familie und Namen aus der Klasse. Demnach ist bei ihr *Interesse an Schrift*[228] vorhanden. Auffällig ist, dass sie alle Wörter von rechts nach links schreibt.

Abbildung 24: Leeres Blatt von Fallbeispiel 1

---

[227] Um die Anonymität zu wahren, ist der schwarze Balken dort platziert, an der das Kind seinen eigenen Namen geschrieben hat.
[228] Die deduktiven Kategorien werden im Folgenden kursiv dargestellt.

Ihren eigenen Namen, den ihrer Schwester und von Freunden schreibt das Mädchen aus dem Kopf bzw. nach der Lautanalyse. Namen von zwei Klassenkameraden schreibt sie von deren Namensschildern auf ihrem Tisch richtig ab – jedoch von rechts nach links. Sie ordnet alle Namen untereinander an.

Aus ihrem *Leeren Blatt* lässt sich schließen, dass sie einen *Begriff von Schrift* hat. Sie war sichtlich mit Schrift in Berührung gekommen, womit sich auch die Schreibrichtung erklären könnte. Die Vermutung liegt nahe, dass das Mädchen diese Schreibrichtung von rechts nach links in ihrer Familie und ihrem Umfeld kennengelernt hat. Die alphabetische Schreibung „*Änni" lässt erkennen, dass sie eine Vorstellung von einer Phonem-Graphem-Korrespondenz hatte. Sie *orientierte sich auch an Schrift*, indem sie Schrift in ihrer Umgebung wahrnahm und Namensschilder als Schreibvorlage nahm.

6.4.1.2 Montagsgeschichten

Für die Analysen wurden insgesamt drei *Montagsgeschichten* ausgewählt[229]. Die erste wurde am 15. November 2010 in Klasse 1 geschrieben. Es ist ein Satz mit fünf Buchstaben, in dem die Schülerin mitteilte, dass sie am Wochenende mit Mama und Papa zusammen war. Sie teilt damit also *inhaltlich* etwas mit. Der Aufgabenstellung entspricht, dass sie das Personalpronomen <ich> verwendete und im Präteritum schreibt (<war>). Damit kann sie ihre Mitteilung auch *sprachlich* adäquat ausdrücken. Der Satz ist von der Satzstellung her korrekt. Zwischen Mama und Papa hätte die Konjunktion <und> ergänzt werden können, was aber für erzählerische Texte nicht unbedingt nötig ist. Die für das Verständnis erforderliche Präposition <mit> ist vorhanden. Die *schriftliche Darbietung* ist dadurch gekennzeichnet, dass die Wörter gut lesbar sind, da sie alle orthographisch richtig sind. Dass Groß- und Kleinbuchstaben nicht ganz regelhaft verwendet wurden und Wortzwischenräume kaum zu erkennen sind, schränkt die Lesbarkeit nicht ein. Ein Satzschlusszeichen wurde nicht gesetzt.

Da der Text nur aus einem Satz besteht, lassen sich von daher keine Aussagen zum *Aufbau* treffen.

Der Text ist jedoch durch ein Bild ergänzt, das der Lehrerin von dem Mädchen erläutert wurde. Es handelt sich um einen großen runden Tisch, auf dem eine gelbe Tischdecke liegt, und mit

---

[229] Die Aufgabenstellung der Montagsgeschichten der folgenden Fallbeispiele lautet: „Schreibe über ein Erlebnis vom Wochenende oder denke dir eine Geschichte aus." So konnten die Kinder interessengeleitet auswählen und schreiben.

Stühlen rings herum. Damit komplettierte das Mädchen ihren Text und wollte damit ausdrücken, dass sie mit ihren Eltern auf einem großen Fest war. Hieran zeigt sich, dass die Schülerin Interesse daran hatte, anderen etwas von ihrem Wochenende mitzuteilen.

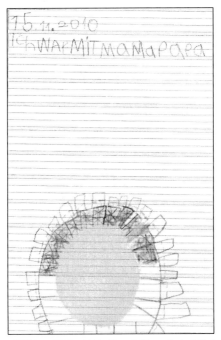

Abbildung 25: Geschichte Klasse 1 (November) - Fallbeispiel 1

In ihrer *Montagsgeschichte* vom 21. November 2011, in Klasse 2, erzählt das Mädchen wieder von einem Wochenenderlebnis. Der Text besteht aus dreißig Wörtern: einer Überschrift und fünf Sätzen.

Nach der Überschrift „*Mein *AlePnese" beginnt das Mädchen keine neue Zeile, sondern schreibt gleich weiter. Dennoch ist der Textbeginn klar erkennbar, da er mit dem Hauptsatz „ich *Fand schön" beginnt, dem ein mit der Konjunktion <dass> eingeleiteter Nebensatz folgt. Die *inhaltlichen* Mitteilungen sagen aus, was die Schreiberin schön fand, und zwar dass sie und ihre Schwester auf einem Fest waren und Geschenke bekommen haben. Während sie das Geschenk ihrer Schwester benennt, gibt sie über ihr Geschenk keine Auskunft. Im Schlusssatz hebt sie zusammenfassend hervor, dass alle Geschenke schön waren. Damit hat ihre Geschichte einen für den Leser gut nachvollziehbaren *Aufbau*.

Sprachlich drückt die Schülerin ihre Mitteilung mit einem adäquaten Wortschatz aus, so dass sie gut verständlich ist. Als anreihende Konjunktion wird nur <und> und zur Beschreibung nur das Adjektiv <schön> genutzt. Der Satzbau ist beinahe korrekt. So steht das finite Verb in dem ersten dass-Nebensatz korrekterweise, der dem einleitenden Hauptsatz „ich *Fand schön" folgt, an letzter Stelle; in dem zweiten, mit der Konjunktion <und> verbundenen Satz, steht dieses jedoch an erster Stelle. Die Satzstellung der beiden folgenden mit <und> verbundenen Hauptsätze ist korrekt. Die Konjunktion <und> vor den beiden letzten Hauptsätzen, die grammatikalisch nicht korrekt ist, lässt sich aus dem inhaltlichen Zusammenhang des Gesamttextes erklären. Bezogen auf Inhalt, Sprache und Aufbau handelt es sich also um einen zusammenhängenden Text. Von der *schriftlichen Darbietung* her ist der Text bis auf die Überschrift gut lesbar: Die Wörter sind leserlich geschrieben, Wortzwischenräume sind mit Ausnahme von „*alehben" gesetzt, die Wörter sind entweder korrekt (vgl. z.B. „schön") oder nach der Lautanalyse so geschrieben, dass ihr Sinn klar ist (z.B. „*gestan"). Die Schreibung der Überschrift „*Mein *ALePnese" ist jedoch nur aus dem Kontext als Erlebnis zu deuten.

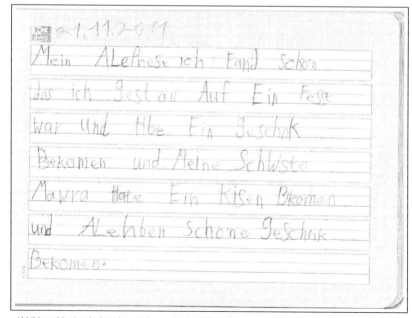

Abbildung 26: Geschichte Klasse 2 (November) - Fallbeispiel 1

Auch in ihrer Geschichte aus dem dritten Schuljahr vom 29. Januar 2013 erzählt die Schülerin von einem Wochenenderlebnis.

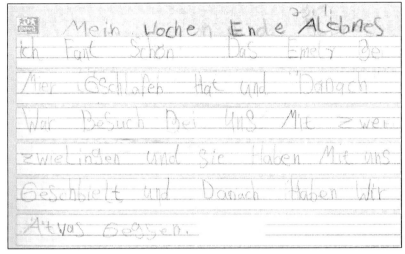

Abbildung 27: Geschichte Klasse 3 (Januar) - Fallbeispiel 1

Dieser Text umfasst 34 Wörter: Eine Überschrift und acht Sätze. Die Überschrift steht über dem Text, der mit „ich *Fant schön" beginnt.

Inhaltlich wird von vier Erlebnissen berichtet: Das Mädchen hatte Übernachtungsbesuch, danach kam ein Besuch mit Zwillingen, sie hat mit ihnen gespielt und dann haben sie gegessen.

Der *Aufbau* der Geschichte folgt also der Reihenfolge der Ereignisse. Dieser zeitliche Ablauf kommt *sprachlich* durch das Temporaladverb <danach> zum Ausdruck. Der Satzbau ist korrekt, da man „mit zwei Zwillingen"[230] als nachgestellte Erklärung einordnen kann. Die *schriftliche Darbietung* gewährleistet die Lesbarkeit des Textes. Die Schrift ist gut lesbar, Großbuchstaben sind nicht mehr im Wortinneren, aber auch noch nicht korrekt gesetzt, Satzzeichen fehlen. 26 der 34 Wörter sind korrekt geschrieben, die übrigen nach der Lautanalyse geschriebenen Wörter sind alle verständlich, diesmal auch die Überschrift „*Wochen Ende Alebnes".

---

[230] Aufgrund der besseren Lesbarkeit orthographisch korrekt verschriftlicht.

Die *Montagsgeschichten* zeigen, dass die Schülerin ihr Interesse, Lesern mit ihren Texten etwas mitzuteilen, beibehalten und ihre Fähigkeit zum schriftlichen Ausdruck und zur schriftlichen Darbietung seit Klasse 1 erheblich ausgebaut hat.

Nach dem *Bereitermodell* ist der Leserbezug in ihren Texten gut ausgebildet (vgl. Kapitel 2.4.2). Weiterhin beachtet sie die Rechtschreibung und beginnt ihren Text sprachlich zu gestalten, was sich z.B. an der Überschrift und dem Temporaladverb zeigt.

6.4.1.3 Produktive Schreibaufgabe in Klasse 1

Abbildung 28: Schreibaufgabe zum Bilderbuch (Klasse 1) - Fallbeispiel 1

Um die Lesbarkeit und Verständlichkeit zu gewährleisten, werden die verschriftlichten Gedanken der Schülerin in der Sprechblase an dieser Stelle orthographisch korrekt aufgeschrieben. Die Anordnung der Sätze wird beibehalten, Satzzeichen werden nicht ergänzt:

Sie sollten Freunde sein

Sie sollten Freunde sein

Sie sollten Freunde sein
weil wenn sie sich gestritten haben
vertragen sie sich wieder

Das Mädchen schreibt „Sie sollten Freunde sein"[231] insgesamt dreimal auf. In einem Gespräch mit der Lehrkraft begründete sie, dass ihr das besonders wichtig sei – deshalb habe sie diesen Satz häufiger aufgeschrieben. Sie setzt die Wiederholung demnach als sprachliches Mittel ein, was auf entsprechende literarische Erfahrungen schließen lässt. Als Argument für ihre Auffassung führt sie an, dass die beiden sich nach einem Streit wieder vertragen. Sie greift damit auf eigene Erfahrungen zurück. Die für beide Freunde enttäuschende Essensszene interpretierte sie als Streit und erkannte nicht, dass sie nur sehr enttäuscht waren, sich aber nicht gestritten hatten. Ihre Auffassung, dass sich die beiden wieder vertragen, zeigt, dass sie sich in die literarischen Figuren hineinversetzen kann. Sie versteht, dass die langjährige Freundschaft hält, auch wenn es einmal zu einer Missstimmung gekommen ist.

---

[231] Aufgrund der besseren Lesbarkeit orthographisch korrekt verschriftet.

6.4.1.4 SRT „Das geheime Versteck"

Die folgende Abbildung zeigt den von Fallbeispiel 1 geschriebenen Diktattext „Das geheime Versteck".

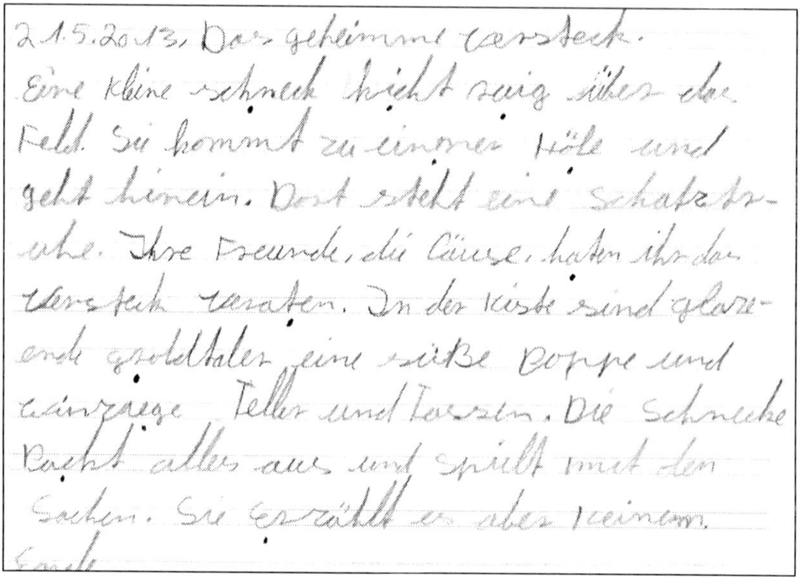

> 21.5.2013, Das geheime Versteck.
> Eine kleine Schneck kricht ruig über die
> Feld. Sie kommt zu einmer Höle und
> geht hinein. Dort steht eine Schatztru-
> he. Ihre Freunde, die Mäuse, haben ihr das
> Versteck veraten. In der Kiste sind glanz-
> ende Goldtaler, eine süße Poppe und
> einzigee Teller und Tassen. Die Schnecke
> Packt alles aus und spielt mit den
> Sachen. Sie erzählt es aber keinem.

Abbildung 29: SRT (Klasse 3) - Fallbeispiel 1

Tabelle 32 gibt einen Überblick über die Leistungsergebnisse nach Teilkompetenzen. Die Angaben erfolgen in Prozent. Zum Vergleich sind die Mittelwerte der Untersuchungsklasse für die einzelnen Teilkompetenzen ausgewiesen.

Tabelle 32: Auswertung SRT (Klasse 3) - Fallbeispiel 1

	Ganzes Wort	Großschreibung 1) Satzanfang 2) Nomen	Phonographisch-silbisch	Morphologisch 1) Stamm 2) Endung	Wortbildung	Peripherie	Merkwörter
UK	90,71	1) 99,40 2) 94,29	95,08	1) 89,52 2) 98,21	86,24	90,48	98,50
Fallbeispiel 1	80,32	1) 100,00 2) 86,66	80,00	1) 73,33 2) 100,00	77,78	75,00	100,00

Fallbeispiel 1 schreibt 80,32 Prozent der Wörter komplett richtig, 100 Prozent der Wörter am Satzanfang und 80 Prozent der Nomen schreibt sie groß. 80 Prozent der Wortstruktureinheiten, die nach dem phonographisch-silbischen Prinzip gebildet werden, schreibt sie richtig. Innerhalb der ersten drei Teilkompetenzen liegt sie – bis auf die Großschreibung am Satzanfang – unter dem Durchschnitt der Untersuchungsklasse. Sie schreibt 73,33 Prozent der Wortstruktureinheiten, die zur morphologischen Stammschreibung gehören, richtig. 100 Prozent der Endungsmorpheme schreibt sie richtig und liegt somit marginal über dem Mittelwert der Untersuchungsklasse. In der Wortbildung liegt sie mit einem Ergebnis von 77,78 Prozent zwar deutlich unter dem Mittelwert. Absolut gesehen schreibt sie aber nur zwei von neun Struktureinheiten falsch. In der Teilkompetenz Peripherie liegt sie mit einem Ergebnis von 75 Prozent unter dem Mittelwert der Untersuchungsklasse. Hierbei muss bedacht werden, dass sie drei von vier Struktureinheiten richtig schreibt. Für die Merkwörter erreichte sie ein Ergebnis von 100 Prozent und liegt damit über dem Mittelwert der Untersuchungsklasse.

Die Fehlschreibungen sind in der folgenden Tabelle nach Teilkompetenzen zusammengestellt. Die fehlerhaft geschriebenen Wörter sind erneut durch ein Sternchen (*) gekennzeichnet.

Tabelle 33: Qualitative Auswertung SRT (Klasse 3) - Fallbeispiel 1

	Großschreibung 1) Satzanfang 2) Nomen	Phonographisch-Silbisch	Morphologisch 1) Stamm 2) Endung	Wortbildung	Peripherie	Merkwörter
Fallbeispiel 1	2) *schneck <Schnecke> *groldtaler <Goldtaler>	*geheimme <geheime> *schneck <Schnecke> *einner <einer> *haten <hatten> *glazende <glänzende> *Poppe <Puppe>	1) *kicht <kriecht> *ruig <ruhig> *glazende <glänzende> *groldtaler <Goldtaler>	*veraten <verraten-> *winziege <winzige>	*Höle <Höhle>	

Die fehlende Großschreibung der Nomen könnte bei dem Wort <Schnecke> auf einen Flüchtigkeitsfehler zurückzuführen sein, da dieses Nomen unten großgeschrieben ist.

Insgesamt sechs Fehlschreibungen sind der Kategorie phonographisch-silbisch zuzuordnen: In zwei Wörtern wurden nicht alle Phoneme verschriftet (<Schnecke>, <glänzende>), in einem Wort wurde der Vokal <o> statt <u> gesetzt, in einem Wort wurde die Silbe nach einem kurzen Vokal nicht geschlossen (<hatten>) und in zwei Wörtern wurde nach einem Diphthong ein doppelter Konsonant gesetzt (<geheime>, <einer>).

Die fünf Fehlschreibungen in der morphologischen Teilkompetenz betreffen die Stammschreibung: Das <ie> im Wort <kriecht>, das fehlende <h> in dem Wort <ruhig>, die Umlautschreibung im Wort <glänzende> sowie der zusätzlich hinzugefügte Buchstabe im Wort <Goldtaler>. In der Wortbildungskategorie schreibt sie das Präfix <ver> in <verraten> und das Suffix <-ig> in <winzige> falsch. Das Suffix <-ig> in <ruhig> schreibt sie dagegen richtig. Das könnte daran liegen, dass ihr das letztgenannte Wort bekannt war. Im Peripheriebereich fehlt das Dehnungs-h in dem Wort <Höhle>.

Insgesamt lässt sich aus der qualitativen Auswertung schließen, dass das Mädchen die Lautanalyse und insbesondere die Unterscheidung von Lang- und Kurzvokal sowie das morphologische Prinzip im Hinblick auf die Morphemkonstanz und die Wortbildungsprinzipien noch nicht sicher beherrschte, sehr wohl aber die Flexionsendungen. Dass sie alle Merkwörter richtig schreibt, lässt vermuten, dass sie fleißig übt.

6.4.2 Zweites Fallbeispiel

Bei dem zweiten Fallbeispiel handelt es sich um ein fröhliches und sprachlich gewandtes Mädchen aus einem schriftnahen Kontext und Deutsch als Muttersprache. Sie lebt mit ihren Eltern und einem älteren Bruder zusammen. Dieses Mädchen lernt mit Freude, ihre Aufgaben bearbeitet sie aber langsam und lässt sich leicht ablenken.

Nach ihren kognitiven Voraussetzungen – bezogen auf das Testergebnis im *HaReT* mit einem Prozentrang von 86 bei einem Klassendurchschnitt von 68, 25 – ist sie der oberen Leistungsgruppe zuzuordnen. Die Leistungsentwicklung im Rechtschreiben verlief nach den *HSP* – Ergebnissen positiv und durchwegs überdurchschnittlich. Ausgehend von Prozentrang 91 Mitte Klasse 1 steigerte sie sich am Ende von Klasse 3 auf Prozentrang 99. In der Leseflüssigkeit und -genauigkeit gemessen mit dem *SWLT* war ein Rückschritt von Prozentrang 92 im ersten Schuljahr zu Prozentrang 73 im zweiten Schuljahr und ein Anstieg auf Prozentrang 86 Ende Klasse 3 zu verzeichnen. Das hohe *HaReT*-Testergebnis von Fallbeispiel 2 korrespondiert mit den Rechtschreibleistungen des Mädchens.

6.4.2.1 Leeres Blatt

Das Mädchen nutzte das *Leere Blatt* dazu, für ihre Familie etwas zu gestalten.

Abbildung 30: Leeres Blatt von Fallbeispiel 2

Sie schreibt „VON ‚eigenen Namen' FÜR NICK MAMA UND PAPA". Dazu malte sie ein Pferd und einen Hund, die Deutschlandflagge und mehrmals das Haus vom Nikolaus. Ihre Mitteilung „VON" und „FÜR" gibt einen Hinweis auf ihre schriftnahe Sozialisation. Dass sie zudem den Namen ihres Bruders Nick richtig schreibt, lässt auf bisherige Schriftpraxis schließen, in der sie Schrift produziert und rezipiert hat. Sie hat demnach einen *Begriff von Schrift* und *eine Orientierung an Schrift*. Sie drückte über das Geschriebene ihre Zuwendung zu ihrer Familie aus und ergänzt ihre Mitteilung mit den Bildern. Das Haus vom Nikolaus könnte mit dem Namen Nick ihres Bruders zusammenhängen.

6.4.2.2 Montagsgeschichten

In der hier abgebildeten *Montagsgeschichte* aus Klasse 1 vom 8. November 2010 schreibt das Mädchen Erlebnisse vom Wochenende *inhaltlich* gut verständlich auf.

Abbildung 31: Geschichte Klasse 1 (November) - Fallbeispiel 2

Der Text besteht aus dreizehn Wörtern und einer Zahl. Es handelt sich um drei Hauptsätze, von denen zwei mit <und> verbunden sind. In den ersten beiden Sätzen teilt sie im Perfekt mit, dass sie mit Emily gespielt und eine Höhle gebaut hat. Mit dem dritten Satz wechselt sie ins Präsens und erzählt, dass sie sich auf das Reiten freut. Neben dem Text malt sie sich als Reiterin auf einem Pferd. Die Satz- und Bildinformation zusammengenommen könnten darauf schließen lassen, dass auch das Reiten am Wochenende stattfand. Werden jedoch ihre Wochenenderzählungen im Morgenkreis berücksichtigt, könnte es sich jedoch auch um einen Ausblick auf die nächste Woche handeln, da sie auch im Morgenkreis häufiger von kommenden Ereignissen erzählte. Das Mädchen drückt ihre Mitteilung *sprachlich* korrekt aus. Der Text ist von der *schriftlichen Darbietung* her gut lesbar und verständlich. Acht Wörter sind richtig geschrieben und fünf nach der Lautanalyse (vgl. z.B. „*GSchbilt" und „*Raeten"). Für das Wort <eine> verwendet sie die Ziffer.

Inhaltlich berichtet das Mädchen in einer *Montagsgeschichte* im zweiten Schuljahr am 28. November 2011 von einem umfangreichen Wochenendprogramm: Besuch einer Reitveranstaltung ihrer Freundin, einer Fahrradtour gemeinsam mit ihrer Mutter und dem Hund Boni, einem Schwimmkurs und einem leckeren Abendessen.

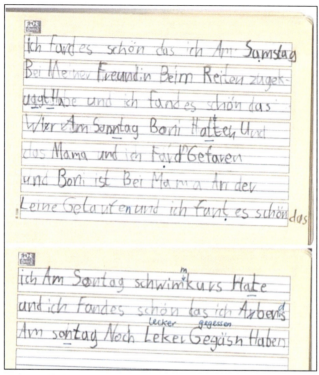

Abbildung 32: Geschichte Klasse 2 (November) - Fallbeispiel 2

Der Text umfasst 66 Wörter. Jedes der vier Ereignisse ist mit „Ich fand es schön, dass"[232] eingeleitet. In den unmittelbar folgenden Nebensätzen steht das finite Verb am Ende. Bei einer Nebensatzkonstruktion mit zwei Nebensätzen ist die Verbstellung im zweiten Satz nicht korrekt.

Die Erlebnisse sind nach dem zeitlichen Ablauf mit Angabe des Wochentags erzählt. Die Erlebnisse sind verständlich dargestellt. Vom Leser wird jedoch auch eine Interpretationsleistung verlangt, da zuerst „Boni" eingeführt wird und erst im nächsten Satz durch die Mitteilung „Boni ist *Bei Mama *An der Leine *Gelaufen" deutlich wird, dass Boni ein Hund ist.

---

[232] Aufgrund der besseren Lesbarkeit orthographisch korrekt verschriftet.

55 Wörter sind korrekt geschrieben, die übrigen nach Lautanalyse, wobei sich der Sinn jedes Wortes aus der Schriftform oder aus dem Kontext erschließt. Auffällig sind die Variantenschreibungen von <Sonntag>, <fand> und <hatte>. Dies lässt zum einen darauf schließen, dass sich das Mädchen ganz auf die Ideengenerierung und -formulierung konzentrierte, und zum anderen, dass die Rechtschreibung noch nicht automatisiert ablief.

Dass das Mädchen gern noch detailreicher von ihrem Wochenende berichtet hätte, darauf lässt das Bild zum Text schließen, auf dem die Fahrradtour dargestellt ist (vgl. Abbildung 33). In Comicmanier beschriftet sie die Figuren und gibt ihre Äußerungen in Sprechblasen wieder. In der Sprechblase der Mutter steht: „Boni *kom!" Der Hund Boni hat in seiner Sprechblase: „wuff wuff wuff" stehen. Diese Kombination zeugt von einem kreativen Umgang des Mädchens mit ihren schriftlichen Ausdrucksmitteln, um dem Leser ein Maximum an Informationen zu liefern und sein Interesse zu wecken.

Abbildung 33: Bild zur Geschichte Klasse 2 (November) - Fallbeispiel 2

Die folgende Montagsgeschichte aus Klasse 3 vom 10. Februar 2013 weist einen expliziten Leserbezug auf, indem dieser schon durch die Überschrift neugierig gemacht werden soll: „Nur drei Tage und so viel erlebt!"

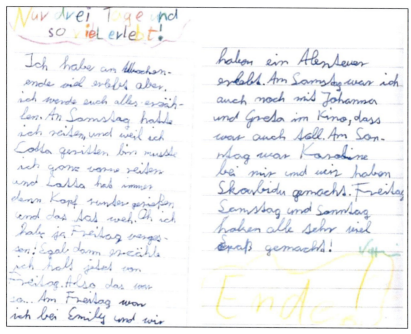

Abbildung 34: Geschichte Klasse 3 (Februar) - Fallbeispiel 2

In dem zwei Seiten langen Text mit 115 Wörtern spricht das Mädchen die Leser einleitend direkt an: „Ich habe am Wochenende viel erlebt aber, ich werde euch alles erzählen." Durch die Anrede „euch" wird deutlich, dass sich die Geschichte an eine ganze Leserschaft und nicht eine einzelne Person wie z.B. die Lehrperson richtet.

Sie beginnt mit einem Reiterlebnis vom Samstag, das sie detailreich erzählt und sprachlich in einem komplexen Satzgefüge ausdrückt. Bei der Niederschrift fiel ihr sichtlich ein weiteres wichtiges Ereignis ein, das allerdings schon am Freitag stattgefunden hatte. Dies markiert sie für die Leserinnen und Leser mit dem Satz: „Oh ich habe ja Freitag vergessen! Egal dann erzähle ich halt jetzt von Freitag." Damit verlässt sie die Erzählebene und kommentiert ihren Erzählaufbau für die Leserschaft. Dass sie danach einen mündlichen Sprachduktus wählt „Egal dann erzähle ich halt jetzt Freitag" unterstreicht noch ihren Leserbezug. Sie erzählt dann, was sie am Freitag und an dem Samstag zudem noch erlebt hat. Zusammenfassend äußert sie am Ende ihrer Wochenendgeschichte: „Freitag Samstag und Sonntag haben alle sehr viel Spaß gemacht!" Damit schließt sie ihre Geschichte ab.

Die Formulierung der Sätze ist grammatikalisch weitgehend korrekt und abwechslungsreich. Die Rechtschreibung ist gut ausgebildet, die überwiegende Anzahl der Wörter ist richtig geschrieben. Es sind Satzschlusszeichen, aber noch keine Kommas gesetzt.

Die *Montagsgeschichten* des Mädchens zeigen von Anfang an einen starken Leserbezug. Über die drei Schuljahre nahm das schriftsprachliche Ausdrucksvermögen deutlich zu, sodass die Texte nicht nur länger und inhaltsreicher wurden, sondern auch von Aufbau und Sprache her variationsreicher und komplexer.

Das Mädchen schreibt am Ende von Klasse 3 leserbezogen und textgestaltend. Zudem lässt die nachgestellte Erklärung darauf schließen, dass sie auch die epistemische Schreibfunktion anwendet, d.h., dass das Aufschreiben zur Ideenfindung beiträgt. Somit sind bei ihr in Ansätzen alle Teilfähigkeiten einer Schreibkompetenz nach Bereiter (vgl. Kapitel 2.4.2) ausgebildet.

6.4.2.3 Produktive Schreibaufgabe in Klasse 1

Abbildung 35: Schreibaufgabe zum Bilderbuch (Klasse 1) - Fallbeispiel 2

Das Mädchen beginnt ihre Antwort mit „Ich finde sie sollten Freunde sein"[233], um danach zu fragen „und warum sollten sie denn keine Freunde sein"[234]. Wenn sie als Begründung dafür angibt „weil sie haben sich ja gar nicht gestritten", wird der rhetorische Charakter ihrer Frage deutlich, der auch durch die Verwendung von <denn> unterstrichen wird. Das Mädchen versteht, dass der Frosch und der Hase sich gar nicht gestritten haben. Sie interpretiert den Text also richtig, indem sie die Textinformationen elaboriert. Ihre Argumentation beruht auf der Schlussregel: Wenn sich Freunde nicht gestritten haben, liegt kein Grund dafür vor, dass sie keine Freunde mehr sein sollten. Sie tritt damit in einen Dialog mit der Aufgabenstellung ein. Das Mädchen ergänzt ihre Argumentation durch ein gemaltes Herz, was auf eine Unterstreichung der Freundschaft hinweisen kann.

---

[233] Aufgrund der besseren Lesbarkeit orthographisch korrekt verschriftet.
[234] Aufgrund der besseren Lesbarkeit orthographisch korrekt verschriftet.

6.4.2.4 SRT „Das geheime Versteck"

Die folgende Abbildung zeigt den von Fallbeispiel 2 geschriebenen Diktattext „Das geheime Versteck".

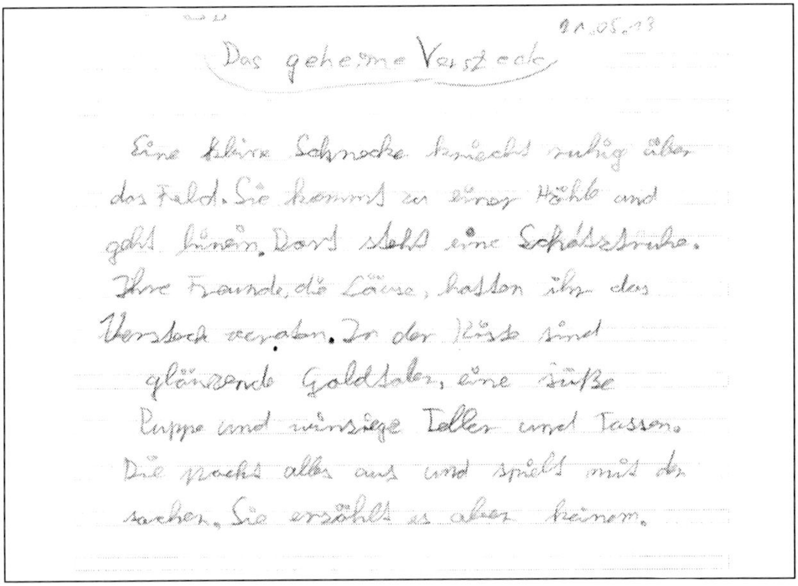

> **Das geheime Versteck**
>
> Eine kleine Schnecke kriecht ruhig über das Feld. Sie kommt zu einer Höhle und geht hinein. Dort steht eine Schatztruhe. Ihre Freunde, die Läuse, haben ihr das Versteck verraten. In der Kiste sind glänzende Goldtaler, eine süße Puppe und winzige Teller und Tassen. Die packt alles aus und spielt mit den sachen. Sie erzählt es aber keinem.

Abbildung 36: SRT (Klasse 3) - Fallbeispiel 2

Die folgende Tabelle liefert einen Überblick über die Ergebnisse einer differentiellen Auswertung nach Teilkompetenzen. Die Angaben erfolgen in Prozent. Um die Leistung von Fallbeispiel 2 in der Untersuchungsklasse verorten zu können, sind auch erneut die Mittelwerte der Untersuchungsklasse für die einzelnen Teilkompetenzen ausgewiesen.

Tabelle 34: Auswertung SRT (Klasse 3) - Fallbeispiel 2

	Ganzes Wort	Großschreibung 1) Satzanfang 2) Nomen	Phono-graphisch-silbisch	Morphologisch 1) Stamm 2) Endung	Wortbildung	Peripherie	Merkwörter
UK	90,71	1) 99,40 2) 94,29	95,08	1) 89,52 2) 98,21	86,24	90,48	98,50
Fallbeispiel 2	93,44	1) 100,00 2) 93,33	100,00	1) 100,00 2) 100,00	77,78	100,00	100,00

Fallbeispiel 2 erzielte in allen Teilkompetenzen hohe Werte zwischen 77,78 und 100 Prozent und liegt damit – bis auf die Teilkompetenzen der Großschreibung bei Nomen und der Wortbildung – im Klassendurchschnitt bzw. darüber. Im vorletzten Satz vergaß sie das Wort <Schnecke> aufzuschreiben.

Insgesamt machte das Mädchen Fehler in drei Wörtern: „*sachen", „*veraten", „*winziege". In der Teilkompetenz Wortbildung schreibt sie damit dieselben Affixe falsch wie Fallbeispiel 1. Analog dazu schreibt sie das Suffix <-ig> in <ruhig> richtig. Die Einsicht in die Struktur von abgeleiteten Wörtern war demnach auch bei Fallbeispiel 2 noch nicht gesichert.

6.4.3 Drittes Fallbeispiel

Bei dem dritten Fallbeispiel handelt es sich um einen fröhlichen, kommunikativ starken und selbstbewussten Jungen. Er lebt mit seinen Eltern und einem älteren Bruder zusammen. Er lernt eifrig, arbeitet schnell und sorgfältig an seinen Aufgaben. Der Junge zeigt eine hohe Lernbegeisterung. Im Rahmen von Beratungsgesprächen äußerte der Junge, dass er noch mehr arbeiten möchte. Daher wurde vereinbart, dass er sich zusätzliche Aufgaben wählen könne. Ein Beispiel hierfür ist die in Klasse 3 von ihm selbstgestaltete Speisekarte. Sie wird zusätzlich zu den Montagsgeschichten in die Fallanalyse einbezogen (Kapitel 6.4.3.5).

Mit einem Prozentrang von 95 im *HaReT* ist er von seinen kognitiven Voraussetzungen her der oberen Leistungsgruppe zuzuordnen. Die Leistungsentwicklung im Bereich Rechtschreiben – ausgehend von der *HSP* – ist als sehr positiv herauszustellen. Mit einem Prozentrang von 51 zum ersten Testzeitpunkt in Klasse 1 beginnend erlangte er - mit einem minimalen Rückschritt (vgl. HSP 2.1) – am Ende von Klasse 3 einen Prozentrang von 99. Im Bereich der Leseflüssigkeit ist eine stetige Leistungssteigerung von einem Prozentrang von 82 bis zu einem Prozentrang von 98 im dritten Schuljahr zu verzeichnen. Sein hohes *HaReT*-Testergebnis korrespondiert mit seinen Rechtschreibleistungen.

6.4.3.1 Leeres Blatt

Der Junge schreibt insgesamt sechs Wörter in den Farben grün und blau. Die Tatsache, dass er für ihn persönlich bedeutsame Wörter schreibt, lässt ein *Interesse an Schrift* vermuten. Zunächst schreibt er die Wörter „OMA" und „OPA" sowie seinen eigenen Namen. Diese korrekten Schreibungen lassen auf eine *Orientierung an Schrift* schließen. Danach schreibt er die Wörter „*SUPA" und „*LALA" nach seiner Lautanalyse auf. Dies lässt auf einen *Begriff von Schrift* schließen. Als letztes Wort notiert er den Namen seines Bruders „NIKLAS". Alle Wörter schreibt er untereinander.

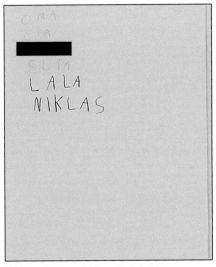

Abbildung 37: Leeres Blatt von Fallbeispiel 3

6.4.3.2 Montagsgeschichten

In der hier abgebildeten *Montagsgeschichte* aus der Klassenstufe 1 vom 8. November 2010 schreibt er *inhaltlich* von einem Wochenenderlebnis. Seinen Text ergänzt er durch ein Bild.

Abbildung 38: Geschichte Klasse 1 (November) - Fallbeispiel 3

Er schreibt insgesamt zehn Wörter auf den beiden Seiten:

„*HSVSCHADIOEUN" (HSV Stadion[235]) „*HSVKATEN" (HSV Karten) „*TAUSN" (Tausend) „*KENDEA" (Kinder).

Auf der linken Seite malt er die Tribüne im Stadion und darüber die HSV-Raute, das Erkennungszeichen des Hamburger Sportvereins. In der Mitte seiner Zeichnung schreibt er Spielernamen nach der Lautanalyse auf und umrahmt sie. Er schreibt die Namen „*FARNESREUI" (Van Nistelrooy), „*PRESCH" (Petric), „*ENLIA" (Elia) und „*REUST" (Rost). Er schreibt dann die Zahl 100 und dahinter „*ME". Darunter malt er einen grünen Rasen mit zwei Spielern und ganz unten ein Kästchenmuster, das ein Fußballtor repräsentieren soll. In einem Gespräch über seine *Montagsgeschichte* erzählte Fallbeispiel 3, dass er eigentlich die Zahl 1.000 schreiben wollte und „*ME" <Menschen> heißen sollte – so wie er auch in seinem Text von 1.000

---

[235] Um die Lesbarkeit zu erleichtern, soll der Text an dieser Stelle orthographisch korrekt in Klammern repräsentiert werden.

Kindern geschrieben hatte. Darin erzählte er davon, dass er am Wochenende im HSV-Stadion gewesen war und dass dort 1.000 Kinder waren. Die Fußballspieler Van Nistelrooy, Petric, Elia und Rost hatten gespielt. Von der Reihenfolge her malt der Junge zuerst das Bild und schreibt dann seinen Text. Der Text dient somit der Bildbeschreibung. Er baut seinen Text so auf, dass er zunächst mit dem übergeordneten Begriff „HSV Stadion"[236] beginnt, dem fügt er das Wort „HSV Karten"[237] an und schreibt dann „tausend Kinder"[238]. Ein stringenter Aufbau ist somit in Ansätzen erkennbar: Das HSV-Stadion wurde am Wochenende besucht, dafür wurden Karten benötigt, tausend Kinder waren im Stadion. Erklärungen und Informationen für den Leser sind in das Bild in Form der Spielernamen integriert, jedoch noch nicht innerhalb des Textes *sprachlich* eingebaut. Das Schriftbild ist weitestgehend gut lesbar. Seine Geschichte schreibt er in Großbuchstaben.

Die folgenden drei Abbildungen zeigen eine *Montagsgeschichte* aus der Klassenstufe 2 vom 29. Januar 2012. Auf zwei Seiten schreibt der Junge 36 Wörter (inklusive seines Namens, der von dem schwarzen Balken verdeckt ist) und drei Zahlen und auf einer dritten Seite malt er etwas zu seiner Geschichte. Der Aufgabenstellung entspricht, dass er die Personalpronomen <wir> und <ich> verwendet sowie das Präteritum (z.B. <fand>) und Perfekt (z.B. „Haben [...] *BeKomen") benutzt.

---

[236] Aufgrund der besseren Lesbarkeit orthographisch korrekt verschriftet.
[237] Aufgrund der besseren Lesbarkeit orthographisch korrekt verschriftet.
[238] Aufgrund der besseren Lesbarkeit orthographisch korrekt verschriftet.

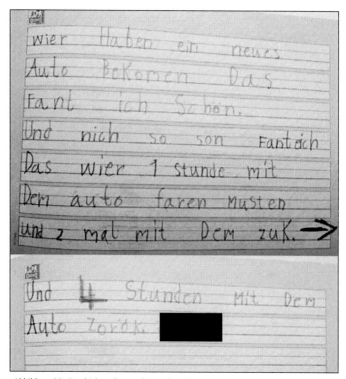

Abbildung 39: Geschichte Klasse 2 (Januar) - Fallbeispiel 3

Er baut seine Wochenenderzählung so auf, dass er zunächst davon schreibt, was ihm gefiel und dann hinzufügt, was ihm nicht gefiel. Die Sätze sind vollständig und durch <und> miteinander verbunden.

Der Text ist gut lesbar. Der Junge schreibt 24 Wörter auf Wortebene richtig, von denen jedoch sechs nicht korrekt sind in Bezug auf die Groß- und Kleinschreibung. Zwölf Wörter schreibt er nach seiner Lautanalyse (wie z.B. „*zorök"), die von der Lautform und aus dem Kontext heraus gut zu verstehen sind.

Der Text ist illustriert durch ein Bild des Zuges, mit dem er mit seiner Familie fahren musste, um das Auto abzuholen (vgl. Abb. 40).

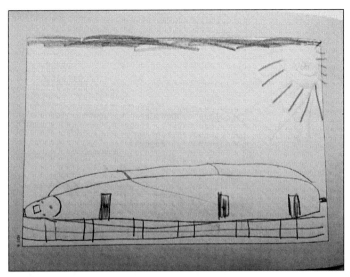

Abbildung 40: Bild zur Geschichte Klasse 2 (Januar) - Fallbeispiel 3

Die folgende *Montagsgeschichte* wurde in Klasse 3 am 28. Januar 2013 geschrieben. Es handelt sich um eine erfundene Geschichte mit dem Titel „Jan und die Wilde Bande", die wöchentlich in weiteren Kapiteln von dem Jungen fortgeführt wurde. Das für die Analyse ausgewählte Kapitel hat die Überschrift „Oda in Not". Der Titel der Geschichte erinnert an eine ähnlich lautende Kinder- und Jugendbuchreihe, die auch verfilmt wurde (vgl. u.a. Masannek, 2012, S.1 ff.). Das Wort <wilde> wird als Adjektiv dort auch großgeschrieben. Das lässt vermuten, dass sich der Titel der Geschichte daran anlehnt, da der Junge diese Bücher und Filme nach seinen Aussagen gern liest bzw. anschaut.

Das Kapitel „Oda in Not" handelt von einem Mädchen namens Oda, die von einem Mann festgehalten wird. Odas Freunde überwältigen ihn und befreien sie. Der Text ist gut verständlich aufgebaut. Er beginnt mit einem Satz, in dem die Protagonisten der Geschichte genannt werden. Eine Handlungsabfolge ist erkennbar: Odas Freunde nähern sich dem Ort, an dem der Mann sie festhält. Sie finden eine geheime Nachricht von Oda, in der sie die Freunde vor dem Mann warnt. Oda wird in einer aufregenden Aktion von ihren Freunden befreit. Danach löst sich die Spannung mit dem Schlusssatz: „Dann gehen alle zufrieden nach Hause."[239]

---

[239] Aufgrund der besseren Lesbarkeit orthographisch korrekt verschriftet.

Die sprachliche Gestaltung ist durch einen umfangreichen und gehobenen Wortschatz gekennzeichnet. Beispiele dafür sind „schleichen", „raunt", „seufzend" und die Redewendung „im Traum nicht damit gerechnet". Weiterhin benutzt der Junge einen abwechslungsreichen Satzbau, indem er die wörtliche Rede einbaut und die aufregenden Szenen in kurzen Sätzen wiedergibt.

Er verwendet kohäsive Mittel wie <auch> und <dann> und setzt überwiegend Satzschlusszeichen. Die Wörter sind größtenteils richtig geschrieben. Die fehlerhaften Schreibungen betreffen insbesondere morphologische Schreibungen wie „*löst", „*pastauf", „*reist", „*dan", „*hirher" und das Fremdwort „*Tischört".

Die schriftlichen Darbietung des Textes ist ansprechend: Die Schrift ist gut lesbar und mit Ornamenten am Rand verziert. Dass es sich bei dem Text nur um ein Kapitel in einem Buch handelt, wird daran deutlich, dass der Buchtitel über dem Text und die Kapitelüberschrift oben am linken Rand stehen.

Von seiner Schreibentwicklung her zeigt der Junge am Ende von Klasse 3, dass er performativ, leserbezogen und textgestaltend schreiben kann (vgl. Bereitermodell, Kapitel 2.4.2).

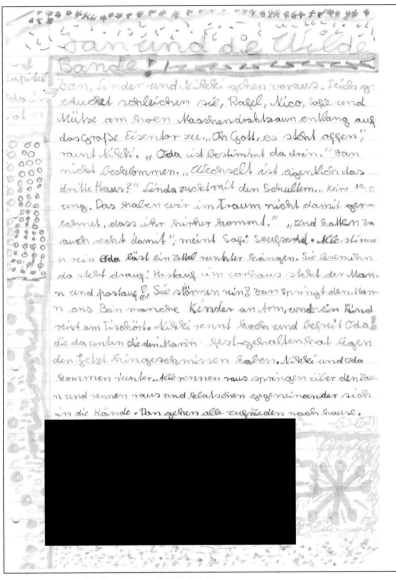

Abbildung 41: Geschichte Klasse 3 (Januar) - Fallbeispiel 3

6.4.3.3 Produktive Schreibaufgabe in Klasse 1

Abbildung 42: Schreibaufgabe zum Bilderbuch (Klasse 1) - Fallbeispiel 3

Zur besseren Lesbarkeit wird der Text in der Sprechblase orthographisch korrekt aufgeschrieben. Die Anordnung der Sätze wird beibehalten:

Wieso!
Denn eigentlich nicht!!!
                ?
Sie hatten
doch so viel
Spaß.

Ich würd sagen
Jahahahah.
In den Bläschen unter der großen Gedankenblase steht:

Miteinander nur einmal hatten sie einen Streit.

Der Junge beginnt seinen Kommentar mit der rhetorischen Frage „Wieso denn eigentlich nicht!!!"[240] Im Anschluss daran liefert er sein Argument: „Sie hatten doch so viel Spaß."[241]. Er nimmt damit Bezug darauf, dass die beiden Freunde immer alles zusammen gemacht und viel Spaß dabei hatten. In seinem Statement fasst er diese Textaussage verallgemeinernd zusammen. In seiner kreativen Wortschöpfung „JaHaHaHaH" bekräftigt er seine bisherigen Ausführungen: Ja, sie sollten Freunde sein, haha, sie hatten viel Spaß.

Mit dem Satz in der Gedankenblase „Miteinander nur einmal hatten sie einen Streit."[242] nimmt er seine vorherigen Gedanken nochmals auf.

---

[240] Aufgrund der besseren Lesbarkeit orthographisch korrekt verschriftet.
[241] Aufgrund der besseren Lesbarkeit orthographisch korrekt verschriftet.
[242] Aufgrund der besseren Lesbarkeit orthographisch korrekt verschriftet.

6.4.3.4 SRT „Das geheime Versteck“

Die folgende Abbildung zeigt den von Fallbeispiel 3 geschriebenen Diktattext „Das geheime Versteck“.

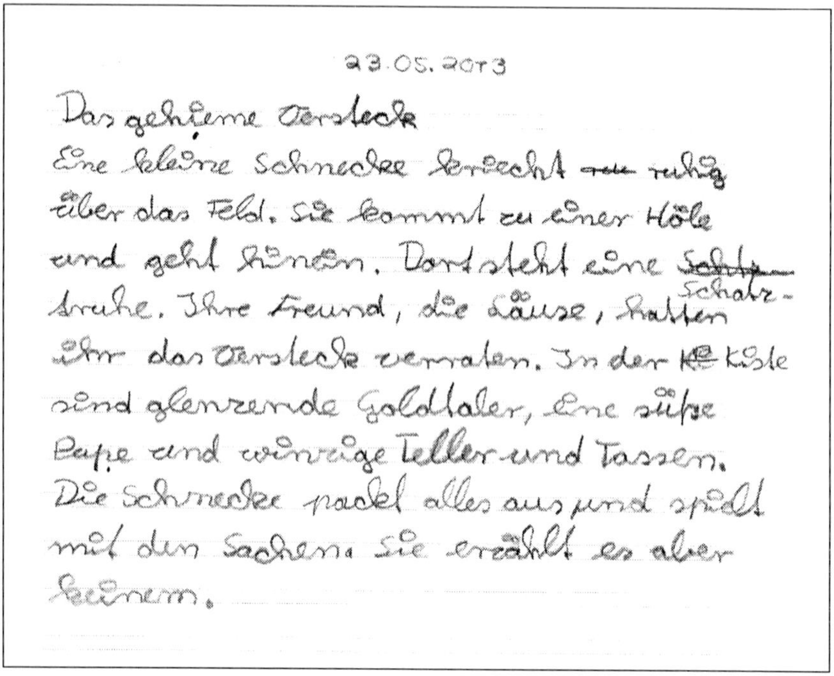

23.05.2013

Das gehieme Versteck
Eine kleine Schnecke kriecht ~~ru~~ ruhig
über das Feld. Sie kommt zu einer Höle
und geht hinein. Dort steht eine ~~Schtz~~ Schatz-
truhe. Ihre Freund, die Läuse, hatten
ihr das Versteck verraten. In der ~~Kö~~ Kiste
sind glenzende Goldtaler, eine süße
Paße und winzige Teller und Tassen.
Die Schnecke packt alles aus und spielt
mit den Sachen. Sie erzählt es aber
keinem.

Abbildung 43: SRT (Klasse 3) - Fallbeispiel 3

Die folgende Tabelle zeigt eine differentielle Auswertung nach Teilkompetenzen. Die Angaben erfolgen in Prozent. Um das Fallbeispiel 3 in der Untersuchungsklasse verorten zu können, sind wieder die Mittelwerte der Untersuchungsklasse für die einzelnen Teilkompetenzen ausgewiesen.

Tabelle 35: Auswertung SRT (Klasse 3) - Fallbeispiel 3

	Ganzes Wort	Großschreibung 1) Satzanfang 2) Nomen	Phonographisch-silbisch	Morphologogisch 1) Stamm 2) Endung	Wortbildung	Peripherie	Merkwörter
UK	90,71	1) 99,40 2) 94,29	95,08	1) 89,52 2) 98,21	86,24	90,48	98,50
Fallbeispiel 3	93,44	1) 100,00 2) 100,00	93,33	1) 93,33 2) 100,00	100,00	75,00	100,00

Fallbeispiel 3 schreibt 93,44 Prozent der Ganzen Wörter korrekt. In der phongraphisch-silbischen Teilkompetenz und in der Stammschreibung schreibt er jeweils 93,33 Prozent der Struktureinheiten richtig. Die Endungen, die der morphologischen Teilkompetenz zugeordnet sind, schreibt er zu 100 Prozent richtig und liegt hiermit auch über dem Mittelwert der Untersuchungsklasse. Von den insgesamt vier Struktureinheiten des Peripheriebereichs schreibt er drei und somit 75 Prozent orthographisch korrekt.

Insgesamt macht er vier Fehler: zwei in der phonopgraphisch-silbischen Teilkompetenz, einen in der morphologischen Teilkompetenz und einen im Peripheriebereich. In dem Wort <geheime> vertauscht er die Vokale <i> und <e> („*gehieme"), in seiner Schreibung „*Pupe" fehlt die Konsonantenbuchstabenverdoppelung, das Wort <glänzende> schreibt er phonographisch („*glenzende") anstatt mit Umlaut nach dem Stammprinzip und im seiner Schreibung „*Höle" setzt er kein Dehnungs-h. Das weist darauf hin, dass seine Einsichten in die Prinzipien des Kernbereichs noch gefestigt werden müssen.

6.4.3.5 Selbstgewählte Lernaufgabe *Speisekarte*

Die Speisekarte, die der Schüler in Klasse 3 als freiwillige Arbeit geschrieben hat, entstand im Rahmen einer Lerneinheit zur Wortart Adjektiv. Die Kinder sollten sich Gedanken darüber machen, in welchem Restaurant sie besonders gern essen würden. Gemeinsam wurden Speisen sowie Adjektive zu ihrer Beschreibung überlegt. Die Speisen wurden jeweils ohne und mit Adjektiv genannt, um die Funktion dieser Wortart herauszustellen. Am nächsten Tag präsentierte Fallbeispiel 3 seine Speisekarte, die Vor-, Haupt- und Nachspeisen enthält – jeweils ohne und mit Beifügung von Adjektiven. Die Adjektive lassen die Speisen schmackhafter erscheinen wie z.B. „kleine Nudeln mit warmer *Tomatensose". Am Ende der Speisekarte schreibt er „Von *den erschöpften ‚eigener Name'". Damit verdeutlicht er seine Anstrengung bei der Arbeit, was er mit seiner Illustration noch unterstreicht. Er malt zwei lachende und bunte Gesichter unter die Karte. Das „Puh!" in einer Sprechblase ist ebenfalls Ausdruck seiner Anstrengung, das Lachen zeigt, dass Anstrengung Freude machen kann.

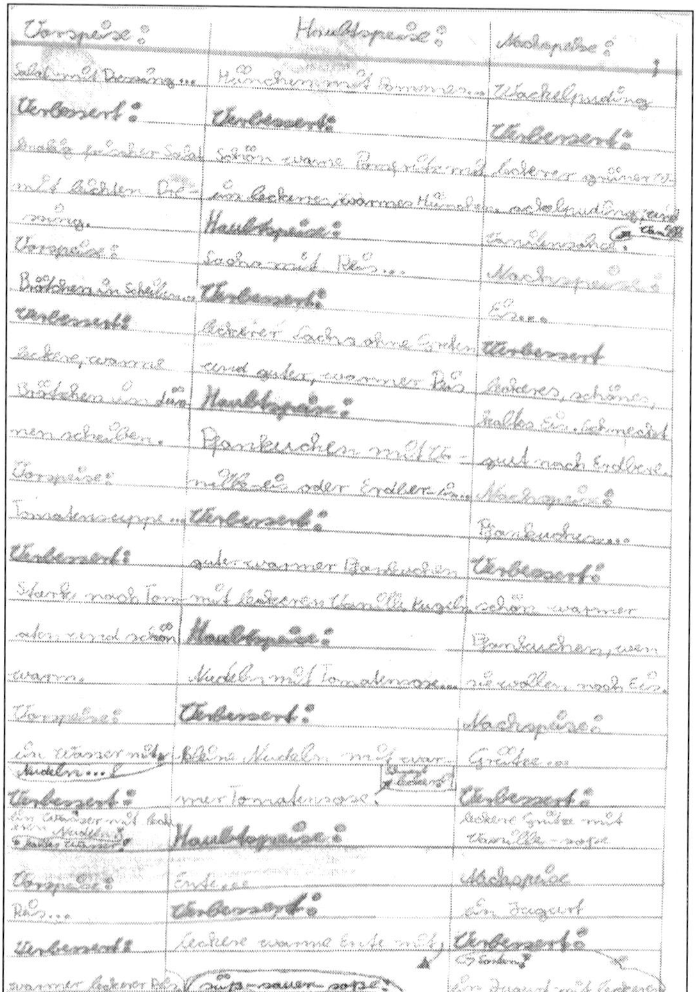

Abbildung 44: Speisekarte (Teil 1) (Klasse 3) - Fallbeispiel 3

Abbildung 45: Speisekarte (Teil 2) (Klasse 3) - Fallbeispiel 3

6.4.4 Viertes Fallbeispiel

Bei dem vierten Fallbeispiel handelt es sich um einen Jungen, der sich im Unterricht motorisch unruhig verhielt. So kletterte er z. B. über den Stuhl, legte sich auf den Stuhl oder ging in der Klasse umher. Er lebt mit seiner Mutter und einem jüngeren Bruder zusammen. Er wurde gemeinsam mit den Kindern der Untersuchungsklasse eingeschult, hatte jedoch davor bereits die erste Klasse an einer anderen Schule ein Jahr lang besucht. Von diesem Kind wird zusätzlich ein Text von Ende Klasse 1 herangezogen, damit lässt sich ein Vergleich zum Lernstand herstellen, der sich vom *Leeren Blatt* am Anfang von Klasse 1 ablesen lässt.

Mit einem Prozentrang von 97 im *HaReT* ist er der oberen Leistungsgruppe in Bezug auf die kognitiven Voraussetzungen zuzuordnen. Die Leistungsentwicklung im Bereich Rechtschreiben – ausgehend von der *HSP* – war schwankend. Mit einem Prozentrang von 68 zum ersten

Testzeitpunkt in Klassenstufe 1 erreichte er am Ende von Klasse 3 einen Prozentrang von 44. Bei den dazwischen liegenden Testungen von Ende Klasse 1 bis Anfang Klasse 3 erreichte er die Prozentränge 45, 44, 65 und 39.

Aufgrund dieser Leistungsentwicklung ist er am Ende von Klasse 3 der unteren Leistungshälfte zuzuordnen. Im Bereich der Leseflüssigkeit ist hingegen eine stetige Leistungssteigerung zu verzeichnen. Im ersten Schuljahr erzielte er im *SWLT* Prozentrang 24, im zweiten Prozentrang 39 und im dritten Prozentrang 64. Damit liegt er Ende Klasse 3 knapp 14 Prozentrangpunkte unter dem Klassendurchschnitt, während er bei der *HSP* einen Rückstand von 47 Prozentrangpunkten hatte. Auffällig ist die große Diskrepanz zwischen der überdurchschnittlich hohen Leistung im *HaReT* und den unterdurchschnittlichen Rechtschreibleistungen des Jungen. Erklärungsansätze dafür können nicht geliefert werden.

6.4.4.1 Leeres Blatt

Abbildung 46: Leeres Blatt von Fallbeispiel 4

Der Junge notierte insgesamt vier Wörter. Zunächst schreibt er mit einem Bleistift und einem gelbfarbigen Stift seinen eigenen Namen, dann schreibt er weiter: „malen", „*ont", „*farDtt". Unter Berücksichtigung der Tatsache, dass der Junge bereits ein Jahr die Schule besucht hat, schreibt er sehr wenig. Das Wort malen schreibt er richtig. „*ont" ist wahrscheinlich eine lautanalytische Verschriftung für <und>. „*fardDtt" steht vermutlich für <fährt>. Bei dieser Schreibung könnte er orthographische Elemente, die er im Unterricht kennengelernt hat, falsch angewandt haben. Die Bebilderung seines *Leeren Blattes* lässt Rückschlüsse darauf zu, dass er mit seinen geschriebenen Worten etwas ausdrücken wollte. „malen" könnte bedeuten, dass er ein Auto, eine Regenwolke, einen Baum und ein Haus malt. „*farDtt" könnte sich darauf beziehen, dass das Auto fährt. An diesem *Leeren Blatt* zeigt sich, dass Fallbeispiel 4 in dem ersten Schuljahr an der anderen Schule keine grundlegenden Schreibkenntnisse erworben hatte.

6.4.4.2 Montagsgeschichten

In der hier abgebildeten *Montagsgeschichte* aus der Klassenstufe 1 vom 15. November 2010 erzählt er ein Wochenenderlebnis in einem korrekten Satz mit 13 Buchstaben.

Abbildung 47: Geschichte Klasse 1 (November) - Fallbeispiel 4

Er schreibt: „*ichHaPGtoscht" (Ich habe getuscht). Er schreibt lautanalytisch und setzt keine Wortzwischenräume. Sein Satz ist aber dennoch verständlich. Er schreibt von sich <ich> und im Perfekt und teilt eine Sache mit, die er am Wochenende gemacht hat. Das entspricht der Aufgabenstellung. Seine Mitteilung ist ergänzt durch zwei Bilder: ein halb mit blauem Wasser gefülltes Glas mit einem Tuschpinsel unten und darüber ein Gefäß mit einem Einsatz. In einem Gespräch erläuterte der Junge, dass er einen Topf mit Spaghetti gemalt hatte.

Die folgende Montagsgeschichte war gegen Ende von Klasse 1 am 9. Mai 2011 entstanden.

Abbildung 48: Geschichte Klasse 1 (Mai) - Fallbeispiel 4

Der Text besteht aus einem Haupt- und einem Nebensatz mit insgesamt 11 Wörtern. Darin teilt der Junge seine Freude über eine Geburtstagseinladung mit. Er malt dazu ein Bild mit Geschenken. Die dazugehörige Beschriftung mit dem Namen des Freundes und seines eigenen Namens auf einem Geschenk liefern weitere Informationen zu seinem Textthema. Fünf der Wörter im Text sowie die Namen sind richtig geschrieben. Die übrigen Wörter schreibt er nach der Lautanalyse. Das auffällige Schriftbild resultiert daraus, dass er sein Geschichtenblatt im Vorwege gefaltet und jeweils bis zum äußersten Rand beschrieben hat. Er berücksichtigt noch keine Wortzwischenräume und schreibt auch zwei Wörter <schön> und <mein> regelwidrig auseinander.

Er schreibt: „*IchFintschönDasmeinFreuntmorgenGBurstakhat. *Fon ‚eigener Name'" (Ich find schön, dass mein Freund morgen Geburtstag hat. Von ‚eigener Name').

Vergleicht man diesen illustrierten Text mit dem *Leeren Blatt* zeigen sich vor allen Dingen fünf Unterschiede: Bei der Montagsgeschichte wurde ein vollständiger Satz verwendet, der umfangreicher ist sowie Personal- und Possessivpronomen enthält. Es wurden keine orthographischen Elemente übergeneralisiert, sondern die Wörter entweder richtig oder lautanalytisch geschrieben. Hierdurch erhöht sich die Lesbarkeit und Verständlichkeit des Textes. In der *Montagsgeschichte* berichtet er über etwas für ihn sehr Erfreuliches, während es sich bei dem *Leeren Blatt* eher um eine sachliche Mitteilung handelt. Wie groß sein Mitteilungsbedürfnis war, zeigen seine Bilder. Der Junge malt seinen Freund hinter einem großen, bunten Geschenk und teilt durch die Verwendung des Pfeils mit, dass er Jona heißt. Auf einem der weiteren fünf Geschenke, die er malt, steht sein Name.

In einer *Montagsgeschichte* im zweiten Schuljahr vom 23. Januar 2012 schreibt der Junge ebenfalls von einem Wochenenderlebnis.

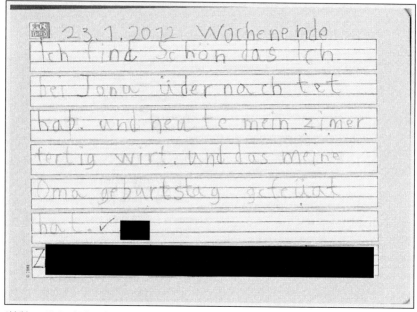

Abbildung 49: Geschichte Klasse 2 (Januar) - Fallbeispiel 4

Er überschreibt seine Geschichte mit „Wochenende". Eingeleitet von dem Satz „Ich find *Schön" erzählt er drei als schön empfundene Ereignisse: Dass er bei einem Freund übernachtet hat, dass sein Zimmer fertig wurde und dass seine Oma Geburtstag gefeiert hat. Die Satzstellung ist durchweg korrekt. Die Nebensätze sind durch <und> verbunden. Während die ersten beiden Nebensätze auch korrekt im Perfekt geschrieben sind, verwendet er im zweiten Satz das Präsens. Das könnte daran gelegen haben, dass ihm die Perfektform <fertig geworden ist> nicht zur Verfügung stand. Von den 23 Wörtern sind 18 korrekt verschriftet, wobei vier Fehler in der Groß- bzw. Kleinschreibung vorliegen. Darunter sind viele *kleine Wörter*, die er in der Rückmeldung zu den *Montagsgeschichten* als Übungswörter erhielt. Die übrigen Wörter sind lautanalytisch verständlich geschrieben. Er setzt drei Punkte: einen korrekt am Ende seines Textes und zwei zwischen die beiden mit <und> verbundenen Nebensätze.

Insgesamt gesehen, hat der Junge die Aufgabenstellung *inhaltlich* gut bewältigt und *Aufbau, Sprache* und *schriftliche Darbietung* sind für die Mitte des zweiten Schuljahres angemessen.

Die hier abgedruckte *Montagsgeschichte* von Fallbeispiel 4 aus der dritten Klasse vom 28. Januar 2013 ist eine erfundene Geschichte mit dem Titel „Der arme Mann".

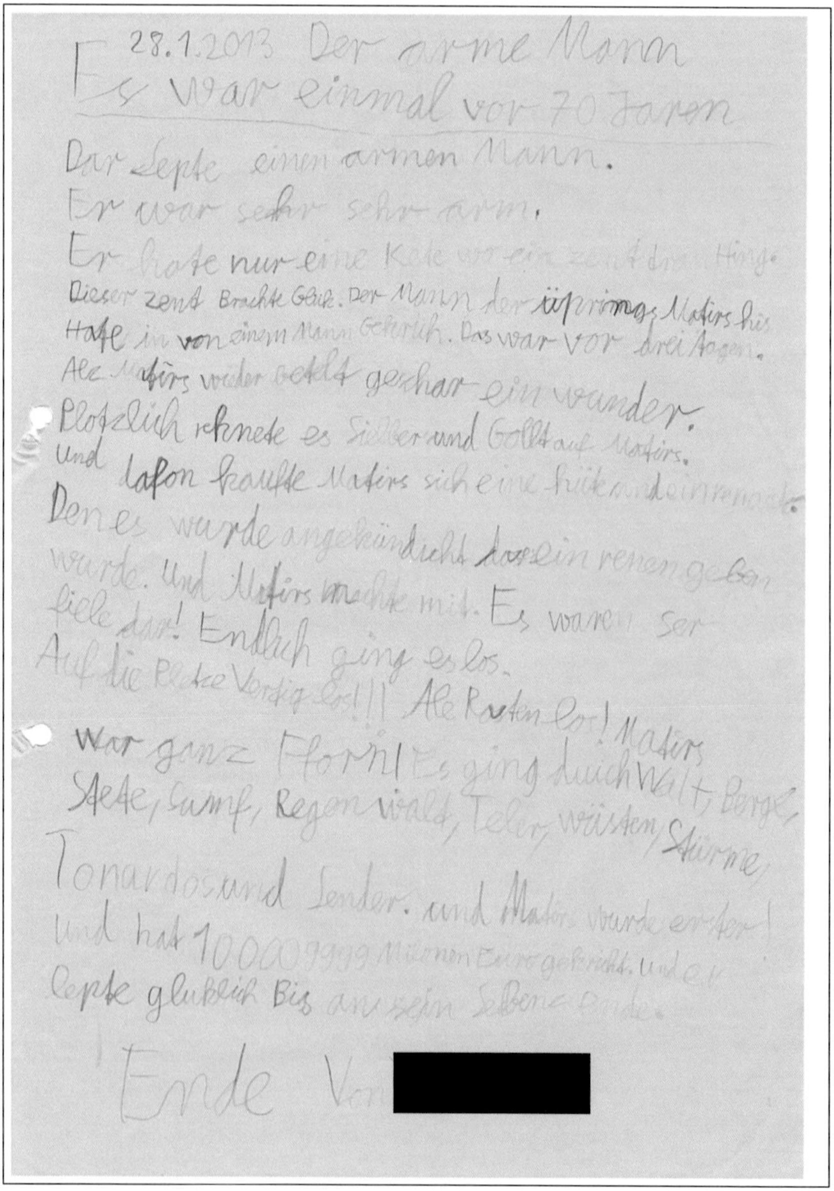

28.1.2013 Der arme Mann
Es war einmal vor 70 Jaren
Dar lepte einen armen Mann.
Er war sehr sehr arm.
Er hate nur eine Kete wo ein zent dran Hing.
Dieser zent Brachte Glük. Der Mann der üprimgs Matirs hies
Hate in von einem Mann Gekrigt. Das war vor drei tagen.
Ale Matirs wieder gekält geschar ein wander.
Plötzlich rekmete es Sielber und Gollt auf Matirs.
Und dafon kaufte Matirs sich eine hükandeinrenauto.
Denn es wurde angekündicht das ein renen geben
wurde. Und Matirs machte mit. Es waren ser
fiele dar! Endlich ging es los.
Auf die Plätze Vertig los!!! Ale Rasten los! Matirs
war ganz Forn! Es ging durch Walt, Berge,
Stete, Sumf, Regenwald, Teler, wüsten, Stürme,
Tonardos und Lender. und Matirs wurde erster!
Und hat 10000999 Milionen Euro gekricht. Und er
lepte glüklich Bis an sein Lebens ende.
Ende Von [redacted]

Abbildung 50: Geschichte Klasse 3 (Januar) - Fallbeispiel 4

Der Text ist auf grünes Papier ohne Linien geschrieben. Solche farbige Papierbögen konnten die Kinder alternativ zu liniertem Papier für ihre Geschichten auswählen, was der Schreibmotivation dienen sollte. Der Text ist schwer lesbar, vor allem weil die Zeilen nicht eingehalten werden. Dies zeigt, dass Papier ohne Linien für den Drittklässler noch eine Herausforderung darstellt. Die Textlänge weist darauf hin, dass er zum Schreiben motiviert war. Um die Lesbarkeit zu erleichtern, wird der Text im Folgenden orthographisch korrekt aufgeschrieben:

> „Der arme Mann
>
> Es war einmal vor 70 Jahren, da lebte ein armer Mann. Er war sehr sehr arm. Er hatte nur eine Kette, wo ein Cent dran hing. Dieser Cent brachte Glück. Der Mann, der übrigens Matthias hieß, hatte ihn von einem Mann gekriegt. Das war vor drei Tagen. Als Matthias wieder bettelte, geschah ein Wunder. Plötzlich regnete es Silber und Gold auf Matthias und davon kaufte Matthias sich eine Hütte und ein Rennauto, denn es wurde angekündigt, dass es ein Rennen geben würde. Und Matthias machte mit. Es waren sehr viele da! Endlich ging es los. Auf die Plätze, fertig, los!!! Alle rasten los! Matthias war ganz vorn. Es ging durch Wald, Berge, Städte, Sumpf, Regenwald, Täler, Wüsten, Stürme, Tornados und Länder. Und Matthias wurde Erster! Und hat 10009999 Millionen Euro gekriegt. Und er lebte glücklich bis an sein Lebensende."

Die Geschichte handelt von dem Mann Matthias, der eine Kette mit einem angehängten Geldstück geschenkt bekam, welches ihm zu einem märchenhaften Glück verhilft. Inhalt, Aufbau und Sprache sind an die Gattung Märchen angelehnt. Sein Märchen beginnt mit dem einleitenden Satz – „Es war einmal vor 70 *Jaren". Sein Märchenheld ist eine Art moderner *Hans im Glück*. Auf wunderbare Weise („*geschar ein *wunder") kommt er zu Geld, kauft sich ein Rennauto, nimmt an einem abenteuerlichen Rennen teil, gewinnt und wird Multimilliardär. Die Geschichte schließt mit der abgewandelten Märchenformel: „und er lebte glücklich bis ans Lebensende."[243]

Der sprachliche Ausdruck weist literarische Elemente auf. Er schreibt fast durchgängig im Präteritum und verwendet zum Teil einen gehobenen Wortschatz („*his", „*geschar", „*reknete es *Sielber und *Gollt"). Wiederholung setzt er als Verstärkungsmittel ein („sehr sehr arm"). In nachgestellten Erklärungen erläutert er das Geschehen („Der Mann, der übrigens Matthias hieß"[244], „das war vor drei *tagen").

---

[243] Aufgrund der besseren Lesbarkeit orthographisch korrekt verschriftet.
[244] Aufgrund der besseren Lesbarkeit orthographisch korrekt verschriftet.

Die Spannung bei dem Rennen drückt er sprachlich durch vier kurze Sätze und Ausrufezeichen aus. Die abenteuerliche Rennstrecke beschreibt er durch eine Aufzählung von Landschaftstypen und Extremwetterlagen. Der abschließende Satz „und *Matirs wurde *erster!" löst die Spannung auf.

Daneben verwendet er auch komplexe Satzkonstruktionen, setzt kohäsive Mittel ein (<als>, <plötzlich>, <denn>). Der Satzbau ist in großen Teilen korrekt. Auffällig ist der falsche Fall in dem Satz „*Dar *Lepte *einen *armen Mann". Satzschlusszeichen sind größtenteils gesetzt.

Das Schriftbild ist überwiegend lesbar. Er schreibt zahlreiche Wörter nach der Lautanalyse, wie z.B. „*Dar", „*Lepte", „*reknete"; sie sind aber nach der Lautform und aus dem Kontext heraus verständlich.

Die schriftliche Darstellung erweckt den Eindruck, dass der Junge sich ganz auf den Inhalt und seine Formulierung konzentrierte, was seine kognitive Kapazität weitgehend band. Die vielen fehlerhaften Schreibungen zeigen, dass seine Rechtschreibfähigkeit am Ende von Klasse 3 noch wenig gefestigt war und daher nicht automatisiert ablief.

Dagegen sind die Teilkompetenzen leserbezogen und textgestaltend zu schreiben, gut ausgebildet (vgl. Bereitermodell, Kapitel 2.4.2). Weiterhin lassen seine nachgestellten Erklärungen darauf schließen, dass er Schreiben in seiner epistemischen Funktion verwendet.

6.4.4.3 Produktive Schreibaufgabe in Klasse 1

Abbildung 51: Schreibaufgabe zum Bilderbuch (Klasse 1) – Fallbeispiel 4

Zum Zwecke der Lesbarkeit wird der Schülertext in der Sprechblase orthographisch korrekt aufgeschrieben:

Sie sollen noch Freunde sein, weil es keine Geschichten gibt.

Anders als die bisherigen Fallbeispiele notiert dieser Schüler seine Gedanken auf einer Metaebene und zieht dazu seine Erfahrungen mit Literatur und sein Interesse an Literatur heran. Er argumentiert, dass der Frosch und der Hase weiterhin miteinander befreundet sein sollten, weil es sonst keine weiteren Geschichten über sie gäbe. Dies lässt auf seine Erfahrung mit Buchreihen und vermutlich auch TV-Serien für Kinder schließen. In einem Gespräch über seine Gedankenblase äußerte er, dass ihm Priesemut und Nulli sehr gut gefielen und es deshalb viele weitere Geschichten über die beiden Freunde geben solle. In seiner Antwort wird also sein konkretes schriftkulturelles Interesse deutlich, was auch von seinen literarischen Erfahrungen zeugt.

6.4.4.4 SRT „Das geheime Versteck"

Die folgende Abbildung zeigt den von Fallbeispiel 4 geschriebenen Diktattext.

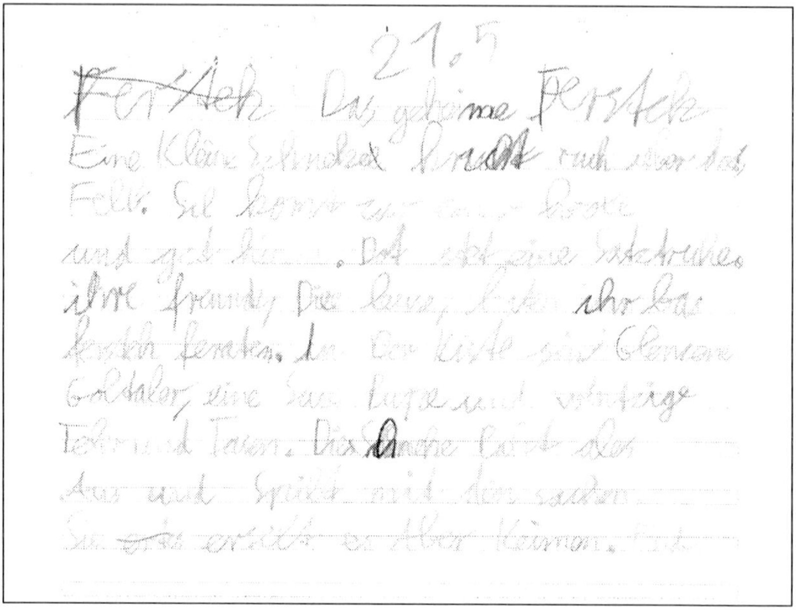

Abbildung 52: SRT (Klasse 3) - Fallbeispiel 4

Die folgende Tabelle zeigt eine differentielle Auswertung nach Teilkompetenzen. Die Angaben erfolgen in Prozent. Um das Fallbeispiel 4 in der Untersuchungsklasse verorten zu können, sind erneut die Mittelwerte der Untersuchungsklasse für die einzelnen Teilkompetenzen ausgewiesen.

Tabelle 36: Auswertung SRT (Klasse 3) - Fallbeispiel 4

	Ganzes Wort	Großschreibung 1) Satzanfang 2) Nomen	Phonographisch-silbisch	Morphologisch 1) Stamm 2) Endung	Wortbildung	Peripherie	Merk-Wörter
UK	90,71	1) 99,40 2) 94,29	95,08	1) 89,52 2) 98,21	86,24	90,48	98,50
Fallbeispiel 4	45,90	1) 87,50 2) 66,67	63,33	1) 0 2) 62,50	55,55	50,00	84,21

Fallbeispiel 4 erzielte beim Ganzen Wort und bei allen Teilkompetenzen unterdurchschnittliche Ergebnisse. Während er beim Ganzen Wort und im Peripheriebereich mit 45,90 Prozent bzw. 50 Prozent ungefähr bei der Hälfte liegt, ist er beim Stammprinzip in der morphologischen Teilkompetenz mit 0 Prozent im absoluten Rückstand. Zwischen ca. 30 und 40 Prozent beträgt der Rückstand bei der Großschreibung der Nomen (66,67 Prozent), im Peripheriebereich (50 Prozent) und bei der Wortbildung (55,55 Prozent). Zwischen ca. 12 und 14 Prozent liegt er bei der Großschreibung am Satzanfang (87,50 Prozent) und bei den Merkwörtern (84,21 Prozent) zurück. Bei der Schreibung der Endungen im morphologischen Bereich (62,50 Prozent) liegt er sogar über 35 Prozent zurück.

Die unterschiedlichen Werte in den einzelnen Teilkompetenzen und der große Abstand zwischen den Lösungshäufigkeiten in einzelnen Teilkompetenzen und der vergleichsweisen geringen Richtigschreibung ganzer Wörter zeigen, dass es ihm noch an grundlegenden Einsichten in die Wortstruktur fehlt. Das wird von der Tatsache unterstrichen, dass er keine der 15 Struktureinheiten des Stammprinzips richtig schreibt.

Demgegenüber schreibt er vergleichsweise viele Merkwörter richtig. Das könnte darauf hinweisen, dass für ihn das Üben der kleinen Wörter im Kontext des Geschichtenschreibens besonders fruchtbar war. Dabei dürfte auch sein Schriftinteresse, das sich in seinen Texten zeigte, lernfördernd gewirkt haben.

In der folgenden Tabelle sind alle Fehlschreibungen zusammengestellt:

Tabelle 37: Qualitative Auswertung SRT (Klasse 3) - Fallbeispiel 4

	Großschreibung 1) Satzanfang 2) Nomen	Phonogra-phisch-silbisch	Morphologisch 1) Stamm 2) Endung	Wortbildung	Peripherie	Merk-wörter
Fallbei-spiel 4	2) *hole <Höhle> *freunde <Freunde> *sachen <Sachen>	*Schneke <Schnecke> *haten <hatten> *Suse <süße> *Pupe <Puppe> *wintzige <winzige> *Teler <Teller> *Tasen <Tassen> *keimen <keinem>	1) *kricht <kriecht> *ruch <ruhig> *Felb <Feld> *hole <Höhle> *get <geht> *stet <steht> *Satztruhe <Schatztruhe> *leuse <Läuse> *glenzene <glänzende> *Goltaler <Goldtaler> *Pakt <packt> 2) *Ferstek <Versteck> *glenzene <glänzende>	*Ferstek <Versteck> *ruch <ruhig> *feraten <verraten->	*hole <Höhle> *erselt <erzählt>	*Dot <dort> *bas <das>

Die fehlerhaften Schreibungen lassen sich Schwerpunkten zuordnen:

In der phongraphisch-silbischen Teilkompetenz und in der Stammschreibung sowie im Peripheriebereich beziehen sie sich vorrangig auf fehlende Längen- bzw. Kürzemarkierungen. So fehlen das <ie> in <kriecht> und das Dehnungs-h in <Höhle> und <erzählen>. Die Silbengelenkschreibung wurde nicht beachtet in <Schnecke>, <hatten>, <Puppe>, <Teller>, <Tassen>, <packt> und <Versteck>. Daneben verdoppelt der Junge einen Konsonantenbuchstaben nach einer geschlossenen Silbe. Bei der Stammschreibung fehlen bei drei Wörtern das silbeninitiale h (<ruhig>, <geht>, <steht>) und in drei Fällen der Umlaut (<Höhle>, <Läuse>, glänzende>). Weiterhin fehlt der Silbenendrand in <Goldtaler>. Im phonographisch-silbischen Bereich verschriftet er den stimmlosen <s>-Laut in <süße> mit <s>. Bei der Wortbildung schreibt er die Affixe <ver> und <ig> falsch. Die weiteren Fehler beziehen sich auf die Kleinschreibung von drei Nomen (<Höhle, Freunde, Sachen>), auf Buchstabenverwechslungen („*keimen" statt <keinem>, „*bas" statt <das>) und auf eine Buchstabenauslassung („*dot" statt <dort>). Diese Fehlerschwerpunkte zeigen, dass der Junge vor allem Lang- und Kurzvokale noch nicht unterscheiden konnte. Infolgedessen konnte er vererbte Markierungen in einsilbigen und flektierten Wörtern auch nicht herleiten. Probleme bei der Herleitung der Stammschreibung zeigen sich auch an den fehlenden Umlauten. Insgesamt hatte der Junge nur eine begrenzte Einsicht in das Schriftsystem.

7. Zusammenfassung und Interpretation der Ergebnisse und Einordnung in den Forschungsstand

Die eng gefassten Forschungsfragen sollen im Folgenden mit den Auswertungsergebnissen der erhobenen Daten beantwortet werden. Dabei muss darauf hingewiesen werden, dass sich angesichts der schmalen Datenbasis nur Tendenzen aufzeigen lassen.

Das Forschungsziel dagegen ist weiter gefasst. Es geht hierbei darum, die fachliche und überfachliche Lernentwicklung der Untersuchungsklasse mit den Merkmalen des eingesetzten Unterrichtskonzepts in Beziehung zu setzen. Dies bedarf einer weitergehenden Interpretation. Neben der vergleichenden Betrachtung mit den Ergebnissen der Kontrollklassen werden hierfür insbesondere die qualitativen Auswertungsergebnisse der Videoanalysen und Fallbeispiele herangezogen.

7.1 Forschungsfragen

Forschungsfrage 1:

Zeigen sich Unterschiede in den Ergebnissen der Untersuchungsklasse und der Kontrollklassen in Bezug auf

- *a) Leseflüssigkeit/-genauigkeit?*
- *b) Leseverstehen?*
- *c) Rechtschreibung?*

a) Leseflüssigkeit/-genauigkeit

Um die Leseflüssigkeit und die –genauigkeit zu überprüfen, wurde der *Stolperwörterlesetest* in allen Untersuchungsgruppen zu jeweils drei Testzeitpunkten eingesetzt. Die durchschnittlichen Ergebnisse zeigen für alle Klassen mit Ausnahme von Kontrollklasse 2 eine durchgehend positive Lernentwicklung, die sich jedoch auf unterschiedlichen Niveaus vollzieht. Die Untersuchungsklasse hatte zum ersten Testzeitpunkt das zweitniedrigste Ergebnis, erzielte aber zum dritten Testzeitpunkt das höchste Ergebnis.

Die Auswertung nach Leistungsquartilen am Ende der dritten Klasse zeigte darüber hinaus, dass sich auch die Leistungsverteilung der Untersuchungsklasse sehr positiv darstellte. Dies zeigt sich vor allem daran, dass der oberste Leistungsbereich am stärksten ausgeprägt ist und kein Kind im untersten Leistungsbereich liegt. In den Kontrollklassen dominieren die beiden oberen Leistungsbereiche, jedoch sind auch Kinder im untersten Bereich.

Diese Ergebnisse haben selbstverständlich aufgrund der schmalen Datenbasis nur eine eingeschränkte Aussagekraft. Da es sich bei dem Stolperwörterlesetest jedoch um einen bewährten Test handelt, kann zumindest eine deutliche Tendenz aus den Ergebnissen abgelesen werden.

b) Leseverstehen

Das Leseverständnis aller Klassen wurde mit einem *IGLU-Leseverstehenstest* am Ende der dritten Klassenstufe erhoben, in dem vier Verstehensaspekte unterschieden werden.

Da der Test insgesamt nur elf Fragen umfasst, wurde neben den durchschnittlichen Prozentwerten auch die durchschnittlich erreichte Punktzahl berechnet.

Die vergleichende Betrachtung der durchschnitttlichen Lösungshäufigkeiten zeigt für alle vier Leseverstehensaspekte, dass die Untersuchungsklasse die höchsten Ergebnisse erzielte (vgl. 6.2.1), wobei die Unterschiede mit ansteigendem Schwierigkeitsgrad zunahmen. Während die durchschnittliche Anzahl der erreichten Punkte beim Leseverstehensaspekt I noch sehr nahe beieinander lagen, vergrößerten sie sich bei den Leseverstehensaspekten II und III. Der deutlichste Unterschied zeigt sich beim Leseverstehensaspekt IV.

Auch für dieses Vergleichsergebnis gilt, dass seine Aussagekraft aufgrund der schmalen Datenbasis nur tendenzielle Hinweise liefern kann.

c) Rechtschreibung

Die Datenbasis für die vergleichende Messung der Rechtschreibleistung beruht auf sechs normierten Tests (*HSP*) von Klasse 1 bis 3 und dem differentiellen *SRT „Das geheime Versteck"* in Klasse 3. Für die Untersuchungsklasse zeigt sich im Verlauf der drei Jahre eine positive Lernentwicklung – mit einem kleinen Einbruch in der Mitte von Klasse 3. Demgegenüber war in den Kontrollklassen 1 und 2 insgesamt eine deutliche Abnahme zu verzeichnen. In Kontrollklasse 3 lag das Ergebnis zum Ende von Klasse 3 8,05 Prozentpunkte über dem ersten Ergebnis. In der Untersuchungsklasse betrug der Anstieg in diesem Zeitraum 22,4 Prozentpunkte. Absolut gesehen erzielte die Untersuchungsklasse am Ende von Klasse 3 mit Abstand das höchste Ergebnis.

Auch die Auswertung nach Leistungsquartilen am Ende der dritten Klasse stellte sich für die Untersuchungsklasse positiver dar als für die Kontrollklassen. Das zeigt sich vor allem an der hohen Ausprägung im obersten Leistungsquartil sowie daran, dass kein Kind im untersten Leistungsquartil zu verzeichnen ist. Vor allem in den Kontrollklassen 1 und 2 sind die unteren beiden Leistungsquartile besonders stark ausgeprägt. Wenn auch in Kontrollklasse 3 die meisten

Kinder den beiden oberen Leistungsquartilen zugehören, so befinden sich dort ein Kind im untersten und drei Kinder im vorletzten Leistungsquartil.

Die Ergebnisse für den *SRT* zeigen ebenfalls die höchste Leistungsausprägung für die Untersuchungsklasse bezogen auf das Ganze Wort und die einzelnen Teilkompetenzen – mit Ausnahme der Wortbildung und der Merkwörter, wobei bei letzterer Teilkompetenz allerdings nur ein marginaler Unterschied besteht. Sie geben zudem einen Einblick in die Kompetenzstruktur der Kinder. Bei allen Klassen wird deutlich, dass die phonographisch-silbische Teilkompetenz und die Kompetenz bei den Merkwörtern sehr hoch ausgeprägt sind. In der morphologischen Teilkompetenz, im Peripheriebereich sowie beim Ganzen Wort lässt sich ein deutlicher Vorsprung der Untersuchungsklasse erkennen.

Forschungsfrage 2:

Was kennzeichnet die Lernentwicklung der Kinder in der Untersuchungsklasse im Rechtschreiben?

Die Lernentwicklung der Schülerinnen und Schüler der Untersuchungsklasse im Rechtschreiben ist nach den durchschnittlichen *HSP*-Ergebnissen dadurch gekennzeichnet, dass sie kontinuierlich ist. Bei einzelnen Kindern kann dies jedoch abweichend sein, wie die Fallbeispiele 1 und 4 zeigen.

Im *SRT „Das geheime Versteck"* am Ende des dritten Schuljahres erreichten die Kinder der Untersuchungsklasse für das Ganze Wort und jede Teilkompetenz ein durchschnittliches Ergebnis von über 86 bis 99,4 Prozent (vgl. Kapitel 6.1.2). Da die durchschnittliche Lösungshäufigkeit für das Ganze Wort bei 90,71 Prozent lag, ist daran abzulesen, dass die Kinder am Ende von Klasse 3 ihre Rechtschreibfähigkeit in den Teilkompetenzen zur korrekten Verschriftlichung von Wörtern nutzen können. Dies ist besonders hervorzuheben, da nach den veröffentlichten NEPS[245]-Ergebnissen der Abstand zwischen den Teilkompetenzen und dem Ganzen Wort wesentlich höher ist (vgl. Blatt/Frahm, 2013, S.23-25). Dabei sind allerdings die unterschiedlichen Testformate zu berücksichtigen (vgl. ebd., S.19-20). In einem Fließtext sind auch

---

[245] Die Abkürzung NEPS steht für „National Educational Panel Study" (Frahm et al., 2011, S.217). „Ziel des Nationalen Bildungspanels ist es, Längsschnittdaten zu Kompetenzentwicklungen, Bildungsprozessen, Bildungsentscheidungen und Bildungsrenditen in formalen, nicht-formalen und informellen Kontexten über die gesamte Lebensspanne zu erheben" (Leibniz-Institut für Bildungsverläufe <http://www.neps-data.de/de-de/projektübersicht.aspx>; Stand: 15.03.2015).

häufig gebrauchte Wörter enthalten, während Wort- oder Lückendiktate nur Wörter mit den abzuprüfenden Rechtschreibphänomenen enthalten.

Die dargestellten Ergebnisse von Videoanalysen zeigen, dass die Kinder in der Untersuchungsklasse die *Wortstrukturanalyse* zum Lernen nutzten. Sie untersuchten zunächst die Struktur des prototypischen Zweisilbers und wendeten die Strategien nach dem zweischrittigen Konstruktionsprinzip an, um sich morphologische Wortschreibungen zu erschließen. Dabei griffen die Kinder noch in Klasse drei auf das *Bärenbootmodell* zurück. (vgl. Kapitel 6.1.2.2) Viele Kinder der Untersuchungsklasse konnten die Vokallänge und Vokalkürze *hören* und mit der Schriftstruktur begründen. Damit führte ihr Lernweg von der Schrift- zur Lautanalyse, wie es im Konzept vorgesehen ist (vgl. Kapitel 6.1.2.2).

Wie die Fallbeispiele zeigen, gelingt das aber nicht allen Kindern. Beim Fallbeispiel 4 wurde sehr deutlich, dass der Junge die im sprachsystematischen Unterricht angebotenen Lernhilfen nur eingeschränkt nutzen konnte. Er hatte auch am Ende von Klasse drei noch große Probleme mit der Unterscheidung von Lang- und Kurzvokal und konnte folglich auch das *Herleiten der Stammschreibungen* vom Zweisilber nur sehr begrenzt umsetzen. Ihm half vor allem das *Wörterüben im Kontext von Textschreiben*. Dass damit aber nur ein sehr begrenzter Wortschatz erfasst werden konnte, wurde ebenfalls deutlich. Bei dem Jungen klaffte eine Lücke zwischen seinem sprachlichen Ausdrucksvermögen und seinen Rechtschreibfähigkeiten.

Die Rechtschreibprobleme, die an diesem Fallbeispiel aufgezeigt werden, treffen in ähnlicher Weise auf andere Kinder der Klasse aus demselben Leistungsquartil zu.

Demgegenüber zeichnet sich die Lernentwicklung in der Leistungsspitze dadurch aus, dass die *grundlegenden Einsichten in die Wortstruktur* und die *Strategien zur Herleitung von Wortschreibungen* gefestigt und teilweise auch automatisiert waren. Das drückt sich vor allem in der Fähigkeit, ganze Wörter richtig zu schreiben, und in der Anwendung der Rechtschreibkenntnisse beim Textschreiben aus. An den Fallbeispielen 2 und 3 konnte dies exemplarisch auch für weitere Kinder an der Leistungsspitze gezeigt werden. Darunter waren auch Kinder mit noch höheren Rechtschreibleistungen.

Forschungsfrage 3:

Wie entwickelt sich die Kompetenz im Textschreiben bei Kindern in der Untersuchungsklasse?

Die Entwicklung der Textschreibkompetenz bei den Kindern der Untersuchungsklasse lässt sich nur exemplarisch anhand der Texte der vier Fallbeispiele aufzeigen. Um die Forschungsfrage 3 zu beantworten, werden die Analyseergebnisse zunächst im Hinblick auf die Qualitätsmerkmale *Inhalt*, *Aufbau* und *Sprache* vergleichend zusammengefasst. Alle Kinder nahmen die freie Aufgabenstellung von Anfang an an. Sie schrieben von ihren Wochenenderlebnissen. In der ersten Klasse ergänzten alle Kinder ihre Textinformationen durch Bilder. Dies lässt darauf schließen, dass ihr Mitteilungsbedürfnis größer war als ihr schriftsprachliches Vermögen. Die Bilder der beiden Kinder aus dem oberen Leistungsbereich hatten demgegenüber in Klasse 2 und 3 eher illustrierenden Charakter. Der Umfang der Texte nahm bei allen Kindern zu. Die Kinder konnten im Rahmen der *Montagsgeschichten* in Klasse 3 wählen, ob sie Wochenendgeschichten schreiben oder fiktive Geschichten erfinden wollten. Die beiden Kinder des oberen Leistungsbereichs und der Junge, der in der Rechtschreibung im unteren Leistungsbereich lag, wählten beim Schreiben fiktive Geschichten, während das andere Fallbeispiel aus dem unteren Leistungsbereich weiterhin Erlebniserzählungen schrieb.

Der Handlungsaufbau der Geschichten war von Anfang an gut strukturiert: Die Geschichten der Kinder gaben entweder die Abfolge der Ereignisse wieder oder die Kinder erzählten in Rückblenden und benutzten nachgestellte Erklärungen. Die Geschichten in Klasse 2 und 3 wiesen sowohl Überschriften als auch eine Hinführung zum Thema und einen Abschluss der Geschichte auf.

Die sprachliche Gestaltung der Kindertexte wurde zunehmend komplexer. Der verwendete Wortschatz wurde vielfältiger und erweiterte sich um literarische Ausdrücke und Redewendungen. Die Kinder benutzten das schriftsprachliche Präteritum und variierten den Satzbau. Neben kurzen Sätzen verwendeten sie auch komplexere Satzgefüge. Wiederholungen setzten sie als Stilmittel ein.

Von der schriftlichen Darbietung her waren die Kindertexte von Anfang an lesbar. Das Schriftbild war in der Regel klar. Orthographisch nicht korrekte Schreibungen konnten aus der Lautform und aus dem Kontext erschlossen werden. Bis auf den leistungsschwächeren Jungen war im Laufe der drei Schuljahre eine deutliche Zunahme der Richtigschreibungen zu verzeichnen.

Ein *Leserbezug*, der sich in *Inhalt*, *Aufbau* und *Sprache* manifestierte, war in allen Kindertexten von Anfang an zu verzeichnen. Die Kinder wählten Inhalte aus, die für sie bedeutsam waren und aus ihrer Sicht die Leserinnen und Leser interessieren konnten. Der Aufbau ihrer Geschichten war für die Leserschaft nachvollziehbar. Ein Mädchen wendete sich auch explizit mit einer direkten Ansprache an die Leserinnen und Leser.

Die Analysen zeigen, dass alle Kindertexte der Fallbeispiele am Ende von Klasse 3 den Anforderungen der Schreibaufgabe gerecht wurden. Alle Kinder konnten ihre Fähigkeiten zum Textschreiben weiterentwickeln. Es bestehen jedoch Niveauunterschiede im Hinblick auf die Qualität der Texte. Dabei ist von besonderem Interesse, dass nicht nur die beiden Kinder aus dem oberen Leistungsbereich am Ende von Klasse 3 elaborierte Texte verfassen konnten, sondern auch der Junge aus dem unteren Leistungsbereich. Während bei dem Jungen aus dem unteren Bereich die Fähigkeit zum Textschreiben und zum Rechtschreiben ziemlich auseinanderklaffte, lagen die Textschreib- und Rechtschreibfähigkeiten der beiden anderen Kinder nahe beieinander. Auch bei dem Mädchen im unteren Leistungsbereich lag eine relative Übereinstimmung der Text- und Rechtschreibkompetenz vor.

Die Ergebnisse der Fallanalysen können weitgehend auch exemplarisch für die Entwicklung der Textschreibkompetenz in der Untersuchungsklasse herangezogen werden. Alle Kinder der Untersuchungsklasse entwickelten sich im Textschreiben und konnten am Ende von Klasse 3 den Anforderungen der Schreibaufgabe entsprechende Texte verfassen. Die hohe Textqualität, die an den *Montagsgeschichten* aufgezeigt werden konnte, war in dieser Untersuchungsklasse keine Ausnahme.

Nach dem Bereitermodell (vgl. Kapitel 2.4.2) entwickelten die Kinder der Untersuchungsklasse also die Fähigkeit zum *leser- und textgestaltenden Schreiben*, wobei ein Großteil auch das *performative Schreiben* integrierte. Zudem verwendeten Kinder auch die *epistemische Schreibfunktion* zur Gedankenentwicklung.

Forschungsfrage 4:

Was kennzeichnet die Entwicklung der Kinder in der Untersuchungsklasse überfachlich im Hinblick auf

a) *Lernen in der Gemeinschaft?*
b) *Etablierung einer Feedbackkultur?*

a) **Lernen in der Gemeinschaft**

Wie die Ergebnisse der Video- und Fallanalysen zeigen, herrschten in der Klasse eine *hohe Lernbereitschaft* und eine *große Lernfreude*. Dies wurde vor allem daran deutlich, dass die Kinder in unterschiedlichen Sozialformen sehr konzentriert arbeiteten, dass das Gros bereit war, sich anzustrengen und dass sich die Kinder engagiert an den Klassengesprächen beteiligten und dabei auch häufig verbal und nonverbal ihrer Freude Ausdruck verliehen. Weiterhin wurde deutlich, dass die Lernatmosphäre von einem freundlichen und respektvollen Umgang miteinander und von gegenseitiger Unterstützung geprägt war. Dies zeigte sich beispielsweise bei den *Rückmeldungen zum Lesen auf dem Lesethron* oder bei *Buchpräsentationen*.

Die Gesprächsbeiträge von Kindern zeigen, dass das Fragen und Nachfragen in der Klasse positiv besetzt war. Das verdeutlicht zum einen, dass die Kinder sich sicher fühlten. Sie hatten sichtlich keine Bedenken, sich vor der Lehrkraft oder vor anderen Kindern bloßzustellen, wenn sie Fragen bzw. Nachfragen hatten. Zum anderen war es Konsens in der Klasse, dass man nur durch Fragen lernen kann und dass es nicht nur auf das erreichte Wissen, sondern auf das Weiterlernen ankommt. Ein Beispiel dafür ist ein Gespräch über unbekannte Wörter, in dem von einer Schülerin das Fragen explizit als Lernchance herausgestellt wurde. Im Laufe der drei Jahre hatte sich also eine *Frage- und keine Abfragekultur* entwickelt (vgl. Kapitel 6.1.1.4). Die hohe Beteiligung am Klassengespräch zeigt, dass sich alle Kinder angesprochen fühlten. Die Kinder waren miteinander vertraut. In unterschiedlichen Sozialformen arbeiteten die Kinder in verschiedenen Konstellationen konstruktiv miteinander.

b) Etablierung einer Feedbackkultur

In der Untersuchungsklasse wurden vielfältige Feedbackformen für die Kinder und die Lehrperson eingesetzt. Wie die Auswertungsergebnisse zeigen, konnte sich in der Klasse eine *Feedbackkultur* etablieren. Im Hinblick auf die Kinder ist sie durch vier Merkmale gekennzeichnet.

Zum einen waren die Kinder fähig, anderen ein positives *Feedback zu geben*. Sie griffen auf Formen zurück, die im Unterricht eingeübt wurden. Dies zeigen z.B. die Videosequenzen zum Lesen auf dem Lesethron und zu den Buchvorstellungen.

Zum anderen waren die Kinder fähig, *Feedback anzunehmen*. Dies drückte sich in ihrer zum Teil positiven Reaktion auf das Feedback aus sowie darin, dass sie das Feedback umsetzten. Auch dafür liefern die oben genannten Videosequenzen ein Beispiel. Die Umsetzung des Feedbacks zeigt sich beispielhaft daran, dass sie ihren individuellen Wortschatz übten, der ihnen zu den *Montagsgeschichten* zurückgemeldet wurde. Sie weiteten diese Übungen bei der *Schatzkästchenarbeit* aus.

Darüber hinaus etablierte sich auch das *Feedback zur Selbststeuerung*, das sich die Kinder bei der Stationenarbeit durch die Selbstüberprüfung ihrer Wortschreibungen gaben. Sie setzten auch dieses Feedback durch das Üben der Wörter um, damit sie diese in der wöchentlichen Überprüfung durch die Lehrperson richtig schreiben konnten.

Schließlich nutzten die Kinder das *Feedback* auch *zur Reflexion*. Es ging dabei um Bewertungen, Einstellungen und Strategien der Lernenden, die sie auf entsprechende Impulse der Lehrperson äußerten. Beispiele dafür sind Phasen gemeinsamen Nachdenkens über Lerngegenstände und Sachverhalte (vgl. z.B. Transkriptausschnitt IX).

Die letztgenannte Feedbackform gab auch der Lehrperson eine *Rückmeldung für ihren Unterricht*. Sie lieferte einerseits Aufschluss über Meinungen der Schülerinnen und Schüler zu den Lerngegenständen und andererseits über deren generelle Lernhaltungen. Diese konkreten Hinweise nutzte die Lehrkraft gezielt für die weitere Unterrichtsplanung.

Für die Lehrkraft lieferten die regelmäßig stattfindenden Lernbeobachtungstests eine *Rückmeldung zum Leistungsstand und zur Leistungsentwicklung*. Sie griff diese sowohl für die Unterrichtsplanung in der Klasse sowie für das Fördern und Fordern einzelner Kinder auf.

7.2 Forschungsziel

Das dieser Untersuchung zugrundeliegende **Forschungsziel** lautet: *Identifizierung lernförderlicher Merkmale des eingesetzten Unterrichtskonzepts.*

Um solche Merkmale zu identifizieren, werden die Antworten auf die Forschungsfragen sowie weitere Ergebnisse aus den Analysen in der Untersuchungsklasse herangezogen und vor dem Hintergrund des Forschungsstandes interpretiert.

Die Merkmale des eingesetzten Untersuchungskonzepts werden in dem folgenden Schaubild im Überblick dargestellt.

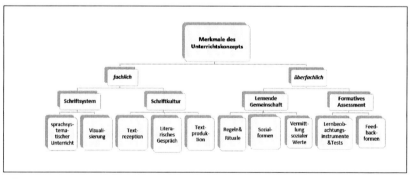

Abbildung 53: Merkmale des eingesetzten Unterrichtskonzepts

Fachlich basiert das Unterrichtskonzept auf dem *Schriftsystem* und der *Schriftkultur*. Merkmale der schriftsystematischen Konzeption sind die *sprachsystematische Ausrichtung* und die *Visualisierung des prototypischen Zweisilbers durch das Bärenboot*.

Bei der Beantwortung der ersten Forschungsfrage wurde auf Grundlage der Ergebnisse im SRT herausgestellt, dass in der Untersuchungsklasse neben der phonographisch-silbischen Teilkompetenz besonders die morphologische Teilkompetenz sowie der Peripheriebereich stark ausgebildet waren. Hierbei lag ein deutlicher Unterschied zu den Kontrollklassen.

Aus theoretischer Sicht liefern höhere Ergebnisse in der morphologischen Teilkompetenz eine gute Voraussetzung für eine weitere positive Lernentwicklung, da sie in Verbindung mit der Leistung im phonographisch-silbischen Bereich darauf schließen lassen, dass die Grundprinzipien der Rechtschreibung im Kernbereich grundsätzlich verstanden sind. Sie öffnen auch den Lernweg für die Beherrschung der Schreibungen im Peripheriebereich, da sie kognitive Kapazitäten zur Memorierung von Schreibweisen freisetzen.

Wie die Analysen von Unterrichtsgesprächen zeigten, entdeckten die Kinder das zweischrittige Konstruktionsprinzip mit Hilfe von *Familienwörtern*. Bei der Herleitung griffen sie auf das *Bärenbootmodell* zurück (vgl. hierzu u.a. Kapitel 6.1.2.2).

Bei der Beantwortung der zweiten Forschungsfrage konnte gezeigt werden, dass Kinder an der Leistungsspitze – repräsentiert durch die Fallbeispiele 2 und 3 – über grundlegende Einsichten in Wortstruktur und Strategien zur Herleitung von Wortschreibungen verfügten und diese auch in Klasse 3 zum Teil automatisieren konnten.

Wie die Analysen des Unterrichts auch deutlich machten, verfügten Schülerinnen und Schüler unterschiedlicher Leistungsgruppen der Untersuchungsklasse über deklaratives schriftsprachliches Wissen und konnten dieses anwenden. Darüber hinaus konnten sie dieses Wissen mit *Rückgriff auf das Bärenboot* strategisch nutzen und die Wortstruktur explizieren (vgl. hierzu Kapitel 6.1.2.2).

Wie die Diktatergebnisse und die Analyseergebnisse der *Montagsgeschichten* zeigten, schrieben die Kinder der Untersuchungsklasse sehr viele kleine und vielgebrauchte Wörter richtig. Dies kann – wie insbesondere beim Fallbeispiel 4 deutlich wird – als ein Ergebnis der Rechtschreibübungen im Kontext des Textschreibens angesehen werden. Ein weiteres Indiz dafür lieferte die *Schatzkästchenarbeit* (vgl. Kapitel 6.3.2)

Diese hier zusammengestellten Ergebnisse liefern Hinweise auf die Wirksamkeit von drei Merkmalen des hier eingesetzten Unterrichtskonzepts für das Rechtschreiblernen:

- *der sprachsystematische Unterricht nach dem zweischrittigen Konstruktionsprinzip,*

- *die Visualisierung durch das Bärenbootmodell,*
- *Üben eines individuellen Rechtschreibwortschatzes, der flektierte Wortformen einschloss, im Kontext des Textschreibens.*

Schriftkulturelle Komponenten für das Lesen, Verstehen und Schreiben von Texten sind das *Lesen und Vorlesen von literarischen und Sachtexten, das literarische Gespräch sowie die Textproduktion.*

In Bezug auf Lesen und Verstehen von Texten wird zunächst die Antwort auf die erste Forschungsfrage herangezogen. Hier konnte im Vergleich zu den Kontrollklassen gezeigt werden, dass bzgl. der Leseflüssigkeit und -genauigkeit der oberste Leistungsbereich bei der Untersuchungsklasse am stärksten ausgeprägt und zudem kein Kind im untersten Bereich zu verzeichnen war. Auch in Bezug auf das Leseverstehen erzielte die Untersuchungsklasse die höchsten Ergebnisse für die einzelnen Aufgaben – insbesondere auch bei denen, die den höheren Leseverstehensaspekten zugewiesen werden (vgl. hierzu Kapitel 6.1). Die Analyse von literarischen Gesprächen vor und nach dem Lesen der Lektüre in Klasse 3 zeigten, dass die Kinder Hypothesen unter Nutzung externen Wissens bildeten sowie ihre aufgestellten Hypothesen am Text überprüfen konnten (vgl. hierzu die Transkriptausschnitte XI und XII). Dies deutet daraufhin, dass sie ihren Leseprozess effizient ausübten, indem sie Vorhersagen trafen und am Text überprüften und somit elaborierende Prozesse für ihr Textverständnis nutzten (vgl. Irwin, 2007, S.6; vgl. deutsche Übersetzung von Blatt et al., 2010, S.177).

Daraus ergeben sich Hinweise darauf, dass ein *prozessorientierter Leseunterricht lernförderlich für alle Leistungsgruppen* sein kann. In den literarischen Gesprächen ist demnach nicht nur das Sprechen über den Textinhalt, sondern das Bilden von Hypothesen im Vorwege für das Textverständnis förderlich. Wie die Gesprächsanalysen (vgl. hierzu Kapitel 6.1.1.3) weiterhin deutlich machten, spielte auch die Auswahl der Lektüre eine zentrale Rolle. Texte, die die Kinder spannend finden und in die sie sich aus ihrer Lebenserfahrungen heraus hineinversetzen können, helfen ihnen in die Perspektiven der literarischen Figuren einzutauchen und affektiv zu reagieren (vgl. Spinner, 2006, S.9). Darüber hinaus erwies sich die Kombination von *Lesen und Vorlesen in der Klassengemeinschaft* in Einzel-, Partner- und Gruppenarbeit als Motivation zum Lesen (vgl. Transkriptausschnitt VIII). Daraus erwuchsen *Motivations- und Anstrengungsbereitschaft*, auch schwierigere Texte zu lesen, in denen die Kinder nicht alles auf Anhieb verstanden (vgl. Transkriptausschnitt IX).

Dieses Interesse und die Anstrengungsbereitschaft wurden auch beim Schreiben der Texte bei allen Kindern der Untersuchungsklasse deutlich. Wenn auch auf unterschiedlichen Leistungsniveaus, wie die Fallbeispiele zeigten, lernten alle Kinder verständliche Texte für die Leserinnen und Leser zu schreiben. Dazu trugen die Aufgabenstellung und die Vor- und Nachbereitung des Textschreibens im Unterricht bei. Das Schreiben von Wochenenderlebnissen in Klasse 1 ermöglichte es allen Kindern, inhaltlich etwas zum Thema zu schreiben. Das Erzählen im Morgenkreis konnte hierfür unterstützend wirken. Die Öffnung der Schreibaufgabe ab Klasse 2 ermöglichte Differenzierungen je nach Interesse. Wie das Fallbeispiel 4 zeigt, wurde diese Möglichkeit auch von Kindern der unteren Leistungsgruppe aufgegriffen. In der Vor- und Nachbereitung zum Textschreiben wurden den Kindern *Formulierungs- und Schreibhilfen* vermittelt. Wie die Fallanalysen veranschaulichen, wurden diese auch aufgegriffen und trugen entscheidend zur Verständlichkeit der Texte bereits ab Klasse 1 bei.

Die Kinder wurden durch die Schreibaufgabe und die Vor- und Nachbereitung in ihrem Schreibprozess unterstützt. Die Aufgabenstellung half ihnen bei der Ideengenerierung, da sie inhaltlich auf kurz zurückliegende Ereignisse zurückgreifen konnten. Damit war auch eine Strukturierung des Ablaufs vorgegeben. Die *Formulierungshilfen und die Rechtschreibübungen im Kontext des Textschreibens* entlasteten sie bei der Versprachlichung und Niederschrift ihrer Ideen. Dass sie durch das regelmäßige Handschreiben (vgl. Schorch, 2003, S.284) zu klassischer Musik motorisch geschult waren, half ihnen darüber hinaus beim Aufschreiben.

Aus der Zusammenfassung der Ergebnisse zum Lesen und Verstehen sowie zum Schreiben von Texten ergeben sich Hinweise auf folgende lernförderliche Merkmale des untersuchten Konzepts:

- *ein prozessorientierter Leseunterricht von Anfang an im Hinblick auf eine Integration nieder- und höherrangiger Leseprozesse,*
- *die Verknüpfung von Vorlesen und Lesen,*
- *literarische Gespräche, in denen Hypothesen zum Textverständnis aufgestellt und überprüft werden,*
- *eine Lektüreauswahl, die für Kinder spannend ist (und von der Schwierigkeit her auch eine Herausforderung darstellen kann) und einen Lebensweltbezug aufweist,*
- *Textschreiben von Anfang an, wobei die Schreibaufgaben an die Lernvoraussetzung der Kinder angepasst sind und Formulierungs- und Schreibhilfen gegeben werden.*

Aus den Analyseergebnissen zeichnet sich zudem noch ein die Lernbereiche verbindendes Merkmal ab. Die Rechtschreibung wurde von den Kindern in ihrer Bedeutung für das Lesen von Texten herausgestellt. Daraus wird das übergeordnete Merkmal *Rechtschreiben als Lesehilfe* abgeleitet.

Im Hinblick auf die *überfachlichen Merkmale* des Unterrichts werden die Analyseergebnisse zur *Etablierung einer lernenden Gemeinschaft* und zur *Integration von formativem Assessment* herangezogen. Wie die Ergebnisse der Videoanalysen zeigen, wurden die eingesetzten Rituale, die vermittelten Regeln und die unterschiedlichen Sozialformen von den Kindern der Untersuchungsklasse angenommen und engagiert umgesetzt. Wie die Analyseergebnisse darüber hinaus verdeutlichten, konnten dabei auch die den *Ritualen und Regeln* zugrundeliegenden Wertvorstellungen mit vermittelt werden. Die *Rituale* trugen, den Ergebnissen zufolge, wesentlich zur Organisation des Unterrichts, zum Ablauf der Arbeitsphasen und zur Strukturierung von Unterrichtsgesprächen bei, so dass die Lernzeit effizient genutzt werden konnte. Die vermittelten *Regeln* wirkten sich bei Lernspielen, bei Unterrichtsgesprächen und beim Lernen in unterschiedlichen Sozialformen lernförderlich aus, wobei die Sozialformen zielgerichtet und ihren Funktionen entsprechend eingesetzt wurden. Den Kindern wurden dadurch die Abläufe und Strukturen transparent gemacht und sie konnten sich ganz auf die Sache konzentrieren. Zur Etablierung der lernenden Gemeinschaft trug in erster Linie bei, dass die Kinder die zugrundeliegenden *sozialen Wertvorstellungen* verinnerlicht haben und aufeinander Rücksicht nahmen, aufeinander eingingen und einander unterstützten. Dass in der Untersuchungsklasse auch ein Vertrauensverhältnis bestand, zeigte sich an der *Etablierung einer Fragekultur* (vgl. hierzu u.a. Kapitel 6.1.1.4) sowie an der *hohen Beteiligung im Klassengespräch*.

Aus diesen zusammengefassten Ergebnissen werden förderliche Merkmale für die *Etablierung einer lernenden Gemeinschaft* abgeleitet:

- *Strukturierung und Transparentmachung des Unterrichts durch Rituale und Regeln,*
- *Einüben und Einsatz der unterschiedlichen Sozialformen im Hinblick auf deren Funktionen,*
- *sozialer Umgang auf der Grundlage sozialer Werte.*

Im Folgenden werden die Ergebnisse zum *formativen Assessment* zusammenfassend und interpretierend betrachtet. Formatives Assessment zeichnet sich im Unterschied zum summativen Assessment dadurch aus, dass es nicht um eine reine Leistungsüberprüfung geht, sondern dass Tests zur Ermittlung des jeweiligen Lernstandes eingesetzt werden und die Ergebnisse als Grundlage für die individuelle Förderung herangezogen werden (vgl. Frahm, 2012, S.9 ff.). Die Analyseergebnisse zum *Rechtschreiblernen im Kontext der Montagsgeschichten* zeigen, dass der durch das Feedback vermittelte Sinn des formativen Assessments von den Kindern auch verstanden wurde. Dies trug mit Sicherheit zur Akzeptanz der Lernbeobachtungsinstrumente und Tests in der Untersuchungsklasse bei. Wie die Fallbeispiele und die *Schatzkästchenarbeit* deutlich machen, nutzten die Kinder die Rückmeldungen auch intensiv zum Üben. Das formative Assessment schloss auch eine *Rückmeldung an die Lehrperson* ein, die für die *Individualisierung des Unterrichts* genutzt wurde. Die in der Klasse entstandene Feedbackkultur verhalf den Kindern zu der Einsicht, dass Fehler zum Lernprozess dazugehören und dass zum Lernen wiederholtes Üben notwendig ist. Ihre Lernfortschritte wurden an den fortlaufenden Testergebnissen sichtbar. Dieser Lernfortschritt ist sicherlich auch auf ihre Anstrengungsbereitschaft zurückzuführen (vgl. hierzu u.a. Kapitel 6.3.2).

Für das *formative Assessment* ergeben sich aus der dargestellten Zusammenfassung und Interpretation der Ergebnisse vier Merkmale:

- *Lernbegleitender Einsatz von formalisierten Tests und Lernbeobachtungsinstrumenten zur Feststellung des Lernstandes,*
- *formalisierte Rückmeldungen an Lernende und Lehrperson zu Lernentwicklung und Unterricht,*
- *individuelle Lernpläne auf der Grundlage des Lernstandes,*
- *Umsetzung dieser Pläne im Rahmen gezielter Förder- und Forderangebote für die Kinder.*

Innerhalb der einzelnen Komponenten des Unterrichtskonzeptes ließen sich *fachliche und überfachliche Qualitätsmerkmale* konkretisieren, die in den folgenden beiden Abbildungen zusammenfassend dargestellt sind.

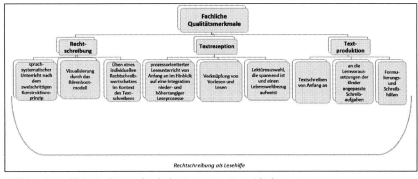

Abbildung 54: Fachliche Qualitätsmerkmale des eingesetzten Unterrichtskonzeptes

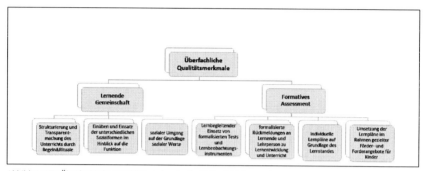

Abbildung 55: Überfachliche Qualitätsmerkmale des Unterrichtskonzeptes

7.3 Einordnung in den Forschungsstand

Eine Einordnung in den Forschungsstand erfolgt im Hinblick auf die herausgearbeiteten Qualitätsmerkmale des eingesetzten Unterrichtskonzepts.

7.3.1 Fachliche Qualitätsmerkmale

Rechtschreibung

Die Rechtschreibentwicklung und die Struktur der Rechtschreibkompetenz der Kinder in Klasse 3 konnten die Lernwirksamkeit des zweischrittigen Konstruktionsprinzips nach Hinney aufzeigen. Dass dies jedoch nicht automatisch bei jedem Kind zu einer guten Rechtschreibkompetenz führt, hat sich am Fallbeispiel 4 gezeigt (vgl. Kapitel 6.4.4). Für dieses und auch andere Kinder war das Rechtschreiblernen und -üben in Verbindung mit dem Textschreiben erfolgreicher, hatte sich aber nicht als ausreichend erwiesen. Dennoch zeigt sich aber gerade an diesem Jungen, der vorher schon ein Schuljahr lautorientiert unterrichtet worden war, dass der sprachsystematische Unterricht ein Grundverständnis anbahnen konnte. Die Kombination von zweischrittigen Konstruktionsprinzip und Rechtschreibüben im Kontext von Textschreiben hat insbesondere dazu beigetragen, dass es keine ganz schwachen Rechtschreiber im untersten Leistungsquartil sowie eine große Leistungsspitze in der Untersuchungsklasse gab. Die Ergebnisse der IGLU-E-Studie 2001 dagegen zeigen, dass „nur von 80 Prozent der Viertklässler [die am Ende von Klasse 2 zu erwartenden Wörter] sicher verschriftet werden [...] [und] bis zu 25 Prozent der Schülerinnen und Schüler mehr als jedes dritte und der Durchschnitt jedes fünfte Rechtschreibphänomen, das auf erweiterte orthographische Kompetenzen verweist, fehlerhaft verschriften" (Valtin et al., 2003, S.257; Einfügung: Verfasserin). Als Fehlerschwerpunkte wurden für die gesamte IGLU-Stichprobe die Silbengelenkschreibung, die Schreibung des silbeninitialen-h und morphologische Schreibungen ausgewiesen (vgl. Löffler/Meyer-Schepers, 2005, S.93). Auch in allen Kontrollklassen finden sich ganz schwache Rechtschreiber und gerade die morphologische Teilkompetenz ist geringer ausgebildet. Die Leistungsspitze ist dort nicht vergleichsweise hoch.

Diese Ergebnisse lassen im Einklang mit Hinney darauf schließen, dass graphematisch basierte Lerninhalte für Rechtschreiblernende adäquater sind als eine Ausrichtung am amtlichen Regelwerk. Darüber hinaus zeigte sich aber auch die Einbettung von Rechtschreiblernen in schriftkulturelle Tätigkeiten als lernwirksam. Die Bedeutung der Schriftkultur für den Erwerb der Schriftkompetenz hat Dehn in ihren jahrzehntelangen Forschungen herausgestellt (vgl. Dehn, 1991, S.37 ff.; Dehn et al., 2011, S.39 ff.). Welche Rolle die Visualisierung als Lernhilfe für das Rechtschreiblernen spielt, wurde bislang nicht empirisch untersucht. Hierfür liegen allerdings unterschiedliche Konzepte vor (vgl. Kapitel 4.1.5). Die vorliegende Untersuchung deutet daraufhin, dass die Kinder das *Bärenbootmodell* nachhaltig als Lernhilfe für die Struktur des prototypischen Zweisilbers nutzten, da sie noch in der dritten Klasse mit dem Modell argumentierten.

Textrezeption

Die Qualitätsmerkmale, die im Hinblick auf die Textrezeption herausgearbeitet worden sind, beziehen sich auf einen prozessorientierten Leseunterricht, auf die Verknüpfung des Vorlesens und Lesens, literarische Gespräche und die Auswahl des Lektürestoffes. Die Bedeutung eines prozessorientierten Leseunterrichts von Anfang an korrespondiert mit den Untersuchungsergebnissen von Irwin (2007). Für einen prozessorientierten Leseunterricht spielt das Vorlesen am Anfang des Schriftspracherwerbs eine herausragende Rolle. Im Zusammenhang mit vorgelesenen Texten können von Anfang an auch höherrangige Leseprozesse eingeübt werden. Dies spricht gegen die didaktischen Konzepte die vor dem Methodenstreit in den Blick genommen worden sind (vgl. Kapitel 4.1.1) und entspricht auch dem Modell und den Konzeptvorstellungen von Scheerer-Neumann (vgl. Scheerer-Neumann, 1990, S.21) und Dehn (vgl. Dehn, 2013, S.11 ff.), wonach Kindern von Anfang an unterschiedliche Zugriffsweisen auf das Lesen eröffnet werden sollen. Ein prozessorientierter Leseunterricht auf Grundlage eines Leseprozessmodells wurde im Unterschied zum prozessorientierten Schreibunterricht in der Deutschdidaktik noch nicht in den Fokus gerückt. Im Hinblick auf das literarische Gespräch werden mit dem Merkmal *Hypothesen bilden und überprüfen* übergeordnete Gesichtspunkte herausgestellt. Dabei hat sich als bedeutsam herauskristallisiert, dass bereits im Prozess des

Lesens Hypothesen gebildet werden, um Voraussagen über Inhalt und Fortgang des Textes aufzustellen, die im Fortlauf überprüft werden. Danach ist also nicht nur die Anschlusskommunikation, wie Hurrelmann sie herausstellt (vgl. Hurrelmann, 2002, S.18), lernförderlich. Durch die im Unterricht praktizierte Herangehensweise konnten Leseprozesse bei den Kindern initiiert werden, die mit den Aspekten literarischen Lernens nach Spinner (2006) korrespondieren. Die Kinder wurden auf die sprachliche Gestaltung aufmerksam, konnten die Handlungslogik von Geschichten verstehen, mit der Fiktionalität von Texten auf bewusster Ebene umgehen sowie Perspektiven der Figuren einnehmen und nachvollziehen (vgl. hierzu Spinner, 2006, S.9 ff.).

Letzteres wurde vor allen Dingen auch durch eine spannende Lektüreauswahl mit Lebensweltbezug angebahnt. Gerade das Einbringen der eigenen Erfahrungen und die Abgrenzung dazu konnten den Kindern helfen, die Figuren und ihr Handeln zu verstehen.

Die Testergebnisse zum Leseverstehen können nicht in den IGLU-Kompetenzstufen verortet werden, da für diese Interventionsstudie keine Kompetenzstufen gebildet werden konnten. Nach den IGLU-Ergebnissen von 2011 ist der oberste Lesekompetenzbereich relativ gering ausgebildet, der unterste dagegen jedoch relativ stark (vgl. Tarelli et al., 2012, S.13)

Die Untersuchungsergebnisse können ausschließlich Hinweise darauf liefern, dass in Bezug auf das Lesen eine breite Leistungsspitze zu verzeichnen sowie dass kein Kind im untersten Leistungsbereich gewesen ist (vgl. hierzu u.a. Forschungsfrage 1). Damit erzielte die Untersuchungsgruppe auch bessere Ergebnisse als die Kontrollklassen.

Textproduktion

Die Bedeutung des Textschreibens von Anfang an als Qualitätsmerkmal für den Schriftspracherwerb lässt sich in den Forschungen von Dehn (vgl. Dehn, 2013, S.11 ff.) und dem Spracherfahrungsansatz von Brügelmann (vgl. Brügelmann, 2013, S.158 ff.) verorten. Auch in der vorliegenden Untersuchung hat sich gezeigt, wie wichtig es ist, dass mündliche Mitteilungsbedürfnis der Kinder in das Erlernen der Schriftsprache zu integrieren. Die Kinder haben sich als kreativ erwiesen, das, was sie am Anfang noch nicht schriftlich ausdrücken konnten, über Bilder mitzuteilen. Der am Schreibprozess ausgerichtete Unterricht erwies sich in Übereinstimmung mit den Ergebnissen von Blatt als lernförderlich (vgl. Blatt, 1996, S.23; Blatt, 2004, S.30 ff.; Blatt, 2011, S.89 ff.).

Zur Entlastung beim Aufschreiben der Texte trugen die regelmäßigen Schreibübungen bei. Die Aufgabenstellung entlastete die Kinder bei der Ideengenerierung und unterstützte den Textaufbau. Die Schreib- und Formulierungshilfen stellten eine Hilfe beim Versprachlichen dar. Dass die Schreibaufgabe ein entscheidendes Qualitätsmerkmal des Schreibunterrichts ist, korrespondiert mit den Forschungen von Dehn (vgl. Dehn, 2006b, S.39 ff.). Sie muss so gestellt sein, dass sich alle Kinder voraussetzungslos angesprochen fühlen und Ideen zum Thema generieren können. Darüber hinaus muss sie zunehmend Freiräume für unterschiedliche Interessen ermöglichen. Wie die Analysen zur Textqualität gezeigt haben, war diese zwar bei unterschiedlichen Kindern auch unterschiedlich hoch ausgeprägt, aber alle Kinder konnten am Ende von Klasse 3 der Aufgabenstellung entsprechend verständliche Texte schreiben.

Wie die IGLU-E-Studie zum Textschreiben zeigt, können von der untersuchten Stichprobe am Ende der vierten Klasse 10 Prozent der Kinder keine aufgabengerechten und vollständigen Texte produzieren (vgl. Blatt et al., 2005, S.131). Als bedeutsam für den Erwerb einer Textschreibkompetenz konnten Formulierungs- und Rechtschreibhilfen ausgewiesen werden. Sie ermöglichen auch Kindern im unteren Leistungsbereich vollständige Sätze zu schreiben und lesbare Texte zu produzieren. Dieses Ergebnis steht im Widerspruch zu didaktischen Auffassungen, wonach Textschreiben und Rechtschreiben in keiner Beziehung zueinander stehen sollten, da das Rechtschreiben die Motivation zum Textschreiben behindern würde (vgl. Brügelmann/Brinkmann, 2006, S.11). Dies gilt sicherlich für den Fall, dass Kindertexte von der Lehrkraft ausschließlich fehlerorientiert markiert werden. In Übereinstimmung mit Dehn hatte die Lehrkraft jedoch die Kindertexte als interessierte Leserin rezipiert.

Ihr Feedback zur Rechtschreibung wurde von den Kindern als Lernhilfe aufgefasst und umgesetzt. Dies war sicherlich auch dadurch bedingt, dass ihnen im Unterricht die Rechtschreibung als Lesehilfe bewusst gemacht werden konnte. Rechtschreiben als Lesehilfe gilt also nicht nur – wie es in der Literatur herausgestellt wurde – für das Lesen von Texten (vgl. Munske, 2005, S.30; Blatt et al., 2010, S.171 ff.), sondern auch als Unterstützung für die Schriftproduktion.

Darüber hinaus zeichneten sich alle Texte durch leserbezogene und textgestaltende Merkmale aus. Dies kann auf die enge Verknüpfung von Lesen und Schreiben in einem schriftkulturellen Kontext zurückgeführt werden und korrespondiert demnach mit den Forschungsergebnissen von Dehn (vgl. u.a. Dehn, 2013, S.98 ff.).

7.3.2 Überfachliche Qualitätsmerkmale

Lernende Gemeinschaft

Die überfachlichen Qualitätsmerkmale, die im Hinblick auf die lernende Gemeinschaft herausgestellt wurden, sind die Strukturierung und Transparentmachung des Unterrichts durch Rituale und Regeln, das Einüben und der Einsatz unterschiedlicher Sozialformen im Hinblick auf die Funktion sowie der soziale Umgang der Lernenden miteinander auf Grundlage sozialer Werte.

In Bezug auf das Merkmal Strukturierung und Transparentmachung des Unterrichts durch Regeln und Rituale besteht eine Übereinstimmung mit den Forschungen zu *gutem Unterricht* von Meyer (2013), Helmke (2012) sowie Seidel und Shavelson (2007): Hier werden die „klare Strukturierung des Unterrichts" (Meyer, 2013, S.26; Helmke, 2012, S.168) sowie die „orientation" (Seidel/Shavelson, 2007, S.460) für die Schülerinnen und Schüler als Qualitätsmerkmale benannt. Der Nutzen von Regeln und Ritualen hängt laut vorliegender Untersuchung vor allen Dingen damit zusammen, dass diese mit den Kindern auch in Feedbackphasen für die Lehrperson reflektiert wurden. So konnten die Rituale auch angepasst werden, Lichtenstein-Rother bezeichnet dies als „situationsadäquat" (Lichtenstein-Rother, 1990, S.33). Auch Trautmann stellt die Bedeutung von adäquaten Ritualen für die Kinder heraus (vgl. Trautmann, 1994, S.17).

Das Einüben und der Einsatz der unterschiedlichen Sozialformen im Hinblick auf deren Funktionen können sowohl bei Meyer als auch bei Gudjons verortet werden. Meyer benennt die Sozialformen innerhalb seiner Merkmale *guten Unterrichts* mit der „Methodenvielfalt" (Meyer, 2013, S.74). Hier führt er aus, dass diese in eine Balance gebracht werden muss. Nach den Ergebnissen der vorliegenden Arbeit ist zentral, dass die Sozialformen nach ihren Funktionen entsprechend eingesetzt werden – wie auch Gudjons es aufzeigt. Eine Funktion, in der alle Sozialformen zum Einsatz kommen können, ist das „Entdecken und Problemlösen" (Gudjons, 2011, S.85). Dies wurde auch in den Gesprächsprotokollen der hier vorliegenden Arbeit deutlich. Beim Entdecken und Problemlösen griffen die Sozialformen der Einzel-, Partner- und kooperativen Arbeit sowie das gemeinsame Lernen ineinander.

Als ein weiteres förderliches Merkmal für die Etablierung einer lernenden Gemeinschaft wurde der soziale Umgang der Lernenden untereinander auf der Grundlage sozialer Werte identifiziert.

Dieses Merkmal kann ebenfalls in den Forschungsstand zu *gutem Unterricht* eingeordnet werden: In der einschlägigen Literatur wird die Bedeutung der Klassengemeinschaft und die eines „lernförderlichen Klima[s]" (ebd., S.47; Helmke, 2012, S.168; Einfügung: Verfasserin) herausgestellt. Nach Gudjons gehören hierzu „der gegenseitige Respekt, sowohl gegenüber der Lehrkraft als auch unter den Schülern und Schülerinnen" (Gudjons, 2011, S.127). Einen respektvollen und vertrauensvollen Umgang der Lernenden in der Untersuchungsklasse zeigten die Analyseergebnisse. Die sozialen Werte der Kinder entwickelten sich durch das Praktizieren der Regeln, Rituale und Sozialformen, die im Unterricht angeleitet und fortlaufend reflektiert wurden. In der Folge hatte sich ein lernförderliches Klima entwickelt.

Formatives Assessment

Für das formative Assessment ergeben sich aus der Zusammenfassung und Interpretation der Ergebnisse vier förderliche Merkmale: die den lernbegleitenden Einsatz von formalisierten Tests und Lernbeobachtungsinstrumenten zur Feststellung des Lernstandes, formalisierte Rückmeldungen an Lernende und Lehrperson zu Lernentwicklung und Unterricht sowie individuelle Lernpläne auf der Grundlage des Lernstandes und deren Umsetzung im Rahmen gezielter Förder- und Forderangebote für Kinder.

Die Erfassung des Lernstandes ist in den Forschungen zu formativem Assessment zu verorten. William benennt diesen Aspekt zur Feststellung des Leistungsstandes „Where the learner is right now" (William, 2009, S.31). Tests und Lernbeobachtungen haben hierbei eine dienliche Funktion, um nächste individuelle Lernschritte aufzeigen zu können (vgl. Frahm, 2012, S.12), was William als „How to get there" (William, 2009, S.31) bezeichnet. Das individuelle Lernen entspricht bei Meyer dem Merkmal „Individuelles Fördern" (Meyer, 2013, S.97).

Die sich als lernförderlich erwiesenen formalisierten Rückmeldungen an Lernende und Lehrperson zu Lernentwicklung und Unterricht korrespondieren mit dem an der Sache orientierten Feedback, das Hattie in seiner Forschungssynthese als besonders lernwirksam herausgestellt hat (vgl. Hattie, 2013, S.207).

Beim Feedback sind nach William mehrere Aspekte von Bedeutung – die Lernenden, der Lernweg, die Lehrperson sowie die Feedbackformen (vgl. William, 2009, S.31). Hattie hebt insbesondere das Feedback der Lernenden an die Lehrperson hervor, da so „Lehren und Lernen miteinander synchronisiert werden und wirksam sein" (Hattie, 2013, S.207) können.

Die vorliegende Untersuchung gibt Hinweise, wie das formative Assessment im Grundschulunterricht lernförderlich eingesetzt werden kann. Zentral ist, dass individuelle Lernpläne zum Fördern und Fordern erstellt und unmittelbar umgesetzt werden. Dazu gehört nach den Ergebnissen der vorliegenden Untersuchung, dass entsprechend des Lernstandes Förder- und Fordergruppen eingerichtet, im Rahmen von Lernentwicklungsgesprächen individuelle Lernziele und -aufgaben besprochen werden und dass die Lehrperson individuelle Hilfestellungen leistet. Dieses *Lernsetting* kann im Anschluss an die internationalen Forschungen zum formativen Assessment die Kinder auf ihrem *Lernweg* (how to get there) zum *Erreichen ihres Ziels* (Where the learner is going) unterstützen (vgl. hierzu William, 2009, S.31).

Auch Hattie integriert die Zielorientierung in seinem Feedbackmodell als „Feed up" (Hattie, 2013, S.209). Bedeutsam ist hierbei, dass der Lernerfolg des nächsten Lernschrittes der Kinder mit Hilfe von Lernbeobachtungsinstrumenten und Tests überprüft wird. Wichtig ist darüber hinaus, dass die Ergebnisse mit den Kindern vor dem Hintergrund ihrer Selbsteinschätzung besprochen und reflektiert sowie zur Planung der nächsten Lernschritte genutzt werden. Seidel und Shavelson fassen diese Aspekte begrifflich unter „evaluation" (Seidel/Shavelson, 2007, S.460) und Gudjons subsumiert sie unter eine der von ihm als bedeutsam herausgestellten Grundfunktionen, dem „Planen, koordinieren, auswerten" (Gudjons, 2011, S.118).

Dehn und Hüttis-Graff verwenden den Begriff „Lernbeobachtung" (Dehn, 2013, S.196) und stellen dafür auch Beobachtungs- und Auswertungsinstrumente zur Verfügung (ebd., S.196 ff.; Hüttis-Graff, 2013b, S.165 ff.). Das in dieser Untersuchung eingesetzte „Leere Blatt" (Hüttis-Graff, 2013b, S.165) zur Schulanfangsbeobachtung lieferte der Lehrperson wichtige Einblicke in die Schrifterfahrung der Kinder zu Schulbeginn.

8. Fazit und Ausblick

Mit der vorliegenden Arbeit war das grundlegende Forschungsziel verbunden zu untersuchen, wie sich Unterrichtsbedingungen auf den Erwerb und die Entwicklung der Schriftkompetenz auswirken. Aufgrund des dargelegten Forschungsdesigns konnten keine kausalen Zusammenhänge herausgefunden werden, sondern ausschließlich Hinweise auf mögliche Korrespondenzen von Qualitätsmerkmalen des Unterrichts und des Lernerfolgs auf Basis der Analyseergebnisse gewonnen werden. Es konnten Beziehungen zwischen bestimmten Merkmalen des eingesetzten Unterrichtskonzepts und den erzielten Ergebnissen hergestellt werden.

In der Untersuchungsklasse konnte eine lernende Gemeinschaft etabliert werden. Die Kinder arbeiteten engagiert, konzentriert und ausdauernd in unterschiedlichen Sozialformen (vgl. Kapitel 6.3.1). Kennzeichnend war jedoch weiterhin sowohl der wertschätzende Umgang mit den anderen Kindern und der Lehrperson als auch die Wertschätzung den Lerngegenständen und dem Lernen an sich gegenüber. Wie die Auswertungsergebnisse der Feedbackgespräche zeigten, hatte sich bei den Kindern eine solche Wertschätzung entwickelt: Rechtschreiben, Lesen und Schreiben waren positiv besetzt (vgl. Kapitel 6.1.1.4). So waren die Lernenden auch bereit, sich im Klassenkontext einzubringen, viel zu üben und ihren Lernplänen entsprechend zu arbeiten (vgl. Kapitel 6.3.2).

Insgesamt war in der Untersuchungsklasse eine kontinuierliche Lernentwicklung im Lesen, Schreiben und Rechtschreiben zu verzeichnen. Besonders hervorzuheben ist zum einen, dass sich eine breite Leistungsspitze etablieren konnte, die Einsichten in die Wortstruktur gewinnen, Strategien zur Herleitung von Wortschreibungen festigen und teilweise automatisieren sowie zudem vermehrt die Rechtschreibkenntnisse beim Textschreiben anwenden konnte (vgl. Kapitel 6.1.1 und 6.1.2).

Forderkinder fanden in diesem Unterricht eine spezielle Berücksichtigung (vgl. Fallbeispiel 3). Zum anderen ist bedeutsam, dass kein Kind im untersten Leistungsbereich war (vgl. Kapitel 6.1.1 und 6.1.2). Dennoch wäre für die Kinder im unteren Mittelbereich noch eine stärkere Förderung wünschenswert gewesen, wie Fallbeispiel 4 deutlich macht. In dieser Untersuchung konnte gezeigt werden, dass ein sprachsystematischer Unterricht nicht nur für Kinder mit Migrationshintergrund, die Schwierigkeiten im Bereich der phonologischen Bewusstheit haben (vgl. Pagel/Blatt, 2010b), lernförderlich ist, sondern auch für Kinder mit Deutsch als Muttersprache sowie aus einem eher bildungsnahen Umfeld. Die Lernenden der Untersuchungsklasse gingen den Lernweg von der Schrift- zur Lautanalyse und griffen dabei auf das *Bärenbootmodell* zurück (vgl. Kapitel 6.1.2.2).

Als Lehrperson und Forscherin ist der Verfasserin der hier vorliegenden Arbeit insbesondere die Bedeutung des Orientierungsrahmens im Lernsetting für die Kinder bewusst geworden. Die Schulwoche war durch Regeln und Rituale strukturiert, die den Kindern von Anfang an transparent gemacht wurden.

Die Schreibzeit für die eigenen Texte war den Schülerinnen und Schülern wichtig, eine Rückmeldung durch die Lehrperson sowie auch durch Mitschülerinnen und Mitschüler forderten sie ein. Aufgrund der Regelmäßigkeit und Klarheit der Rückmeldungen konnten die Kinder Änderungsvorschläge und Impulse aufnehmen und waren auch bereit, diese umzusetzen.

Ihre Einstellungen und Werthaltungen zu Lerngegenständen und Unterrichtsmethoden äußerten die Kinder regelmäßig gegenüber der Lehrperson. Die Lehrperson griff die Rückmeldungen auf und setzte auch Impulse der Kinder um. Durch den stetigen Austausch wurde der Unterricht stets weiterentwickelt und an die Bedürfnisse angepasst.

Zentral innerhalb der Lerngruppe waren der sprachsystematische Unterricht mit Bezug auf das *Bärenbootmodell* und die Geschichtenwelt, die sich darum rankte. Ursprünglich war die Geschichtenwelt auf Klasse 1 und 2 ausgelegt, die Kinder forderten diese jedoch auch noch für Klasse 3 ein und griffen bei Herleitungen und Explikationen darauf zurück.

Die Freude der Kinder beim Lernen in den unterschiedlichen Sozialformen und bei Lernspielen ist der Lehrperson und Forscherin besonders aufgefallen. Mögliche auftretende Konflikte konnten die Schülerinnen und Schüler mit Hilfe von Strategien, die sie im Klassenrat immer wieder thematisiert hatten, lösen. Diese wurden zudem auch im Feedback zu Arbeitsphasen geäußert und gegebenenfalls als Vorhaben für die nächsten Stunden formuliert.

Die Einordnung der Ergebnisse der vorliegenden Untersuchung in den Forschungsstand bzgl. der fachlichen und überfachlichen Qualitätsmerkmale ergab, dass die als lernförderlich herausgestellten Merkmale dieses Unterrichtskonzepts in großen Teilen in Einklang mit einschlägigen Forschungsergebnissen gebracht werden können. Darüber hinaus konnten für den Schriftspracherwerb und -ausbau einzelne Merkmale konkretisiert werden.

Diese Ergebnisse werden im Folgenden zur Hypothesenbildung für weiterführende mögliche Forschungen herangezogen. Dafür sollen drei Hypothesen formuliert werden:

Hypothese 1: *Ein sprachsystematischer Unterricht eröffnet Kindern größere Lernchancen für den Erwerb und den Ausbau der Schriftkompetenz als herkömmliche Konzepte, die fachlich auf dem amtlichen Regelwerk basieren.*

Hypothese 2: *Ein prozessorientierter Leseunterricht, der von Anfang an nieder- und höherrangige Leseprozesse integriert, führt zu besseren Ergebnissen im Lesen und im Textverständnis als ein an Stufen orientierter Unterricht vom Dekodieren zum Textverständnis.*

Hypothese 3: *Die Integration von formativem Assessment in Form von Tests und Feedback in den schriftsprachlichen Unterricht der Grundschule führt zu besseren Lernergebnissen als eine wenig formalisierte oder fehlende Lernbeobachtung.*

Interventionsstudien wie der vorliegenden, in denen ein Unterrichtskonzept in einer Untersuchungsgruppe mit Kontrollgruppen eingesetzt wird, sind Grenzen bzgl. der Aussagekraft gesetzt. So ist beispielsweise nur ein eingeschränkter Testeinsatz in den Klassen möglich. In größer angelegten Untersuchungen könnte hier anders verfahren werden.

Es wäre von Interesse sprachsystematische Konzepte in größer angelegten Untersuchungen einzusetzen und auf ihre Lernförderlichkeit im Vergleich zu Konzepten zu überprüfen, die auf dem amtlichen Regelwerk beruhen. Weiterhin sollte untersucht werden, wie sich unterschiedliche Visualisierungen der Silbe auf den Lernerfolg auswirken. Von Interesse wäre beispielsweise das Häuschen-Garage-Modell, das auch in der Handreichung zum Rechtschreibunterricht an Hamburger Schulen zur Erforschung der Silbenstruktur aufgeführt wird (vgl. Freie und Hansestadt Hamburg, 2014, S.10), im Vergleich mit anderen Visualisierungen empirisch zu untersuchen. Dabei muss allerdings überprüft werden, inwieweit die graphematischen Forschungsergebnisse in den zu vergleichenden Modellen abgebildet werden. Daneben spielt auch die Akzeptanz bei den Kindern eine Rolle.

Um verlässliche Ergebnisse in solchen weiterführenden Studien gewinnen zu können, muss gewährleistet sein, dass die Lehrpersonen, die die Konzepte umsetzen, die dahinterstehende Theorie verstanden haben und die Visualisierung nicht nur als Methode einsetzen.

Untersuchungen zu einem prozessorientierten Leseunterricht, der von Anfang an nieder- und höherrangige Prozessebenen berücksichtigt, stellen ein weiteres Forschungsdesiderat dar. Dazu müssen Entwicklungsstufenmodelle prinzipiell hinterfragt werden, damit sich daran orientierende Vorstellungen in den Köpfen von Lehrpersonen und Didaktikern nicht manifestieren und somit als Folge komplexere Lernangebote verhindert werden. Zudem müssen didaktisch-methodische Konzepte für einen prozessorientierten Leseunterricht in der Grundschule entwickelt und erprobt werden. Dazu bietet das Leseprozessmodell von Irwin (vgl. Irwin, 2007, S.6) eine geeignete theoretische Grundlage.

Zudem soll die dritte Hypothese zu weiteren Untersuchungen im Deutschunterricht der Grundschule anregen, formatives Assessment in Form von Tests und Feedback in den schriftsprachlichen Unterricht zu integrieren, um zu überprüfen, ob dies auch in anderen Untersuchungsgruppen zu besseren Lernergebnissen führen kann.

Für den Testeinsatz und die Testentwicklung in künftigen Untersuchungen wäre es von Interesse, weitere sprachsystematische Rechtschreibtests für die Grundschule zu konzipieren, die differentielle Ergebnisse zur Kompetenzstruktur liefern. Eine Voraussetzung dafür wäre allerdings, dass solche Tests in Studien auf ihre Gütekriterien hin untersucht werden. Darüber hinaus wäre eine computerisierte Testauswertung erforderlich, da eine Auswertung von Hand für Lehrkräfte zeitlich nicht leistbar wäre. Die notwendige Grundlagenforschung für eine solche weiterführende Anwendungsforschung wurde bereits im Rahmen des Nationalen Bildungspanels geleistet (vgl. Frahm, 2012, S.241 ff.). So wurde in einer Mode-Effekt-Studie nachgewiesen, dass mit einem am Computer geschriebenen Test dieselbe Kompetenz wie mit einem handgeschriebenen Test erhoben wird (vgl. ebd., S.241 ff.). Ein Computerprogramm für die Auswertung computergeschriebener Wörter nach Struktureinheiten wurde auch bereits im Rahmen einer Bachelorarbeit entwickelt (vgl. Fiedler, 2013, S.1 ff.). Es erlaubt, beliebige Testwörter einzugeben, eine Auswahl für den jeweiligen Testzweck zu treffen und die Ergebnisse direkt zurückzumelden. Auf dieser Grundlage wird eine adaptive Testung ermöglicht, die für formatives Assessment ideale Bedingungen böte.

Weiterhin sollten in Anlehnung an IGLU-Tests differentielle Leseverstehenstests zu Erfassung der Lernentwicklung entwickelt werden, die eine schnelle Auswertung ermöglichen.

Im Hinblick auf das Forschungsdesign könnten weiterführende Untersuchungen in einem größeren Forschungskontext dadurch optimiert werden, dass für die Datenauswertung ein Empiriker herangezogen wird. Damit kann bei den qualitativen Analysen die Kodierung objektiviert werden (vgl. Mayring, 2010, S.117).

Zudem könnten elaboriertere quantitative Analysen erfolgen, die vertiefende Einsichten in mögliche Zusammenhänge von Unterrichtsmerkmalen und Lernerfolg liefern könnten. Bezogen auf die Datenerhebung wären beispielsweise Interviews mit Kindern wünschenswert, da sie vertiefende Aufschlüsse über Einstellungen und Lernentwicklungen geben könnten (vgl. Trautmann, 2010, S.13 ff.).

Insgesamt stellt sich Unterricht als ein komplexes Geschehen dar, in dem fachliche und überfachliche Aspekte ineinandergreifen. Auf die Erforschung der komplexen unterrichtlichen Interaktionen ausgerichtete weiterführende Studien stellen eine methodische Herausforderung dar.

Grundsätzlich wären interdisziplinär ausgerichtete Forschungsvorhaben wünschenswert und zielführend, in denen Fachdidaktiker, Schulpädagogen und Empiriker zusammenarbeiten.

Anhand der aufgezeigten Forschungsdesiderate wird deutlich, dass aus den Untersuchungsergebnissen noch keine empirisch geprüften Empfehlungen für die Praxis abgeleitet werden können. Hierin spiegelt sich jedoch ein generelles Problem im Hinblick auf die in den Rahmenplänen der Länder empfohlenen Konzepte für den Erwerb und den Ausbau der Schriftkompetenz in der Grundschule und für die in den Bildungsstandards formulierte Schriftkompetenz, die am Ende der Grundschulzeit erreicht werden soll, wider. Bezogen auf den Forschungsstand sind in den letzten Jahren Anzeichen eines Paradigmenwechsels hin zu einer sprachwissenschaftlichen Ausrichtung des Anfangsunterrichts an den graphematischen Forschungsergebnissen zu erkennen. Darauf aufbauende Konzepte finden auch Eingang in die Praxis und in behördliche Handreichungen (vgl. Freie und Hansestadt Hamburg, 2014, S.2 ff.). Die schriftkulturelle Ausrichtung des sprachlichen Anfangsunterrichts etablierte sich nach dem Ende des Methodenstreits zunehmend in der Forschung und in der Unterrichtspraxis. An diesen Forschungsentwicklungen zeigt sich die Bedeutung von fortwährenden Forschungsanstrengungen für einen *guten Unterricht* zum Erwerb und Ausbau von Schriftkompetenz, in dem der Definition Weinerts entsprechend „mehr gelernt als gelehrt wird" (Weinert, 1998, S.5).

Literaturverzeichnis

Aronson, E./Wilson, T./Akert, R. (2011): Sozialpsychologie. München u.a.: Pearson. 6. Auflage.

Artelt, C./Stanat, P./Schneider, W./Schiefele, U. (2001): Lesekompetenz: Testkonzeption und Ergebnisse. In: Baumert, J/Klieme, E./Neubrand, M./Prenzel, M./Schiefele, U./Schneider, W./Stanat, P./Tillmann, K.-J./Weiß, M. (Deutsches PISA-Konsortium): PISA 2000. Basiskompetenzen von Schülerinnen und Schülern im internationalen Vergleich. Opladen: Leseke + Budrich. S.69-140.

Atkinson, J. W. (1957): Motivational determinants of risk behavior. Psychological Review. 64. S.359-372.

Atteslander, P. (2010): Methoden der empirischen Sozialforschung. Berlin: Erich Schmidt Verlag. 13. Auflage.

Aufenanger, S./ Bauer, P. (2010): Interaktive Whiteboards. Neue Chancen für Lehrer, Schüler und Schule. In: Computer + Unterricht. 78/2010. S.6-9.

Augst, G./Dehn, M. (2013): Rechtschreibung und Rechtschreibunterricht: Können, Lehren, Lernen; eine Einführung für Studierende und Lehrende aller Schulformen. Seelze: Kallmeyer. 5. aktualisierte Auflage.

Ausubel, D. P. (1960). The use of advance organizers in the learning and retention of meaningful verbal material. Journal of Educational Psychology, Vol. 51(5). S.267-272.

Baumert, J./Stanat, P./Watermann, R. (2006): Schulstruktur und die Entstehung differenzieller Lern- und Entwicklungsmilieus. In: Baumert, J./Stanat, P./Watermann, R. (Hrsg.): Herkunftsbedingte Disparitäten im Bildungswesen. Differenzielle Bildungsprozesse und Probleme der Verteilungsgerechtigkeit. Wiesbaden: VS Verlag für Sozialwissenschaften. S.95-188.

Beaugrande, R., de/Dressler, W. (1981): Einführung in die Textlinguistik. Tübingen: Niemeyer. 2. durchgesehene Auflage.

Becker-Motzek, M./Schindler, K. (2007): Schreibkompetenz modellieren. In: Günther, H./Bredel, U./Becker-Mrotzek, M. (Hrsg.): Texte schreiben. KöBeS (5) 2007. Duisburg: Gilles&Francke Verlag. S.7-26.

Behörde für Schule und Berufsbildung (2013): KESS-Index. Neuer Sozialindex zur genaueren Lehrerausstattung. <http://www.hamburg.de/bsb/pressemitteilungen/3862048/2013-02-28-sozialindex-lehrerausstattung/>; letzter Zugriff: 01.03.2013.

Bereiter, C. (1980): Development in writing. In: Gregg, L.W./Steinberg, E.R. (Hrsg.): Cognitive processes in writing: An interdisciplinary approach. Hillsdale/NJ: Erlbaum. 1. Auflage. S.73-93.

Berk, L. E. (2011): Entwicklungspsychologie. München et al.: Pearson. 5. aktualisierte Auflage.

Beywl, W./Zierer, K. (2013): Lernen sichtbar machen. Zur deutschsprachigen Ausgabe von „Visible Learning". In: Hattie, J. (2013): Lernen sichtbar machen. Überarbeitete deutschsprachige Ausgabe von „Visible Learning" besorgt von Wolfgang Beywl und Klaus Zierer. Baltmannsweiler: Schneider Verlag Hohengehren. 1. Auflage. S.VI-XXVI.

Beywl, W./Zierer, K. (2014): Lernen sichtbar machen für Lehrpersonen. Zur deutschsprachigen Ausgabe von „Visible Learning for Teachers". In: Hattie, J. (2014): Lernen sichtbar machen für Lehrpersonen. Überarbeitete deutschsprachige Ausgabe von „Visible Learning for Teachers" besorgt von Wolfgang Beywl und Klaus Zierer. Baltmannsweiler: Schneider Verlag Hohengehren. 1. Auflage. S.VI-XVII.

Black, P./Harrison, C./Lee, C./Marshall, B./William, D. (2004): Working inside the black box: Assessment for learning in the classroom. Phi Delta Kappan, 86 (1). S.8-21.

Blatt, I. (1996): Schreibprozeß und Computer. Eine ethnographische Studie in zwei Klassen der gymnasialen Mittelstufe. Deutsche Hochschuledition. Band 47. Neuried: ars una. 1. Auflage.

Blatt, I. (2004): Schreiben und Schreibenlernen mit neuen Medien. Eine Bestandsaufnahme. In: Blatt, I./Hartmann, W. (Hrsg.): Schreibprozess im medialen Wandel: ein Studienbuch. Baltmannsweiler: Schneider-Verlag Hohengehren. 1. Auflage. S.30-71.

Blatt, I. (2010): Sprachsystematische Rechtschreibdidaktik: Konzept, Materialien, Tests. In: Bredel, U./Müller, A./Hinney, G. (Hrsg.): Schriftsystem und Schrifterwerb. linguistisch – didaktisch – empirisch. Berlin u.a.: de Gruyter. 1. Auflage. S.101-132.

Blatt, I. (2011): Wie lässt sich Textqualität ermitteln und lernförderlich rückmelden? In: Berning, J. (Hrsg.): Textwissen und Schreibbewusstheit. Beiträge aus Forschung und Praxis. Berlin: LIT Verlag. 1. Auflage. S.89-114.

Blatt, I./Frahm, S. (2013): Explorative Analysen zur Entwicklung der Rechtschreibkompetenz im Rahmen der NEPS-Studie (Klassenstufe 5-7). In: Didaktik Deutsch, 34. S.12-36.

Blatt, I./Hein, C. (2013): Wortungeheuer?! Zusammenschreibung von Nomen erkunden. In: Deutsch. Unterrichtspraxis für die Klassen 5 bis 10: Getrennt oder zusammen? Seelze: Friedrich Verlag. S.12-15.

Blatt, I./Hein, C./Streubel, B. (2015a): Entdecke die Schrift. Schreiben und Lesen lernen mit Hilfe des Bärenboots. München: Oldenbourg Schulbuchverlag. 1. Auflage.

Blatt, I./Hein, C./Streubel, B. (2015b): Entdecke die Schrift. Schreiben und Lesen lernen mit Hilfe des Bärenboots – Lernheft 1. München: Oldenbourg Schulbuchverlag. 1. Auflage.

Blatt, I./Hein, C./Streubel, B. (2015c): Entdecke die Schrift. Schreiben und Lesen lernen mit Hilfe des Bärenboots – Lernheft 2. München: Oldenbourg Schulbuchverlag. 1. Auflage.

Blatt, I./Müller, A./Voss, A. (2007): Schulentwicklung auf Unterrichtsebene. In: schulmanagement, 3. S.22-25.

Blatt, I./Müller, A./Voss, A. (2010): Schriftstruktur als Lesehilfe. Konzeption und Ergebnisse eines Hamburger Leseförderprojekts in Klasse 5 (HeLp). In Bredel, U./Müller, A./Hinney, G. (Hrsg.): Schriftkompetenz und Schriftsystem: linguistisch – empirisch – didaktisch. Berlin u.a.: de Gruyter. 1. Auflage. S.171-202.

Blatt, I./Pagel, B. (2008): Die interaktive Tafel als Medium im sprachlichen Anfangsunterricht. In: Grundschulunterricht Deutsch, 1/2008. S.25-29.

Blatt, I./Voss, A. (2005): Leseverständnis und Leseprozess. Didaktische Überlegungen zu ausgewählten Befunden aus IGLU-/IGLU-E-Studien. In: Bos, W./Lankes, E.-M./Prenzel, M./Schwippert, K./Valtin, R./Walther, G. (Hrsg) (2005): IGLU. Vertiefende Analyse zu Leseverständnis, Rahmenbedingungen und Zusatzstudien. Münster: Waxmann. 1. Auflage. S.239-282.

Blatt, I./Voss, A./Gebauer, M./Kowalski, K. (2008): Integratives Konzept zur Lese- und Sprachförderung. In: Berkemeyer, N./Bos, W./Manitius, V./Müthing, K. (Hrsg.): Unterrichtsentwicklung in Netzwerken. Konzeptionen, Befunde, Perspektiven. Münster: Waxmann. S.183-199.

Blatt, I./Voss, A./Kowalski, K./Jarsinski, S. (2011): Messung von Rechtschreibleistung und empirische Kompetenzmodellierung. In: Bredel, U./Reißig, T. (Hrsg.): Weiterführender Orthographieerwerb. Deutschunterricht in Theorie und Praxis. Bd. 5. Baltmannsweiler: Schneider-Verlag Hohengehren. 1. Auflage. S.226-256.

Blatt, I./Voss, A./Matthießen, I. (2005): Kinder schreiben Briefe aus der Zukunft. Qualitative Analysen von Kindertexten und fachdidaktische Diskussion. In: Bos, W./Lankes, E.-M./Prenzel, M./Schwippert, K./Valtin, R./Walther, G. (Hrsg) (2005): IGLU. Vertiefende Analyse zu Leseverständnis, Rahmenbedingungen und Zusatzstudien. Münster: Waxmann. 1. Auflage. S.109-158.

Boeglin, M. (2012): Wissenschaftlich arbeiten Schritt für Schritt: gelassen und effektiv studieren. München: Fink. 2. durchgesehene Auflage.

Böhme, K./Bremerich-Vos, A. (2009): Diagnostik der Rechtschreibkompetenz in der Grundschule – Konstruktprüfung mittels Fehler- und Dimensionsanalysen. In: Granzer, D./Köller, O./Bremerich-Vos, A./van den Heuvel-Panhuizen, M./Reiss, K./Walther, G. (2009): Bildungsstandards Deutsch und Mathematik. Weinheim und Basel: Beltz Verlag. 1. Auflage. S.330-356.

Böhme, K./Bremerich-Vos, A/Robitzsch, A. (2009): Aspekte der Kodierung von Schreibaufgaben. In: Granzer, D./Köller, O./Bremerich-Vos, A./van den Heuvel-Panhuizen, M./Reiss, K./Walther, G. (Hrsg.): Bildungsstandards Deutsch und Mathematik. Leistungsmessung in der Grundschule. Weinheim: Beltz. 1. Auflage. S.290-329.

Böhme, K./Richter, D./Stanat, P./Pant, H.A./Köller, O. (2012): Die länderübergreifenden Bildungsstandards in Deutschland. In: Stanat, P./Pant, H.A./Böhme, K./Richter, D. (Hrsg.): Kompetenzen von Schülerinnen und Schülern am Ende der vierten Jahrgangsstufe in den Fächern Deutsch und Mathematik. Ergebnisse des IQB-Ländervergleichs 2011. Münster/New York/München/Berlin: Waxmann. 1. Auflage. S.11-18.

Bohl, T./Kucharz, D. (2010): Offener Unterricht heute: Konzeptionelle und didaktische Weiterentwicklung. Weinheim und Basel: Beltz Verlag. 1. Auflage.

Bolhuis, S. (2003): Towards Process-Oriented Teaching for Self-Directed Lifelong Learning: A Multidimensional Perspective. Learning and Instruction, 13. S.327-347.

Bos, W./Bremerich-Vos, A./Tarelli, I./Valtin, R. (2012a): Lesekompetenzen im internationalen Vergleich. In: Bos, W./Tarelli, I./Bremerich-Vos, A./Schwippert, K. (2012): IGLU 2011. Lesekompetenzen von Grundschulkindern in Deutschland im internationalen Vergleich. Münster: Waxmann. 1. Auflage. S.91-136.

Bos, W./Lankes, E.-M./Prenzel, M./Schwippert, K./Walther, G./Valtin, R. (2003a): IGLU – ein kooperatives Projekt. In: Bos, W./Lankes, E.-M./Prenzel, M./Schwippert, K./Walther, G./Valtin, R. (Hrsg.): Erste Ergebnisse aus IGLU. Schülerleistungen am Ende der vierten Jahrgangsstufe im internationalen Vergleich. Münster: Waxmann. 1. Auflage. S.1-6.

Bos, W./Lankes, E.-M./Schwippert, K./Valtin, R./Voss, A./Badel, I./Plaßmeier, N. (2003b): Lesekompetenzen deutscher Grundschülerinnen und Grundschüler am Ende der vierten Jahrgangsstufe im internationalen Vergleich. Bos, W./Lankes, E.-M./Prenzel, M./Schwippert, K./Walther, G./Valtin, R. (Hrsg.): Erste Ergebnisse aus IGLU. Schülerleistungen am Ende der vierten Jahrgangsstufe im internationalen Vergleich. Münster: Waxmann. S.69-142.

Bos, W./Lankes, E.-M./Prenzel, M./Schwippert, K./Valtin, R./Voss, A./Walther, G. (Hrsg.) (2005): IGLU. Skalenhandbuch zur Dokumentation der Erhebungsinstrumente. Münster: Waxmann.

Bos, W./Schwippert, K./Stubbe, T. C. (2007): Die Koppelung von sozialer Herkunft und Schülerleistung im internationalen Vergleich. In: Bos, W./Hornberg, S./Arnold, K.-H./Faust, G./Fried, L./Lankes, E.-M./Schwippert, K./Valtin, R. (Hrsg.): IGLU 2006. Lesekompetenzen von Grundschulkindern in Deutschland im internationalen Vergleich. Münster: Waxmann. 1. Auflage. S.225-247.

Bos, W./Valtin, R./Voss, A./Hornberg, S./Lankes, E.-M. (2007): Konzepte der Lesekompetenz in IGLU 2006. In: Bos, W./Hornberg, S./Arnold, K.-H./Faust, G./Fried, L./Lankes, E.-M./Schwippert, K./Valtin, R. (Hrsg.): IGLU 2006. Lesekompetenzen von Grundschulkindern in Deutschland im internationalen Vergleich. Münster: Waxmann. S.81-108.

Bos, W./Voss, A. (2008): Empirisch-analytische Verfahren in der erziehungswissenschaftlichen Forschung. In: Faulstich-Wieland, H./Faulstich, P. (Hrsg.): Erziehungswissenschaft. Ein Grundkurs. 1. Auflage. S.577-605.

Bos, W./Wendt, H./Köller, O./Selter, C. (Hrsg.) (2012b): TIMSS 2011. Mathematische und naturwissenschaftliche Kompetenzen von Grundschulkindern in Deutschland im internationalen Vergleich. Münster: Waxmann. 1. Auflage.

Bredel, U. (2004): Sprachwissenschaftliche Grundlagen orthographischer Aneignungsprozesse. In: Bredel, U./Siebert-Ott, G./Thelen, T. (Hrsg.): Schriftspracherwerb und Orthographie. Baltmannsweiler: Schneider Verlag Hohengehren. 1. Auflage.

Bredel, U./Günther, H./Klotz, P./Ossner, J./Siebert-Ott, G. (2006): Didaktik der deutschen Sprache. Band 1 und 2. Paderborn: UTB. 2. Auflage.

Bredel, U./Müller, A./Hinney, G. (2010): Schriftsystem und Schrifterwerb. linguistisch – didaktisch – empirisch. Berlin/New York: de Gruyter. 1. Auflage.

Bredow, R. von/Hackenbroch, V. (2013): Die neue Schlechtschreibung. In: Der Spiegel, Nr. 25. S.96-104.

Bremerich-Vos, A./Tarelli, I./Valtin, R. (2012): Das Konzept von Lesekompetenz in IGLU 2011. In: Bos, W./Tarelli, I./Bremerich-Vos, A./Schwippert, K. (2012): IGLU 2011. Lesekompetenzen von Grundschulkindern in Deutschland im internationalen Vergleich. Münster: Waxmann. 1. Auflage. S.69-90.

Brosius, C./Michaels, A./Schrode, P. (2013): Ritualforschung heute – ein Überblick. In: Brosius, C./Michaels, A./Schrode, P. (Hrsg.): Ritual und Ritualdynamik: Schlüsselbegriffe, Theorien, Diskussionen. Göttingen u.a.: Vandenhoeck&Ruprecht. 1. Auflage. S.9-24.

Brügelmann, H. (2013): Kinder auf dem Weg zur Schrift. Eine Fibel für Lehrer und Laien. Bottighofen: Libelle. 8. Auflage.

Brügelmann, H./Brinkmann, E. (2006): Freies Schreiben von Anfang an – wichtig oder schädlich? (Teilbeitrag). In: Grundschule aktuell, Nr.96 (November 2006). S.6-13.

Bürgerschaft der Freien und Hansestadt Hamburg (2008): Alte und neue Sozialindizes der staatlichen Grundschulen und Grundschulabteilungen. Anlage 4a. <http://www.schulbezogenes-netzwerk-elbinseln.de/wp-content/uploads/KESS-Index.pdf>; letzter Zugriff: 11.10.2011.

Bundesministerium für Bildung und Forschung (2007): Förderung von Lesekompetenz. Expertise. Berlin: BMBF.

Bundesministerium für Familie, Senioren, Frauen und Jugend (2010): Übereinkommen über die Rechte des Kindes. <http://www.bmfsfj.de/RedaktionBMFSFJ/Broschuerenstelle/Pdf-Anlagen/_C3_9Cbereinkommen-_C3_BCber-die-Rechte-des-Kindes,property=pdf,bereich=bmfsfj,sprache=de,rwb=true.pdf>; letzter Zugriff: 01.12.2014.

Bußmann, H. (Hrsg.) (2008): Lexikon der Sprachwissenschaft. Stuttgart: Alfred Kröner Verlag. 4. durchgesehene und bibliographisch ergänzte Auflage.

Butt, M./Eisenberg, P. (1990): Schreibsilbe und Sprechsilbe. In: Stetter, C. (Hrsg.): Zu einer Theorie der Orthografie. Interdisziplinäre Aspekte gegenwärtiger Schrift- und Orthographieforschung. Tübingen: Niemeyer. 1. Auflage. S.34-64.

Christmann, U./Groeben, N. (1999): Psychologie des Lesens. In: Franzmann, B./Hasemann, K./Löffler, D./Schön, E. (Hrsg.): Handbuch Lesen. München: K.G. Saur Verlag. 1. Auflage.

Deci, E.L./Koestner, R./Ryan, R.M. (1999): A meta-analytic review of experiments examining the effects of extrinsic rewards on intrinsic motivation. In: Psychological Bulletin, 125 (6). S.627-668.

Dehn, M. (1988): Zeit für die Schrift: Lesenlernen und Schreibenkönnen. Bochum: Kamp. 1. Auflage.

Dehn, M. (1991): Stil von Grundschülern? Schülertexte verstehen lernen - und die Folgen für den Unterricht. In: Der Deutschunterricht, 43. Heft 3. S.37-51.

Dehn, M. (2006a): Zeit für die Schrift I. Lesen lernen und Schreiben können. Berlin: Cornelsen-Scriptor. 1. Auflage.

Dehn, M. (2006b): Anforderungen an Aufgaben zum Textschreiben. Begründungen für lernproduktive Aufgaben. In: Grundschule, 7-8/2006. S.39-43.

Dehn, M. (2007): Kinder & Lesen und Schreiben: was Erwachsene wissen sollten. Seelze-Velber: Kallmeyer/Klett. 1. Auflage.

Dehn, M. (2013): Zeit für die Schrift – Lesen und Schreiben im Anfangsunterricht. Berlin: Cornelsen-Scriptor. 1. Auflage.

Dehn, M./Hüttis-Graff, P. (2006): Zeit für die Schrift II. Beobachtung und Diagnose. Berlin: Cornelsen-Scriptor. 1. Auflage.

Dehn, M./Merklinger, D./Schüler, L. (2011): Texte und Kontexte. Schreiben als kulturelle Tätigkeit in der Grundschule. Seelze: Kallmeyer/Klett. 1. Auflage.

der Groeben, von A. (2011): Was sind und wozu brauchen Schulen „gute" Rituale? In: der Groeben, von A. (Hrsg.): Rituale in Schule und Unterricht. Hamburg: Bergmann+Helbig. 1. Auflage. S.11-18.

Diekmann, A. (2014): Empirische Sozialforschung. Grundlagen, Methoden, Anwendungen. Reinbek bei Hamburg: Rowohlt Taschenbuch Verlag. 8. Auflage.

Diemer, T. (2013): Innerschulische Wirklichkeiten neuer Steuerung. Zur Nutzung zentraler Lernstandserhebungen. Wiesbaden: Springer Fachmedien. 1. Auflage.

Dilthey, W. (1924): Die Geistige Welt. Einleitung in die Philosophie des Lebens. Wilhelm Dilthey Gesammelte Schriften. V. Band. Leipzig und Berlin: Teubner. 1. Auflage.

Drews, U./Schneider, G./Wallrabenstein, W. (2000): Einführung in die Grundschulpädagogik. Weinheim und Basel: Beltz Verlag. 1. Auflage.

Dummer-Smoch, L./Hackethal, R. (2007): Kieler Leseaufbau. Handbuch. Kiel: Veris Verlag. 7. Auflage.

Eccles, J./ Adler, T.F./ Futterman, R./Goff, S.B./ Kaczala, C.M./ Meece, J./ Midgley, C. (1983): Expectancies, values and academic behaviors. In: Spence, J.T. (Hrsg.): Achievement and Achievement Motives. San Francisco. S.75-146.

Ehlich, K. (1983): Development of writing as social problem solving. In: Coulmas, F./Ehlich, K. (Hrsg.): Writing in focus. Berlin/New York: de Gruyter Mouton. 1. Auflage. S.99-129.

Ehlich, K. (1984): Zum Textbegriff. In: Rothkegel, A./Sandig, B. (Hrsg.): Text, Textsorten, Semantik. Linguistische Modelle und maschinelle Verfahren. Hamburg: Buske. 1. Auflage. S.9-25.

Einsiedler, W. (1990): Das Spiel der Kinder. Bad Heilbrunn/OBB: Julius Klinkhardt. 1. Auflage.

Einsiedler, W. (1999): Spielförderung in der Schule. Einige Befunde aus der empirischen Forschung. In: Petillon, H./Valtin, R. (Hrsg.): Spielen in der Grundschule. Grundlagen – Anregungen - Beispiele. Frankfurt/Main: Grundschulverband. Band 106. 1. Auflage. S.67-84.

Eisenberg, P. (1995): Der Buchstabe und die Schriftstruktur des Wortes. In: Duden: Die Grammatik. Band 4. Mannheim: Dudenverlag. 5. Auflage. S.56-84.

Eisenberg, P. (2005): Phonem und Graphem. Der Laut und die Lautstruktur des Wortes. Der Buchstabe und die Schriftstruktur des Wortes. In: Duden: Die Grammatik. Mannheim: Dudenverlag. 7. Auflage. S.19-94.

Eisenberg, P. (2006): Das Wort. Grundriss der deutschen Grammatik. Stuttgart: Verlag J.B. Metzler. 3. durchgesehene Auflage.

Eisenberg, P. (2013): Das Wort. Grundriss der deutschen Grammatik. Stuttgart: Verlag J.B. Metzler. 4. aktualisierte und überarbeitete Auflage.

Evertson, C. M./Neal, K. W. (2006): Looking into Learning-Centered Classroom Implications for Classroom Management. Best Practices New Reasearch. Working Paper. National Educational Association. <http://files.eric.ed.gov/fulltext/ED495820.pdf>; letzter Zugriff: 08.11.2014.

Fiedler, F. (2013): Entwurf und Implementierung einer Java-Anwendung zur Rechtschreibtestung insbesondere in der Sekundarstufe. Bachelorarbeit. Universität Hamburg. Fachbereich Informatik.

Flick, U. (2011): Triangulation: Eine Einführung. Wiesbaden: VS Verlag für Sozialwissenschaften. 3. aktualisierte Auflage.

Flitner, A. (1972): Spielen – Lernen: Praxis und Deutung des Kinderspiels. Weinheim und Basel: Beltz Verlag. 1. Auflage.

Flower, L./Hayes, J.R. (1980): The dynamics of composing: Making plans and juggling contraints. In: Gregg, L.W./Steinberg, E.W. (Hrsg.): Cognitive processes in writing: An interdisciplinary approach. Hillsdale. NJ: erlbaum. S.31-50.

Flower, L./Hayes, J.R. (1981): A cognitive process theory of writing. In: College Composition and Communication. 32/81. S.365-387.

Frahm, S., Goy, M., Kowalski, K., Sixt, M., Strietholt, R., Blatt, I,. Bos, W., Kanders, M. (2011): Transition and development from lower secondary to upper secondary school. In: Blossfeld, H.-P./Roßbach, H.-G./von Maurice, J. (Hrsg.): Education as a Lifelong Process. The German National Educational Panel Study (NEPS). Zeitschrift für Erziehungswissenschaft, 14. S.217-232.

Frahm, S. (2012). Computerbasierte Testung der Rechtschreibleistung in Klasse fünf – eine empirische Studie zu Mode-Effekten im Kontext des Nationalen Bildungspanels. Berlin: Logos Verlag. 1. Auflage.

Freie und Hansestadt Hamburg (2011a): Bildungsplan Grundschule Deutsch. <http://www.hamburg.de/contentblob/2481792/data/deutsch-gs.pdf>; letzter Zugriff: 04.08.2014.

Freie und Hansestadt Hamburg (2011b): Bildungsplan Gymnasium Sekundarstufe I Deutsch. <http://www.hamburg.de/contentblob/2373174/data/deutsch-gym-seki.pdf>; letzter Zugriff: 04.08.2014.

Freie und Hansestadt Hamburg (2014): Handreichung. Hinweise und Beispiele für den Rechtschreibunterricht an Hamburger Schulen. An der Sache orientiert, vom Lerner aus gedacht. <http://www.hamburg.de/contentblob/4340490/data/ rechtschreibung-download.pdf>, letzter Zugriff: 23.10.2014.

Frith, U. (1986): Psychological aspects of orthographic skills: development and disorder. In: Augst, G. (Hrsg.): New trend in graphemics and orthography. Berlin/New York: de Gruyter 1. Auflage. S.218-233.

Fuhrhop, N. (2009): Orthografie. Heidelberg: Universitätsverlag Winter Heidelberg. 3. aktualisierte Auflage.

Goy, M./Strietholt, R. (2009): Reading Engagement am Ende der Grundschulzeit: Dimensionen des Konstrukts, Zusamenhänge mit Leseleistung und Sozialschicht. Vortrag im Rahmen des Qualifikations- und Forschungsseminars am 22.01.2009. Institut für Schulentwicklungsforschung. Technische Universität Dortmund. S.1-33.

Gräsel, C. (2011): Was ist Empirische Bildungsforschung? In: Reinders, H./Ditton, H./Gräsel, C./Gniewosz, B.(Hrsg.): Empirische Bildungsforschung. Strukturen und Methoden. Wiesbaden: Verlag für Sozialwissenschaften. 1. Auflage. S.13-28.

Grell, J./Grell, M. (2010): Unterrichtsrezepte. Weinheim und Basel: Beltz. 12. neu ausgestattete Auflage.

Gudjons, H. (2011): Frontalunterricht – neu entdeckt. Integration in offene Unterrichtsformen. Bad Heilbrunn: Verlag Julius Klinkhardt. 2. durchgesehene Auflage.

Gudjons, H. (2012): Pädagogisches Grundwissen. Bad Heilbrunn: Verlag Julius Klinkhardt. 11. grundlegend überarbeitete Auflage.

Gudjons, H./Winkel, R. (1999): Didaktische Theorien. Hamburg: Bergmann und Helbig Verlag. 10. Auflage.

Guthrie, J.T./ Wigfield, A. (2000): Engagement and motivation in reading. In: Kamil, M./Barr, R./Mosenthal, P./Pearson, D. (Hrsg.): Handbook of reading research (Vol. III). Mahwah, NJ: Routledge. S.403-422.

Hacker, H. (2014): Anfangsunterricht. In: Einsiedler, W./Götz, M-/Hartinger, A./Kahlert, J./Sandfuchs, U. (Hrsg.): Handbuch Grundschulpädagogik und Grundschuldidaktik. Bad Heilbrunn: Verlag Julius Klinkhardt. 4. Auflage. S.433-436.

Hallitzky, M./Seibert, N. (2009): Didaktische Konzepte und Modelle. In: Apel, H.J./Sacher, W. (Hrsg.): Studienbuch Schulpädagogik. Bad Heilbrunn: Verlag Julius Klinkhardt. 1. Auflage. S.211-240.

Hanke, P. (2007): Anfangsunterricht: Leben und Lernen in der Schuleingangsphase. Weinheim und Basel: Beltz Verlag. 2. erweiterte Auflage.

Hartig, J./Klieme, E. (2006): Kompetenz und Kompetenzdiagnostik. In: Schweizer, K. (Hrsg.): Leistung und Leistungsdiagnostik. Heidelberg: Springer Medizin. 1. Auflage. S.127-143.

Hattie, J. (2009): Visible Learning. A Synthesis of over 800 Meta-Analyses Relating to Achievement. London u.a.: Routledge. 1. Auflage.

Hattie, J. (2012): Visible Learning for Teachers. Maximizing Impact on Learning. London u.a.: Routledge. 1. Auflage.

Hattie, J. (2013): Lernen sichtbar machen. Überarbeitete deutschsprachige Ausgabe von „Visible Learning" besorgt von Wolfgang Beywl und Klaus Zierer. Baltmannsweiler: Schneider Verlag Hohengehren. 1. Auflage.

Hattie, J. (2014): Lernen sichtbar machen für Lehrpersonen. Überarbeitete deutschsprachige Ausgabe von „Visible Learning for Teachers" besorgt von Wolfgang Beywl und Klaus Zierer. Baltmannsweiler: Schneider Verlag Hohengehren. 1. Auflage.

Hein, C. (2008): C-Test und Sprachsystematischer Rechtschreibtest zur Erfassung schriftsprachlicher Fähigkeiten im Kontext des Hamburger Leseförderprojekts (HeLp 2007/08). Untersuchung in einer 5. Klasse. Staatsexamensarbeit zur ersten Staatsprüfung für das Lehramt Grund- und Mittelstufe. Angefertigt im Fach Erziehungswissenschaft im Bereich Fachdidaktik Deutsch an der Universität Hamburg.

Hein, C./Blatt, I. (2014a): Untersuchung von Unterrichtsbedingungen zu Erwerb und Entwicklung der Schriftkompetenz – Ausgewählte Ergebnisse einer Fall-Kontrollstudie in Klassenstufe 1-3. Vortrag im Rahmen des Symposion Deutschdidaktik in Basel. Sektion 15. 9. September 2014.

Hein, C./Blatt, I. (2014b): Unterricht nach dem sprachsystemischen und schriftkulturellen Konzept I und II. Deutschunterricht in der Grundschule. Lesen, Schreiben und Lernen lernen von Klasse 1 bis 4. Redaktion: Sibylla Leutner-Ramme, Andreas Herich, Ute Wett. 4 Filme auf 2 DVDs mit einem Beiheft (von Christina Hein und Inge Blatt). 109 Minuten.

Hein, C./Blatt, I. (in Vorb.): Untersuchung von Unterrichtsbedingungen zu Erwerb und Entwicklung der Schriftkompetenz – Ausgewählte Ergebnisse einer Interventionsstudie mit kontrollklassen von Klasse 1 bis 3. In: Krelle, M./Senn, W. (Herbst/Winter 2015): Qualitäten von Deutschunterricht – Empirische Unterrichtsforschung im Fach Deutsch. Klett/Fillibach.

Heller, K. A./Perleth, C. (2000): Kognitiver Fähigkeitstest für 4. bis 12. Klassen, Revision. Manual. Göttingen: Beltz Test. 1. Auflage.

Helmke, A. (2007): Guter Unterricht – nur ein Angebot? Interview mit H. Meyer und E. Terhart, Friedrich Jahresheft 2007 „Guter Unterricht". S.62-63.

Helmke, A. (2012): Unterrichtsqualität und Lehrerprofessionalität. Diagnose, Evaluation und Verbesserung des Unterrichts. Seelze-Velber: Kallmeyer. 4. Auflage.

Helmke, A./Helmke, T./ Heyne, N./Nordheider, I./Schrader, F.-W. (2009): Analyse und Bewertung von Fremdsprachenunterricht mit Hilfe von standardisierten Erhebungsinstrumenten. In: U.O.H. Jung (Hrsg.): Praktische Handreichung für Fremdsprachenlehrer. Frankfurt am Main: Lang. 5. durchgesehene Auflage. S.537-540.

Helmke, A. /Reinhardt, V. (2013): Interview mit Prof. Dr. Andreas Helmke zur Hattie-Studie. Interviewt von Prof. Dr. Volker Reinhardt. Lehren und Lernen, 39 (7). S.8-15.

Helmke, A./Weinert, F. E. (1997): Bedingungsfaktoren schulischer Leistungen. In: Weinert, F.E./Birbaumer, N./Graumann, C.F. (1997): Psychologie des Unterrichts und der Schule. Enzyklopädie der Psychologie. Bd. 3. Göttingen: Hogrefe. S.1-35.

Hesse, I./Latzko, B. (2011): Diagnostik für Lehrkräfte. Opladen u.a.: Budrich. 2. Auflage.

Hinney, G. (1997): Neubestimmung von Lerninhalten für den Rechtschreibunterricht. Ein fachdidaktischer Beitrag zur Schriftaneignung als Problemlöseprozeß. Frankfurt am Main et al.: Peter Lang. 1. Auflage.

Hinney, G. (2004): Das Ganze ist mehr als die Summe der Teile. Das Konzept der Schreibsilbe und seine didaktische Modellierung. Ein Beitrag zur Schriftaneignung als Problemlösungsprozess. In: Bredel, U./Siebert-Ott, G./Thelen, T. (Hrsg.): Schriftspracherwerb und Orthographie. Baltmannsweiler: Schneider Verlag Hohengehren. 1. Auflage. S.72-90.

Hinney, G. (2010): Wortschreibungskompetenz und sprachbewusster Unterricht. Eine Alternativkonzeption zur herkömmlichen Sicht auf den Schriftspracherwerb. In: Bredel, U./Müller, A./Hinney, G. (2010): Schriftsystem und Schrifterwerb. Linguistisch – didaktisch – empirisch. Berlin/New York: de Gruyter. S.47-99.

Hinrichs, J./Dalldorf, P./Hofmann, J./Kosjek, K./Schwarz, U./Stöcker, B. (2009): Löwenzahn und Pusteblume 1. Werkstatt für das Lesen- und Schreibenlernen. Leselernbuch Teil A. Braunschweig: Schroedel.

Hurrelmann, B. (2002): Leseleistung, Lesekompetenz: Folgerungen aus PISA, mit einem Plädoyer für ein didaktisches Konzept des Lesens als kultureller Praxis. In: Praxis Deutsch, 176. S.6-18.

Hurrelmann, B. (2004): Sozialhistorische Rahmenbedingungen von Lesekompetenz sowie sozialer und personaler Einflussfaktoren. In: Groeben, N./Hurrelmann, B./: Lesesozialisation in der Mediengesellschaft. Ein Forschungsüberblick. Weinheim: Juventa-Verlag. 1. Auflage. S.123-149.

Hüttis-Graff, P. (2012): Diktierte Texte und Schreibkompetenzen. In: Merklinger, D. (2012): Schreiben lernen durch Diktieren. Berlin: Cornelsen. 1. Auflage. S.123-145.

Hüttis-Graff, P. (2013a): Beobachten als didaktische Aufgabe. In: Dehn, M. (Hrsg.): Zeit für die Schrift – Lesen und Schreiben im Anfangsunterricht. Berlin: Cornelsen-Scriptor. 1. Auflage. S.152-163.

Hüttis-Graff, P. (2013b): Die Schulanfangsbeobachtung. In: Dehn, M. (Hrsg.): Zeit für die Schrift – Lesen und Schreiben im Anfangsunterricht. Berlin: Cornelsen-Scriptor. 1. Auflage. S.164-195.

Ickelsamer, V. (1534/1972): Die rechte weis auffs kürtzist lesen zu lernen. In: Fechner, H. (Hrsg.) (1972): Vier seltene Schriften des sechszehnten Jahrhunderts mit einer bisher ungedruckten Abhandlung über Valentinus Ickelsamer von Friedrich Ludwig Karl Weigand. Hildesheim et al.: Olms. 1. Auflage.

Irwin, J. (1986): Teaching Reading Comprehension Processes. New Jersey: Prentice Hall. 1. Auflage.

Irwin, J. (2007): Teaching Reading Comprehension Processes. Boston: Pearson Education. 3. Auflage.

Jank, W./Meyer, H. (2011): Didaktische Modelle. Berlin: Cornelsen. 10. Auflage.

Janosch (2006): Post für den Tiger. Die Geschichte, wie der kleine Bär und der Tiger die Briefpost, die Luftpost und das Telefon erfinden. Weinheim/Basel: Beltz&Gelberg. 25. Auflage.

Jefferson, G. (1984a): Notes on a systematic deployment oft he acknowledgement tokens „yeah" and „mm hm". Paper in Linguistics, 17. S.197-216.

Jefferson, G. (1984b): Transcription Notation. In: Atkinson, J./Heritags, J. (Hrsg.): Structures of Social Interaction. Cambridge: Cambridge University Press. 1. Auflage. S.346-369.

Kaiser, A. (2012): 1000 Rituale für die Grundschule. Baltmannsweiler: Schneider Verlag Hohengehren. 8. Auflage.

Kiel, E./Frey, A./Weiß, S. (2013): Trainingsbuch Klassenführung. Bad Heilbrunn: Verlag Julius Klinkhardt. 1.Auflage.

Klafki, W. (2007): Studie zur Bildungstheorie und Didaktik. Zeitgemäße Allgemeinbildung und kritisch-konstruktive Didaktik. Weinheim: Beltz. 6. neu ausgestattete Auflage.

Klauer, K.J./Leutner, D. (2012): Lehren und Lernen. Einführung in die Instruktionspsychologie. Weinheim: Beltz Psychologie Verlags Union. 2. überarbeitete Auflage.

Klieme, E. (2006): Empirische Unterrichtsforschung: aktuelle Entwicklungen, theoretische Grundlagen und fachspezifische Befunde. Einführung in den Thementeil. In: Zeitschrift für Pädagogik, 52 (2006) 6. S.765-773.

Klieme, E./ Avenarius, H./Blum, W./ Döbrich, P./Gruber, H./Prenzel, M./Reiss, K./Riquarts, K./Rost, J./Tenorth, H.-E./Vollmer, H.-J. (2009): Zur Entwicklung nationaler Bildungsstandards. Eine Expertise, Frankfurt a.M.: DIPF. Unveränderter Nachdruck.

Klippert, H. (1995): Gewusst wie. Methodenlernen als Aufgabe der Schule. In: Pädagogik, 47 (1995). S.6-10.

Koller, H.-C. (2004): Grundbegriffe, Theorien und Methoden der Erziehungswissenschaft. Stuttgart: Kohlhammer Urban. 1. Auflage.

Kounin, J. S. (2006): Techniken der Klassenführung. Standardwerke aus Psychologie und Pädagogik. Reprints, herausgegeben von D. H. Rost. Münster: Waxmann.

Kowalski, K./Voss, A./Valtin, R./Bos, W. (2010): Erhebungen zur Orthographie in IGLU 2001 und IGLU 2006: Haben sich die Rechtschreibleistungen verbessert? In: Bos, W./Hornberg, S./Arnold, K.-H./Faust, G./Fried, L./Lankes, E.-M./Schwippert, K./Tarelli, I./Valtin, R. (2010): IGLU 2006 – die Grundschule auf dem Prüfstand. Vertiefende Analysen zu Rahmenbedingungen schulischen Lernens. Münster: Waxmann. 1. Auflage. S.33-42.

Krejci, M. (1975): Fachdidaktik Deutsch als Wissenschaft. In: Blätter für den Deutschlehrer. Heft 3. S.83-92.

Krüger, H.-H. (2012): Einführung in Theorien und Methoden der Erziehungswissenschaft. Opladen und Toronto: Verlag Barbara Budrich. 6. Auflage.

Kuckartz, U. (2010): Einführung in die computergestützte Analyse qualitativer Daten. Wiesbaden: VS Verlag. 3. Auflage.

Kuckartz, U. (2014a): Mixed Methods: Methodologie, Forschungsdesigns und Analyseverfahren. Wiesbaden: Springer VS. 1. Auflage.

Kuckartz, U. (2014b): Qualitative Inhaltsanalyse. Methoden, Praxis, Computerunterstützung. Weinheim und Basel: Beltz Juventa. 2. Auflage.

Kultusministerkonferenz (2004): Beschlüsse der Kultusministerkonferenz. Bildungsstandards im Fach Deutsch für den Primarbereich. Beschluss vom 15.10.2004 <http://www.kmk.org/fileadmin/veroeffentlichungen_beschluesse/2004/2004_10_15-Bildungsstandards-Deutsch-Primar.pdf>; letzter Zugriff: 04.03.2014.

Kultusministerkonferenz (2014) <http://www.kmk.org/bildung-schule/qualitaetssicherung-in-schulen/bildungsstandards/ueberblick.html>; letzter Zugriff: 04.03.2014.

Kunter, M./Trautwein, U. (2013): Psychologie des Unterrichts. Stuttgart: UTB. 1. Auflage.

Lankes, E.-M./Bos, W./Mohr, I./Plaßmeier, N./Schwippert, K./Sibberns, H./Voss, A. (2003): Anlage und Durchführung der Internationalen Grundschul-Lese-Untersuchung (IGLU) und ihrer Erweiterung um Mathematik und Naturwissenschaften. In: Bos, W./Lankes, E.-M./Prenzel, M./Schwippert, K./Walther, G./Valtin, R. (Hrsg.): Erste Ergebnisse aus IGLU. Schülerleistungen am Ende der vierten Jahrgangsstufe im internationalen Vergleich. Münster: Waxmann. 1. Auflage. S.7-28.

Launer, I./Jahn, C. (1984a): Spielverfahren in der Beschäftigung machen das Lernen für Vorschulkinder effektiver (I). In: Neue Erziehung im Kindergarten, 37 (1984) 2/3. S.30-34.

Launer, I./Jahn, C. (1984b): Spielverfahren in der Beschäftigung machen das Lernen für Vorschulkinder effektiver (II). In: Neue Erziehung im Kindergarten, 37 (1984) 2/3. S.73-79.

Leibniz-Institut für Bildungsverläufe e.V. <http://www.neps-data.de/de-de/projektübersicht.aspx>; letzter Zugriff: 15.03.2015.

Lenke, N./Lutz, H.-D./Sprenger, M. (1995): Grundlagen sprachlicher Kommunikation. München: Wilhelm Finken Verlag. 1. Auflage.

Lichtenstein-Rother, I. (1990): Die Kinder in einer inneren und äußeren Ordnung bergen. In: Die Grundschulzeitschrift 33/1990. S.31-33.

Löffler, I./Meyer-Schepers, U. (2005): Orthographische Kompetenzen: Ergebnisse qualitativer Fehleranalysen, insbesondere bei schwachen Rechtschreibern. In: Bos, W./Lankes, E.-M./Prenzel, M./Schwippert, K./Valtin, R./Walther, G. (Hrsg) (2005): IGLU. Vertiefende Analyse zu Leseverständnis, Rahmenbedingungen und Zusatzstudien. Münster: Waxmann. 1. Auflage. S.81-108.

Lorenz, J. H. (2007): Manual. Test zur Früherfassung von Lernschwierigkeiten im Mathematikunterricht. „Hamburger Rechentest für die Klassen 1-4". Hamburg: Freie und Hansestadt Hamburg. Behörde für Bildung und Sport.

Ludwig, O. (2007): Vorüberlegungen zu einer Didaktik des Skripteschreibens. In: Becker-Mrotzek, M./Schindler, K. (Hrsg.): KöBeS. Reihe A. Heft 5. Duisburg: Gilles & Francke Verlag. S.27-40.

Mansell, W. <http://www.tes.co.uk/article.aspx?storycode=6005393>; letzter Zugriff: 23.03.2014.

Masannek, J. (2012): Die wilden Kerle: Der Teufelskopf. Buch 3 zur TV-Serie. Frankfurt am Main: Baumhaus, 1. Auflage.

MAXqda < http://www.maxqda.de/>; letzter Zugriff: 03.12.2014.

May, P. (2001): Lernförderlichkeit im schriftsprachlichen Unterricht. Effekte des Klassen- und Förderunterrichts in der Grundschule auf den Lernerfolg. Ergebnisse der Evaluation des Projekts „Lesen und Schreiben für alle" (PLUS). Hamburg: Behörde für Schule, Jugend und Berufsbildung.

May, P. (2008): Diagnose der orthographischen Kompetenz – von der HSP zur DSP. In: Schneider, W./Marx, H./Hasselhorn, M. (Hrsg.): Diagnostik von Rechtschreibleistungen und –kompetenz. Tests und Trends. Neue Folge (Bd.6). Göttingen: Hogrefe. S.211-224.

May, P. (2012a): HSP 1+. Hamburger Schreib-Probe. Hinweise zur Durchführung und Auswertung für die Klassenstufen 1 / 2 (Mitte Klasse 1, Ende Klasse 1, Mitte Klasse 2). Neustandardisierung 2012. Stuttgart: Ernst Klett Verlag (vmp-Verlag).

May, P. (2012b): HSP 2. Hamburger Schreib-Probe. Hinweise zur Durchführung und Auswertung für die Klassenstufe 2 (Ende Klasse 2). Neustandardisierung 2012. Stuttgart: Ernst Klett Verlag (vmp-Verlag).

May, P. (2012c): HSP 3. Hamburger Schreib-Probe. Hinweise zur Durchführung und Auswertung für die Klassenstufe 3 (Mitte Klasse 3, Ende Klasse 3). Neustandardisierung 2012. Stuttgart: Ernst Klett Verlag (vmp-Verlag).

Mayring, P. (2002): Einführung in die Qualitative Sozialforschung. Weinheim und Basel: Beltz Verlag. 5. Auflage.

Mayring, P. (2010): Qualitative Inhaltsanalyse. Grundlagen und Techniken. Weinheim und Basel: Beltz Verlag. 11. aktualisierte und überarbeitete Auflage.

Mayring, P./Gläser-Zikuda, M./Ziegelbauer, S. (2005): Auswertung von Videoaufnahmen mit Hilfe der Qualitativen Inhaltsanalyse – ein Beispiel aus der Unterrichtsforschung. <http://www.medienpaed.com/documents/medienpaed/9/mayring0504.pdf>; letzter Zugriff: 02.09.2014.

Mazur, J. E. (2006): Lernen und Verhalten. München: Pearson. 6. aktualisierte Auflage.

Menzel, W. (2002): Geschichte der Methoden. In: Grömminger, A. (Hrsg.): Geschichte der Fibel. Frankfurt am Main et al.: Peter Lang. 1. Auflage. S.55-64.

Merklinger, D. (2012): Schreiben lernen durch Diktieren. Theoretische Grundlagen und Praxisbeispiele für Diktiersituationen (mit Beiträgen von Petra Hüttis-Graff). Berlin: Cornelsen. 1. Auflage.

Metze, W. <http://www.wilfriedmetze.de/html/stolper.html#Stolleoben>; letzter Zugriff: 04.06.2012.

Metze, W. (2009): Handanweisung Stolperwörter Lesetest. <https://onlinekurslabor.phil.uni-augsburg.de/sites/default/files/media_browser/handanweisung_2009.pdf>; letzter Zugriff: 01.12.2014.

Meyer, H. (1987): UnterrichtsMethoden. Bd. 2: Praxisband. Frankfurt/M.: Cornelsen-Scriptor. 1. Auflage.

Meyer, H. (2004): Was ist guter Unterricht? Berlin: Cornelsen-Scriptor. 1. Auflage.

Meyer, H. (2013): Was ist guter Unterricht? Berlin: Cornelsen-Scriptor. 9. Auflage.

Meyer, M./ Prenzel, M./ Hellekamps, S. (Hrsg.) (2008): Perspektiven der Didaktik. Zeitschrift für Erziehungswissenschaft. Sonderheft 9. Wiesbaden: VS Verlag für Sozialwissenschaften.

Meyer, H./Terhart, E. (2007): Guter Unterricht – nur ein Angebot? Interview mit dem Unterrichtsforscher Andreas Helmke. In: Becker, G./Fendt, A./Meyer, H./Rothland, M./Stäudel, L./Terhart, E. (Hrsg.): Guter Unterricht. Maßstäbe & Merkmale – Wege & Werkzeuge (Friedrich Jahresheft, Vol. XXV). Seelze: Erhard Friedrich Verlag. S.36-38.

Möller, J./Bonerad, E.-M. (2007): Fragebogen zur habituellen Lesemotivation. In: Psychologie in Erziehung und Unterricht, 54. S.259-267.

Moosbrugger, H./Kelava, A. (2012): Testtheorie und Fragebogenkonstruktion. Berlin/Heidelberg: Springer Lehrbuch. 2. Auflage.

Mullis, I. V. S./ Martin, M. O./Gonzalez, E. J./Kennedy, A. M. (2003): PIRLS 2001 International Report: IEA's Study of Reading Literacy Achievement in Primary Schools. Chestnut Hill, MA: Boston College. 1. Auflage.

Munske, H. H. (2005): Lob der Rechtschreibung. Warum wir schreiben, wie wir schreiben. München: Verlag C.H. Beck. 1. Auflage.

Nahrgang, F. (2009): Das Schulhofgeheimnis. München: cbj. 1. Auflage.

Naumann, C. L. (2008): Zur Rechtschreibkompetenz und ihrer Entwicklung. In: Bremerich-Vos, A./Granzer, D./Köller, O. (Hrsg.): Lernstandsbestimmung im Fach Deutsch. Gute Aufgaben für den Unterricht. Weinheim und Basel: Beltz. 1. Auflage. S.134-159.

Nickel, S. (2006): Orthographieerwerb und die Entwicklung von Sprachbewusstheit. Zu Genese und Funktion von orthographischen Bewusstseinsprozessen beim frühen Rechtschreiberwerb in unterschiedlichen Lernkontexten. Norderstedt: Books on demand.

Osburg, C. (1998): Anlauttabellen im Unterricht – Methodische Neuheit oder didaktischer Umbruch? In: Osburg, C. (Hrsg.): Textschreiben – Rechtschreiben – Alphabetisierung. Baltmannsweiler: Schneider Verlag Hohengehren. 1. Auflage. S.97-136.

Ossner, J. (2006): Sprachdidaktik Deutsch. Eine Einführung. Paderborn et al.: Schöningh. 1. Auflage.

Pagel, B. (2010): Auswirkungen eines sprachsystematischen Unterrichtskonzepts für den Schriftspracherwerb bildungsferner Kinder. Fallkontrollstudie in Klasse 1 und 2. Vortrag in Hildesheim. CeBu Bildung und individuelle Förderung in Kindertageseinrichtungen und Schulen. 22.02.-23.02.2010.

Pagel, B./Blatt, I. (2009): Effects of a language systematic approach concerning the aquisition of written language competencies: case study in grade 1 and 2. Vortrag auf der ECER 2009 in Wien. Theory and Evidence in European Educational Research. 28.-30. September 2009.

Pagel, B./Blatt, I. (2010a): Schriftspracherwerb: Systematisch und kulturell. Booklet und Film. AVZ Universität Hamburg.

Pagel, B./Blatt, I. (2010b): Rechtschreiblernen von Anfang an in Verbindung mit freiem Schreiben. Ausgewählte Ergebnisse aus einer Untersuchung in Klasse 1-3. Vortrag September 2010. Symposion Deutschdidaktik an der Universität Bremen.

Pagel, B./Hinney, G. (2007): Rechtschreibkompetenz und Sprachbewusstheit. In: Grundschulunterricht, 09/2007. S.12-24.

Peschel, F. (2012): Offener Unterricht. Idee – Realität – Perspektive und ein praxiserprobtes Konzept zur Diskussion. Teil I: Allgemeindidaktische Überlegungen. Baltmannsweiler: Schneider Verlag Hohengehren. 7. unveränderte Auflage.

Petillon, H./Valtin, R. (Hrsg.) (1999): Spielen in der Grundschule. Grundlagen – Anregungen - Beispiele. Frankfurt/Main: Grundschulverband. Band 106. 1. Auflage.

Przyborski, A./Wohlrab-Sahr, M. (2014): Qualitative Sozialforschung. Ein Arbeitsbuch. München: Oldenbourg Verlag. 4. erweiterte Auflage.

Reich, K. (2008): Konstruktivistische Didaktik: Lehr- und Studienbuch mit Methodenpool. Weinheim: Beltz. 4. durchgesehene Auflage.

Reichen, J. (2008): Lesen durch Schreiben – Lesenlernen ohne Leseunterricht. In: Grundschulunterricht. Deutsch, 55 (2008). 2. S.4-8.

Reinhardt, M. <http://www.rpi-virtuell.net/material/737B1923-8311-4B72-89EE-BFB26F6E0203> ; letzter Zugriff: 23.04.2014.

Riegel, E. (2011): Rituale oder: die Kultur des Zusammenlebens. In: der Groeben, von A. (Hrsg.): Rituale in Schule und Unterricht. Hamburg: Bergmann+Helbig. 1. Auflage. S.21-30.

Röber-Siekmeyer, C. (1993): Die Schriftsprache entdecken. Rechtschreiben im offenen Unterricht. Weinheim und Basel: Beltz praxis. 1. Auflage.

Röber-Siekmeyer, C. (1999): Ein anderer Weg zur Groß- und Kleinschreibung. Stuttgart: Klett. 1. Auflage.

Röber-Siekmeyer, C. (2002): Schrifterwerbskonzepte zwischen Pädagogik und Sprachwissenschaft – Versuch einer Standortbestimmung. In: Röber-Siekmeyer, C./Tophinke, D.: Schrifterwerbskonzepte zwischen Sprachwissenschaft und Pädagogik. Hohengehren: Schneider Verlag. 1. Auflage. S.10-29.

Rosebrock, C. (2003): Lesesozialisation und Leseförderung - literarisches Leben in der Schule. In: Kämper van den Boogart, M. (Hrsg.): Deutschdidaktik. Leitfaden für die Sekundarstufe I und II. Berlin: Cornelsen. 1. Auflage. S.153-174.

Rosebrock, C./Nix, D. (2008): Grundlagen der Lesedidaktik und der systematischen schulischen Leseförderung. Baltmannsweiler: Schneider Verlag Hohengehren. 1. Auflage.

Rost, J. (2004): Lehrbuch Testtheorie, Testkonstruktion. Bern: Huber. 2. Auflage.

Saussure, F., de (1916): Grundfragen der allgemeinen Sprachwissenschaft. In: Hoffmann, L. (Hrsg.) (2000): Sprachwissenschaft. Ein Reader. Berlin: de Gruyter. 2. Verbesserte Auflage. S.32-50.

Scheerer-Neumann, G. (1990): Lesestrategien und ihre Entwicklung im 1. Schuljahr. Zwei Fallbeispiele. In: Grundschule, 22 (1990) 10. S.20-24.

Scheffler, U. (2010): Alle Geschichten von der Maus für die Katz. Freiburg: Herder. 2. Auflage.

Scheuerl, H. (1954): Das Spiel. Untersuchungen über sein Wesen, seine pädagogischen Möglichkeiten und Grenzen. Berlin: Verlag Julius Beltz. 1. Auflage.

Schiefele, U. (1996): Motivation und Lernen mit Texten. Göttingen: Hogrefe. 1. Auflage.

Schiefele, U. (2008): Lernmotivation und Interesse. In: Schneider, W./Hasselhorn, M. (Hrsg.): Handbuch der Pädagogischen Psychologie (Handbuch der Psychologie, Band 10). Göttingen: Hogrefe. 1. Auflage. S.38-49.

Schiefele, U./Pekrun, R. (1996): Psychologische Modelle des fremdgesteuerten und selbstgesteuerten Lernens. In: Amelang, M/Birbaumer, N./Graumann, C.F. (1996): Temperaments- und Persönlichkeitsunterschiede. Enzyklopädie der Psychologie. Bd.3. Göttingen: Hogrefe. S.249-278.

Schneider, W./Küspert, P./Krajewski, K. (2013): Die Entwicklung mathematischer Kompetenzen. Stuttgart: UTB. 1. Auflage.

Schneider-Stickler, B./Bigenzahn, W. (2013): Stimmdiagnostik: Ein Leitfaden für die Praxis. Dordrecht: Springer. 2. Auflage.

Schorch, G. (2003): Geschichte der Didaktik des Handschreibens. In: Bredel, U./Günther, H./Klotz, P./Ossner, J./Sieber-Ott, G. (Hrsg.): Didaktik der deutschen Sprache. Band 1. Paderborn et al.: Schöningh. 1. Auflage. S.273-285.

Schnotz, W. (1994): Aufbau von Wissensstrukturen: Untersuchungen zur Kohärenzbildung beim Wissenserwerb mit Texten. Weinheim: Beltz. (Fortschritte der psychologischen Forschung, Bd.20). 1. Auflage.

Schründer-Lenzen, A. (2013): Schriftspracherwerb. Wiesbaden: Springer Verlag. 4. völlig überarbeitete Auflage.

Schulz, W. (2006): Die lehrtheoretische Didaktik. In: Gudjons, H./Teske, R./Winkel, R. (Hrsg.): Didaktische Theorien. Hamburg: Bergmann+Helbig. S.35-36.

Schuster, K. (1992): Einführung in die Fachdidaktik Deutsch. Hohengehren: Schneider Verlag. 1. Auflage.

Schwarz-Friesel, M./Consten, M. (2014): Einführung in die Textlinguistik. Darmstadt: WBG. 1. Auflage.

Schwippert, K./Bos, W./Lankes, E.-M. (2003): Heterogenität und Chancengleichheit am Ende der vierten Jahrgangsstufe im internationalen Vergleich. In: Bos, W./Lankes, E.-M./Prenzel, M./Schwippert, K./Walther, G./Valtin, R. (Hrsg.): Erste Ergebnisse aus IGLU. Schülerleistungen am Ende der vierten Klassenstufe im internationalen Vergleich. Münster: Waxmann. 1. Auflage. S.265-302.

Seidel, T./Shavelson, R.J. (2007). Teaching effectiveness research in the past decade: The role of theory and research design in disentangling meta-analysis results. Review of Educational Research, 77(4). S.454–499.

Sodtke, M. (2007): Gibt es eigentlich Brummer, die nach Möhren schmecken? Oldenburg: Lappan Verlag. 1. Auflage.

Solso, R. L. (2005): Kognitive Psychologie. Heidelberg: Springer Medizin Verlag. 1. Auflage.

Spinner, K. H. (2006): Literarisches Lernen. In: Praxis Deutsch, 200, Jg. 2006. S.6-16.

Spinner, K. H. (2008): Bildungsstandards und Literaturunterricht. In: Zeitschrift für Erziehungswissenschaft, 10. Jahrgang, Sonderheft 9/2008. S.313-323.

Steinig, W./Huneke, H.-W. (2011): Sprachdidaktik Deutsch. Eine Einführung. Berlin: Erich Schmidt Verlag. 4. Auflage.

Stern, E. (2006): Inhalt statt Methode. Durch Lehrertraining allein wird der Unterricht nicht besser. In: Die Zeit, Nr.17. S.43.

Tarelli, I./Valtin, R./Bos, W./Bremerich-Vos, A./Schwippert, K. (2012): IGLU 2011: Wichtige Ergebnisse im Überblick. In: Bos, W./Tarelli, I./Bremerich-Vos, A./Schwippert, K. (2012): IGLU 2011. Lesekompetenzen von Grundschulkindern in Deutschland im internationalen Vergleich. Münster: Waxmann. 1. Auflage. S.11-26.

Terhart, E. (2002): Fremde Schwestern. Zum Verhältnis von Allgemeiner Didaktik und empirischer Lehr-Lern-Forschung. In: Zeitschrift für Pädagogische Psychologie/German Journal of Educational Psychology, 16 (2). Bern: Verlag Hans Huber. S.77-86.

Terhart, E. (2005): Über Traditionen und Innovationen oder: Wie geht es weiter mit der Allgemeinen Didaktik? In: Zeitschrift für Pädagogik, 51 (2005). S.1-13.

Terhart, E. (2007): Was wissen wir über gute Lehrer? Ergebnisse aus der empirischen Lehrforschung. In: Friedrich Jahresheft 2007. S.20-24.

Terhart, E. (2008): Allgemeine Didaktik: Traditionen, Neuanfänge, Herausforderungen. In: Meyer, M./ Prenzel, M./ Hellekamps, S. (Hrsg.): Perspektiven der Didaktik. Zeitschrift für Erziehungswissenschaft. Sonderheft 9. Wiesbaden: VS Verlag für Sozialwissenschaften. S.13-34.

Thomé, G. (2000): Linguistische und psycholinguistische Grundlagen der Orthografie. In: Valtin, R. (Hrsg.): Rechtschreiben lernen in den Klassen 1-6. Frankfurt/Main: AK Grundschule/Grundschulverband. 1. Auflage. S.12-16.

Trautmann, T. (1994): Rituale. In: Klein & groß, 47 (1994) 6. S.16-19.

Trautmann, T. (1997): Spiel im Kindergarten. Bausteine zu einer Erziehungsgeschichte der DDR. Weinheim und Basel: Beltz – Deutscher Studien Verlag. 1. Auflage.

Trautmann, T. (2002): „Ic will dein freunt sein" Sprachlicher Anfangsunterricht zwischen Vorgabe und Selbsterfahrung. In: Grundschulunterricht, 5/2002. S.7-10.

Trautmann, T. (2010): Interviews mit Kindern: Grundlagen, Techniken, Besonderheiten, Beispiele. Wiesbaden: VS Verlag. 1. Auflage.

Trautmann, H./Trautmann, T. (2003): 50 Unterrichtsspiele für Kommunikation und Kooperation. Für die Grundschule. Donauwörth: Auer Verlag. 1. Auflage.

Valtin, R. (2006): Methoden des basalen Lese- und Schreibunterrichts. In: Bredel, U./Günther, H./Klotz, P./Ossner, J./Sieber-Ott, G. (Hrsg.): Didaktik der deutschen Sprache. Paderborn et al.: Schöningh, 2. Auflage. S.760-771.

Valtin, R./Badel, I./Löffler, I./Meyer-Schepers, U./Voss, A. (2003): Orthographische Kompetenzen von Schülerinnen und Schülern der vierten Klasse. In: Bos, W./Lankes, E.-M./Prenzel, M./Schwipper, K./Walther, G./Valtin, R. (Hrsg.): Erste Ergebnisse aus IGLU. Schülerleistungen am Ende der vierten Jahrgangsstufe im internationalen Vergleich. Münster: Waxmann. 1. Auflage. S.227-264.

Valtin, R./Voss, A. (2010): Rechtschreiben und Förderung. In: Grundschule Deutsch, 27/2010. S.42-43.

Voss, A. (2006): Print- und Hypertextlesekompetenz im Vergleich. Eine Untersuchung von Leistungsdaten aus der Internationalen Grundschul-Lese-Untersuchung (IGLU) und der Ergänzungsstudie Lesen am Computer (LaC). Münster: Waxmann. 1. Auflage.

Voss, A./Blatt, I./Gebauer, M./Müller, A./Masanek, N. (2008): Unterrichtsentwicklung als integrierte Schulentwicklung. Das Hamburger Leseförderprojekt (HeLp). In: Bos, W./Holtappels, H. G./Pfeiffer, H./Rolff, H.-G./Schulz-Zander, R. (Hrsg.): Jahrbuch der Schulentwicklung. Band 15. Daten, Beispiele und Perspektiven. Weinheim und München: Juventa. S.93-122.

Voss, A./Blatt, I./Kowalski, K. (2007): Zur Erfassung orthographischer Kompetenz in IGLU 2006: Dargestellt an einem sprachsystematischen Test auf Grundlage von Daten aus der IGLU-Voruntersuchung. In: Didaktik Deutsch, 23. S.15-33.

Vygotsky, L. S. (1978): Mind in psychological. The development of higher psychological processes. Cambridge u.a.: Harvard University Press. 14. Auflage.

Wang, M.C./Haertel, G.D./Walberg, H.J. (1993): Toward a knowledge base for school learning. Review of Educational Research, 63. S.249-294.

Wahrig-Buhrfeind, R. (2006): Deutsches Wörterbuch. Gütersloh/München: Wissen Media Verlag. 8. vollständig neu bearbeitete Auflage.

Weinert, F.E. (1997): Notwendige Methodenvielfalt: Unterschiedliche Lernfähigkeiten der Schüler erfordern variable Selbständigkeit. In: Seelze: Friedrich Verlag. S.50-52.

Weinert, F.E. (1998): Guter Unterricht ist ein Unterricht, in dem mehr gelernt als gelehrt wird. In: Freund, J./Gruber, H. u.a. (Hrsg.): Guter Unterricht, was ist das? Aspekte von guter Unterrichtsqualität. Wien: ÖBV Pädagogischer Verlag. S.7-18.

Weinert, F. E. (2001): Vergleichende Leistungsmessung in Schulen – eine umstrittene Selbstverständlichkeit. In: Weinert, F. E. (Hrsg.): Leistungsmessungen in Schulen. Weinheim und Basel: Beltz Verlag. 1. Auflage. S.17-32.

Weinhold, S. (2006): Entwicklungsverkäufe im Lesen- und Schreibenlernen in Abhängigkeit verschiedener didaktischer Konzepte. Eine Longitudinalstudie in Klasse 1-4. In: Weinhold, S. (Hrsg.): Schriftspracherwerb empirisch. Konzepte – Diagnostik – Entwicklung. Baltmannsweiler: Schneider Verlag Hohengehren. 1. Auflage. S.120-151.

Weinhold, S. (2009): Effekte fachdidaktischer Ansätze auf den Schriftspracherwerb in der Grundschule. In: Didaktik Deutsch. 27. Baltmannsweiler: Schneider Verlag Hohengehren. S.52-75.

Wellenreuther, M. (2005): Lehren und Lernen – aber wie? Empirisch-experimentelle Forschungen zum Lehren und Lernen im Unterricht. Baltmannsweiler: Schneider Verlag Hohengehren. 2. Auflage.

Wieler, P. (1997): Vorlesen in der Familie. Fallstudien zur literarisch-kulturellen Sozialisation von Vierjährigen. Weinheim und München: Juventa Verlag. 1. Auflage.

Wieker, K. (2010): Tim fliegt in die Ferien. Hamburg: Ellermann. 1. Auflage.

William, D. (2009): An Integrative Summary of Resaerch Literature and Implications for a New Theory of Formative Assessment. In: Andrade, H. L./Cizek, G. J. (Hrsg): Handbook of Formative Assessment. New York: Taylor & Francis. 1. Auflage. S.18-40.

Wirtz, M.A. (2014): Dorsch-Lexikon Psychologie. <https://portal.hogrefe.com/dorsch/item-response-theorie-irt/>; letzter Zugriff: 03.12.2014.

Woolfolk, A. (2014): Pädagogische Psychologie. Hallbergmoos: Pearson. 12. aktualisierte Auflage.

Wygotski, L.S. (1991): Denken und Sprechen. Frankfurt am Main: Fischer Taschenbuch Verlag. 6. Auflage.

Anhang

A. Kompetenzbereiche des Faches Deutsch XXXVII

B. Lehralgorithmus von Klauer und Leutner XXXVIII

C. Untersuchung – Test- und Beobachtungsinstrumente sowie Aufgaben XXXIX

    C1. Knickdiktat XXXIX

    C2. Produktive Schreibaufgabe XL

D. Transkription der Videodaten XLI

    D1. Transkriptionssystem von Jefferson (1984) in der deutschen Übersetzung XLI

    D2. Übergeordnete Informationen zu den Videotranskripten XLII

        D2.1 Strukturraster für die Videotranskripte XLII

        D2.2 Anonymisierung im Videotranskript XLIV

    D3. Videotranskripte XLV

        D3.1 Vorlesen XLV

            D3.1.1 Lesethron (Oktober 2010) XLV

            D3.1.2 Lesethron (Februar 2011) XLV

            D3.1.3 Lesethron (Mai 2011) XLVI

            D3.1.4 Buchvorstellung (Februar 2012) XLVI

            D3.1.5 Gemeinsames Lesen (Mai 2013) XLVIII

        D3.2 Literarisches Gesspräch XLIX

            D3.2.1 Literarisches Gespräch (Februar 2011) XLIX

            D3.2.2 Produktionsorientierte Aufgabe (Mai 2011) XLIX

        D 3.3 Nachdenken über das Gelesene und Lesen L

            D3.3.1 Textforschen (Februar 2013) L

            D3.3.2 Feedback zu den W-Fragen und zur Rechtschreibung (Februar 2013) LI

            D3.3.3 Feedback zum Lesen (Mai 2013) LII

            D3.3.4 Hypothesen bilden (Mai 2013) LV

            D3.3.5 Hypothesen überprüfen (Mai 2013) LVI

        D3.4 Rechtschreiben LVI

            D3.4.1 Wörter der Woche (Februar 2011) LVI

            D3.4.2 Wörter der Woche (Mai 2011) LVII

D3.4.3 Wörter forschen <ie> (September 2011) LIX

D3.4.4 Wörter forschen <ie> und <i> (Mai 2012) LIX

D3.4.5 Silbenstruktur (September 2012) LXI

D3.4.6 Feedback (Mai 2012) LXIII

D3.5 Individuelle Beratung und Rückmeldung LXIII

D3.5.1 Individuelles Problemlösen am Bärenboot (Mai 2011) LXIII

D3.5.2 Individuelle Beratungsgespräche (September 2011) LXIV

D3.5.3 Individuelles Feedback im Anschluss an Buchvorstellungen (Februar 2012) LXIV

D4. Beschreibung einzelner Videosequenzen LXVI

D4.1 Lernende Gemeinschaft LXVI

D4.1.1 Geburtstagsritual (Oktober 2010) LXVI

D4.1.2 Rituale im Bereich Klassengemeinschaft fördern LXVI

D4.1.2.1 Massageschnecke (September 2011) LXVI

D4.1.2.2 Lied (Februar 2012) LXVII

D4.1.2.3 Lockerungsübung (Mai 2012) LXVII

D4.1.2.4 Lied (Mai 2012) LXVII

D4.2 Unterrichtskonzept LXVII

D4.2.1 Buchstabeneinführung (Oktober 2010) LXVII

D4.2.2 Geheimzeichen zu den Wörtern der Woche (Februar 2011) LXVII

D4.2.3 Planen, koordinieren, auswerten LXVIII

D4.2.3.1 Abläufe koordinieren (September 2011) LXVIII

D4.2.3.2 Unterrichtsplan besprechen (Mai 2012) LXVIII

D4.2.3.3 Koordinieren (Mai 2012) LXIX

D4.2.3.4 Unterrichtsplan besprechen/Abläufe koordinieren (Mai 2013) LXIX

D4.2.4 Üben und wiederholen LXIX

D4.2.4.1 Gedichtevortrag üben (September 2011) LXIX

D4.2.4.2 Wörterbuchquiz (Februar 2012) LXIX

D4.2.4.3 Schreibschrift üben (Mai 2012) LXX

D4.2.4.4 Schatzkästchenzeit (Februar 2013) LXX

    D4.2.5 Wörter forschen LXX

        D4.2.5.1 Wörter forschen am Smartboard (Februar 2013) LXX

        D4.2.5.2 Zweischrittiges Konstruktionsprinzip (September 2012) LXX

    D4.2.6 Spielen LXXI

        D4.2.6.1 Memory (September 2012) LXXI

        D4.2.6.2 Nomenkönig/Nomenkönigin (September 2012) LXXI

        D4.2.6.3 Bingo (Februar 2013) LXXI

E.   Kurzfassung der Ergebnisse in deutscher und englischer Sprache .... **LXXIII**

F.1   Kurzfassung der Ergebnisse der vorliegenden Arbeit .... **LXXIII**

F.2   Study Results .... **LXXIV**

A. Kompetenzbereiche des Faches Deutsch

(KMK, 2004, S.9)

Sprechen und Zuhören
- zu anderen sprechen
- verstehend zuhören
- Gespräche führen
- szenisch spielen
- über Lernen sprechen

Schreiben
- über Schreibfertigkeiten verfügen
- richtig schreiben
- Texte planen
- Texte schreiben
- Texte überarbeiten

Lesen – mit Texten und Medien umgehen
- über Lesefähigkeiten verfügen
- über Leseerfahrungen verfügen
- Texte erschließen
- Texte präsentieren

Methoden und Arbeitstechniken
Methoden und Arbeitstechniken werden jeweils in Zusammenhang mit den Inhalten jedes einzelnen Kompetenzbereichs erworben.

Sprache und Sprachgebrauch untersuchen
- grundlegende sprachliche Strukturen und Begriffe kennen
- sprachliche Verständigung untersuchen
- an Wörtern, Sätzen, Texten arbeiten
- Gemeinsamkeiten und Unterschiede von Sprachen entdecken

B. Lehralgorithmus von Klauer und Leutner

(Klauer/Leutner, 2012, S.47)

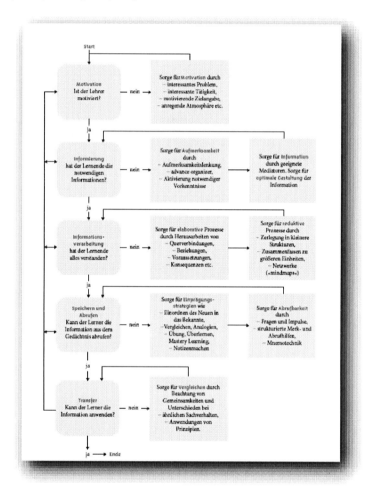

C. Untersuchung – Test- und Beobachtungsinstrumente sowie Aufgaben

C1. Knickdiktat

Zinken		
stinken		
finden		
Pilze		
Stifte		
Kinder		

C2. Produktive Schreibaufgabe

Bilder und Schriftbild sind entnommen aus: Sodtke, M. (2007): Gibt es eigentlich Brummer, die nach Möhren schmecken? Oldenburg: Lappan Verlag.
Gedankenblase und Arbeitsauftrag sind durch Verfasserin hinzugefügt.

 Was meinst du?
Schreibe es auf.

D. Transkription der Videodaten

D1. Transkriptionssystem von Jefferson (1984) in der deutschen Übersetzung (Kuckartz, 2014b, S.137)

Symbol	Bezeichnung	Gebrauch
[Text]	eckige Klammern	Start- und Endpunkt von überlappendem Sprechen
=	Gleichheitszeichen	Unterbrechung und anschließende Fortsetzung einer einzelnen Äußerung
(# Sekunden)	zeitlich definierte Pause	Pause, in Klammern Dauer der Pause in Sekunden
(.)	Kurzpause	Kurze Pause, kleiner als 0,2 Sekunden
. oder ↓	Punkt oder Pfeil nach unten	Fallende Tonhöhe oder Intonation
? oder ↑	Fragezeichen oder Pfeil nach oben	Steigende Tonhöhe oder Intonation
,	Komma	Temporär fallend oder steigende Intonation
-	Bindestrich	Abruptes Anhalten oder Unterbrechung einer Äußerung
>Text<	Größer als/kleiner als Symbol	Text zwischen den Symbolen wurde schneller als für den Sprecher üblich gesprochen
<Text>	Kleiner als/größer Symbol	Text zwischen den Symbolen wurde langsamer als für den Sprecher üblich gesprochen
°	Grad Symbol	Flüstern, leises Sprechen
ALLES GROSS	Großbuchstaben	Sehr lautes Sprechen, Schreien
_Unterstrich	Unterstrichener Text	Betonte Äußerung
:::	Doppelpunkte	Anhalten eines Klangs (Geräuschs)
(hhh)		Hörbares Ausatmen
oder (.hhh)	hochgestellter Punkt	Hörbares Einatmen
(Text)	runde Klammerm	Unklare oder zweifelhafte Stelle im Transkript
((kursiver Text))	Doppelte runde Klammern	Nicht-verbale Aktivität

D2. Übergeordnete Informationen zu den Videotranskripten

D2.1 Strukturraster für die Videotranskripte

Klasse 1

- **Informieren und darbieten**
    - Lesethron
- **Stoff erarbeiten, Lernen vernetzen**
    - Buchstabeneinführung
    - Wörter der Woche
- **Entdecken und Problemlösen**
    - Wörter der Woche
    - Literarisches Gespräch
    - Produktionsorientierte Aufgabe
    - Problemlösen am Bärenboot
- **Üben und wiederholen**
    - Geheimzeichen zu den Wörtern der Woche
    - Wörter der Woche
- **Klassengemeinschaft fördern**
    - Geburtstagsritual

Klasse 2

- **Informieren und darbieten**
    - Buchvorstellung
- **Lern- und Arbeitstechniken vermitteln**
    - Individuelle Beratungsgespräche
    - Feedback
- **Entdecken und Problemlösen**
    - Wörter forschen <ie>
    - Wörter forschen <ie> und <i>
- **Üben und wiederholen**
    - Gedichtvortrag üben
    - Wörterbuchquiz
    - Schreibschrift üben
- **Planen, koordinieren, auswerten**
    - Abläufe koordinieren
    - Unterrichtsplan besprechen

- Koordinieren
- **Klassengemeinschaft fördern**
  - Massageschnecke
  - Lied
  - Lockerungsübung
  - Lied

Klasse 3

- **Stoff erarbeiten, Lernen vernetzen**
  - Wörter forschen
- **Lern- und Arbeitstechniken vermitteln**
  - Textforschen
  - Feedback zu den W-Fragen und zur Rechtschreibung
  - Feedback zum Lesen
- **Entdecken und Problemlösen**
  - Silbenstruktur
  - Hypothesen bilden
  - Gemeinsames Lesen
  - Hypothesen überprüfen
- **Üben und wiederholen**
  - Zweischrittiges Konstruktionsprinzip
  - Memory
  - Nomenkönig/Nomenkönigin
  - Schatzkästchenzeit
  - Bingo
- **Planen, koordinieren, auswerten**
  - Unterrichtsplan besprechen/Abläufe koordinieren

D2.2 Anonymisierung im Videotranskript

Um eine Anonymisierung im Videotranskript zu wahren, werden die Kinder mit „S" für Schülerin und Schüler abgekürzt. Die folgende Übersicht zeigt die Nummerierung mit einer zusätzlichen Angabe zum Geschlecht des Kindes.

S1 = Junge
S2 = Mädchen
S3 = Mädchen
S4 = Mädchen
S5 = Mädchen
S6 = Mädchen
S7 = Junge
S8 = Junge
S9 = Mädchen
S10 = Junge
S11 = Mädchen
S12 = Mädchen
S13 = Junge
S14 = Junge
S15 = Mädchen
S16 = Mädchen
S17 = Junge
S18 = Junge
S19 = Junge
S20 = Mädchen

D3. Videotranskripte

D3.1 Vorlesen

D3.1.1 Lesethron (Oktober 2010)

Die Kinder sitzen mit ihren Lesebüchern am Platz und haben vor dieser Sequenz einen Text ihrer Wahl gelesen. Die Lehrperson ruft nun ein Kind auf, das sich für den Lesethron meldet.

Sequenz 1

00:13-00:45

1   S5: Alle haben sich versteckt. Mi, Mo, <Mama> <Papa> Mi, Mo, Mi ↑ (.)
2   ((S5 klappt das Lesebuch zu und lächelt die Lehrperson an.))
3   ((Kinder der Klasse applaudieren. S5 guckt durch die Klasse.))
4   S5: S20.
5   S20: Du hast schön laut gelesen.

Sequenz 2

00:46-01:08

1   ((S1 schaut ins Buch und beginnt mit dem Lesen.))
2   S1: Alle haben sich versteckt. Mi, Mo, Mama >Papa Papa< Mi und Mo.
3   ((S1 guckt hoch in die Klasse und klappt das Buch zu. Er bewegt dann die Lippen.)) (Er
4   scheint Teile des Vorgelesenen noch einmal nachzusprechen „Mi, Mama, Papa".)
5   ((Kinder der Klasse applaudieren. S1 guckt aufmerksam und erwartungsvoll zu den
6   Kindern.))
7   S1: S18.
8   S18: Du hast so schön laut vorgelesen.
9   S1: S11.
10   S11: Du hast so schön flüssig gelesen.
11   ((S11 lächelt S1 an und bewegt die Arme nach vorne.))

D3.1.2 Lesethron (Februar 2011)

01:24-03:14

1   ((S8 sitzt auf dem Lesethron und schaut in sein Buch.))
2   S8: Der <Film>. Kinder, kommt. Ruft Mama. Wir wollen uns gern einen Film an sch
3   <sehen>. Ein Film ist prima, findet Tim. ((S8 schaut vom Buch hoch und grinst.))
4   Da <wandern> <wir> <im> Wald. Da <ist> der <Turm> am (Fl) Wasser. <Raste> Da
5   <rasten> wir und da <rennt> der Hase, ruft Lisa. Der Hund <knurrt> <leise>. <Halt>

6	den <Film> mal an, ruft Mama. <Hinter> den <Tannen> <ist> <etwas> was <ist> das?
7	((S8 lächelt und schaut zu den Kindern der Klasse. Alle applaudieren. S8 guckt sich
8	um.)) S1.
9	S1: Du hast schön laut gelesen. ((S8 fordert ein weiteres Kind auf und lächelt.))
10	S8: S5.
11	S5: Du hast schön flüssig gelesen. ((S8 strahlt und möchte aufstehen.))
12	L: Gibt es noch einen Tipp? ((S8 setzt sich wieder richtig hin und schaut sich um.))
13	S8: S7.
14	S7: Du könntest noch etwas we weniger lesen. ((S8 geht fröhlich zu seinem Platz.))

D3.1.3 Lesethron (Mai 2011)

03:16-05:07

1	S15: Tim fliegt in die Ferien. Tim <ist> aufgeregt, heute fliegt er <mit> Mama, Papa
2	und seinem großen Bruder Juri in den Urlaub mit einem <richtigen> Flugzeug. <Tim>
3	sieht noch einmal in seinen Koffer. Noch ((S1 guckt die Lehrperson fragend an.)) Hä?
4	Steht nur noch. ((S1 schaut wieder ins Buch.)) Noch ob (S1 schaut wieder fragend.))
5	Hä? ((L. kommt zum Lesethron. S1 zeigt auf die Stelle.)) Hier.
6	L: ((L. spricht leise.)) Das ist ein a.
7	((S1 schaut konzentriert ins Buch.))
8	S15: Nach ob <er> auch <nichts> vergessen hat. (.) <Tu> <Taucherbrille>
9	<Badehose> <Super>teddy. Alles eingepackt, ruft er. Ich passe gut auf <Rini> und
10	<Tayfun> auf <währ> <während> du weg bist, sagt Tims Freundin Annika. Das Taxi
11	<ist> da, meldet Juri und setzt (.) °setzt setzt seine Sonnenbrille auf. Papa, ruft Tim. (.)
12	Ich brauche auch <eine> Sonnenbrille. Vielleicht können wir am Flughafen eine
13	kaufen, sagt Papa.
14	((S1 guckt L. an und lächelt. Die Kinder der Klasse applaudieren.)) S5?
15	S5: Ich fand schön, dass du so laut gelesen hast.

D3.1.4 Buchvorstellung (Februar 2012)

Lesen

Sequenz 1

S1 liest zunächst die Inhaltsangabe seines selbst gewählten Buches vor, die er auf einem Zettel notiert hat.

00:48-08:13

1	S1: Davon handelt das Buch. Von einem Einbrecher <kam> kommt (.) raubt eine
2	Spielzeugeisenbahn, die er seinem Sohn zum Geburtstag schenken will und

3	<Freddy>bär läuft zur Notrufsäule, aber ich (.) will nicht zu viel verraten. ((S1 legt
4	seinen Zettel unter sein Buch und möchte dieses aufblättern.)) (Ein S. erinnert S1, dass
5	er zunächst noch seine Auswahl des Buches begründen muss, bevor er eine Stelle
6	vorliest.) Achso. ((S1 nimmt wieder seine Notizen und lächelt.)) Für welches Alter?
7	Sieben (.) bis 99 Jahre. Warum habe ich das Buch ausgesucht? Es hat mir gefallen, weil
8	es so (.) ((S1 pausiert und liest still für sich das nächste Wort.)) s sp <spannend> ist. S.
9	Es hat mir gefallen, weil (.) ich hab es ausgesucht, weil (.) es auch so spannend ist. Es
10	hat mir nicht gefallen, weil es ((S1 schaut nach oben und grinst.)) weil gar nix halt. Wem
11	würdest du das Buch empfehlen? Witzigen Kindern.
12	S15: Hähä.
13	S1: ((S1 legt seine Notizen weg und blättert sein Buch auf.)) Hmm. ((S1 sucht die
14	Stelle.)) (.hhh) Ein für ein Einbrecherkönig <gehört> (.) Er kramt sein
15	Einbruchswerkzeug aus dem Räubersack, knippst die Taschenlampe an und mach sich
16	an die Arbeit. Ein leises Klicken <ver> <ver>riet Kalle das <Sicherheitsschloss>
17	erfolgreich geknackt hatte. Vorsichtig schob er die Tür auf und drang in die in den
18	Laden ein. Mit der Lampe <fun><zel>te (.) er an dem Spiel<zeug>regalen entlang.
19	Freddybär saß <nichts>ahnend auf dem <Re>galbrett in der <Pup><pen>abteilung, als
20	das <Taschen>lam pen licht an ihm vorüber sch huschte. Es war sofort hellwach,
21	gespannt beobachtete (.) er den
22	Mann, der mit flinken <Fin><gern> die Ladenkasse ausräumte und dann in die
23	Eisenbahnabteilung ging. Dort testete er eine halbe Stunde lang die
24	Modelleisen<bahn> Modelleisenbahn, baute Gleise, <Tra>fos und Weichen ab und
25	packte alles in seinen (.) großen Räubersack. Die Eisen<bahn>wagons und Loks wik
26	<wickelten> es er (.) wickelte er <sorg>fältig in Seidenpapier ein und legte sie oben
27	drauf. Als Kalle mit seiner Arbeit fertig war, kam er bei Freddy vorbei. Freddy <reck>te
28	sich und (.) reckte sich hoch nee. Als Kalle mit seiner Arbeit fertig war, kam er bei
29	Freddy <vor> Freddy vorbei, Freddy reckte sich hoch, winkte mit der Plüsch (.) winkte
30	mit der Plüsch<fo> Plüsch<pfo>te und rief, he, du nehm mich mit. Erschrocken blieb
31	Maloni stehen und murmelte, spinne ich, oder war was dieser Bär hat doch <soeben>
32	mit mir geredet. Er richtete den Lichtkegel seiner Lampe auf Freddy. Auf den Teddy.
33	Das gibt es nicht, knurrte Maloni. <Ver>blüfft <der> sieht genauso aus, wie der
34	<däm>dämliche Teddy, den ich damals zum Geburtstag bekam, als ich mir <sehen>
35	sehentlich eine elektrische Eisenbahn wünschte. Ich glaube, ich werde alt und schrullig.
36	<Nu>Nö, nö, bleib, wo du bist, du langweiliger Plüschnase. Kalle ries Kalle ries die Tür
37	sperrangelweit offen und verschwand in der Nacht. Ein kühler Windzug <strich> um
38	Freddys Ohren. Die Tür stand immer noch offen. Draußen (.) draußen <lockte> die
39	Freiheit und das Abenteuer. So eine Gelegenheit kommt n kommt nie wieder, dachte
40	Freddybär. Kommt <ein> einer von euch mit, rief er in die >Dunkelheit< des Ladens
41	<hinein>. Aber keiner keines von den anderen Spielzeugtieren rührte sich (.) schienen,
42	alle schienen zu schlafen. Vielleicht stellen sich auch nur schlafend, weil sie Angst
43	hatten haben aufzu<lau> Angst haben eben wegzulaufen, dachte Freddybär. Er

44	kletterte vom Regal und tappte auf die Mo<dell> <mond>helle Straße hinaus. In der
45	Ferne sah er noch die Schusslichte von Malonis schwarzen Porsche. Dröhnend davon
46	brausten. Freddy lief zur Notrufsäule an der <Straßen>ecke am Park, er klettert<te>
47	hoch und drückte auf den Notrufknopf und rief, ((S1 grinst.)) Hallo, Polizei, Einbruch im
48	Spielzeug (.) paradies. Der Räuber ist ein schwarz, der Räuber ist in, der Räuber ist in
49	einem schwarzen Porsche geflohen, und dann machte er sich endgültig auf den Weg
50	in die Freiheit.

Sequenz 2

S2 liest zunächst die Inhaltsangabe ihres selbst gewählten Buches vor, die sie auf einem Zettel notiert hat.

10:23:11:59

1	S2: Davon handelt das Buch, die Großmutter und der Großvater waren so lieb zu ihr.
2	Die kleine Maus dachte immerzu daran Danke zu sagen, aber das war ihr nicht (.)
3	genug. Deshalb hat sie eine mit sie ihren Freundinnen ein Dankefest geplant. Für
4	welches Alter? Empfehlung ab drei Jahren. Warum handelt (.) warum habe ich das
5	Buch ausgesucht? (.hhh) Es hat mir gefallen, weil mir die Bilder gefallen haben und weil
6	ich es auch wichtig finde, Danke zu sagen. Es hat mir nicht gefallen (.) gar nix. Wem
7	würdest du das Buch empfehlen? Alle, die es (.) auch wichtig finden, Danke zu sagen.
8	((S 2 legte ihre Notizen beiseite und blättert ihr Buch auf.)) Im Haus hatten sich die
9	kleine Maus und (.) alle ihre kleinen Tierfreunde versammelt. Auf dem Tisch verstreut
10	lagen die leckersten Früchte und Nüsse, die du dir vorstellen kannst. Das ist ein ganz
11	besonderes Fest, um Danke zu sagen. Für alle (.) all die schönen Dinge, die ihr für mich
12	tut, <sagte> die kleine Maus stolz. Großvater und Großmutter schlossen die kleine
13	Maus fest in ihre Arme und (.) sie gaben ihr Kuss ihr einen Kuss auf jede Wange. Warum
14	macht ihr das? Fragte die kleine Maus. Um Danke kleine Maus zu sagen natürlich,
15	schmunzelten sie und alle lachten. ((S2 schaut nach oben und lächelt.))

D3.1.5 Gemeinsames Lesen (Mai 2013)

06:17-06:54

1	S1: Da sage ich zu Ludger. Lass uns mal nachsehen. Nach sehen. Hab ich es nicht gesagt
2	Ludger? Wie Wieder nickt die Glatze. Und was müssten wir nun feststellen? Der Gelbe
3	macht eine Pause. Mir bleibt die Luft weg vor Angst und vor Spannung. Der Gelbe zeigt
4	auf den das kirschrote Rad. Du hast das Rad hier versteckt.
5	S5: Fahrräder klauen, so etwas tut man nicht. Erklärt der Gelbe. Er hat so ein hässliches
6	Grinsen aufgesetzt und deshalb mein Kleiner musst du eine Strafe kriegen.

D3.2 Literarisches Gessprächch

D3.2.1 Literarisches Gespräch (Februar 2011)

Die Kinder und die Lehrperson sitzen im Sitzkreis. Vor dieser Sequenz liest die Lehrerin eine Geschichte von Janosch über den kleinen Bären und den kleinen Tiger vor. Dem schließt sich das folgende literarische Gespräch an.

03:05-04:17

1	L: Hast du ne Idee, was in dem Brief, den der kleine Bär dem Tiger morgen schickt,
2	stehen könnte?
3	S3: °Morgen?
4	L: Also am nächsten Tag. Er schreibt ja, könntest du mir <u>morgen</u> den Brief etwas eher
5	schicken? ((Einzelne Kinder melden sich.)) S11.
6	S11: (S11 schaut L. beim Erzählen an.)) Ähm. Lieber Tiger, mir tut's sehr leid, dass ich
7	gestern den Brief so spät geschickt hab.
8	L: ((L. nickt und schaut S11 an.)) Mh, zum Beispiel. ((L. lächelt und guckt in die Runde.))
9	Hast du noch eine Idee? Alle Kinder sind gefragt. S17, lass es bitte. °Gesundheit. S20.
10	S20: Es tut mir leid, dass der Brief gestern nicht angekommen ist, aber heute kommt
11	er.
12	L: S2.
13	S2: Es tut mir leid, dass ich gestern zu spät gekommen bin, aber ich kann nix dafür, weil
14	die Fische nicht so schnell anbeißen.
15	L: Mh, zum Beispiel.

D3.2.2 Produktionsorientierte Aufgabe (Mai 2011)

07:09-09:38

Die Lehrperson hat den Kindern zuvor das Bilderbuch „Gibt es eigentlich Brummer, die nach Möhren schmecken" von Matthias Sodtke vorgelesen bis zu der Stelle, an der die Frage aufgeworfen wird, ob die beiden Protagonisten – ein Frosch und Hase – doch keine richtigen Freunde sein sollten. Die Kinder bekommen ein Arbeitsblatt und werden gebeten, ihre eigenen Gedanken hierzu aufzuschreiben.

1	L: Ich hab grad nicht die Rührtrommel, weil ich nämlich möchte, dass du nicht alles
2	aufräumst, sondern dass dein Blatt auf dem Tisch bleibt. ((L. stellt Klangschale weg.))
3	Denn mich interessiert natürlich riesig, was du dir dazu gedacht hast. Ihr kennt das
4	schon von mir, dass ich teilweise ((L. nimmt Block und Stift in die Hand.)) wenn ihr
5	vorstellt, die Sachen aufschreibe damit ich sie dann auch noch gut im Kopf habe. Und
6	jetzt bin ich mal gespannt, was du dir dazu gedacht hast. Wir sammeln erstmal und
7	danach sprechen wir. ((Kinder melden sich.)) S15, fang mal an.

8	S15: Ähm, die sind noch Freunde. Nur der Frosch ist 'n bisschen enttäuscht, dass die
9	Brummer weggeflogen sind.
10	L: Hm. Ok. S12.
11	S12: ((S12 erzählt.)) Sie könnten sich ja wieder vertragen, weil wenn sie sich immer
12	streiten, dann vertragen sie sich wieder.
13	L: Lies ruhig vor, was du auch aufgeschrieben hast.
14	S8: ((S8 erzählt.)) Bei mir, da sollen sie Freunde sein, bloß dass Nulli, der Hase, nicht
15	die Brummer isst und der Frosch nicht die hier (.) die Möhren ist. ((S5 lächelt und
16	grinst.))
17	L: S20.
18	S20: ((S20 liest.)) Ich finde, sie sollten Freunde sein, denn ((S20 schaut nach oben.))
19	jeder ist anders.
20	L: S2.
21	S2: Ich hab geschrieben, ((S2 liest.)) sie sind Freunde. Sie <haben> nur sich ge<schickt>
22	<wa> <wal> ((S2 guckt nach vorne.)) beide können auch (.hhh) sie essen was anderes
23	und beide ham ein anderes Leben.
24	L: Sie essen was anderes und beide haben ein anderes Leben?
25	S2: ((S2 nickt.)) Weil sie sind ja nicht die Gleichen. Ein Frosch is es ja und ein Hase. Und
26	der Hase ist kein Frosch und der Frosch ist kein Hase. ((S7 grinst.)) Und beide essen was
27	anderes.
28	L: Hm. Und das findest du auch ganz in Ordnung?
29	S2: Ja, man muss ja nicht das Andere essen, was die anderen essen.
30	L: S1.
31	S1: Ich hab aufgeschrieben, ((S1 liest.)) Ja, weil es Spaß bringt <zusammen> zu spielen
32	und <wal> ja jeder seine eigene Speise essen kann.

D 3.3 Nachdenken über das Gelesene und Lesen

D3.3.1 Textforschen (Februar 2013)

Die Schülerinnen und Schüler haben im Unterricht die W-Fragen (wie z.B. Wer? Wie? Was? Wann? Warum?) als eine Strategie kennengelernt, sich damit dem Inhalt eines Textes zu nähern und ihn zu erschließen.

00:08-00:20

1	L: Zum Textforschen kennt ihr ja schon unsere W-Fragen. Wie helfen uns die W-
2	Fragen? S14.
3	S14: Da sucht man sich Stichpunkte raus, die ganz wichtig sind. (.) Also, das, womit man
4	das ganz gut erklären kann.

Die Kinder arbeiten im Anschluss an diese Sequenz mit den W-Fragen am Text „Die Nächte der Jungen Papageientaucher" von Bruce McMillan (vgl. Bos et al., 2005, S.425 ff.). Im Anschluss daran reflektieren sie im Rahmen des Feedbacks.

D3.3.2 Feedback zu den W-Fragen und zur Rechtschreibung (Februar 2013)

01:59-05:36

1	L: Und zwar, haben wir jetzt noch die Daumenprobe. Ich möchte einmal ganz normal
2	Daumenprobe machen. So, ja ((L. zeigt den Daumen nach oben.)) das ist so, so
3	mittelmäßig ((L. zeigt Daumen in der Mitte.)) oder gar nicht ((L. zeigt Daumen nach
4	unten.)) Und ich werde wieder einzelne Kinder befragen (.) Äh, meine erste Frage für
5	heute lautet, haben die W-Fragen dir beim Verstehen des Textes geholfen? ((Die
6	Kinder zeigen ihre Daumen und L. sieht sich um.)) Ich möchte mal S16 befragen.
7	S16: Ähm, ich fand's einfach zu lesen, aber wenn man den Text nicht wusste, konnte
8	man, mhm, es geht <um> ähm die Vögel und dann versteht man auch mhm, dann kann
9	man sich das auch so'n bisschen denken, wie's vorher im Text war.
10	L: ((nickt)) Hm. S5.
11	S5: Äh, ich hab mittelmäßig, weil es mir ein bisschen geholfen hat den Text zu
12	verstehen.
13	L: Was hat dir denn geholfen?
14	S5: Es hat mir geholfen, dass das da so kleine Stichpunkte sind (.) aber das hat mir an
15	manchen Stellen auch nicht so viel erklärt.
16	L: Ok. Das heißt und wie hast du denn den Text verstanden, was hast du dazu gebraucht
17	oder hast du überhaupt was dazu gebraucht?
18	S5: Nein, ich hab ihn dann verstanden, (aber...).
19	L: S1, und du hast gesagt nee überhaupt nicht?
20	S1: Nee, weil irgendwie (.) ich hab den schon so verstanden und deshalb.
21	L: Du hast die Fragen nicht noch zusätzlich gebraucht, ok. Gut. So viel erstmal dazu.
22	Dann ist eine Frage, da brauch ich nur den Daumen nicht, die ist mir noch so wichtig.
23	Das interessiert mich. Warum ist es wichtig für das Verstehen des Textes, dass ein Wort
24	richtig geschrieben wird? Da brauch ich mal so ein paar Meinungen. Was meint ihr
25	dazu? S7.
26	S7: Es ist so, weil es gibt Wörter, wenn du da jetzt ein S auslässt, dann ist es gleich ein
27	anderes Wort.
28	L: ((L. nickt.)) Zum Beispiel, genau. S11.
29	S11: Dass man die Wörter auch richtig liest und so. Zum Beispiel jetzt ((S11 blättert in
30	Mappe.)) Henne, Helle oder?
31	L: Hella.

32	S11: Da hat ähm hat man (.) wenn man das eine L wegmacht, dann liest man ja Hela.
33	Das (.) erstens den Namen gibt es auch nicht wirklich <Hela> und das klingt auch so'n
34	bisschen komisch und es heißt ja dann eigentlich auch richtig Hella.
35	L: ((L. nickt.)) Hm.
36	S11: Aber es gibt ja auch so manche Sachen, so auch ein paar Druckfehler manchmal.
37	L: Hm. S9.
38	S9: Ähm, hier zum Beispiel. Ist ja auch nicht richtig, wenn du hier schreibst (.) ähm lesen
39	mit Doppel-S, dann heißt das läsen.
40	L: Nee, wenn das wirklich mit Doppel-S geschrieben werden würde, wie heißt das
41	dann? S19.
42	S19: Lessen.
43	S15: Hä, was heißt lessen?
44	L: Lessen heißt, gibt's anders geschrieben im Englischen, dann würde das Stunde
45	heißen. Aber das wird immer noch anders geschrieben.
46	S9: Weil lessen wär dann noch nicht immer so ähnlich wie lesen.
47	L: Nee, ganz genau.

D3.3.3 Feedback zum Lesen (Mai 2013)

Die Klasse liest zu dieser Zeit gemeinsam das Buch „Das Schulhofgeheimnis" von Frauke Nahrgang. Nach einer gemeinsamen Lesezeit mit Aufgabe zum Buch wird die Reflexionsphase zum Lesen eingeleitet.

Sequenz 1

05:56-06:37

1	L: Und ich möchte jetzt zur Daumenprobe kommen. Ich habe ein paar Sätze
2	vorbereitet. (.) S10, du streckst die Daumen hoch, warum jetzt schon? ((L.
3	schmunzelt.))
4	S10: Ähm, weil ich fande das eigentlich ganz schön toll. Weil das Buch ist halt auch
5	spannend und da möchte man wissen wie's weitergeht und nicht irgendwie abwarten.
6	Ach, das Buch is langweilig, is mir doch egal, wen's erst in einem Monat weiterlesen,
7	als wenn man sich darauf freuen kann weiterzulesen.
8	L: Das ist ganz ganz super, dass du das so sagst. Das hat natürlich auch viel mit unserem
9	Lesen zu tun.

Sequenz 2

08:14-09:03

S2 äußert sich zur aktuellen Klassenlektüre „Das Schulhofgeheimnis" von Frauke Nahrgang.

1   S2: Ich fand das Buch vom Inhalt schön, aber es gibt auch Stellen, die nicht so gut zu
2   lesen sind. Also die sind schon etwas schwieriger, aber sonst ist das Buch schön und
3   ähm der Inhalt auch gut zu verstehen, eigentlich. Bis auf so ein paar kleine Stellen.
4   L: Was macht es schwieriger, es zu verstehen?
5   S2: Ähm, manche Wörter kann man nicht so gut verstehen. Ja und da muss man halt
6   nachfragen, aber sonst ist das Buch richtig schön.
7   L: Super, aber macht dir das was aus, wenn du Wörter hast, die du dann nicht
8   verstehst?
9   S2: Nein, weil wenn man die nicht kennt, also kennt, aber nicht so richtig weiß, was die
10 bedeuten, dann kann man nachfragen und dadurch lernt man ja auch noch mehr.
11 L: Gut, prima.

Sequenz 3

09:08-16:16

1   L: Ich lese gern im Unterricht. Wer der Meinung ist, erst einmal schauen, ja ((L. zeigt
2   Daumen nach oben.)) auf jeden Fall, Daumen nach oben. Wer so sagt, so mittel (L. zeigt
3   Daumen in der Mitte.)) oder nein, ich stimme dem gar nicht zu ((L. zeigt Daumen nach
4   unten.)) Ich lese gerne im Unterricht. ((Die Kinder zeigen ihre Daumen.)) Eins, zwei,
5   drei Daumen herbei. Ich sehe S4, sag mal was.
6   S4: Ich find es schön, wenn alle mal mitlesen können. Wenn man nicht alleine im
7   Zimmer sitzt, so.
8   L: Was ist denn der Unterschied, wenn du alleine im Zimmer sitzt für dich jetzt und
9   liest, oder wenn wir gemeinsam lesen?
10 S4: Also, dass man dann merkt, wie die anderen lesen. (.) Und, dass man sich dann
11 auch halt abwechselt.
12 L: Was macht dann so nämlich, wenn man sich abwechselt? Was ist das für'n
13 Unterschied? Gibt's da einen Unterschied für dich? ((S4 zuckt mit den Schultern.)) Nee,
14 aber auf jeden Fall is doch klasse, ja. ((S4 nickt.)) Kann ich gut verstehen. S14.
15 S14: Ich les auch ganz gerne im Unterricht, weil ähm wenn man da kein Wort also wenn
16 da ein schwieriges Wort dabei ist und denn kann man gleich nachfragen. Dich oder die
17 anderen Kinder, die sagen das dann ja meistens und aber im Zimmer, da muss man
18 erst wieder runtergehen was weiß ich oder so.
19 L: Und wenn du runtergehst, wer hilft dir dann?
20 S14: Meine Mutter, mein Vater oder mein Bruder.
21 L: S10 zeigt so mittel.
22 S10: Also, ich mag Lesen zwar nicht (.) so gerne, aber bei spannenden Büchern finde
23 ich das schon toll, aber so welche die nicht so spannend sind die mag ich nicht so gerne.
24 L: Ok. Und S5.

S5: Also, ich find es auch einfach schön, wenn zuhause das kann ich eigentlich nie, weil mein Bruder der gar noch nicht so gut lesen, meine anderen Brüder das geht eh nicht, mein Vater arbeitet den ganzen Tag und meine Mutter muss sich um die Babys kümmern. Deshalb finde ich es auch mal schön, wenn man zusammen lesen kann.
L: Vielen Dank.
L: Der nächste Satz. Auch kompliziertere Geschichten lese ich gerne. Ein, zwei, drei, Daumen herbei. Jeder für sich. Auch kompliziertere, schwierigere Geschichten (.) lese ich gerne. S20.
S20: Ich les eigentlich alle Geschichten gerne, weil ich mag irgendwie lesen gerne, weil man kann sich dann irgendwie in das Buch richtig reinversetzen, wenn man's noch lange liest.
L: S18, du hast so mittel.
S18: Hm, wenn sie spannend sind, lese ich sie gerne. Auch schwierige, aber wenn sie ganz langweilig sind, dann nicht so gerne.
L: Kann ich verstehen. S12.
S12: Ähm, ich mag komplizierte ähm Bücher zu lesen, wegen wenn da paar Wörter drinne sind ähm wo ich nicht weiß wie sie heißen dann kann ich ja meine Schwestern fragen und dann weiß ich ja, wie sie heißen und wenn sie dann in mehreren Büchern vorkommen, dann kann dann weiß ich wie die heißen also was das bedeutet.
L: Dann merkst du dir das also für's nächste Mal. ((S12 nickt.)) S8, ich seh dich.
S8: Ähm, also ich lese (.) komplizierte Geschichten eigentlich gerne (.) aber ich spiel lieber mit etwas anderem meistens. Also, ich les nicht sehr viel.
L: Nee?
S8: Nein.
L: Aber am Anfang hast du ganz viel gelesen? Die ersten Jahre. ((S8 nickt.)) Und S11, dein Daumen wackelt ganz doll?
S11: Ja, also eigentlich mag ich richtig komplizierte Geschichten, aber ich mag nich so gerne wenn man irgendwie (.) jedes zweite Wort nicht versteht, weil ähm ich find dann kann man lieber auch nochmal ein bisschen ein Jahr warten oder so. Weil ähm wenn man jetzt irgendwie so wenn man jetzt irgendwie ganz schwere Bücher mit ganz schweren Wörtern liest, dann zum Beispiel Harry Potter finde ich auch ziemlich schwer dann mag ich das nicht so, weil ähm man dann so wenig zu versteht.
L: S1 noch dazu.
S1: Ich lese gerne kompliziertere Geschichten, auch mit der Klasse. Weil ich dann auch oft drankomme, weil ich viele Wörter kenne.
L: Das ist wohl richtig. ((S1 lächelt.)) Ja. Ok. Ich hab einen neuen Satz. Geht so ein bisschen in die Richtung. Mir macht es nichts aus, wenn schwierige Wörter in einem Text vorkommen. Ein, zwei, drei Daumen herbei.
S14: Ist doch das gleiche, oder?
L: Ist ähnlich. S17.

65	S17: Ähm, ich find's eigentlich gut, weil man dann später wenn's ja eigentlich ja auch
66	wenn's wenn denn steckt ja auch bei schwierigen Wörtern was dahinter, dann ist es
67	meistens auch spannend.
68	L: Mh. (.) Wie meinst du das genau, das was dahinter steckt?
69	S17: Also, es hat ja manchmal immer einen anderen Bezug also es gibt ja wenn man
70	jetzt irgendwas (.) also (.) es gibt das sind ja sozusagen (.) ja das dann auch andere
71	Wörter zu dem gehören und das dann spannender ist, wenn's dann eben das andere
72	Wort als das (.) als dieses als das man eigentlich nicht kennt.
73	L: Meinst du damit auch (.) ähm sowas wie wenn man jetzt immer im Gesprächen das
74	Wort gehen zum Beispiel benutzen würde und dafür würde man ähm wenn es passt
75	zum Beispiel beim König er schreitet voran. Oder sowas?
76	S17: Ja. ((S17 nickt.))
77	L: Genau, das man treffende Wörter, das machen wir ja auch häufig wenn wir
78	Geschichten schreiben, dass man oder überhaupt auch erzählen dass man guckt, dass
79	die Wörter zu dem passen, was man meint. Zu dem Inhalt. Und S17 das kann ich gut
80	nachvollziehen, dass dir das gefällt, denn das macht eine Sprache ja auch besonders
81	schön. Wenn man viele Wörter hat und wenn das abwechslungsreich ist und nicht so
82	eintönig, ne. Toll. S15.
83	S15: Also, ähm ich find das gut wenn man ähm schwierige Wörter hat. Zu viele is jetzt
84	nicht gut aber wenn's n paar sind, find ich's ok, weil daraus lernt man ja auch was.

D3.3.4 Hypothesen bilden (Mai 2013)

04:50-08:22

1	L: Begegnung der unheimlichen Art. ((L. steht vorm Smartboard. Hier steht „Begegnung
2	der unheimlichen Art" mit einem Bild einer Brille und einer Seitenangabe.)) Seite 55-
3	70. Das ist unser Kapitel 5 und wir wollen jetzt gemeinsam gerne lesen. ((Einige Kinder
4	blättern die zu lesenden Seiten auf.)) Begegnung der unheimlichen Art. Das klingt ja
5	schon. Wonach? Wonach klingt das? Wer hat ne Vermutung, ne Idee? S16.
6	S16: Nach einem Wesen das unheimlich ist.
7	L: S1, was hast du für ne Idee.
8	S1: Das sie vielleicht dass sie jetzt (.) Daniel vielleicht irgendwann mal es dass wenn er
9	in seinem Versteck ist, dass die dann kommen oder so. Dann is das für Daniel auf jeden
10	Fall ne Begegnung der nicht so der unheimlichen Art. Das ist für ihn dann wird's ja mal
11	irgendwie (.) findet er garantiert nich so gut, wenn die in ihrem Versteck auftauchen.
12	L: Wer sind die?
13	S1: Die Mädchen. ((S1 guckt sehr aufmerksam.))
14	L: Noch eine Vermutung. (.) S20.
15	S20: Das kann auch sein dass vielleicht die also die Jungen von der Bushaltestelle
16	wieder drin vorkommen.

D3.3.5 Hypothesen überprüfen (Mai 2013)

07:17-07:51

1 L: Begegnung der unheimlichen Art. War sie unheimlich?
2 Mehrere S: Ja.
3 L: ((L. nickt.)) Worin bestand das, also woran w woran merkte man dass das (.) doch
4 ganz schön unheimlich war?
5 S15: Weil die Jungen sahen auch ein bisschen unheimlich aus auf den Bildern und was
6 die gesagt haben, hat sich auch so angehört als wenn mit denen nicht zu spaßen ist.
7 L: und woran merkte man jetzt gerade zum Schluss, das mit denen absolut nicht zu
8 spaßen ist? S15.
9 S15: Weil die den Preis auch noch erhöhert haben und dann nochmal richtig ärgerlich
10 geworden sind und ihn auch an sich rangezogen haben und das is ja auch schon nich
11 ungefährlich.

D3.4 Rechtschreiben

D3.4.1 Wörter der Woche (Februar 2011)

Tafelbild mit den Wörtern der Woche und dem zweisilbigen Bärenboot als Bild – Mantel, Kante, Ampel, Lampe, Kasper, Tante

00:10-00:53

S15 kommt nach vorne ans Smartboard und macht die Silbenbögen zum Wort <Mantel>. In diesem Fall beendet S15 die erste Silbe mit dem Silbenbogen fälschlicherweise nach dem <a>.

1 L: Ah. Jetzt müssen wir uns noch einmal die Silbenbögen anschauen. (.)
2 ((S15 geht wieder zum Platz.)) Da ist ein kleines Missgeschick passiert.
3 S15: Ups. Stimmt.
4 L: Ist der Max dabei? Ja oder Nein? (.) Und was bedeutet das auch für unsere erste
5 Silbe? (.) S5.
6 S5: Ja. Er ist dabei.
7 L: Und was bedeutet das für unsere erste Silbe? S15, hast es selbst schon
8 rausgefunden? ((L. lächelt S15 an.))
9 S15: Die endet nach dem N.

01:33-01:51

10 L: Ist das A in Mantel lang oder kurz? S2.
11 S2: Nein. Es ist nicht lang.
12 L: ((L. nickt.)) Genau. Warum?

13	S2: Weil Max dabei ist und der Kapitän kurz arbeiten muss.
14	L: Super.

04:00-05:22

Nach gemeinsamer Erarbeitungsphase an der Tafel schreiben die Kinder die Wörter der Woche in das Heft mit Silbenbögen und dem Rot-Blau-Stift (Rechtschreibstift).

D3.4.2 Wörter der Woche (Mai 2011)

02:00-03:40

1	S11: Familienbuchstabe.
2	L: Warum heißt der Familienbuchstabe, warum ist das ein Familienbuchstabe, das ä?
3	(.) S13.
4	S13: Weil's ja A und das Ä hat zwei Tütelchen oben drauf.
5	L: Genau und die sind verwandt, ne.
6	S13: Hm.
7	L: Richtig.
8	((S13 freut sich.))
9	L: Ich hab ja schon gesagt, dass die Wörter der Woche auch besondere Wörter der
10	Woche sind.
11	S15: Ahhh.
12	L: Erinnerst du dich, was ich gestern in unserer Buchstabengeschichte gelesen hab?
13	S14 und S2: Ja.
14	L: Wer erinnert sich? (.) Einige sind grad nicht aufmerksam. Ich weiß, ihr habt schon
15	viel gemacht heute, das ist ganz toll. Aber das möchte ich jetzt unbedingt wissen. S20.
16	S20: Ähm. Ich möchte auch nochmal sagen. Das Ä ist nicht nur mit dem A verwandt,
17	sondern auch mit dem AU. (.)
18	L: Ja (.) und mit dem Äu. Die auch, ne, die sehen sich ähnlich. Genau, das sind denn
19	noch Besonderheiten, darauf kommen wir auch nochmal (.) ausführlich. Genau. Wir
20	haben Familienbuchstaben. Und was sagte ich zu den Wörtern? Was gibt es auch? Es
21	gibt Familienbuchstaben und es gibt auch?
22	S11: Familienwörter. Und ähm das A ist, ähm sieht sich auch mit dem Ö und Ü
23	ähnlich. Ähm, weil die ja alle Punkte haben.
24	L: Genau und manchmal verhalten die sich auch ein bisschen ähnlich. Und wie das
25	genau (.) aussieht das Verhalten, das besprechen wir noch.
26	S11: Aber Frau L., das sind doch gar keine Familienwörter. Da ist doch nur das Ä und
27	nicht das A.
28	L: Genau, erst einmal steht hier nur das Ä. Mit welchen Wörtern die verwandt sind, 29
	das werden wir noch sehen.

30   S19: (.hhh) Ah.

In der Zwischenzeit werden die Wörter an der Tafel gelesen.

Tafelbild:

Wörter der Woche

Gräser   Gläser

Dächer   Wände

Hände   Länder

05:07-07:50

31	L: S11 hat ja eben angemerkt, da sind ja gar keine Familienwörter. ((L. zeigt ein neues
32	Tafelbild mit einem einsilbigen und einem zweisilbigen Boot. Die Zweisilber sind
33	ergänzt durch die passenden verwandten einsilbigen Wörter.))
34	S11: Oh ja. Die sind ja umgewandelt. Das sind andere Wörter.
35	L: Was ist jetzt passiert, was ist hier anders?
36	Mehrere S: Ah.
37	L: S17.
38	S17: Verwandt ist es, also Glas und Gläser. Gras und Gräser.
39	L: Hm. (.) Wieviel Silben hat das Wort Glas? (.) S6.
40	S6: Eine.
41	L: Wie heißt das passende zweisilbige Wort dazu? (.) S18.
42	S18: <Gläser>
43	S15: Ah, verstehe.
44	L: Was verstehst du, S15.
45	S15: Ähm. Immer die Wörter, die mit A sind (.) sind eine Silbe und die anderen das
46	sind zwei.
47	L: In diesem Falle ja. Das muss nicht immer so sein. (.) Aber wenn du das Wort Gläser
48	nur hörst? (.) ((L. schaut die Kinder fragend an.)) was könnte man denken, welchen
49	Buchstaben hat der Kapitän? (.) S15.
50	S15: E.
51	L: Aber wir sind ja, äh. Wir wissen ja, wie's richtig ist. Woher wissen wir, dass es ein Ä
52	sein muss? Bei Gläser. Woher wissen wir das? ((L. guckt fragend.))
53	S15: Da bin ich überfragt.
54	L: Da bist du überfragt. Wir kennen das andere Familienwort. Aus welcher Familie das
56	Wort kommt, die sehen sich ähnlich. Wir haben das Wort Gräser (.) und warum
57	können wir wissen, dass das mit Ä geschrieben wird und nicht mit E? ((Einige Kinder

58 melden sich.)) Denk nochmal nach. Ich brauch einmal eure guten Ideen und
59 Gedanken dazu. (.) Alle Kinder sind gefragt.
60 S15: Immer alle, eigentlich.
61 L: ((L. lächelt.)) Ich sag's nochmal ganz besonders jetzt. S9.
62 S9: Ähm. Weil es ist, sind nur (.) ähm zwei Buchstaben mehr oder einer (.) ähm und
63 dann sind's zwei Silben.
64 L: Genau.

D3.4.3 Wörter forschen <ie> (September 2011)

00:00-01:33

1   L: Viele von euch erinnern sich an gestern (.) was da los war bei den Bären. Wer mag
2   denn mal erzählen? ((Kinder melden sich.)) S8.
3   S8: Da waren sie auf dem Meer oder sowas und da ist das I ins Wasser gefallen und das
4   braucht ja Hilfe von dem E. (.) Aber Max war ja nicht dabei.
5   L: Warum war Max denn eigentlich nicht dabei? ((Viele Kinder lachen und melden
6   sich.)) Das is ja n Ding. Max war nicht dabei. S14.
7   S14: Weil er das Radio gehört hat und er hat gehört, dass es Gewitter und ganz viel
8   Sturm geben soll.
9   L: Ja, und was hat Max denn gemacht? S17.
10 S17: Ist zuhause geblieben.
11 L: Zuhause ist er gar nicht geblieben, ne. Wo sitzt er denn eigentlich? ((S17 zeigt auf
12 Max im Liegestuhl.)) S2.
13 S2: Der ist in Urlaub gefahren.
14 L: Ja. Was passiert denn jetzt, wenn der Kapitän das I hat und es ein langes I sein soll?
15 S20.
16 S20: Es kriegt Unterstützung von dem E, weil's alleine zu dünn und zu klein ist.
17 L: Und auf einmal wird daraus ein langes I. Genau richtig gesagt.

Im Anschluss schreiben Kinder Wörter mit <ie> und <i>.

D3.4.4 Wörter forschen <ie> und <i> (Mai 2012)

Tafelbild am Smartboard: Bild einer Biene, Wortbild <Biene> und Bärenboot

03:59-06:50

1   L: Wir wollen mal schauen, wer denn im Wort Biene alles etwas zu tun hat auf dem
2   Boot. Und dafür kreisen wir die Bären ein, die da sind und wenn ein Bär nicht da ist,
3   den streichen wir dann durch. Wer mag mal nach vorne kommen und das
4   übernehmen. S17, komm mal her.

5	((S17 geht ans Smartboard und kreist alle Bären – bis auf den letzten Matrosen in der
6	zweiten Silbe ein (den streicht er durch), so kreist er auch fälschlicherweise den
7	Matrosen Max in der ersten Silbe ein.))
8	L: Mh. Ich bin noch nicht ganz damit einverstanden. Dreh dich nochmal so'n bisschen
9	zur Seite oder guck nochmal. Sag mal (.) erzähl mal, welcher Buchstabe zu den
10	einzelnen Bären gehört.
11	S17: B ((S17 zeigt auf ersten Matrosen.))
12	L: Ähm (.) ähm. Paul.
13	L: Richtig. Wie geht's weiter?
14	S17: Mh (.) das I ((zeigt auf Kapitän))
15	L: Ja.
16	S17: Und der Kapitän.
17	L: Hm.
18	S17: Und das E hat Max?
19	L: Warum geht das nicht? ((Einzelne Kinder sprechen leise und sagen, dass das nicht
20	geht.))Ich hör schon, das geht nicht. Kannst du mal 'n Helfer suchen oder weißt du's
21	selber?
22	S17: Weil's 'n Silbengelenk ist?
23	L: Nee, das ist kein Silbengelenk. Was ist mit dem E? Warum geht das E auf gar keinen
24	Fall zu Max?
25	S17: Weil die Silben sonst falsch sind.
26	L: S6, kannst du nochmal?
27	S6: Also, Biene (.) B ie (.) also ie kommt zum Kapitän.
28	L: Ja, warum kann auf keinen Fall Max irgendein E oder I haben? Warum geht das nicht?
29	S1?
30	S1: Weil das is ja ein blauer Buchstabe.
31	S17: Achso.
32	L: Genau, deswegen geht das niemals. Also, ok, das B hat Paul, das ie der Kapitän. Wie
33	geht es weiter? ((S17 guckt aufs Bärenboot.)) (.) Brauchst du Hilfe?
34	S17: Das N da. ((S1 zeigt auf den ersten Matrosen in der zweiten Silbe.))
35	L: Was ist mit Max? (.) Und was ist mit Max?
36	S17: Der ist nicht dabei.
37	L: Genau, der ist nicht dabei.

Sequenz 2 07:35-07:52

38	L: Wie ist das mit dem ie? Wer kann das nochmal ein bisschen erklären? S17.
39	S14: Ie ist ja ein roter Buchstabe, also das I und das E ist ja ein roter Buchstabe und
40	ähm nur die Kapitänsfrau und der Kapitän können rote annehmen, also rote haben und
41	der Rest is ja blau.

Sequenz 3 13:33-14:01

42 L: Ist das I in Tinte lang oder kurz? S11.
43 S11: Kurz, weil sonst würde es Tiiiinte heißen.
44 L: Genau.
45 Mehrere S: Tiiinte.
46 L: Wie nennen wir denn, wenn der Max dabei ist und der Kapitän kurz arbeiten muss?
47 Wie nennt man die Silbe dann, die erste? ((L. zeigt auf S18.))
48 S18: Geschlossene Silbe.
49 L: Genau.

D3.4.5 Silbenstruktur (September 2012)

00:08-04:20

1   (S8 expliziert in dieser Szene nach dem gemeinsamen Wörterforschen die
2   Silbenstruktur anhand des Bärenboots. Daran schließt sich ein Unterrichtsgespräch
3   an.) S8: Also ähm bei Kante, also es sind ja immer im Bärenboot drei und nochmal drei.
4   L: Ja.
5   S8: Ähm. Also Bären sind ja sechs. Auf jeden, eine Silbe hat also wenn alle da sind hat
6   jede Silbe eigentlich also wenn jeder (.) Bär ein (Wutbo) Buchstaben hat, sind es sechs
7   Buchstaben. Und dann also weil man hört ja auch Kann, das is ja dann das sind ja dann
8   die erste Silbe ist geschlossen, aber die zweite da fehlt noch Maxi. [Die ist nicht dabei.]
9   S15: [Die is zickig.]
10 L: Genau, hast du ganz ganz richtig gesagt. Es gibt Wörter, da hat jeder Bär nur einen
11 Buchstaben und dann gibt es ja auch Wörter da kann ein Bär auch mehrere Buchstaben
12 haben.
13 S15: Zwei.
14 L: Genau. Fallen euch da Bären ein, die hau häufig mehrere Buchstaben haben können?
15 S11.
16 S11: Der Kapitän.
17 L: Welche Buchstaben hat er denn (.) häufig zusammen?
18 S11: Ähm. Das E und I.
19 L: Mh. Was ist denn das? Wie nennt man das?
20 S11: Ähm.
21 L: Also. E und I [zusammen], wie klingt das?
22 S11: [Achso.] Äh hier, Selbstlaut.
23 L: Ja, das sind genau die roten Buchstaben sind Selbstlaute, aber E und I?
24 S17: E und I heißt EI.
25 L: Genau. (.) Welche Buchstaben könnte der Kapitän noch zu zweit haben? S15.
26 S15: Ähm. A U? Au
27 L: Mh. S19.

28	S19: E U. >E U<. >E U<. Och man ist das schwer auszusprechen.
29	L: Eu.
30	S19: Ja. (.) Eu.
31	L: S10.
32	S10: Ä U.
33	L: Wie klingt das denn? ((L. möchte Anlauttabelle zeigen.)) Steht nicht drauf. Aber eine
34	Maus, mehrere?
35	S10: <Mäuse.>
36	L: Genau, warum weißt du denn, das du bei Mäuse beispielsweise Ä U schreiben musst
37	und nicht E U? S16.
38	S16: Es kommt von Maus.
39	L: Genau, das ist zum Beispiel ein Fall äh eine Möglichkeit. Und dann haben wir diese
40	Sturmgeschichte, da haben wir ja schon häufig drüber gesprochen, dass es ja auch
41	beim Kapitän häufig der Fall. Wenn ich sag Sturm der Kapitän und der Wetterbericht
42	und soweiter und sofort.
43	S19: Ja ja ja ja.
44	L: Klingelt's doch bei vielen schon. S5.
45	S5: Da hat Max den Wetterbericht gehört und ähm dass es stürmisch wird und
46	deswegen kam er nicht mit aufs Schiff und ist mitgefahren, sondern is lieber ähm an
47	die Ostsee oder so gefahren.
48	L: Genau, um welche Buchstaben geht's dann? Das is ja nur bei einem Buchstaben die
49	Besonderheit?
50	S5: Da muss der Kapitän zwei Buchstaben nehmen.
51	L: Genau. Und welche sind's, S2?
52	S2: Ähm, das I und das E.
53	L: Genau. Richtig und am Anfang der erste Bär kann ja auch manchmal mehrere
54	Buchstaben haben. Fällt euch da was ein? (.) S6.
55	S6: Er könnte hier zum Beispiel Schloss.
56	L: Welche Buchstaben, super, hat er denn am Anfang?
57	S6: S C H und L.
58	L: Super. Ganz klasse. (.) Und, das hab ich euch ja auch schon mal verraten. Niemals
59	kann der erste Bär mehr als vier Buchstaben haben. Und bei Schl von Schloss ham wir
60	da ja schon erreicht. S1.
61	S1: Stapel.
62	L: Welche Buchstaben?
63	S1: S T.
64	L: Super

D3.4.6 Feedback (Mai 2012)

02:57-04:00

1	L: Wie wichtig ist es dir, dass du Wörter in deinem Text richtig schreibst? 1,2,3 Daumen
2	herbei. ((L. schaut sich um.)) Ok, ich sehe überwiegend Daumen nach oben und ich
3	werde euch befragen. S14, sag mal was dazu.
4	S14: Ich find's einfach wichtig.
5	L: Warum findest's wichtig?
6	S14: Sonst wenn du das liest oder Frau H., dann weißt du nicht, was das heißt.
7	L: Genau.
8	S14: Und dann steht da vielleicht ((S1 klatscht einmal in die Hand.)) schreiben oder so
9	und dann <schreibt man> schleiben und dann denkst du, häh? Und weißt dann gar
10	nicht, was das bedeutet.
11	L: Mh. ((L. schaut in die Klasse.)) Und (.) S15.
12	S15: Weil sonst später, wenn man Kinder hat, kann man den auch so nicht wirklich
13	helfen, weil dann ähm sagt man ja hilft man den ja und sagt man ja, wenn die das falsch
14	schreiben. ((L. nickt zustimmend.)) Dann kann man den ja gar nicht richtig helfen.

04:10-04:50

15	L: S11, du hast mittel? ((L. bewegt den Daumen in die Mitte.))
16	S11: Für später ist es natürlich wichtig, wenn man alles richtig schreibt. Aber jetzt noch
17	in der zweiten Klasse oder so, dann ist es auch jetzt noch nicht ganz so wichtig, weil
18	dann denk ich ja auch noch nicht so richtig, dass das Kinder geschrieben haben. Weil
19	das ja fast nur die Eltern geschrieben haben, mit dem ganz korrigieren und so.
20	L: Also da machst du einen Unterschied. S8, lass das mal bitte.
21	S11: Also schon wichtig, dass richtig zu schreiben. Aber, wenn da ein paar schwierige
22	Wörter sind, dann korrigiert Mama die nicht so ganz doll. Weil du sollst ja schon noch
23	denken, dass die Kinder das geschrieben haben.
24	L: Da hast du recht.
25	S11: Und nicht die Mütter.

D3.5 Individuelle Beratung und Rückmeldung

D3.5.1 Individuelles Problemlösen am Bärenboot (Mai 2011)

Alle Schülerinnen und Schüler arbeiten an den Aufgaben zu den Wörtern der Woche. S1 ist währenddessen mit dem Heft am Bärenboot und steht mit L. davor.

1	L: Wo soll denn das sein?
2	S1: Das wär dann hier. ((S1 zeigt auf die Frau des Kapitäns.))

3	L: Und, geht das?
4	S1: Nee, weil Maxi wär dann das und müsste da raus.
5	L: Genau, wer sitzt denn nämlich da?
6	S1: Die Kapitänsfrau.
7	L: Das heißt, was für ein Buchstabe kann an dem Platz nur sein?
8	S1: (.) ((S1 schaut in sein Heft, denkt nach und überprüft.)) Das N muss hier hin ((zeigt
9	in sein Heft)) oder?
10	L: Ja, genau, weil es sonst nicht anders passt, ne.
11	S1: Dann kommt da das D, ((zeigt auf den Matrosen in der zweiten Silbe)) da ((zeigt
12	auf die Kapitänsfrau)) das E.
13	L: Genau. So kannst es rausfinden.

D3.5.2 Individuelle Beratungsgespräche (September 2011)

Die Kinder arbeiten an einer Herbstgedichtewerkstatt in ihrem individuellen Tempo. Währenddessen führt die Lehrperson Beratungsgespräche mit einzelnen Kindern nach Bedarf. Die Kinder kommen zum Schreibtisch der Lehrerin und stellen in sich in einer Reihe auf.

00:00-01:00

1	L: Such dir ein Kind, das Souffleur oder Souffleuse ist, mit dem du übst und den Anfang,
2	den du vorträgst, dir ins Ohr flüstert oder leise sagt. Dann übst du jetzt mit dem Kind
3	zusammen. Das ist doch in Ordnung. ((S5 zeigt auf S14.))
4	S14: Ich muss selbst ein bisschen üben. Aber wir können ja zusammen. Im
5	Gruppenraum.
6	L: Nee, Gruppenraum nicht. Draußen sind schon Kinder. Oder ihr sucht euch eine Ecke.
7	Ihr dürft euch sonst auch einen Hocker nehmen und draußen zusammen üben.
8	((S14 spricht mit S5.))
9	S14: Gehst du schon mal raus?
10	S5: Ja, ich hol zwei Hocker.
11	Im Anschluss an diese Sequenz stellen andere Kinder weitere Fragen. Kinder
12	bekommen z.B. Belohnungssticker für erfolgreich vorgetragene Gedichte. Kinder
13	zeigen, was sie bisher geschafft haben.

D3.5.3 Individuelles Feedback im Anschluss an Buchvorstellungen (Februar 2012)

Sequenz 1

S1 stellt sein selbstgewähltes Buch auf dem Lesethron vor, hängt ein selbstgestaltetes Plakat an die Präsentationswand. Er nennt zunächst den Titel und die Autorin des Buches, liest vor, wann er es bekommen hat und gibt eine kurze Inhaltsangabe. Er begründet die Auswahl des Buches damit, dass es sich um ein spannendes Buch handeln würde. Dann liest S1 eine selbst gewählte Stelle vor, im Anschluss an den Lesevortrag applaudieren die Kinder der Klasse und würdigen den Vortrag.

08:18-08:55

1	((S1 schaut sich um und wählt ein Kind für die Rückmeldung aus.))
2	S1: Äh (.) S6.
3	S6: Ich fand schön, dass du so viel gelesen hast. ((S2 lächelt.))
4	S1: S15.
5	S15: Ich fand schön ähm ((lacht)) dass du so ein witziges Buch ausgewählt hast.
6	S1: S17.
7	S17: Ich fand schön, dass du so viel gelesen hast, auch.
8	L: Einen Tipp.
9	S1: S5.
10	S5: Für mich könntest du noch ein bisschen lauter lesen.

Sequenz 2

S2 stellt sein selbstgewähltes Buch auf dem Lesethron vor, hängt ein selbstgestaltetes Plakat an die Präsentationswand. Er nennt zunächst den Titel und die Autorin des Buches, liest vor, wann er es bekommen hat und gibt eine kurze Inhaltsangabe. Er begründet die Auswahl des Buches damit, dass die Bilder ihm gefallen und dass er es wichtig finden würde, Danke zu sagen. Dann liest S1 eine selbst gewählte Stelle vor, im Anschluss an den Lesevortrag applaudieren die Kinder der Klasse und würdigen den Vortrag.

12:03-12:40

1	S2: S11.
2	S11: Ich fand schön, dass du so deutlich gelesen hast. ((S2 lächelt.))
3	S2: S5.
4	S5: Ich fand schön, dass du ein Buch ausgesucht hast, wo die kleine Maus (.) hier ähm
5	ähm ihrn Eltern eine Freude machen wollte.
6	S2: Ähm, S4.
7	S4: Du könntest noch ein bisschen lauter lesen.
8	L: Und ein Lob hast du ja sogar noch.
9	S2: S3.
10	S3: Ich find es schön, dass du so flüssig gelesen hast.

Sequenz 3

S14 stellt sein selbstgewähltes Buch auf dem Lesethron vor, hängt ein selbstgestaltetes Plakat an die Präsentationswand. Er nennt zunächst den Titel und die Autorin des Buches, liest vor, wann er es bekommen hat und gibt eine kurze Inhaltsangabe. Er begründet die Auswahl des Buches damit, dass es sich um ein spannendes Buch handeln würde. Dann liest S14 eine selbst gewählte Stelle vor, im Anschluss an den Lesevortrag applaudieren die Kinder der Klasse und würdigen den Vortrag.

1	S14: S5.
2	S5: Ich fand schön, dass du so ein lustiges Buch ausgesucht hast. ((S1 lächelt.))
3	S14: S17.
4	S17: Ich fand schön, dass du so viel gelesen hast. ((S1 lächelt.))
5	S14: S7.
6	S7: Ich fand schön, dass es übern Ritter handelt. ((S1 lächelt.))
7	S14: S12.
8	S12: Für mich könntest du noch n bisschen deutlicher lesen.

D4. Beschreibung einzelner Videosequenzen

D4.1 Lernende Gemeinschaft

D4.1.1 Geburtstagsritual (Oktober 2010)

Die Lehrperson stellt die Geburtstagsbox auf den Tisch. Der Tisch ist mit einer Girlande und einer Kerze geschmückt. Das Geburtstagskind darf sich aus der Geschenkekiste einen Glücksstein und ein Geschenk auswählen. Es hält den Glücksstein hoch, die anderen Kinder bestaunen ihn und freuen sich mit. In dieser Sequenz bekommt das Kind einen Fisch, der seine Größe verändert, wenn er mit Wasser in Kontakt kommt. Das Wort <Fisch> beginnt mit dem Buchstaben der Woche <F>. In der Sequenz zur Buchstabeneinführung hat das Geburtstagskind S5 zufällig aus dem Buchstabensäckchen einen Fisch gezogen. S5 berichtet dann von dem schönsten Geburtstagsgeschenk, das es von seinen Eltern erhalten hat. Die anderen Kinder dürfen sich dazu äußern, es findet ein Austausch statt. Abschließend singen alle ein Geburtstagslied.

D4.1.2 Rituale im Bereich Klassengemeinschaft fördern

D4.1.2.1 Massageschnecke (September 2011)

Die Kinder sitzen im Kreis neben einem Partner ihrer Wahl und massieren sich. Die Lehrperson hat zu Beginn der Einführung dieses Rituals Geschichten erzählt, in denen es beispielsweise leicht angefangen hat zu regnen und der Regen dann stärker geworden ist. Die Kinder haben die Bewegungen auf dem Rücken ihres Partners umgesetzt. Ein anderes Beispiel ist das Backen einer Pizza – hier musste zunächst der Teig vorsichtig geknetet werden. Die Kinder haben dann den Rücken ihres Partners geknetet.

D4.1.2.2 Lied (Februar 2012)

„Alle Kinder lernen lesen": Dieses Lied wurde mit begleitenden Bewegungen gesungen.

D4.1.2.3 Lockerungsübung (Mai 2012)

Die Lehrperson moderiert eine Lockerungsübung und macht Bewegungen vor. Die Kinder machen mit. Diese Übung wird als eine Form von Phasentrenner zwischen zwei Unterrichtsphasen eingesetzt. Nach so einer Auflockerung beginnt ein neuer Unterrichtsabschnitt.

D4.1.2.4 Lied (Mai 2012)

„Ich bin ich und du bist du": Dieses Lied wurde mit begleitenden Bewegungen gesungen. Es handelt sich hierbei um ein Lied, das bei nahezu allen Schulveranstaltungen gesungen wird.

D4.2 Unterrichtskonzept

D4.2.1 Buchstabeneinführung (Oktober 2010)

Die Kinder der Klasse sitzen mit der Lehrperson im Sitzkreis auf dem Teppichboden. Einzelne Kinder ziehen Bilder aus einem Säckchen. Die Lehrerin fragt die Kinder im Anschluss, ob sie eine Idee hätten, um welchen Buchstaben es sich in dieser Woche handeln könnte. Dann schreiben die Kinder den Buchstaben in die Luft, auf den eigenen Oberschenkel und auf den Rücken eines anderen Kindes.

D4.2.2 Geheimzeichen zu den Wörtern der Woche (Februar 2011)

Die Lehrperson steht vor dem Smartboard und schaut die Klasse an und macht *Geheimzeichen*[246], Lautgebärden. Zunächst *lesen* die Kinder die *Geheimschrift*. Wenn sie diese entziffert haben, melden sie sich. Ein Kind sagt, um welches Wort es sich handelt. Alle schreiben dann

---

[246] Die Lehrperson verwendete für die Lautgebärden den Begriff der *Geheimzeichen*. Diese wurden zu jedem Buchstaben der Woche zusätzlich eingeführt. Jede Woche wurden die neuen Wörter der Woche in *Geheimschrift* geschrieben.

gemeinsam das Wort in der Geheimschrift, indem sie die eingeführten Lautgebärden machen, und sprechen dazu mit.

D4.2.3 Planen, koordinieren, auswerten

D4.2.3.1 Abläufe koordinieren (September 2011)

In dieser Sequenz bespricht die Lehrperson, wo sich das Material für die Gedichtewerkstatt befindet und klärt den Ablauf der Übungszeit. Am Ende der Übungszeit zu den Herbstgedichten findet eine Gedichtevortragszeit statt, einzelne Kinder haben ihren Vortrag bereits angekündigt. Die Lehrperson stellt in Aussicht, dass weitere Vorträge in der kommenden Deutschstunde vorgesehen sind. Mögliche Fragen der Kinder werden besprochen.

00:26-01:32

```
1    L: Wir haben jetzt erstmal eine Arbeitszeit, eine Übungszeit. Die Kinder, die heute
2    vortragen, mit denen hab ich das abgesprochen. Mit denen hab ich besprochen, dass
3    sie bereit sind, vorzutragen. Das machen wir danach. Das heißt, es ist jetzt eine
4    Übungszeit für die Kinder, S1 ((L. schaut zu S1, der gerade unruhig ist.)), die heute
5    vortragen wollen und natürlich auch für die anderen. Montag ist denn der nächste
6    Zeitpunkt, an dem ihr vortragen könnt, um euren Sternenglanz ((L. macht eine große,
7    kreisende Bewegung mit den Händen und Armen.)) möglichst voll zu bekommen. Ok.
8    Fragen vorweg? S2.
9    S2: Wie viele Sterne muss man eigentlich nochmal haben? ((L. zeigt ihre zehn
10   Finger.)) L: Mindestens 10.
11   S2: Achso. ((S2 macht eine abwinkende Geste.))
12   L: Viele von euch haben sogar schon 10, aber natürlich die Seite sieht toll aus, wenn
13   da besonders viele Sterne drauf sind. Ihr seht das.
14   S8: Achso, ich dachte 20.
15   L: Nein, es gibt ein Gedicht mit dem ihr auf einmal 20 bekommen könnt. Aber es ist
16   auch toll, wenn man sich Stück für Stück die Sterne dann erarbeitet.
```

D4.2.3.2 Unterrichtsplan besprechen (Mai 2012)

Ein Kind liest das Stundenprogramm vor. Das Programm steht am Smartboard. Neben den einzelnen Programmpunkten sind einzelne Bilder zur Visualisierung beigefügt, so steht die Brille als Bild beispielsweise für das Lesen.

D4.2.3.3 Koordinieren (Mai 2012)

Die Schülerinnen und Schüler betrachten gemeinsam mit der Lehrperson die bisherigen Unterrichtsprogrammpunkte. Das Abhaken der erledigten Programmpunkte schafft eine Orientierung für die Kinder.

D4.2.3.4 Unterrichtsplan besprechen/Abläufe koordinieren (Mai 2013)

Das Stundenprogramm wird von S5 vorgelesen. Symbole, die neben den Programmpunkten angegeben sind, werden thematisiert. Die Brille als Symbol steht in diesem Fall für das Lesen und die Lupe steht fürs Forschen innerhalb des Lesetextes. Neben dem Programmpunkt Daumenprobe befindet sich ein hochgestreckter Daumen als ein Verständnis unterstützendes Symbol.

D4.2.4 Üben und wiederholen

D4.2.4.1 Gedichtevortrag üben (September 2011)

Die Kinder üben individuell die Herbstgedichte, sie entscheiden sich, ob sie alleine oder in Kleingruppen trainieren und arbeiten. Sie suchen sich unterschiedliche Orte, suchen sich Nischen. Einzelne Kinder sagen anderen Kindern Bescheid, wenn die Arbeitszeit beendet ist.

D4.2.4.2 Wörterbuchquiz (Februar 2012)

Jedes Kind hat ein Wörterbuch. Die Lehrperson wählt drei Wörter für das Wörterbuchquiz aus. Die Wörter in dieser Filmsequenz lauten: <Saft>, <Vogel> und <Februar>. Die Lehrerin spornt die Kinder an. Es wurde die Regel vereinbart, dass die Kinder sich melden, wenn sie das Wort im Wörterbuch gefunden haben – so hat die Lehrperson auch einen Überblick, wer das Wort bereits entdeckt hat. Die entsprechende Seite, auf der das Wort abgedruckt ist, muss genannt werden.

Es gibt eine Differenzierung in diesem Wörterbuch. Neben dem komplexeren und umfassenderen Wörterbuch gibt es noch einen Kompaktteil mit einem begrenzten Umfang an Wörtern. Die Lehrperson wählt als Differenzierungsmaßnahme stets Wörter aus beiden Teilen aus, so dass alle Kinder am Quiz teilnehmen können und sie so auch die Möglichkeit haben, dass sich ein Erfolgserlebnis einstellt.

D4.2.4.3 Schreibschrift üben (Mai 2012)

An jedem Tag trainieren die Kinder zehn Minuten die Schreibschrift. Einige Kinder schreiben einzelne Wörter und Buchstaben in Schreibschrift und andere Kinder lesen Druckschrifttexte und schreiben diese in Schreibschrift in ihr eigenes Heft.

D4.2.4.4 Schatzkästchenzeit (Februar 2013)
06:25-07:14

Die Kinder erhalten nicht nur eine inhaltliche Rückmeldung zu ihren Geschichten, sondern auch den Auftrag, einige Wörter aus ihrem Text als persönliche Lernwörter zu üben. Sie schreiben diese auf Kärtchen, die sie in ihrer selbst gestalteten Schatzkästchenbox aufbewahren. Die Schatzkästchen werden zu Beginn einer solchen Übezeit von den sogenannten Schatzkästchenmeistern, d.h. Kindern, die dieses Amt ausüben möchten, verteilt. Die Wörter werden in der Regel dreimal ins Schatzkästchenheft geschrieben.

D4.2.5 Wörter forschen

D4.2.5.1 Wörter forschen am Smartboard (Februar 2013)
00:01-00:54

Beim Wörterforschen am Smartboard ordnen die Kinder einzelne Wörter (wie z.B. Mondlicht, Taschenlampen, überfahren, verbringen) den Kategorien *Zusammengesetzte Wörter*, *Verben ohne Vorsilben* und *Verben mit Vorsilben* zu.

D4.2.5.2 Zweischrittiges Konstruktionsprinzip (September 2012)
00:00-03:29

Vor dieser Sequenz hat die Lehrerin den Kindern Einsilber mit Auslautverhärtung (wie z.B. <Berg>) oder auch Zweisilber (wie z.B. <Wälder>), deren Schreibweise über das zweischrittige Konstruktionsprinzip herleitbar sind, diktiert. Einzelne Kinder schreiben im Anschluss die Wörter an das Smartboard, Besonderheiten werden besprochen. Die Lehrperson erinnert sie u.a. an den Merkspruch „Verlängere das Wort und du weißt es sofort.".

D4.2.6 Spielen

D4.2.6.1 Memory (September 2012)

04:11-04:35

Die Kinder spielen mit Freude ein von der Lehrperson hergestelltes Memory zum Thema *zweischrittiges Konstruktionsprinzip*.

D4.2.6.2 Nomenkönig/Nomenkönigin (September 2012)

04:41-06:22

Zu Beginn dieser Sequenz erklären S1 und S2 die Regeln dieses Spiels. Dieses Spiel ist ein Spiel zum Thema „Wortarten", in diesem Falle zur Wortart „Nomen". Zu Beginn stehen alle Kinder, zwei Kinder werden jeweils namentlich von der Lehrperson aufgerufen, dann sagt die Lehrperson „Ein Nomen mit (z.B. A)". Eines der beiden aufgerufenen Kinder muss dann so schnell wie möglich ein Nomen mit dem entsprechenden Buchstaben nennen. Das Kind, das zuerst ein richtiges Wort nennt, darf stehenbleiben und das andere muss sich hinsetzen. Wer im Finale gewinnt, ist dann „Nomenkönig" oder „Nomenkönigin". In dieser Sequenz wird in Ansätzen sichtbar, mit welchem Einsatz und Begeisterung die Kinder spielen.

Der Junge S1 expliziert die Silbenstruktur.

04:47-05:31

1	S1: Ähm, ähm. Da rufst du zwei Kinder auf und sagst dann, ein Nomen mit V, zum
2	Beispiel. Dann sagt der eine (.)
3	S2: Vogel.
4	S1: Vogel, und der andere sagt Volkswagen. ((Einige Kinder lachen.))
5	L: Zum Beispiel. Und wie geht das dann?
6	S1: Der, der als Erster gesagt hat, der ist dann weiter, außer er hat ein Verb oder ein
7	Adjektiv gesagt, dann muss er sich halt hinsetzen und der Andere muss stehen
8	bleiben. Der, der als Letzter noch steht, der ist Nomenkönig.
9	S2: Oder Nomenkönigin. ((S2 lächelt.))
10	L: Richtig. (.) So. Es geht los.

D4.2.6.3 Bingo (Februar 2013)

07:18-08:10

Mit Freude spielen die Kinder Bingo. Jedes Kind erhält ein Bingofeld. Die Wörter wählen sie nach Belieben aus einem erarbeiteten Wortschatz aus. Die Kinder haben den Text „Die Nächte der jungen Papageientaucher" von Bruce McMillan gelesen. Komplexere und kompliziertere

Wörter wurden herausgesucht und besprochen. Aus diesem Wörterpool wählen die Kinder Wörter aus und tragen sie in einer individuellen Reihenfolge ein. Das Spiel beginnt, die Lehrperson ruft einzelne Wörter auf und die Kinder kontrollieren auf ihrem Plan, ob sie diese Wörter eingetragen haben. „Bingo" kann das Kind dann rufen, wenn es drei der genannten Wörter in einer Reihe - horizontal, vertikal oder diagonal - vorzuweisen hat.

E. Kurzfassung der Ergebnisse in deutscher und englischer Sprache

F.1 Kurzfassung der Ergebnisse der vorliegenden Arbeit

Die Wende von der Input- zur Outputorientierung in der empirischen Forschung hat Defizite im Leistungsstand von Schülerinnen und Schülern sowie Zusammenhänge mit außerunterrichtlichen Faktoren aufgedeckt. In der Folge rückte auch die Unterrichtsqualität zunehmend in den empirischen Forschungsfokus. In der vorliegenden Arbeit werden fachlich-didaktische und pädagogische Konzepte zu *gutem Unterricht* in Verbindung mit empirischen Befunden gebracht. Daraus wurde ein Modell für Merkmale *guten Unterrichts* für den Erwerb und den Ausbau der Schriftkompetenz entwickelt und in einer Interventionsstudie mit Kontrollgruppen von Klasse 1 bis 3 erprobt. Um die Lernentwicklung der Klasse und der einzelnen Kinder zu erfassen, wurden Test- und Lernbeobachtungsinstrumente eingesetzt und damit gewonnene Ergebnisse mit quantitativen und qualitativen Verfahren ausgewertet. Darüber hinaus wurde der Unterricht innerhalb der drei Schuljahre videographiert. Die Videodaten wurden beispielhaft für den Kompetenzstand der Schülerinnen und Schüler und die Umsetzung des Konzepts im Hinblick auf einzelne Qualitätsmerkmale analysiert. Die Datenauswertung wurde durch Fallanalysen ergänzt. In drei Kontrollklassen wurden Tests zur Erfassung der Lernausgangslage sowie der Rechtschreib- und Leseleistung eingesetzt. Die Ergebnisse wurden vergleichend mit denen der Untersuchungsklasse betrachtet. Aus den gewonnenen Ergebnissen wurden Hypothesen für die weiterführende Forschung abgeleitet.

F.2 Study Results

The change from input to output orientation in empirical research revealed that the shortfall in performance of school students is also related to factors beyond school. Consequently the quality of lessons was increasingly brought into the research focus. This study increasingly focuses on a relationship between professional, didactic and educational concepts for *good* instruction and empirical findings. From this a model for good lessons for the acquisition and improvement of writing skills was developed. This model was tried out in an intervention study with control groups from classes 1-3. Testing and learning observation tools were introduced in order to understand the learning development of the class as well as individual school students. The attained results were thereby evaluated with a quantitative and qualitative process. The lessons were also videotaped over the three school years. The video data was analyzed with respect to specific criteria of quality by means of the examples of the competency levels of the students and the implementation of the concept. The evaluation of data was supplemented with case studies. Tests were put in place for three control classes for the record of initial conditions as well as for reading and writing performance. The results were compared with those of the study class. Hypotheses for further study were derived from the obtained results.